U0498940

浙江大学中国语文研究中心

中国语言学前沿丛书

09

汉语字词发展

王云路　主编

商务印书馆
The Commercial Press

图书在版编目（CIP）数据

汉语字词发展 / 王云路主编 . -- 北京 : 商务印书馆 , 2024. -- （中国语言学前沿丛书）. -- ISBN 978-7-100-24065-9

Ⅰ . H12

中国国家版本馆 CIP 数据核字第 2024N26F65 号

中国语言学前沿丛书

汉语字词发展

王云路　主编

商 务 印 书 馆 出 版
（北京王府井大街 36 号　邮政编码 100710）
商 务 印 书 馆 发 行
北京虎彩文化传播有限公司印刷
ISBN　978-7-100-24065-9

2024 年 9 月第 1 版　　　开本　890×1240　1/32
2024 年 9 月第 1 次印刷　　印张　15⅞
定价：98.00 元

本书受浙江大学校长专项经费、
浙江大学教育基金会钟子逸基金资助

总　序

王云路

"中国语言学前沿丛书"是浙江大学中国语文研究中心近期的重要工作。中心的前身是浙江大学周有光语言文字学研究中心，于 2015 年 5 月成立，经过六年的建设，基本完成了以"周有光语言文字学"整理与研究为主题的使命。为了适应新形势和中长期可持续发展的需要，实现向语言文字学相关领域拓展和纵深发展的目标，2020 年 12 月，中心正式更名为"浙江大学中国语文研究中心"。

语言文字是一个国家、一个民族的灵魂。考察中华文明发展与演变的历史，我们会清楚地看到语言文字研究所起到的巨大的、基础性的作用。语言文字不仅仅是情感交流的工具，更是文化传承的载体，是国家繁荣发展的根基，是民族身份的象征和标志。现在是研究语言文字的大好时机，近年召开的全国语言文字工作会议体现了国家对语言文字工作的高度重视。我们汉语研究者应该更多地立足和回应社会需求，更加积极有为地投身语言文字研究和文化建设。

有鉴于此，我们中心新的发展目标是：响应国家以语言文字凝聚文化自信、增进民族认同的号召，充分发挥浙江大学语言学研究重镇的影响力，汇聚全国语言学研究力量，强化语言学全方位的学术研究、交流与合作，着力构建具有中国特色和国际视野的语言学理论体系，打造具有前沿性、权威性、引领性的语言学研究品牌。为此，中心决定启动以学术传承为基调的"浙大学派语言学丛书"和以学术发展为基调的"中国语言学前沿丛书"两个项目。现在出版的"中国语言学前沿丛书"第一辑，正是这一规划的首批成果。

中国语言学是一门古老的学科。传统的中国语言学根据汉语汉字是形音义结合体的特点，形成了训诂学、文字学和音韵学三个学科，统称为"小学"。正如马提索夫所说："世界上没有别的语言像汉语研究得这么深，研究的时间有那么长。"（《藏缅语研究对汉语史研究的贡献》）可以说，系统总结、反思汉语言文字一直是中国传统语言学研究的优良传统。19世纪末20世纪初，西方语言学思想传入中国，与传统语言学发生碰撞，有识之士便在比较的视野下，开始对中国传统语言学进行反思与总结。比如章太炎先生在《论语言文字之学》中认为，"小学"这一古称应当改为"语言文字之学"："此语言文字之学，古称小学。……合此三种，乃成语言文字之学。此固非儿童占毕所能尽者，然犹名为小学，则以袭用古称，便于指示，其实当名语言文字之学，方为塙切。"这种观念体现出当时学者对传统语言学现代化的思考与尝试，也标志着中国语言学开始走上现代化的道路。

近二三十年来，语言学研究观念不断拓展、理论不断创新、内涵与外延不断丰富，这些都是我们编纂这套丛书的基础。秉承着梳理、总结与审视学术历史发展的传统，我们也需要回顾这一阶段，总结我国语言学研究又有哪些新的起点、新的成果。推出"中国语言学前沿丛书"正是基于这样的考虑：展现当代中国语言学诸领域专家学者的经典论文，让我们重温经典；集中呈现某个领域的进展，让我们深化对学科本质的认识；引入新思想、新观念，甚至新的学科，让我们视野更开阔。我们的做法是：邀请在自己的研究领域精耕细作、有独到见解的专家，挑选并汇总一批在本领域、本选题研究中具有代表性的学术论文。这既是对既往研究的回顾总结，也是为新开端扬帆蓄力，正所谓承前启后、继往开来。同时，通过集中呈现前沿成果，读者能够了解、掌握该研究方向的最新动态和代表性成果，"辨章学术，考镜源流"，得参考借鉴之利。

本丛书编选有三个标准：创新性、前沿性、专题性。这三点同时也是我们编纂这套丛书的目的，更是我们编纂此丛书的难点。编选之难，首先在于鉴别是否具有创新性。陈寅恪先生在陈垣《敦煌劫余录·序》中说："一时代之学术，必有其新材料与新问题。"研究成果必须具备相当的深度和水准，可以代表这一领域的最新进展。学术研究贵在有所创造，周有光先生曾说："学问有两种，一种是把现在的学问传授给别人，像许多大学教授做的就是贩卖学问；第二种是创造新的学问。现在国际上看重的是创造学问的人，不是贩卖学问的人。贩卖学问是好的，但是不够，国际上评论一个学者，要看他有没有创造。"创造绝非无源之水、向壁虚构。创造之可贵，正在于它使得人类已有认知的边界再向前拓展了一步。

编选之难，其次在于如何鉴别前沿性。前沿代表了先进性，是最新的经典研究。时至今日，各学科的知识总量呈指数级增长，更兼网络技术飞速发展，人们获取信息的途径日益便利，使人应接不暇。清人袁枚已经感叹："我所见之书，人亦能见；我所考之典，人亦能考。"如今掌握学术动态的难点主要不在于占有具体的资料，而在于如何穿越海量信息的迷雾，辨别、洞察出真正前沿之所在。我们请专业研究者挑选自己本色当行的研究领域的经典成果，自然可以判断是否具有前沿性。

编选之难，最后在于如何把握专题性。当前国内的语言学研究正处在信息爆炸的阶段。仅以古代汉语的研究为例，近几十年来，无论在研究材料上还是研究方法上均取得了长足的发展。从材料来说：其一，各种地下材料如简帛、玺印、碑刻等相继出土和公布,这一批"同时资料"由于未经校刻窜乱,即便只有一些断简残篇,也足以掀开历史文献千年层累的帷幕,使人略窥古代文献的本来面目;其二,许多旧日的"边缘"材料被重新审视,尤其是可以反映古代日常生活的农业、医药、法律、宗教、经济、档案、博物等文献受到了普遍关注,因而研究结论会更接近语言事实;其三,还有学者将目光投向域外,从日本、韩国、越南、印度,乃至近代欧美的文献记载观察本土,使得汉语史研究不再是一座孤岛,而是与世界各民族的语言密切联系在了一起。从方法和工具上看:其一,由于方法和手段的先进,从田野调查中获得的材料变得丰富和精准,也成为研究汉语的鲜活证据;其二,随着认识的加深,学者对于材料可靠性的甄别日趋严谨,对于语料的辨伪、校勘、考订时代等工作逐渐成为语言研究中的"规范流程";其三,由于计算机技术的发达,研究者掌握大数据的能力更加强大,接受国际语言学界的新理论更及时、更便捷,交叉融合不同学科的能力也越来越强,借助认知语言学、计算语言学等新兴领域的方法也流行开来。由此,鉴别专题性的工作就变得纷繁复杂了。

曾国藩说得有道理:"用功譬若掘井,与其多掘数井而皆不及泉,何若老守一井,力求及泉,而用之不竭乎?"只有强调专题性,才能够鲜明突出,集中呈现某一专题的最新见解。

学术是相通的,凡是希望有所创见的研究者,不但要熟悉过去已有的学问,对于学界的最新动态也要足够敏锐,要不断地拓展思想的疆界和研究的视野。同时,在日新月异的信息浪潮之中,学术的"前沿"似乎也在一刻不停地向前推进,作为研究者个人,或许更便捷的门径是精读、吃透一些专门的经典成果,以此作为自身研究的路标和导航。这也是我们丛书编纂的目的之一。

　　这是一套开放性、连续性丛书,欢迎中国语言学各领域的学者参与编纂。第一辑我们首先邀请浙江大学中国语文研究中心的专家,让他们从各自的研究领域出发,以独特视角和精心阐释来编辑丛书,每个专题独立成卷。以后会逐步邀请更多学者根据自己的研究专长确定专题,分批出版。各卷内容主要分三部分:一为学术性导言,梳理本研究领域的发展历程,聚焦其研究内容与特点,并简要说明选文规则;二为主体部分,选编代表性文章;三为相关主题的论文索引。最后一部分不是必选项,看实际需求取舍。我们选编文章时将尽可能保持历史原貌,也许与今日的要求不尽相同,但保留原貌更有助于读者了解当时的观点。而且,更加真实地再现作者的研究历程和语言研究的发展轨迹,对于历史文献的存留也有特殊的意义。

　　这就是浙江大学中国语文研究中心编纂这套"中国语言学前沿丛书"的缘起与思考,也是我们的努力方向。希望本丛书能够兼具"博学"与"精研",使读者尽可能把握特定领域、范畴的最新进展,并对学界的热点前沿形成初步印象。

2022 年 7 月 22 日于杭州紫金西苑

目 录

第二编　字词发展个案研究

前　言

王云路

　　汉字的产生与发展，应当是世界上的今古奇观，不仅延续几千年，而且富含哲理，字形、字音、字义都非常有规律地徐徐呈现在人们面前，当然不是直白的，而是隐含的；不是随意的，而是有规律的；不是封闭的，而是开放的。所以流传至今，依然生机勃勃，魅力无穷。

　　在中华文明起源、形成和发展的历史进程中，汉字与汉语的作用无与伦比。从早期萌芽到形成体系，汉语字词与中华文明相互成就，密不可分。根据现代考古发现和中华文明探源工程的研究成果，我国古代文明起源甚早，源远流长，五千多年中华文明史是真实可信的。汉字起源、汉语形成与发展的研究，直接印证中华文明的起源和形成，也可以彰显其作为中华文明独特的精神标志，这就是本书的意义所在。

　　汉字是中国上古先民创造的，所蕴含的规律和方法，到东汉许慎时已经有许多无法解释、无法理解了。许慎用"六书"的方法加以总结，但是依然有许多比较勉强。而经过两千年到了现在，我们对汉字的理解是比许慎多了还是少了？显然是更多了，一则因为我们在一百二十多年前发现了甲骨文这种许慎时代无法见到的更早的汉字，其字形源头变得更加清晰了；二则因为研究者众多，时间久远，体会琢磨出的道理更多了；三则现代科技发达，我们的研究手段更加轻松快捷，比如一按鼠标，可以找出一连串相同的词语和例句，"踏破铁鞋无觅处"的感受荡然无存了。但是这些就够了吗？远远不够。古人造字用词的基本

思路是什么？仅仅是"依类象形"吗？显然不是。古人推崇的思维方式
是什么？是"道"。关于"道"，比较形象生动的描述见于《列子·说符》：

> （伯乐年长，向秦穆公推荐善相马者九方皋）穆公见之，使行
> 求马。三月而反，报曰："已得之矣，在沙丘。"穆公曰："何马也？"
> 对曰："牝而黄。"使人往取之，牡而骊。穆公不说，召伯乐而谓之
> 曰："败矣，子所使求马者！色物、牝牡尚弗能知，又何马之能知
> 也？"伯乐喟然太息曰："一至于此乎！是乃其所以千万臣而无数
> 者也。若皋之所观，天机也，得其精而忘其粗，在其内而忘其外；见
> 其所见，不见其所不见；视其所视，而遗其所不视。若皋之相者，乃
> 有贵乎马者也。"马至，果天下之马也。①

在中国，"伯乐"不仅会相马，而且是会识人的代名词。而伯乐推
荐的九方皋，比伯乐有更为惊人的洞察力。文中描述，九方皋相马，不
管毛色，不管牝牡，看的是马的本质属性。这种深入观察和注重内在品
质的精神，是最值得称道的，因而伯乐惊叹：九方皋相马竟达到这样的
境界！这是超出我千万倍的地方啊！这就是"道"的境界，是古人最为
推崇的思维高度。"若皋之相者，乃有贵乎马者也。"这一句很关键，是
伯乐的评价，是说九方皋看待事物（即所谓"相"）的本事，是比寻找千
里马还要可贵的，这正是古人提倡的看待一切事物的方式：看内在，看
本质。古代圣人对社会、对自然的理解正是如此，古人创造和使用汉
字，用的正是这种"道"，称为"天机"，即"得其精而忘其粗，在其内而忘
其外"。所谓"见其所见，不见其所不见；视其所视，而遗其所不视"，就

---

① 更早的记载见于《淮南子·道应》，相马者名为"九方堙"。

是聚焦本质特征，不被表象所迷惑。古人看待事物，"近取诸身，远取诸物"的造字思维和用词模式正是依照如此思路的。那么，我们对汉语字词的研究也应当如此。而关注外在表象，则只能算是停留在"技"的层面，我们对汉语字词的研究应当尽量避免和克服这种过分关注外表，关注"色物、牝牡"的阶段。下面从词义、字形等方面举两个例子。

"节"最初是描写竹节的。𩰫是金文中的"节"字，也就是现在的繁体字"節"。《说文》："节，竹约也。从竹即声。"在禾本科植物中，竹子是比较特殊的类型，它木质中空，每隔一段要有一个"环"缠绕在茎干中，在外部看像一个绳索环绕竹干，在内部形成隔膜，分隔成了不同的区间。试想，如果茎干完全笔直中空，高高的竹子是无法挺立的，因为这个"节"起了加固坚挺的作用，因而这个结构是非常必要的，也是独特的。古人看到了竹子与其他树种相比存在的很大差异，专门造了一个形声字"节"表示竹子的这个形状特征。

"节"除了表示竹节外，还有什么意义呢？段注："约，缠束也。竹节如缠束之状。《吴都赋》曰：'苞笋抽节。'引伸为节省、节制、节义字。又假借为符卩字。"古人将竹节的特点和作用移于其他事物，可以表示事物之间的连接与分隔：（1）用于人体，指骨关节，如膝关节、肘关节等。（2）用于具体同类事物的连接，如"一节车厢""一节电池"，此时"节"为名量词。（3）用于时间的连接与分隔，就有节气、节日，如"春节"等，计算时间，还有"一节课"，为名量词。（4）用于动作的连接和分隔：演奏音乐小段的连接处即节奏、节拍，也作量词；心脏的跳动、舞蹈和体操动作等有规律的运动称"节律"，也作名量词，如"一节体操"等。其实"一节课"从时间上看是一个时间段，从动作看是讲课演说的一个段落。

时间段之间的连接处称节气、节日；人体骨头的连接处是骨节、关节,《说文·肉部》:"肘,臂节也。"段注:"厷与臂之节曰肘,股与胫之节曰郄。"文章段落的连接处是一节,凡此都是可以感知和把握的。更为可贵的是,先民还把"竹节"的区分与分隔功能用于抽象的事物,比如人行为规范的节点是礼节、节操、仪节,就是合礼与否的界限;对动作或物品使用等的约束限制就是节约、节制。《周易·颐·象》曰:"君子以慎言语,节饮食。"约束适度就是"节度","守节"就是遵守节度。[①]

可见,古人造字与用词也同样"见其所见,不见其所不见;视其所视,而遗其所不视",看见的是竹节内部的功用特征,以此表达一些十分抽象概括的观念。

专注于"色物、牝牡",仅从字形表象分析,会有很多不合情理之处。比如隹部、鸟部字有什么不同? 现在的解释都依据许慎的《说文解字》:"隹,鸟之短尾总名也。象形。凡隹之属皆从隹。""鸟,长尾禽总名也。"段玉裁注:"短尾名隹,长尾名鸟,析言则然,浑言则不别也。"桂馥《说文义证》也说:"析言之,则隹、鸟异类,合言之,则隹、鸟通称。"段氏、桂馥用"浑言""通称"是基于事实对许慎说的补救,但依然说不通。比如:

第一,有些字,可以是从"隹"从"鸟"两个偏旁并存。

(1)《说文·鸟部》:"鷅,伯劳也。从鸟,昊声。𪇰鷅或从隹。"就是"鷅"字从"隹""鸟",二者作为偏旁可以互换。

(2)《说文·隹部》:"鸡(雞),知时畜也。从隹,奚声。𪆽籀文雞,从鸟。"故"鷄"同"雞"。

---

① 应当说明的是,上文段注称"又假借为符卪字",这里的"假借"应当看作引申。《说文·竹部》:"符,信也。汉制以竹,长六寸,分而相合。从竹付声。"段注:"《周礼》:'门关用符节。'注曰:符节者,如今宫中诸官诏符也。""符节"以竹为之,作为凭证,所以称"符节",不是假借。

（3）《说文·隹部》："雅，楚乌也。一名䳜，一名卑居。秦谓之雅。从隹，牙声。""雅"是"鸦"的古字，后来假借为"雅"义。《宋本玉篇·鸟部》："鸦，於牙切，鸟也，今作鵶。"《篆隶万象名义·鸟部》："鸦，於牙反，雅。"

（4）《说文·鸟部》："鷬，鸟也。"段玉裁注："今为难（難）易字，而本义隐矣。""鷬"或作"難"，就是"隹""鸟"作为偏旁可以互换。

以上四字都是形声字，声符不变，义符则可以有从"隹"与从"鸟"两种形式，而且意义相同，说明两种偏旁没有区别，都是异体字关系。

（5）《说文·鸟部》："鵰，雕也。"段注："《隹部》曰：雕，鵰也。"这两个相互为证的名称或用"隹"，或用"鸟"作偏旁，也说明其含义是鸟类，而没有鸟尾长短之别。

第二，把所有从"鸟""隹"字的例子集中起来，竟然没有发现从"隹"与从"鸟"的字在含义上有长尾与短尾的区别。比如"隹部"字，在《说文解字》有 39 个正体和 12 个重文，共计 51 个字，没有注明短尾者。"鸟部"字在《说文解字》中有 115 个字，新附字 4 字，加上乌部 3 字，共计 122 个字，多为鸟类的专名词或是鸟飞、鸟鸣等状态，与长尾、短尾少有关系。

第三，许慎《说文》中标注长尾或短尾且从"隹""鸟"的形声字有四例：

（1）《鸟部》："鷮，长尾雉，走且鸣。"此例从"鸟"，却解释为"长尾雉"，既然长尾，何以称"雉"？说明"隹""鸟"本身就没有区别。

（2）《鸟部》："鷻，鷻専，畐蹂。如雕，短尾。射之，衔矢射人。从鸟蘿声。"①此鸟明确"短尾"，竟然从"鸟"而不从"隹"。

---

① 段注："按畐蹂盖其一名。"

（3）《羽部》："翟，山雉也。尾长。从羽从隹。"山鸡尾长，却偏偏从"隹"，这也是矛盾的。[①] 其实从"隹"没有错，就是属于"鸟"类。

（4）《虫部》："蜼，如母猴，卬鼻长尾。从虫隹声。"此例也标明长尾，而从"隹"声。

所以此四例标注了"尾长"与"尾短"的字，部首却恰好与许慎的说法相反。

顺便讨论一下，《说文》中有没有形容短尾、长尾鸟的例子呢？考《说文·尾部》："屈，无尾也。从尾出声。"段玉裁注："《韩非子》曰：'鸟有翢。'翢者，重首而屈尾。高注《淮南》云：'屈读如秋鸡无尾屈之屈。'郭注《方言》'隆屈'云屈尾。《淮南》：'屈奇之服。'许注云：'屈，短也。奇，长也。'凡短尾曰屈。"也有一个证据，《说文·鸟部》："鶪，鶪鸠，鶻鵃也。"段注："郭云：今江东亦呼为鶻鵃，似山鹊而小，短尾，青黑色，多声。即是此也。"此是短尾鸟，从鸟屈声。这也说明"鸟"作为部首，大多表示类属，并不表示尾巴长短与否。

上面是关于短尾鸟的例子，下面看长尾的例子。《说文·羽部》："翣，鸟之强羽猛者。从羽是声。"段注："猛鸟羽必强，故其字从羽。此与赤羽、尾长皆从羽文法正同。"按照段注，从"羽"表示长尾。也同样有一个证据，《说文·羽部》："翘，尾长毛也。从羽尧声。"段注："按尾长毛必高举，故凡高举曰翘。"因此，如果说到长尾与短尾的偏旁，或许可以用段注语补充一点："短尾曰屈""尾长从羽"。

第四，我们也从字形上看一看"隹"与"鸟"的关系。

先看"隹""鸟"字形演变比对图：

[①] 段玉裁强为解释："（尾长）故从羽。不入隹部者，隹为短尾鸟总名。又此鸟以尾长为异也。"

仔细对比"隹"与"鸟"二字早期形状，其本质是一样的，并没有区别。后来分化出"隹"与"鸟"，是人为增加笔画和装饰所致。许慎分析"鸟"："象形，鸟之足似匕，从匕。"这也是强为解释，难道短尾鸟的足形状就不同了吗？我们不应当被表面的纹饰点画所迷惑。

再看"雉"在甲骨文和《说文》中的字形：

"雉"，甲骨文从"隹"，《说文》从"鸟"。《说文·隹部》："雉，从隹，矢声。鷈古文雉，从弟。"上文图片《说文》的例子更可以看出：鷈字形中"鸟"的写法与"隹"非常接近，只是精细化程度的不同。

对于"隹""鸟"同源的问题，有学者讨论过。如裘锡圭先生在《文字学概要》(1988)中说："'隹'也象鸟，所以'隹'和'鸟'在用作表意偏旁时往往可以通用，如'雏'也作'鶵'，'雞'(鸡)也同'鷄'，《说文》说'隹'是'鸟之短尾总名'，'鸟'是'长尾禽总名'，可能仅仅是根据字形推测的。"徐中舒《甲骨文字典》(1989:390)也说："隹、鸟本为一字，古文字从隹与从鸟实同。"而罗振玉1927年《增订殷虚书契考释》"曰隹"条的解释最为透彻："又卜辞中隹与鸟不分，故隹字多作鸟形，许书《隹部》诸字亦多云籀文从鸟，盖隹、鸟古本一字，笔画有繁简耳。许以隹为短尾鸟之总名,鸟为长尾鸟之总名,然鸟尾长者莫如雉与鸡,而并从隹;尾之短者莫如鹤鹭凫鸿,而均从鸟,可知强分之未为得矣。"

简言之,从"隹"与从"鸟"的字,本质上是一个部首。许慎根据他所能够见到的字形进行的分析是不正确的,如今的大型工具书如《汉语大词典》《汉语大字典》都按照许慎的说法强为分别。我们应当接受罗振玉等学者的分析,看本质而不被表面现象遮蔽。[①]

"节"的例子证明古人造字用字注重"道",即注重事物的本质;"隹"与"鸟"作为偏旁的例子告诉我们研究汉字字形需要注重"道",而不能仅关注现象。

汉语字词研究,历史悠久,研究者众多,在浩瀚的汉语字词研究的星空中,本书依照丛书体例要求,仅选取近二三十年的 22 篇研究成果,虽然只是一个缩影,但其内容倒也很丰富:从汉字发展历史看,有甲骨文、金文和后期的文字研究;从分类看,有汉字的分化与派生,有字用与字形的联系和区别,有词源与词族的演变轨迹,有词义复杂的衍生途径,还有音变构词与双音化的结构关系;从研究方式看,有宏观综述也有专题讨论,更有一组词甚至一个词的细致研究和讨论。本论文集分"字词发展理论研究"和"字词发展个案研究"两编,编内文章大体依发表时间的先后顺序排列,部分文章的内容略有修订,全部文章都依据丛书体例做了统一调整。

研究汉语字词发展,既是老问题,也是新问题。传统的训诂学、文字学、音韵学成果中有很多涉及字词发展,却相对零散和局部,不成体系,不够深入。在学术快速发展的今天,特别是在出土文献大量涌现、

---

① 需要说明的是,作为偏旁,从"隹"与从"鸟"地位平等,诚如罗振玉所说;但是"鸟"是泛指的名称,"隹"没有单独用的例子。《说文·瞿部》:"矍,隹欲逸走也。"段玉裁注:"隹当作隼。"或许"隹"单用就是"隼",是一种猛禽,这只是推测。

计算机技术高度发展的今天,运用古人倡导的"道"的精神,进行深入而系统的研究,就显得尤为必要和可能了。在未来的研究中,我们应该继续借鉴古人"道"的智慧,结合当代的研究材料和方法,更好地通过汉字读懂中华文明,传承中华文明。我在这个方面还很浅薄、很短视,无法揭示科学的道理和研究发展的趋势,只能用两个例子来说明进行系统深入的研究非常重要。

2024 年 7 月 30 日

第一编

字词发展理论研究

汉语词源的探求与阐释[*]

王 宁

中国训诂学主要研究古代汉语的词源及词汇意义的历史演变。因此,首先要涉及词源的探求和阐释。探求词源就是逐一分析可能追寻到的造词理据,在具有大量成果之后,逐渐建立起一个个局部的词族系统,这属于语言词汇的本体研究;而阐释词源则是对这些造词理据的真实性与合理性从文化历史的背景上加以证明和阐发,这已涉及语言与文化的关系。把阐释词源的诸多成果集中起来,可能大致看出以语言为中心的文化网络,形成语言与其他文化的互证关系。这就超出了语言的本体研究,具有了宏观语言学的意义与价值。

如果不将词源逐一探求清楚,就无从对它进行阐释;如果对词源不加以阐释,已探求到的词源就难以证实。欲求词源研究的科学化,必须从分析微观的语言事实入手,继而达到宏观认识的目的。

探求词源必须有一套科学的方法,不应当是随意的、感觉式的。这既要涉及词的物化形式语音,又要涉及词的内容语义。在词源的探求方面,分析语音关系已有了一些可操作的法则;但是汉语的音节数是有限的(尽管古音还可以利用音转扩大声音相近的范围),只凭语音一方面的条件不可能确定同源。而由于事物的联系无处不在,人们又常把事物的联系当作语义的联系,因此,系连同源词往往存在着很大的随意

---

* 本文原载《中国社会科学》1995 年第 2 期。

性。解决这一问题,须在汉语词源理论的指导下,确立分析词义内部结构的可操作方法。至于阐释词源则要涉足民族文化的大网络、巨系统,不应当简单化。解决这一问题,重要的是对词源与文化的关系有一个清楚的认识,并找到由语言本体出发深入到民族文化历史总体的可靠途径。基于以上情况,本文试图对探求词源意义的操作方法和文化历史背景对阐释词源的作用这两个问题进行阐述。

一、汉语词源意义的探求

在讨论探求词源问题时,先要对汉语词汇的发生和积累的过程稍加论述。汉语词汇的积累大约经历过三个阶段,即原生阶段、派生阶段与合成阶段。这三个阶段之间没有截然分清的界限,只是在不同的阶段,各以一种造词方式为主要方式。

汉语和世界其他任何一种语言一样,有过一段为时很长的原生造词时期。这是汉语词汇的原始积累时期。在这段时期里,词汇如何从无到有,呈现什么状态,这是语言学家和人类学家反复探讨而又难以确证的命题。章太炎先生以为语言最初的发生与人的触受有关[①],也就是说,原生造词是源于自然之声的提示。这一说法在某些词上或可得到证实。例如,"蛙""鸡""鸭""鹅""鸦""猫""蟋蟀"等动物是以他们的鸣叫声来为之命名的;又如,"淋""沥""流""涟""涝""潦"等词的词音似与水的滴沥声相关;"软""蠕""柔""茸"等词的声母上古音都为"日"纽,发音时舌面腻黏,似能给人柔软的感觉;等等。但是,这些现象是偶然的巧合还是理性的必然? 在天籁与人语之间存在着哪些规

---

① 　见章太炎《转注假借说》(《章太炎先生所著书》正编)。

律性的联系？在已被记录下来的亿万词汇中哪些词属于原生造词的根词？由于语言发生的历史过于久远，不要说穷尽性的测查无法进行，就连一定数量的抽样测查和局部语料的归纳都是不可能做到的。所以，关于原生造词的理论只能是一种无法验证的假说。我们所能知道的只是，原生词的音义结合不能从语言内部寻找理据，它们遵循的原则一言以蔽之，即所谓"约定俗成"。

派生阶段是汉语词汇积累最重要的阶段。在原生阶段的晚期，就已经产生了少量的派生造词。而当词汇的原始积累接近完成时，派生造词逐渐成为占主导地位的造词方式。这一阶段，汉语由已有的旧词大量派生出单音节的新词，并促进了汉字的迅速累增。周秦时代是汉语词汇派生的高峰，在纷繁的派生活动中，积累了大量的同源词[①]。

合成阶段的到来是汉语词汇发展的必然结果。汉语词汇在原生与派生造词阶段都是以单音节为主的。由于音节数是有限的，区别同音词的手段必然非常贫乏。而且，派生造词阶段正是古代汉语文献大量产生的时期，在书面汉语里，孳乳造字伴随派生造词，就成为区别同源词与同音词的一种措施。这便使汉字的造字速度也极快提升。词与字的增长一旦超越了人的记忆可能有的负荷，凭借音变与字变而进行的派生造词便不能符合词汇继续增长的需要。恰好也正是在这一阶段，汉语的构词元素积累到了一个足够的数量，为合成造词创造了必要的条件，于是，在两汉以后，合成造词取代了派生造词，成为汉语主要的造词方式。随之而来的，是汉语由单音词为主逐渐转变为双音词为主。下面就分别来讨论单音节派生词和双音节合成词的造词理据的探求。

---

① 关于同源派生的理论和有关同源词的术语，我们已在另文有所论述。请参看《传统字源学初探》及《论字源学与同源字》两文（收陆宗达、王宁，1994：352—388）。

（一）单音节派生词造词理据的探求

　　派生词的音与义是以根词和源词①的已经结合了的音与义为依据的，因此，根词、源词与派生词之间，以及同源派生词彼此之间，都存在着音近义通的关系。一组待定为同源词的语料，在已知它们的音同或音近关系后，判定它们之间的义通关系，便成为确立它们同源的关键；而把握义通的规律，从中探求派生词的造词理据，词源探求的任务才算全面完成。

　　由同源词中确定造词理据，一般有两种情况：

　　第一种情况是词的派生序列难以明确，造词理据须通过同源词系连②，从中概括抽取出来。例如下面一组语料：

　　　　稍,苗末

　　　　秒,麦芒

　　　　艄,船尾

　　　　霄,云端

　　　　鞘,鞭头细皮条

　　　　梢,树枝尖端

　　　　消,水消减

　　　　销,金消减

　　　　削,用刀使减少

---

　　①　根词指最早派生其他词从而成为整个词族总根的原生词，直接派生其他词的词称作被派生词的源词。关于这一问题我们已在另文有所论述。详见王宁（1986：65）。

　　②　在根词没有确定的情况下，将未能穷尽的同源词归纳到一起，称作局部系源。见王宁（1986：66—67）。

这组同源词都从"小"得声,它们的意义关系是怎样的呢? 如果我们用两分法分析它们的意义内部结构,可以看出以下情况:

稍=/禾类/+/叶末端渐小处/

秒=/禾类/+/芒末端渐小处/

艄=/船类/+/尾端渐小处/

霄=/云霞类/+/最高(顶端)视之渐觉小处/

鞘=/鞭类/+/(系于)顶端而细小处/

梢=/树木类/+/末端渐小处/

消=/施于水/+/使之少/

销=/施于金/+/使之少/

削=/以刀施之/+/使之少/

经过分析的两个部分,显示了词义的内部结构,而每一部分都小于一个义项(义位)。借鉴西方语义学的义素分析法,我们把这两部分定为义素。如果我们把分析后的前半部分用/N/表示,这部分含着词义的类别,我们称作"类义素";后一部分用/H/表示,这部分含着被人们共同观察到的词义特点,也就是造字所取的理据,我们称作"核义素"或"源义素"。有些论著把这一部分叫词源意义,与我们的定称没有矛盾,只是未能明确它的单位,因而也未能明确它在语义内部结构中的层次,在操作上是不方便的。

通过上述例证的分析,我们可以看出:同源词的类义素是各不相同的;而核义素是完全相同或相关的。以上一组同源词可分为两类;第一类6个词是名词,它们共同的核义素是/尖端—渐小/;第二类3个词是动词,它们共同的核义素是/使之小/。"渐小"与"使之小"的相关是一目了然的。从这里我们可以得到同源词之间意义关系的公式:

$$Y[X]=/N[X]/+/H/$$

以上一组同源词的意义关系可表示为:

(1) Y[6]＝/禾类、船类、云霞类、鞭类、树木类/+/尖端—渐小/

(2) Y[3]＝/水类、金类、刀类/+/使之小/

同理,下一组同源词在意义关系上也符合这一公式:

遘＝/行路类/+/(二人)交合/

媾＝/婚姻类/+/(关系)交合/

购＝/买卖类/+/(钱与货)交合/

觏＝/目见类/+/(目光)交合/

沟＝/水流类/+/(渠道)交合物/

篝＝/竹编类/+/(竹片)交合物/

它们之间的意义关系为:

(1) Y[4]＝/行路类、婚姻类、买卖类、目见类/+/交合/

(2) Y[2]＝/水流类、竹编类/+/交合/

在同源词里,还可以看到另一种情况,就是由表示某一特点的词,直接派生出具有这一特点的新词。这时,源词的整体意义,等于派生词核义素所含的意义①。汉代刘熙《释名》一书中有不少这类语例。比如:

> 冬,终也。物终成也。
> 饼,并也。溲面使合并也。
> 脍,会也。细切肉令散,分其赤白,异切之,已乃会合和之也。
> 冠,贯也。所以贯韬发也。
> 梳,言其齿疏也,数言比(篦),比于疏其齿差数也,比言细相比也。

"冬"为"终"派生,"饼"由"并"派生,"脍"由"会"派生,"冠"由"贯"派生,"篦"由"比"派生。这时,源词的词义与派生词的核义素在内容上是同一的,只是前者为义项(位)(用\H\表示),后者为义素,处于不同的结构层次。在对同源词进行比较时,它们之间的意义关系公式是:

$$Y1 = /N1/ + /H/$$
$$Yh = \quad 0 \quad + \backslash H \backslash$$

同理,当我们知道"蟹"是因拆解食用而得名,"蟹""解"同源时,它们之间的意义关系是:

$$Y(蟹) = /水虫类/ + /解/$$
$$Y(解) = \quad 0 \quad + \backslash 解 \backslash$$

---

① 在根词不确定的情况下确定源词与直接派生词的关系,称作不完全推源。见王宁(1986:66)。

又当我们知道"桌"是因比几高卓而得名,"桌""卓"同源时,它们之间的意义关系是:

$$Y(桌) = /木器类/+/卓/$$
$$Y(卓) = \qquad 0 \quad +\backslash卓\backslash$$

概括这两个公式可以知道:同词性的同源词的意义关系建立在核义素相同的基础上,它们因类义素的对立互补而区别为不同的词,不同词性的同源词一般不具有类义素的对立互补,而它们的核义素却是直接相关的。就源词与派生词而言,源词的意义直接被吸收作派生词的核义素。这时,派生词的造词理据也就直接含在源词的意义中了。

(二) 双音节合成词造词理据的探求

双音节合成词是由两个单音节词(词素)结合而成的。现代汉语双音词与词组的区别,应严格按其是否能依据现代汉语语法结构并按其词素的字面意义分开解释为标准。凡是确实已经无法拆开后用两个词素的意义简单相加来解释的双音词,可确定为已结合成熟的词。它们的造词理据应包括以下两个方面:一是参与造词的词素(由古汉语单音节词转化而来)各自意义的来源;二是它们结合并凝固的原因。把这两点合在一起进行考察,可以看出以下四种情况。

1. 参构词素起码有一个,或两个都是古义,现代已不能单用,于是使两个词素结合后无法拆开理解。例如:

"交际""国际""边际""天际"等词,都有一个词素为"际"。《说文解字》:"际,壁会也。"墙与墙相交的地方叫"际"。《小尔雅·广诂》释"际"为"接",是"壁会"的广义。上述诸词中的"际"用的都是古义。

现代汉语里具有这一义项的"际"已成为不能独用的词素,致使上述词凝固而不能分开。

"失声""失态"等词中的"失",有禁不住而放纵的意思。《说文解字》:"失,纵也。"正与上述词中"失"的语素义相合。现代汉语里具有这一意义的"失"字也已不能独用。因此,上述两词的词素互相依存,不能分开。

2. 参构词素结合于古代,当时还属于词组,可以分开解释。结合后产生了整体的意义,又在此整体的意义基础上引申出新义。引申后的意义与词素义已不直接相关,于是使两个词素凝固而不可分。例如:

"结束"的"终了"义是由穿衣产生的。古代的长服装襟的上部腋下处有短带,系短带叫"结"。后来改为纽扣,也叫"结"。扎腰带叫"束"。中古时"结束"一词当"着装""打扮"讲。李益《塞下曲》:"番州部落能结束。"穿衣到了系短带和扎腰带的阶段,已经是最后一道程序了,所以,"结束"一词才发展出"终了"的意义。而"终了"的意思与"结"和"束"已不易看出直接的关系,当"终了"讲的"结束"也就无法拆开理解了。

"要领"一词指问题的要点、要害。而古代"要""领"连用,是与刑法有关的。古时的斩刑先有腰斩,后有斩首。"要"是"腰"的古字,"领"是脖子,所以古人常以"要领"并称。《管子·小匡》曰:"管仲曰:斧钺之人也,幸以获生,以属其要(腰)领,臣之禄也。"《礼记·檀弓》:"是全要领以从先大夫于九京也。""属其要领"就是脖颈与腰能连着身首。"全要领"就是不从脖子和腰处斩断。今天所说"不得要领",是以施刑找不准脖子和腰,比喻谈问题抓不住要害。

3. 参构词素的结合方式是古代汉语常见而现代汉语罕见的,因此,现代人不能将其分开解释。例如:

"蚕食""冰释""龟缩""函授""口诛笔伐"等词,都采用了名词作状语的偏正式。这种语法结构属古代的遗存,现代已不习惯将它们拆开。

4. 参构词素中,有一个或两个书写发生了变化,改写了同音借字,致使结合时的原意无法从字面上解释,才使两个词素凝固不可分。例如:

"刻苦"的"刻"本字应作"愘"。《说文·四下·心部》:"愘,苦也。"《广雅疏证》转引《通俗文》说:"患愁曰愘。"《韩非子·存韩》说:"秦之有韩,若人之有腹心之病也。虚处则愘然,若居湿地著而不去,以极走则发矣。"可见,"愘"的意思是"内心的病患"。"刻苦"即"苦",也就是因为心中的忧患而勉强自己努力去完成某一件事。《孟子》所谓"苦其心志"的"苦",意义正与"刻苦"的"苦"相同。但"愘"写成"刻"以后,"刻"的"雕刻"义无法与"苦"相配,于是造成了分则无解、合则义存的局面。

二、文化历史背景对词源阐释的作用

经过上文进行科学的意义比较,同源词的系联科学化了,排除了随意性,避免了因偶然音同而强说意义关系的弊病,这就使造词理据的探求有了一定的保证。但是,为了更进一步地证明已探求到的词源的可靠性,必须对古人更深层、更细微的文化思想有一个深入的了解。因为,词的派生时期的文化历史,通过人的心理与思想,溶注到词的词源意义里,使词源意义与文化历史产生了相互解释的可能性。

词源意义中包含了古人的社会生活。例如:

汉以前"钱"称"泉"。《管子·轻重》:"今齐西之粟釜百泉。"注:"泉,钱也。"《周礼·外府》注曾有"其藏曰泉,其行曰布,取名于水泉,其流行无不遍"的说法。《周礼·序官》有"泉府",孔颖达疏说:"泉与钱今古异名。"《史记·平准书》:"龟贝金钱。"《索隐》:"钱本名泉,言货之流如泉也。"这些记载都说明"钱"为"泉"的派生词,当时它已有了贮存与流通两种特性。

"题"与"顶""颠""天"同源,都指动物、人最高最前的地方,"题"引申为题,可以知道文章的题是先文而有之的。

"落"与"离"同源,/H/为/隔离/,因而知道"院落""村落""营落""部落"……的"落"是因为划分区域时和其他邻近单位相隔离而得名。这是古代农业和军事建制的反映。

词源意义中包含了古人的传统观念。例如下列一组同源词:

　　囱,烟囱,走烟的通道。

　　葱,调味菜,其叶中空。

　　窗,墙孔,室中通空气的洞。

　　聪,闻审谓之聪,接收外界事物通达。

它们的意义关系:

$$Y[4]=/N[4]/+/空—通/$$

由此我们可以知道古人对聪明的认识,他们认为聪明是内心对外界的感受通达。这种解释还可以得到一些旁证:"聪"与"灵"为同义词。"灵"与"棂"同源。"棂"是窗户格,也是通空气的孔。"灵"的核义素也是通达,与"聪"不同的是,"灵"着重在与鬼神相通,智慧来源天上;"聪"着重在与自然、社会相通,智慧来源于地下。从"聪""灵"的词源,可以证实古人衡量智愚的标准。

从某些词的词源里,还可以反映出某一历史时期意识形态的变化。

且看以下一组同源词：

龢，音乐和谐，最美境界。

盉，五味和，调味的最美境界。

和，人和，事和，社会人际关系的美好状态。

"禾"是它们的源词。古人以为，禾苗是天地万象和谐的产物。冷暖中，刚柔适，阴阳调，内外平，上下通，始有禾的成熟；所以，禾苗是自然协调的象征。这是中国社会进入农耕时代所产生的观念。这种崇尚自然、赞美天籁、尊重人与物的本性的审美心理，几千年来，在中国的音乐、绘画、诗词曲中时有体现。这是文化的精华。然而，这种观念的另一面，则是对变革、创造、更新的抗拒和反感。奴隶制晚期保守的政治思想，要求对旧秩序加以维护的思想，又可以从另一组派生词中反映出来。表示"变化""创新""超越"等意义的词，常常发展出贬义的派生词来：

"为"（作为）派生出"伪"（欺伪）

"化"（变化）派生出"讹"（讹误）

"作"（初创）派生出"诈"（诡诈）

这又是古代文化思想的另一面了。

不同时代的语言可以互译，但词义中的文化内涵不同所造成的隔阂有时是很难消除的。以数字为例，现代数学已把一二三四五六七八九十抽象为不含任何具体内容的数目，而数的排列都是由少到多逐渐累积的。但是，我们从数字的词源上可以看出中国古代关于数的哲学观念与现代的差异：

"一"与"壹"在《说文解字》里是两个字,它们记录的是一对同源词。"壹"是"专壹"的本字。"懿"字又是它的派生词,训"专久而美"。"壹壹"合成联绵词。《说文解字》:"壹,壹壹也,从凶从壶,壶不得泄凶也。"《易》曰:"天地壹壹。""壹壹"即"氤氲"(yin yun),是"一"分音而成的联绵词。古人认为,世界是在一片混沌中产生的。《说文解字》"一"下说:"唯初太极,道立于一,造分天地,化成万物。"这里包含了"一"的词源。

"二"与"耳""而"同源。它们都有"分立"的词源意义。天与地是世界的第一次切分。《说文·土部》:"地,元气初分,轻清阳为天,重浊阴为地。"从"二"的词源可以看出,远古曾有过只具一、二两数的时代,随之有了二进位的原始计数法。《易经》只有阴、阳二爻,即反映了二进位制。

与二进位制相联系的是"八"的词源。《说文》:"八,分也。""八,别也。"道家所说的"道生两仪,两仪生四象,四象生八卦",这也反映了在二进制的时代,"八"是"一"的穷尽切分。

"三"与"△"(集)同源。《说文解字》:"△,三合也。从入一。象三合之形。读若集。"太炎先生以为是"集"的古字,极确("三"与"集"上古声母皆在"精"组,皆为闭口韵,"合""添"旁对转)。"三"突破了二,集成天地万物,它的词源意义是"聚集"。万物中最大的是人,天、地、人称"三才"。《说文解字》:"大"下说:"天大、地大、人亦大焉。"

"四"是二的二次切分,五是四象的交集点,它与"午"同源。词源意义是交午。《律书》:"午者阴阳交,故曰午。"《仪礼》:"度尺而午。"注:"一纵一横曰午。"《说文解字》古文"五"作×,作相交形。"五"为个位数之中,"午"为十二支之中。

　　"九"突破了"八",又是"三"的再度集合。它与"终""究"
"穷"等词同源。词源意义是"终结"。

上述数字的词源表明,古今对数的认识是有差别的。古人把未分的
"一"称"元气"。"元"表示最大、最早。"元首""元凶""元帅""元老"
"元年""元旦"的"元"都是最大、最前、最早。这种以"一"为大、分而
多、多而小的观念,和以"一"为小、加而多、多而大的累积观念是反向
的,这里面包含着中国古代的世界发生的观念。同时,数字的词源意义
又影响了它们的语用价值。在汉语的成语里,"三""五""九"总是表示
多数:"三番五次""三令五申""三教九流""三六九等"……都极言其
多。而"四"与"八"常配合:"四平八稳""四通八达""四时八节""四面
八方"……都极言齐全。这些都可充分证明词源与文化的互证关系。

　　不仅单音词的词源意义与文化历史之间有互证的作用,合成词的
结合原因,在相当程度上也与文化密切相关。阐释双音词词源,必须结
合词素产生时的历史文化背景与词素合成时的历史文化背景来进行。
前面所说的"交际""失声""结束""要领"诸词的词源,无一不要结合
文化历史背景来证明和阐释。又例如:

　　"介绍"一词,30 年代用作"绍介"。"绍"与"介"的结合是有历史
文化原因的。周代的礼节,贵族相见时主客都要有人传命和导引。客
方的传命人称"介",分上介、次介、末介;主人的导引人叫"傧",分上
傧、承傧、绍傧。末介与绍傧正是主客之间的中介,所以《仪礼·聘仪》
有"介绍而传命"之说。这就是"介绍"一词形成的文化背景。

　　"物色"的意义是择寻。上古汉语中"物"是畜类的毛色。古人对
畜类的毛色十分重视,是因为要选择毛色作旗,而毛色又与祭祀时的牺
牲有关。牺牲是要选纯色牛的。"物"因此引申为"外物""外形"之义。

又引申为"选择"之义。《周礼》郑玄注有"物物色而以知其所宜之事"之说,又有"以物地占其形色"之说,都是讲根据事物的外部形状来选择自己的生存条件。"色"的本义是"气色""脸色",《论语》说,尽孝道时"色难"。前人对这个"色"有两种解释。一说指儿子在父母面前要始终保持愉悦的脸色。《礼记·祭义》说:"孝子之有深爱者必有和气,有和气者必有愉色,有愉色者必有婉容。"另一说指父母的脸色,通过父母的脸色来理解父母的需求。不论哪种解释,"色"都是人的外部表情。说明古人认为外部表情是反映人的内心心态的标志。"物色"连用而引出"择寻"之义,正是古人观物象人色而知天时地利之变,也就是由外部形状入手去探究更远更深事物这种观察方法的反映。

三、余论:关于文化语言学

上述种种现象,不但可以说明文化对词源的证明作用,同时也可看出词源阐释对研究人类文化的宏观价值。民族文化有很强的传承性,每个民族的历史都是可以追溯的。在了解既往历史时,典籍和文物就是文化传承的桥。在一般情况下,我们都是通过阅读古代典籍和观察出土文物来了解自己民族历史的。但是,正如桥总是架设在要路之津一样,能被典籍记录下来的史实,大都是对政治经济发展起重要作用的史实,更为深层的细微现象,往往是不见经传的。许多观念形态的精神文化,即使是十分发达的书面语言,也难以尽述。追溯这些深层的细微现象,是缺乏文化传承的这种桥的。

语言与人类共存,特别是它的词,是文化的活化石,是现代人通向古代文化彼岸的一叶小舟,在没有桥的地方,唯它可以通过。词语的意义内涵是人类经验的历史积蕴,探讨词源,可以起到了解古代文明的作

用。而正因为词语的内涵不可能脱离它所产生时代的历史背景,文化
对词源的阐释作用也就绝对不容忽视。

　　灿烂的华夏文化的方方面面,蕴藏在浩如烟海的汉语词语中。探
求词语的意义来源与阐释历史文化对词语意义的直接影响,二者可以
相得益彰,并为语言的研究和文化的研究开辟新的途径。然而,从个体
词语意义(包括它的构词理据与使用意义)的文化内涵考据入手,观察
语言与文化关系的种种表现,并从中归纳出带有普遍意义的现象,然后
通过对这些现象的解释来寻找语言与文化关系的内在规律,这却是传
统训诂学早已创建的研究方法。所以,从这个意义上说,汉语文化语言
学绝非当代人所首创,更不是由国外引进的。它不但发源得很早,而且
从来就是中国语言学的古老传统。这个传统既包含了对语言与文化关
系的明确认识,又包含了从第一手材料出发、重视微观分析、不事空谈
的求实作风。这两方面,都是我们应当继承的宝贵遗产。

　　就语言与文化的关系而言,语义所含有的文化因素要比语音、语法
更为丰富、明显。因此,文化语言学的重点,应当首先放在语义上。而
继承传统训诂学的精华,改变它不适应当代的不理想状态,尊重历史,重
视继承,同时也要认真借鉴外国语言学成果——特别是它的科学方法,
才能建立起符合汉语事实的文化语言学,达到对汉语宏观研究的目的。

参考文献

陆宗达、王宁,1994,《训诂与训诂学》,山西教育出版社。

王宁,1986,《训诂原理概说》,王问渔(主编)《训诂学的研究与应用》,内蒙古
　　人民出版社。

语义演变与词汇演变[*]

吴福祥

语义演变与词汇演变是语言演变的两个重要方面,也是历史语言学(尤其历史词汇学和历史语义学)重要的研究领域。不过,语义演变与词汇演变是怎样的关系,这个问题在以往的历史语言学界尤其是汉语史学界中鲜有探讨。我们认为,至少就汉语史研究而言,弄清语义演变与词汇演变之间的联系和区别,不仅有助于深化汉语历史词汇和语义演变的研究,亦可裨益于汉语历史语言学的学科建设。本文的目的是讨论语义演变与词汇演变这两个概念的内涵及其内在关系。

一、语义演变

(一)什么是语义演变

什么是"语义演变"?简单的回答是:"语言形式的意义所发生的任何演变,通常也包括语法语素的语法功能所发生的演变。"(Trask,2000:303)不过,"语义演变"到底是指什么样的历时过程,语言学家的看法并不完全一致。目前主流的看法是,语义演变是指义位的增加(添加新义)或消失(丢失旧义),而非某个义位本身的改变。这种看法可谓之"多义模式"观。代表性观点见于 Wilkins(1996:269):"语义演

---

* 本文原载《古汉语研究》2019 年第 4 期。

变指的不是意义本身的改变,而是一个语言成分在形式不变的前提下,其语义系统增加了新的意义或丧失了原有的意义。重要的是,言语社会中所有语义演变在其开始或最后阶段都涉及多义性(polysemy)。基于这种观点,一个完整的语义演变实际包含了两种语义演变:第一种语义演变是通过意义的增加而导致多义模式的产生,第二种语义演变则是通过原有意义的丧失而消除上述多义模式。共时的多义模式在语义演变研究中至关重要,因为正是这种多义模式为两个义项在语义上互相关联以及一个义项引发另一个义项出现这样的假设提供了重要证据。"

Wilkins(1996:269)用下面的图1来刻画语义演变的这种"多义模式"观:

时间(T):	T1	T2	T3
形式(F):	F1	F1	F1
意义(M):	M1 →	M1&M2 →	M2
特　征:	p,q,r	p,q,r q,r,s	q,r,s

图1　语义演变的"多义模式"观

与 Wilkins 的主张极为相近的是 Kearns,后者认为语义演变本质上体现为(1)所示的两个过程:

(1)语义演变的两个过程(Kearns,2002:1):

a. Fa　>Fa,b　[具有意义 a 的语言形式 F 获得了另外的意义 b]

b. Fa,b>Fb　　[具有意义 a 和 b 的语言形式 F 丢失了意义 a]

Kearns 指出,既然过程(b)作用的是一个多义形式(Fa,b),因此,如果我们假设这个多义形式是过程(a)的产物,那么过程(b)的发生一定依赖于过程(a),而反之则不然。由此可见,语言成分意义获得的过程是其意义丧失的必要条件。

　　此外,主张语义演变"多义模式"观的还有德国著名语言学家 Peter Koch。Koch(2016:24—25)认为,对语义演变比较合理的界定是,一个词的现有意义 M1 获得一个新义 M2,从而使得该词变成具有 M1 和 M2 两项意义的多义词。他用下面的图 2 来描述语义演变的连续性过程:

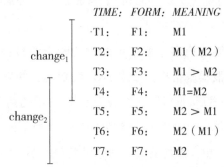

图 2　语义演变中词汇多义性产生和消失的循环模式

　　下面的(2)和(3)可用来说明图 2 所示的两个演变过程:古英语的 witnes(2a)和古典拉丁语的 tēstimōnium(3a)最初只有 'testimony'("证词、证言")这一意义。后来,古英语 witnes 和古法语 tesmoin 因为分别获得 'person giving testimony'("证人")这一新义而变成多义形式(如 2b 和 3b 所示)。在这两个例子里,(a)→(b)这一过程对应于图 2 的演变 1,Blank(1997)和 Koch(2016)谓之创新性意义演变(innovative meaning change);而(3b)→(3c)这一过程对应于图 2 的演变 2,Blank(1997)和 Koch(2016)谓之缩减性意义演变(reductive meaning change)。但演变 2 并非必然发生,如例(2)中(2b)=(2c)。由此可见,图 2 中的演变 1(创新性意义演变)是可以独立发生的语义演变。换言之,语义演变最主要的特征是多义模式的产生(参看 Koch,2016:25)。

（2）（a）古英语：witnes‘testimony’

　　　（b）古英语：witnes‘testimony’；‘person giving testimony’

　　　（c）现代英语：witness‘testimony’；‘person giving testimony’

（3）（a）古典拉丁语：tēstimōnium‘testimony’

　　　（b）古法语：tesmoin‘testimony’；‘person giving testimony’

　　　（c）现代法语：témoin‘person giving testimony’

　　实际上，类似的观察也见于中国语言学家的相关论述。如王力（1993：93、101）很早就指出："我们应该区别词义的发展和词义的变化。所谓词义的发展，是指甲义发展为乙义，而甲乙两义同时存在，甲义并未消失。例如早上的'朝'和朝见的'朝'。所谓词义的变化，是指甲义变化为乙义，甲义因而消失了，例如'脚'由'胫'义变化为'足'义之后，'胫'义不存在了。""词义的演变不一定就是新旧的交替。也就是说，原始的意义不一定因为有了引申的意义而被消灭掉。有时候，新旧两种意义同时存在（如'诛'字），或至今仍同时存在着（如'赏'字）。因此我们可以说，词义的转移共有两种情形：一种如蚕化蛾，一种如牛生犊。"蒋绍愚（2005：60—61）也强调："义位的变化有两种情况。一是义位的增减，即一个词产生新的义位，或消失了旧的义位。一是原有义位的变化，即扩大、缩小和转移。这两种情况不能混为一谈。"

　　不难看出，王力、蒋绍愚先生所说的"词义的发展"和"义位的增减"跟 Wilkins（1996）等力主的语义演变的"多义模式观"本质上并无不同，尤其是王力先生"如牛生犊"的隐喻可以说是对"多义模式观"的一种生动的刻画。但另一方面，我们认为，王力和蒋绍愚先生所说的"词义的变化"和"原有义位的变化"并不是语义演变的一种独立的类型，不宜跟"词义的发展"或"义位的增减"相提并论，因为"扩大""缩小""转移"这类"原有义位的变化",总会涉及新的义位的产生。"扩大""缩小""转移"其实是语义演变的结果:当一个义位在特定语境中产生新的义位时,如果将新义与源义进行比较,我们可能会发现,新义在概念外延上有所扩大或缩小,或者在概念内涵上有所改变(转移)。从这个意义上说,"扩大""缩小""转移"跟"隐喻""转喻"以及"褒化""贬化"一样,都是对新义和源义之间差异的刻画,本质上是语义演变的结果。另一方面,如果我们赞成语义演变的多义模式观(语义演变必然会涉及多义模式的产生),那么,王力先生所说的"如蚕化蛾"这种情形,在语义演变中实际上很可能是不存在的。[①]

综上所述,我们赞同 Wilkins 等学者的看法:语义演变指的是义位的增加(添加新义)或消失(丢失旧义),而非某个义位本身的改变。

尽管语义演变指的是意义的产生和意义的丧失两个方面,但历史语言学家对语义演变的研究主要聚焦于意义的产生而非意义的丧失。这是因为:第一,语言成分意义的丧失通常是混乱无序的,没有规律可循,因而无法预测;反之,意义的产生在很大程度上是有理可据、有规律可循的,且在一定程度上是可以预测的。第二,意义消失的过程通常是以新义产生为前提,而反之则不然,因此意义的产生是语义演变的核心所在。

(二) 语义演变的类型

语义演变的过程可从不同角度进行分类。传统语义学一般按演变的结果来给语义演变分类,譬如"扩大"与"缩小"、"隐喻"与"转喻"、"褒化"(amelioration)与"贬化"(pejoration)等等,这些概念和术语可追

---

① "如蚕化蛾"这一隐喻的问题是,它隐含了这样一个断言:意义 M1 和 M2 在任何时候都不可能共存(蚕变为蛾后就不复存在,二者不共存),换言之,语言中意义 1 和意义 2 不会以多义模式共存于一个形式。但实际上,任何一种语言(以及一种语言的任何阶段)都广泛存在多义模式。

溯到 19 世纪末欧洲一些语言学家的文献。

如前所述,如果着眼于演变阶段,语义演变可分为"创新性演变"和"缩减性演变"(Blank,1997;Koch,2016),前者是指新义的产生以及多义模式的形成(=图 2 中的演变 1),后者是指源义的消亡以及多义模式的消失(=图 2 中的演变 2)。

如果着眼于发生语义演变的编码单位,语义演变可分为"词汇单位的语义演变"和"非词单位的语义演变"。词汇单位的语义演变,顾名思义,是指词义(包括功能词的语法意义)的演变;非词单位的语义演变是指词缀、结构式以及语法范畴等语言成分的语义演变。[①] 可见,语义演变不等于词义演变,后者只是前者的一个子集。

如果着眼于意义的性质,语义演变可分为"词汇意义的演变"和"语法意义的演变"。词汇意义属于"内容义"(content meaning),也称"实指义""真值条件义"或"客观性意义";语法意义属于"程序义"(procedural meaning),也称"非实指义""非真值条件义"或"主观性意义"。一般说来,词汇语类(lexical category)的意义谓之词汇意义;功能语类(function category)的意义谓之语法意义。从这个意义上说,词汇意义≠词义,因为功能语类(譬如语法词)的意义亦属词义,但它是语法意义而非词汇意义。

如果着眼于语义演变的动因,语义演变可分为"言者诱发的语义演变"和"听者诱发的语义演变"(Koch,2016)。在言者诱发的语义演变(speaker-induced meaning change)中,第一步也是最关键的一步是,一个给定的言者 S1 利用某个原本编码"源概念"(source concept;SC)

---

① 跟词一样,词缀、结构式以及语法范畴等语言成分的意义也会发生演变,譬如英语派生后缀-er(e)历史上发生了"施事>工具>处所"的语义演变(Luján,2010:166),汉语的动趋式也经历过"趋向>结果>动态"的语义演变,德语现在时范畴历史上发生过"惯常体>进行体>将来时"的语义演变。

的词语(比如"小鲜肉")表达一个新的"目标概念"(target concept;TC)
(比如"年轻、帅气的男性"),听者 H1 理解了言者的这一创新,并作为
言者 S2 在随后的言语交际中将该创新传递给听者 H2,而 H2 又作为言
者 S3 进一步扩散这一创新,如此往复,直至该创新扩散至整个言语社
会而规约化(Koch,2001:225—228;2012:283;2016:29)。如图 3 所示。

$$S_1 \longrightarrow H_1=S_2 \longrightarrow H_2=S_3 \longrightarrow \cdots$$

图 3　言者创新(Innovation by the speaker)(Koch, 2016:29)

另一方面,在听者诱发的语义演变(hearer-induced meaning
change)中,言者 S1 使用一个给定的词语来表达其规约意义,这时 S1
只是传递了该词语的字面意义,并没有进行任何语用或语义的创新,但
听者 H1 却从 S1 的话语中"读出"该词语的新意义(听者的创新)。而
且,在此后的言语交际中,该听者 H1 作为言者 S2 将这种创新传递给
听者 H2,而 H2 作为言者 S3 进一步将这种创新加以扩散,如此往复,直
至该创新在特定言语社会中被规约化(Koch,2001:226—229;2012:
283—287;2016:30)。如图 4 所示。

$$S_1 \longrightarrow H_1 = S_2 \longrightarrow H_2=S_3 \longrightarrow \cdots$$

图 4　听者创新(Innovation by the hearer)(Koch, 2016:30)

二、词汇演变

(一) 什么是词汇演变

什么是词汇演变? 词汇演变应包括哪些内容? 这些问题其实并不

容易回答。尽管汉语学界研究词汇演变的成果很多,但很少有学者对词汇演变做出明确的界定。这里引用美国语言学家 Natalya I. Stolova (2015:5—6)的一段话作为我们讨论词汇演变的基点:

(4)词汇演变发生在两个层面,即形式层面(level of form)和意义层面(level of meaning)。因此,我们从定名学(onomasiology)和符意学(semasiology)两个层面来对词汇演变进行分析。定名学研究一个给定概念的不同名称(亦即"形式"或"能指")。正如 Traugott & Dasher (2002:25)所指出的,定名学聚焦于"颜色、智力这类特定概念域的编码形式的演变和重组"。符意学研究一个给定的词汇项如何获得新的意义。用 Traugott & Dasher (2002:25)的话说,符意学关注的是"多义模式的产生"。概而言之,定名学从某一概念出发,分析用来编码该概念的不同形式(从功能到形式),而符意学则从某一词项出发,探讨该词项能够表达的各种功能(从功能到形式)。

Koch(2016:23)也强调:"只有将符意学和定名学两种视角结合起来,才能对词汇演变有一个完整的认识。"①

实际上,很多语言学家(Geeraerts,1997;Traugott & Dasher,2002;Blank,2003;Lehmann,2003;Koch,1999)主张,符意学和定名学是研究词汇演变的两种主要方法(approach)或视角(perspective)。符意学着眼于形式到功能的映射(从语言符号到现实世界),关注的是一个给定的词项如何获得新的意义;与之相反,定名学着眼于功能到形式的映射

---

① 原文:A complete picture of lexical change can only be obtained if the semasiological and onomasiological perspectives are combined。

（从现实世界到语言符号），关注的是一个给定的概念如何获得新的名称或说话人如何为一个给定的概念找到新的表达形式（参看 Traugott & Dasher，2002：25—26）。Traugott 和 Dashe（2002：25、26）分别用图 5 和图 6 来刻画上述两种视角。

$$L \rightarrow \left\{ \begin{matrix} \text{Form} \\ \\ \text{M1} \end{matrix} \right\} \quad > \quad L \rightarrow \left\{ \begin{matrix} \text{Form} \\ \\ \text{M1+M2} \end{matrix} \right\}$$

图 5　符意学视角

$$\begin{matrix} \text{C} \\ \updownarrow \\ (\text{L1，L2}) \text{ t1} \end{matrix} \quad > \quad \begin{matrix} \text{C} \\ \updownarrow \\ (\text{L1，L2，L3}) \text{ t2} \end{matrix}$$

图 6　定名学视角

Blank（2003：38）用图 7 来描述定名学和符意学这两种研究方法之间的联系和区别：

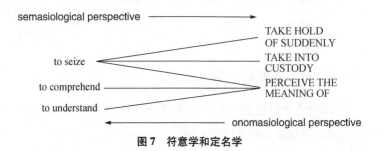

图 7　符意学和定名学

从符意学角度来说，我们要考察一个形式（词项）具有哪些不同的意义，比如英语动词 seize 的多义模式；而从定名学角度来说，我们需要给 PERCEIVE THE MEANING OF 等概念进行定名。历时层面上，符意学是描述特定词语的语义演变和发展，比如要说明英语动词 seize 历史上如何获得'to take into custody'这种转喻性意义以及'to understand'

这种隐喻性意义。另一方面,定名学则聚焦于概念编码方式的演变,比如要说明 PERCEIVE THE MEANING OF 这个概念在英语历史上采用哪些不同的编码形式、其编码过程中词汇演变的路径是什么等等。

　　符意学和定名学两种视角的区分也见于中国语言学家的相关论述。例如王力(1958[1980])在讨论汉语"词汇的发展"时就分别从"词是怎样变了意义的"(第 59 节)和"概念是怎样变了名称的"(第 60 节)两个角度进行的。① "词是怎样变了意义的"就是符意学的视角,而"概念是怎样变了名称的"则是定名学的视角。

　　综上所述,从定名学和符意学角度看,词汇演变可大别为两种基本的类型:

　　　　(5)符意学演变(semasiological change):词的意义演变(语义演变)

　　　　定名学演变(onomasiologucal change):词的编码演变(名称演变)

(二) 词汇演变的内容

　　词汇演变究竟包括哪些内容,不同的学者可能有不同的看法。我们认为,词汇演变至少包括以下方面。

　　1. 词义演变。如前所述,词汇演变表现为符意学演变和定名学演变两个方面,而词的符意学演变主要是指词的意义演变(语义演变),包括词汇词的意义演变(词汇意义演变)和语法词的意义演变(语法意

---

① 王力先生这两个角度的区分,可能源自他的老师房德里耶斯的《语言》(1992)。在这部书里,房德里耶斯将词汇的演变区分为"词怎样改变意义"(第二章)和"概念怎样改变名称"(第三章)两类。

义演变）。

2. 词汇的产生。词汇的产生是指特定语言的词库增加了新的词汇成分，这是词的定名性演变。一般说来，词汇产生的途径主要有：

（1）构词（word formation）。即利用某种语法规则或形态过程来构造出新的词项。世界语言里，主要的构词手段有"派生"（derivation）、"复合"（compounding）、"类转"（conversion）、"截搭"（blending）、"截短"（clipping）、"省缩"（acronyms）和"逆构"（backformation）等。这些不同构词手段的运作，使语言的词库得以不断增加新的成员。

（2）词汇化（lexicalization）。词汇产生的另一途径是词汇化。词汇化有"共时词汇化"和"历时词汇化"之分。共时词汇化是指某一个概念或意义在语言里用一个明确的词汇形式来编码，比如"老师的妻子"这一意义汉语用"师母"来编码，因此我们可以说，"老师的妻子"这一意义在汉语里被词汇化为"师母"。历时词汇化是指一个句法结构或词汇序列逐渐演变为一个新的词汇成分，譬如"规矩"本指"规"和"矩"两种器具，是个并列短语，后来演变成一个单纯的名词，指一定的标准、法则或习惯（董秀芳，2012：52）。不过，无论共时词汇化还是历时词汇化，其结果都是给特定语言的词库增加了新的成员。

（3）借用（borrowing）。除了构词和词汇化，借用也是语言获得新词的重要途径。任何语言的词库中，总有一些词汇成分（特别是文化词）源自与其有接触关系的语言。譬如现代汉语词汇系统中，有很多常用词，如"咖啡""电话""葡萄""菩萨""结果""玻璃""世界""逻辑""干部""现实"等，借自其他语言；甚至有些核心词历史上也借自其他语言，因为早已融入汉语的词汇系统，以致很难区别于汉语的固有词，如"牙齿"（TOOTH）这一概念，上古汉语用"齿"，"牙"是秦以后借自南亚语（张永言，1989；Norman & Mei，1976）；"哥哥"（ELDER BROTHER）

唐代以前只说"兄","哥"是唐代借自阿尔泰语(胡双宝,1980;梅祖麟,
1997)。事实上,谈词汇的产生和演变,词汇借用是一个绕不开的话题。

3. 词汇的消亡

词汇的消亡是指特定语言的词库减少了既有的词汇成分。跟词汇
的产生不同,词汇消亡的原因非常复杂,没有规律可循。目前所知,词
汇消亡的情形主要有两种,一是与社会——历史变迁相关的词汇消亡:某
一现象或事物在历史变迁中消失,其编码形式因而变成历史词汇,如
"妾""太监""太守""知府"。另一种是与词义演变或词汇场演变相关
的词汇消亡,即某种语义演变或词汇演变(词汇场演变)导致相关词汇
的消亡。譬如在古典拉丁语里,"舅舅(母亲的兄弟)"和"叔叔(父亲的
兄弟)"分别由 avunculus 和 patruus 来表达。在从古典拉丁语到法语的
演变中,avunculus 变为法语的 oncle,词义由"母亲的兄弟"变为"母亲或
父亲的兄弟",这一语义演变导致 patruus 在法语中消失(Koch,2016:32)。

4. 词汇的更替

词汇的更替是指某一概念的词汇编码形式发生历时替换,如 EYE
这一概念,古汉语用"目",近代汉语用"眼",现代汉语用"眼睛"。词汇
的更替尤其常用词的更替,是词汇定名学演变的重要方面,也是近年来
汉语词汇史研究着力甚多、成果丰硕的研究领域,其中汪维辉《东汉——
隋常用词演变研究》与《汉语核心词的历史与现状研究》是这类研究的
代表性成果。

5. 词汇系统与词库结构的演变

词汇系统与词库结构的演变也是词汇演变的重要方面,这类演变
往往跟词汇场(以及语义场/概念结构)的重组和词汇层级(以及概念
层级)的变迁密不可分。在汉语学界,蒋绍愚(2005,2015)已有一些深
入的讨论,但整体上无论是普通历史词汇学还是汉语历史词汇学,这方

面的研究成果都还比较少见。

　　综上所述,我们认为,词汇演变是指词汇单位的产生、更替、消亡以及词汇系统或词库结构的变迁,可大别为符意学演变(词的意义演变)和定名学演变(词的编码演变)两类。

(三) 词汇演变与语义演变的关系

　　以上我们对语义演变和词汇演变的关系做了大致的分析,但实际上,二者在很多情况下密不可分:一方面有些语义演变的结果往往导致词汇(概念编码形式)的演变,如图 8 所示:

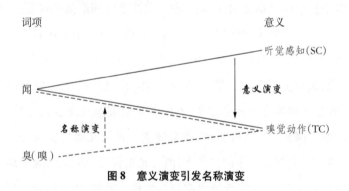

图8　意义演变引发名称演变

　　上古汉语里,"闻"最初表示"听觉感知","嗅觉动作"则由"臭(嗅)"表达。后来"闻"的意义发生变化,由"听觉感知"演变为"嗅觉动作"。这一语义演变的直接后果是导致"嗅觉动作"这一概念的编码形式由"臭(嗅)"变为"闻",从而发生了名称演变。

　　另一方面,概念编码形式的演变也会导致语义演变。譬如随着计算机的使用和普及,人类的概念系统里出现了一些与计算机有关的新概念。比如我们非常熟悉的一个概念是"计算机程序中出现在显示屏上的各种命令名称的选项列表",这个概念在英语里被命名为 menu(菜单）。这种概念定名的结果是 menu 这个词项获得了一种新的"隐喻"义。即：

menu（菜单）：

概念定名 ↑ 意义（1）：餐馆提供的列有各种菜肴名称的清单
意义（2）：计算机程序运行中出现在显示屏上的各种命令名称的选项列表 ↓ 意义演变

新概念："计算机程序中出现在显示屏上的各种命令名称的选项列表"

图 9　概念定名导致意义演变（新义产生）

但尽管如此，词汇演变与语义演变之间的区别仍不难辨析：第一，词汇演变虽也涉及语义演变，但只有词义演变跟词汇演变有关，而非词单位的意义演变则跟词汇演变无涉；另一方面，词义演变中只有其中的词汇意义演变属于词汇演变的内容，而词的语法意义（作为源义）演变则跟词汇演变关系不大。第二，如上所述，语义演变不仅包含词义演变，也涉及非词单位的意义演变；不仅包含词汇意义演变，也涉及语法意义演变。因此，只有词的词汇意义演变才是语义演变和词汇演变的交集。第三，词汇演变中词的产生、消失和更替以及词汇系统和词库结构的重组与变迁，跟语义演变没有直接关系。第四，语义演变不等于词义演变，后者是前者的子集。

三、历史语义学与历史词汇学

跟语义演变与词汇演变之辨一样，历史语义学与历史词汇学这两个概念之间的关系亦需讨论和明辨。二者之间的联系和区别应该怎样描述？

历史语义学是历史语言学的一个分支学科，它以语义演变为研究对象,讨论人类语言语义演变的路径和模式、机制和动因、共性和制约。尽管语义演变在很多情况下也涉及词汇演变,但历史语义学本身通常不会专门关注词汇演变。因此词汇的产生、消亡以及与意义变化无涉的词汇替代和词汇系统的演变等,不是历史语义学讨论的问题。

历史词汇学假如也是历史语言学的一个分支学科,那么它当以词汇演变为研究对象,研究人类语言里词汇的符意学演变和定名学演变,尤其聚焦于词汇的产生、消亡、更替以及词汇系统和词库结构的重组和变迁。至于符意学演变中,有些语义演变显然不是历时词汇学研究的对象,譬如上述非词单位的意义演变、词的语法意义演变。换言之,历史词汇学研究语义演变主要限于词的词汇意义演变。

四、结语及余论

语义演变和词汇演变是语言演变的两个重要方面,二者密切相关但并非等同。语义演变既包含词的词汇意义演变,也包括非词单位的意义演变,而后者跟词汇演变无关。可见,词的词汇意义演变,既是语义演变的子集,也是语义演变和词汇演变的交集。

词汇演变体现为符意学演变和定名学演变两个方面,前者限于词的词汇意义演变,后者包括词汇的产生、消亡、更替以及词汇系统、词库结构的重组和变迁。

历史语义学以语义演变为研究对象,聚焦于语义演变的路径和模式、机制和动因、共性和制约。历史词汇学以词汇演变为研究对象,不仅关注词的意义演变,更聚焦于词汇编码的产生、消亡、更替以及词汇系统、词库结构的重组和变迁。

语义演变导源于话语过程中言谈双方的意义创新(meaning innovation)，但意义创新不等于语义演变，尽管语义演变蕴含意义创新。一个给定的意义创新只有通过不断使用和传播，扩散至整个言语社会而发生规约化，才可以实现为语义演变。但是，一个创新的意义如何规约化？其触发和制约因素有哪些？为什么有的意义创新得以流行和扩散，以致最终实现为语义演变，而有的意义创新并没有扩散开来？以往谈语义演变的动因和机制，其实讨论的主要是意义创新的动因和机制，而不是意义创新扩散、传播的动因和机制。我们认为，语义演变研究的当务之急是，探讨意义创新如何规约化而实现为语义演变的。

参考文献

董秀芳，2011，《词汇化：汉语双音词的衍生和发展》（修订本），商务印书馆。

胡双宝，1980，《说"哥"》，《语言学论丛》（第 6 辑），商务印书馆。

蒋绍愚，2005，《古汉语词汇纲要》，商务印书馆。

蒋绍愚，2015，《汉语历史词汇学概要》，商务印书馆。

梅祖麟，1997，《"哥"字的来源补正》，余霭芹、远藤光晓（编）《桥本万太郎纪念中国语学论集》，日本内山书店。

汪维辉，2000，《东汉—隋常用词演变研究》，南京大学出版社。

汪维辉，2018，《汉语核心词的历史与现状研究》，商务印书馆。

王力，1980[1958]，《汉语史稿》，中华书局。

王力，1993，《汉语语法史》，商务印书馆。

约瑟夫·房德里耶斯，1992，《语言》，岑麒祥、叶蜚声译，商务印书馆。

张永言，1989，《汉语外来词杂谈》，《语言教学与研究》第 2 期。

Blank, Andreas & Koch, Peter (eds.), 1999. *Historical semantics and cognition.* Berlin；New York.

Blank, Andreas. 1997. *Prinzipien des lexikalischen Bedeutungswandels am Beispiel der romanischen Sprachen*. Tübingen: Niemeyer.

Blank, Andreas. 2003. Words and concepts in time: Towards diachronic cognitive onomasiology. In Regine Eckardt, Klaus von Heusinger, and Christoph Schwarze (eds.), *Words in Time: Diachronic Semantics from Different Points of View*, 37 – 65. Berlin; New York: Walter de Gruyter.

Geeraerts, Dirk. 1997. *Diachronic Prototype Semantics: A Contribution to Historical Lexicology*. Oxford: Oxford University Press.

Kearns, Kate. 2002. Implicature and language change. In Jef Verschueren, Jan-Ola Östman, Jan Blommaert and Chris Bulcaen (eds.), *Handbook of Pragmatics: 2000 Installment*, 1 – 22. John Benjamins.

Koch, Peter. 1999. Cognitive aspects of semantic change and polysemy: the semantic space HAVE/BE. In: Blank and Koch(eds.) 1999, 279 – 305.

Koch, Peter. 2001. Metonymy: unity in diversity. *Journal of Historical Pragmatics* 2: 201 – 244.

Koch, Peter. 2012. The pervasiveness of contiguity and metonymy in semantic change. In Kathryn Allan and Justyna A. Robinson (eds.), *Current methods in historical semantics*, 259 – 311. Berlin & Boston: de Gruyter Mouton.

Koch, Peter. 2016. Meaning change and semantic shifts. In Pävi Juvonen and Maria Koptjevskaja-Tamm (eds.), *The Lexical Typology of Semantic Shifts*, 21 – 66. Berlin/Boston: Mouton de Gruyter.

Lehmann, Christian. 2003. Functional and structural methods in linguistics (ms.), University of Erfurt, 29.12.2003.

Luján, Eugenio R. 2010. Semantic maps and word formation: Agents, instruments, and related semantic roles. *Linguistic Discovery* 8.1, 162 – 175.

Norman, Jerry and Tsu-lin Mei. 1976. The Austroasiatics in Ancient South China: Some Lexical Evidence. *Monumenta Serica* 32, 288 – 292.

Stolova, Natalya I. 2015. *Cognitive linguistics and lexical change: motion verbs from Latin to Romance*. John Benjamins.

Trask, R.Larry. 2000. The dictionary of historical and comparative linguistics. Edinburg University Press.

Traugott, Elizabeth C. & Richard Dasher. 2002. *Regularity in semantic change.* Cambridge: Cambridge University Press.

Wilkins, David. 1996. Natural tendencies of semantic change and the search for cognates. In Mark Durie & Malcolm Ross (eds.), *The Comparative Method Reviewed: Regularity and Irregularity in Language Change*, 224 – 304. New York; Oxford: Oxford University Press.

本源义滞留：
同义词语义侧重与搭配倾向的重要致因[*]

张 博

  Hopper(1991)提出语法化中的"语义滞留"(semantic persistence)原则,后来 Hopper 和 Traugott(2003/2008:119)再次对其进行说明:"后来的结构制约或其意义只能根据较早的意义来理解。换言之,当一个形式经历从词汇项到语法项的语法化时,它原来的一些词汇意义踪迹往往会黏附着它,它的词汇历史上的具体细节会反映在对它的语法分布的制约上。""语义滞留"揭示的是,在语言成分由实到虚的语法化过程中,实词原初的语义特征滞留在虚词的语法意义中,并制约着虚词的语法功能。同理,在实词的词义发展过程中,实词原初的语义特征也会滞留在后起的引申义中,并制约着词语在引申义上的搭配限制。为了区别于语法化中的"语义滞留",我们将这种词汇现象称为"本源义滞留"。

  王宁先生曾从本源义滞留的视角分析解释过"言"与"语"语法功能的区别:"'言'的说话对象,是用介词'与'引进,置于状语位置上;而'语'的说话对象则是用近宾语来表述的",例如"孔子下,欲与之言""子语鲁太师乐"。王先生指出:"形成这种差异的原因,必须从词汇意义的特点上去找。""言"是主动说话,与"传、谚、撰、喧、侃;延、衍、沿、

　　* 本文原载《民俗典籍文字研究》2020 年第 1 期。

演;唁"等有"直、顺"义的词同源,这也就是汉儒以"直言"训"言"的依据;"语"是对话、回答问题,与"悟、敔、䛐、午"等有"相交、相对"义的词同源,这也就是"语"的"论难""答述"义的来源。王宁先生(1996:233—237)从词源的角度认识"言""语"的词义特点,深刻地指出:"词的语法功能和它所能存在的结构模式,是受它的词汇意义控制的。"这一研究视角令我们深受启发,也使我们进一步认识到,同义词是观察本源义滞留的极佳窗口,因为同一语言词汇系统中词语的同义关系大都是后天形成的,即两个(及以上)词语在意义引申的过程中殊途同归,在某一个义位上形成同义关系,成为同义词;同义词尽管有相同的概念意义,但在语义侧重和搭配倾向等方面仍有一些细微差异,这些细微差异往往就来自本源义滞留。笔者曾对缘于本源义滞留的同义词异同进行过初步探讨,主张"在同义词辨析中引入本义、词源义的比较分析"。① 本文将在前期研究的基础上进一步讨论两个问题:一是制约同义词语义侧重与搭配倾向的本源义滞留有哪些类型? 二是认识本源义滞留对于现代汉语同义词辨析有何意义? 希望能为现代汉语同义词辨析提供一个有用的观察视角和可供参考的分析方法。

一、本源义滞留的主要类型

着眼于语义的属性,可将制约同义词语义侧重与搭配倾向的本源义滞留概括为本义语义特征滞留、词源义滞留和复合词的造词理据滞留三种类型。

---

① 详见张博(2004,2014)。不过这些前期研究尚未使用"本源义滞留"的概念及提法。

（一）本义语义特征滞留

"本义是造字阶段存在的词义，因此，它是有文献记载以来所能考出的最早词义。这个意义对考察词义引申系列和探求同源词都有比之其他意义更重要的作用。"（王宁，1984）传统训诂学很早就关注到本义对词义发展的影响，注意从本义出发，解释词义引申的方向和结果。例如，《说文》："苛，小艸也。"《六书故》（卷二十四）："苛，草细密也，引之为苛细、烦苛。"戴侗从"苛"的概念义（小草）中析出"细密"这一语义要素，认为"苛"正是基于小草"细密"的特点引申出"苛细、烦苛"义。现代语言学家借鉴义素分析法，将词义的"扩大""缩小""转移"分别界定为："一个义位在历史发展过程中减少了限定性义素，这个义位由下位义变成上位义，这就是扩大"，如"唱"；缩小"是原来的义位增加了限定性义素，从语义场的上下位关系看，是由上位义变成了下位义"，如"吃（喫）"；"转移是一个义位某一限定义素保留，其他义素，特别是中心义素变化而引起的词义变化"，如"汤"①。用义素分析法分析词义引申结果，关注的是引申义在本义的基础上减少、增加或改变了哪些义素；如果换一个角度来观察，不难看到，不论引申义如何减少、增加或改变本义（或原义）的语义内容，本义（或原义）的一部分语义要素通常还会在引申义中保留下来。例如②：

唱_本：［带头］+［唱］　　　→　唱_引：［唱］

吃（喫）_本：［摄入］+［东西］　→　吃（喫）_引：［摄入］+［干的］+［东西］

---

① 详见蒋绍愚（1989：74—78）。
② "唱""吃（喫）""汤"的语义结构式参考蒋绍愚（1989：74—78），词目下标（"本"代表本义，"引"代表引申义）及义素下划线为笔者所加。

汤_本：[热的]+[水]　　→汤_引：[有味的]+[以水制成的]+[食物]

苛_本：[细密的]+[小草]→苛_引：[烦琐细密的]+[性状]

引申义中保留着本义（或原义）的语义要素，这种现象与本文所讨论的制约同义词语义侧重和搭配限制的本源义滞留有本质上的不同。因为，决定词的引申义不同于本义的关键因素，不在于由本义保留下来的义素，而在于那些在本义基础上增加、减少或改变的义素，总之，是与本义构成义素相异的那个（或那些）义素。例如，"吃_本"在晚唐五代至清代前期的文献中是表达吃喝义的主导词，到清中叶以后，随着"喝"的出现及较快发展，"吃"只能表示吃食物，"喝"表示喝液体（贾燕子、吴福祥，2017）。决定"吃_引"意义及搭配限制不同于"吃_本"的关键是其义位中增加了一个义素"[干的]"。

同义词之所以意义相同，多是由不同的本义保留下来了相同的语义要素。例如：

裏，衣内也。从衣，里声。（《说文》）

内，入也。从门，自外而入也。（《说文》）

据《说文》，"里（裏）"本指衣服的内层，"内"本指从外面进入到里面。其语义结构式中有共同的语义要素"里面"：

里（裏）：[衣服]+[里面的]+[一层]

内：[自外面]+[进入]+[里面]

后来，这两个词本义中的其他义素脱落，仅保留下"里面"这个义

素,成为同义词,可以在很多情况下替换使用而意义大体相同:

校园里：校园内、车里：车内、一年里：一年内、视线里：视线内

然而,不难发现,二者的替换关系并不是任意的,例如:

A.夜里　泥里　手机里　心窝里　骨头里　热天里
（＊夜内　＊泥内　＊手机内　＊心窝内　＊骨头内
＊热天内）
B.界内　界限内　岛内　限期内　职权内　权限内
（＊界里　＊界限里　＊?岛里　＊限期里　＊职权里
＊权限里）

"里""内"各自的搭配限制显然不是由本义保留下来的共同义素决定的。作为同义词,它们的概念义相同,在其语义结构式（里/内：[特定的]+[空间/时间/范围]+[里面]）中并没有相异义素,那么,究竟是什么决定了"里""内"的搭配限制呢? 我们认为,是本义语义特征滞留决定的。"里（裏）"本义是衣服的内层,衣服的内层是不显露在外的,看不见的,故"里"隐含[-可视]语义特征。"内"字从冂,甲骨文作𠔼或𠔿,说文:"冂,邑外谓之郊,郊外谓之野,野外谓之林,林外谓之冂。象远界也。"从《说文》释义和"内"的古字形可以看出,"内"表示的是从外面进入到一个有界的空间范围内,其本义中隐含[界域]语义特征。当"里""内"引申指"里面"时,[-可视]语义特征滞留在"里"的意义中,使其侧重于指不具有可视性的内部,倾向于与"夜、泥、手机、心

窝、骨头、热天"等词搭配,因为这些词所表事物的内部都无法直接观察到。[界域]语义特征滞留在"内"的引申义中,使"内"侧重于指有明确界限的事物或范围内部,倾向于与"界、界限、岛、限期、职权、权限"等词搭配,这些词或者本身就表界限,或者所表事物是有明确界域的。当"里""内"与同一语言成分组配时,其本源义滞留可以看得更清楚,例如,"市里"(市里决定招商引资)指城市的领导机构,隐含[-可视]语义特征;"市内"(市内有 6 所高校)指城市区域范围里,隐含[界域]语义特征。

　　通过分析现代汉语同义词"里""内"的语义侧重与搭配倾向,我们看到,制约同义词语义侧重与搭配倾向的并不是由本义保留下来的义素,而是本义蕴含的某种隐性语义特征。之所以称其为隐性语义特征,是因为它不是直接构成理性意义的最小意义单位,在理性意义的语义结构式中通常没有它的位置。本义蕴含的隐性语义特征大致相当于利奇(1987:17—18)所定义的"内涵意义",它包含的是"所指事物的'公认特性'","是人们在使用或听到一个词语时,这个词语使人所联想到的'真实世界'中的经验"。"里(裹)"本义为衣服的内层,衣服的内层是不显露在外的,是看不见的,因此,[-可视]是"里"的"公认特性",是人们对这种事物的认知经验。"内"本义指"自外而入",《说文》释义虽然隐含了"入"的处所,但其与"外"相对,一定是有界的空间,因此,[+界域]是人们对"内"达至处所的认知经验。利奇(1987:18)认为,"与理性意义相比,内涵意义比较不稳定","经常随着文化、历史时期和个人经历的变化而发生很大的变化",但是,"里""内"及后文多组同义词的语义侧重与搭配倾向使我们认识到,利奇的看法过于偏颇。实际上,本源义中某些反映人们对真实世界认知经验的语义特征并不易发生变化或脱落,而是具有较强的稳定性,会深深地潜隐在语言使用者的语感中,制约着人们在组词造句时对同义词语的选择。

(二) 词源义滞留

本义的语义特征是通过分析本义获得的,但有些时候,分析本义却难以发现制约同义词语义侧重与搭配倾向的语义特征,原因是,滞留在同义义位中的可能是词源义。词源义又称"源义素""核义素"或"造词理据","须通过同源词系连,从中概括抽取出来"(王宁,1995)。例如①:

俊❶ 形 相貌清秀好看。(《现汉》)

俏❶ 形 俊俏;样子好看;动作灵活。(《现汉》)

在现代汉语中,"俊""俏"都可表示相貌好看,是同义词。但"俊"侧重于形容男性好看,主要跟表示男性的名词搭配;"俏"侧重于形容女性好看,通常跟表示女性的名词搭配②:

(1)俊小生 俊小伙 俊汉子 俊男 俊男子 俊小子 俊公子

(2)俏媳妇 俏女人 俏丫头 俏红娘 俏姑娘 俏妹妹 俏妮子 俏娘们

(3)文家各系的儿女子弟,男的长得俊,女的长得俏。

(4)锻炼肌肉,展示男性的英武阳刚之气,保持那份年轻和俊气。

(5)三仙姑却和大家不同,虽然已经四十五岁,却偏爱当个老来俏。

---

① 本文现代汉语同义词释义全部引自《现代汉语词典》(第7版)。

② 本文列举的现代汉语同义词用例全部取自北京语言大学BCC语料库。为节约篇幅,不详列出处。

考"俊""俏"之本义,《说文》:"俊,材千人也。"《广韵·笑韵》:"俏,俏醋,好貌。"本义中看不出是什么语义特征致使"俊""俏"分别具有[＋男性][－男性]这样的选择限制。系联与之同源的多个词语,概括抽取其词源义,"俊""俏"的语义侧重与搭配倾向则可以得到合理的解释。

王宁先生(1995)曾系联多个从"小"得声的同源词,用两分法分析其意义内部结构,将其分为两组:"稍、秒、艄、霄、鞘、梢"都是名词,其共同的核义素是/尖端—渐小/;"消、销、削"都是动词,共同的核义素是/使之小/。从声义关系来看,"俏"与这两组词同源,其理性意义(长相好看)中滞留着词源义"小",因而侧重指小巧之美,通常与表示女性的名词搭配。

"俊"当与下面从"夋"得声的词有同源关系:

> 陖,高也。从山,夋声。峻,陖或省。(《说文》)
> 陵,陗高也。(《说文》)
> 骏,马之良材者。(《说文》)
> 狻,狡兔。(《玉篇》)
> 畯,农夫也。(《说文》)朱骏声《通训定声》:"田畯,农官也。畯之为言俊也,率众农者也。"

根据古从山、从阜之字多同义且通用的现象①,《说文》所收"陖(峻)""陵"当为一词之异体,指山高、陡峭高耸;"骏"指马中的良马,

---

① 例如:(1)《说文》:"陉,山绝坎也。"《古今韵会举要·青韵》:"陉,山中绝。通作崾。"(2)《说文》:"隔,陾也。"朱骏声《说文通训定声·需部》:"崵,假借为隔。"(3)《广韵·笑韵》:"陗,山峻,亦作峭。"

良马当有身材高大的特点(如"高头骏马");"狻"指狡兔,《说文》:"狡,少犬也,从犬交声。匈奴地有狡犬,巨口而黑身。"段注:"颜注《急就篇》曰:狡犬,匈奴中大犬也。"《广雅·释诂二》:"狡,健也。"由此可知"狻"当指高大矫健的兔子;"畯"指农官,农官是地位高于普通农民的人;"俊,材千人也"意指才能超过千人,即才能高于千人。如此看来,这组同源词的词源义是"高"。当"俊"由才能出众引申指形象出众后,早期侧重于指高大挺拔之美,例如:

(6)公少鲠直劲厉,姿干高大,俊伟异常。(明徐纮《明名臣琬琰录》卷十九)

(7)石大夫听言甚骇,仔细看其模样,见他脑骨高孤,方面大耳,齿白唇红,神形俊拔。(明酉阳野史《续三国演义》第十六回)

早期"俊"的这些用例清楚地表明词源义"高"滞留在其形象出众义中。后来,可能是由于"俊"经常与"俏""美""丽""秀"等词并列,在组合中受其语义同化的作用①,逐渐侧重指五官相貌清秀好看(清贪梦道人《彭公案》第三百回:"霍金章抬头一看,见马玉龙身高七尺以外,五官俊秀,怀抱宝剑。"),也可用于女性,如:"原来是四个姑娘,三个俊的,一个丑的。"(清佚名《续小五义》第四十六回)但在形名/名形并列组合中,"俊"通常还是选择与表示男性的名词搭配,而"俏"及其他形容词则选择与表示女性的名词搭配,例如"俊男俏女、俊男美女、俊男靓女、俊男倩女、俊郎玉女、俊郎美女、俊仆美姬、美姬俊仆、艳婢俊仆;男俊女俏、男俊女靓、郎俊女俏、男的俊女的俏"等,"俊""俏"这样的选

---

① 关于语义同化,可参看张博(1999)。

择限制仍然是词源义滞留的结果。

（三）复合词的造词理据滞留

理据（motivation）指事物或现象得名的理由或依据。从广义上说，同源孳生和词义引申都是有理据的，例如，良马名之曰"骏"，是因其体格高大；"兵"的兵器义引申出士兵义，是因为士兵是用兵器作战的人。同源孳生和词义引申的理据属于语义理据（semantic motivation），是在隐喻和转喻等认知机制的作用下，基于与原词所表事物或现象的相似性或相关性来给新的事物或现象命名的依据。对于用复合法构造的新词来说，其理据属于造词理据或构词理据（word-formation motivation）。王宁先生（1995）指出，复合词的"造词理据应包括以下两个方面：一是参与造词的词素（由古汉语单音节词转化而来）各自意义的来源；二是它们结合并凝固的原因"。从这两个方面考察，构词语素的本源义和构词语素结合的理据都可能滞留在复合型同义词的意义中，制约着它们的语义侧重与搭配倾向。

1. 复合词构词语素的本源义滞留

汉语中很多复合型同义词都有一个相同语素，一个相异语素。这类同义词的语义侧重与搭配倾向往往是由相异语素本义的语义特征滞留决定的。例如：

【才华】名 表现于外的才能（多指文艺方面）。（《现汉》）

【才气】名 才华。（《现汉》）

《现汉》用"才华"释"才气"，可在下列语境中"才华""才气"却很难互换。

(8)他马上回了信,很讨人喜欢地提到了她的演戏<u>才华</u>。

(9)怎么我认识的康妮都这么有音乐<u>才华</u>呢?

(10)他们因坚持了"从人民汲取营养,向人民贡献<u>才华</u>"而光彩夺目。

(11)多读书以养<u>才华</u>。

(12)先天的<u>才华</u>,后天的教养,加上非凡的苦难与磨砺,成就了千古一文姬。

(13)有的因提拔需要而读,用学历弥补自己<u>才华</u>的不足。

从中可见,"才华"确实侧重于指文艺方面的、表现于外的才能;而"才气"则侧重于指内在的、与心智和禀赋相关的才能。上溯二词相异语素"华""气"的本义:

> 𠌶,艸木華也。(《说文》)段注:"此与下文'華'音义皆同。"
>
> 華(华),荣也。(《说文》)
>
> 气,云气也。(《说文》)

据《说文》及段注,"𠌶""華(华)"是音义皆同的异体字,本义是"花"。"花"具有[可视]语义特征,由"華(华)"(huā)分化出来的"華(華)"(huá)表光辉、华美等义,仍保留[可视]语义特征。故"华"与"才"构成的"才华"侧重指表现于外的才能,多与"出色""锦绣""施展""卖弄""显露"等词搭配;"出色的才华""锦绣才华"都是可视的才华,"施展才华""卖弄才华""显露才华"则是使才华可视。"气"由云气引申指气体、人的呼吸气息,再到人的精神气质(《孟子·公孙丑下》:"我善养吾浩然之气。"),是内在的,不具有可视性,因此,"气"与

"才"构成的"才气"侧重指内在的、与心智和禀赋相关的才能。从搭配上看,"才气"多与"高""旺""磅礴""纵横""逼人"等词搭配,这与"气"本义的语义特征有关。"气"本义为云气,云气是地表的水蒸气聚集在空中形成的,具有[上升][动态]的语义特征,这些语义特征滞留在"才气"的意义中,使其倾向于与"高""旺""磅礴""纵横""逼人"等词搭配,因为这些词的意义中也有[上升]或[动态]这类语义要素,符合"才气"的语义选择限制。

　　复合型同义词相异语素的词源义滞留同样会制约同义词的语义侧重与搭配倾向。例如:

　　【碰见】动事先没有约定而见到。(《现汉》)
　　【撞见】动碰见。(《现汉》)

"碰"指两物相触或相撞,与下列词语同源,其词源义为两者相合。

　　竝,併也。从二立。(《说文》)(林义光《文源》:"象二人并立形。"竝,后作"並"。)
　　并,相从也。(《说文》)("并"小篆作𢆙,甲骨文作𣎴、𣎴,林义光《文源》:"从二人并立,二,并之之象。")
　　併,並也。(《说文》)
　　骈,驾二马也。(《说文》)(段注:"谓並二马。")
　　骿,并胁也。(《说文》)(徐锴《系传》:"谓肋骨连合为一也。")
　　姘,除也。汉律:"齐人予妻婢姦曰姘。"(《说文》)("除也"是"屏"的意思,段注:"经传皆用'屏','屏'行而'姘'废矣。""姘"本指与正妻的婢女通奸,后泛指男女苟合。)

拼,合在一起;连合。(《现汉》)

"碰"的词源义"两者相合"滞留在"碰见"的语义中,使"碰见"侧重指双方相向移动而见到,如"我在街上碰见他",隐含的意思是,我见到他,是因为我离开原地向"街上"移动,他也离开原地向"街上"移动。如果是一方移动、一方未动而见到,则可用"撞见"而不用"碰见",例如:"母亲提前回家,却撞见了正在翻箱倒柜的儿子。""碰见"侧重指双方相向移动而见到,"撞见"侧重指一方移动一方未动的见到,这种语义侧重导致二者在句法分布上也有所不同,"撞见"常用于被动句,"碰见"则极少用于被动句。笔者在 BCC 语料库"多领域"子库中检索,"撞见"共 2350 条,"被＊撞见"502 条,占 21.4%;"碰见"共 5326 条,"被＊碰见"52 条,仅占 0.98%[①]。

《说文》:"撞,卂捣也。"段注:"卂者,疾也。"据此,"撞"的本义为迅疾捶击。考察上古文献中"撞"的搭配对象,绝大多数都是"钟",如"撞钟、撞巨钟、撞大钟、撞千石之钟、撞万石之钟、撞鸿钟、撞白钟、撞亡秦之钟"等,"撞"与"钟"的高频共现关系,是词源义滞留决定的。"撞"与"钟(鐘)"、"蕫"(藕根)、"橦"(穿在渡河缆绳上用以渡人的木筒)、"衕"(通道)、"箹"(断竹)、"蕳"(蕳草,药名。中有小孔通气)、"筒""桶""洞"等词同源,词源义为[中空],"钟"为中空之物,符合"撞"的搭配选择。直到现代汉语中,由"撞"构成的"撞见",仍侧重指进入一定的空间而遇见;另外,所见之事不一般,通常会使见者受到较强的心理冲击或震撼,例如:

---

① 2020 年 1 月 1 日检索。

(14)彼特在母亲卧房里撞见了母亲的恋人,撕打中他死在母亲恋人的枪口下。

(15)一次偶然的机会,他在大老爷家的茅厕里撞见了正在出恭的大老爷。

(16)有一天,我在打电话叫朋友给我送来毒品的时候被妈妈撞见。

这又是"撞"本义(迅疾捶击)的语义特征[力度大]滞留在"撞见"义中的结果。

2. 构词语素结合的理据滞留

两个构词语素全异的同义复合词,其构词语素结合在一起的初始原因不同,复合词的本义也不同,往往会使其在同义义位上表现出不同的语义侧重和搭配倾向。例如:

【推敲】动……指斟酌字句,反复琢磨。(《现汉》)

【斟酌】动 考虑事情、文字等是否可靠或是否适当。(《现汉》)

《现汉》"推敲"释义中的主训词是"斟酌",两词的理性意义基本相同,都是反复考虑琢磨,然而,二者可否替换的情况却较为复杂。

(17)初稿写出来后,逐字又逐句地推敲/斟酌、校对。

(18)对文化一词,我们真该好好斟酌/推敲一下后再用。

(19)越轻易说出口的越经不起推敲(＊斟酌)。

(20)这是一篇奇特而又危险的讲话,颇值得推敲(＊斟酌)。

（21）是坚守的风险更大,还是退出的风险更大,投资者应当认真斟酌(＊推敲)。

（22）三岁以下的孩子也应该注射,注射量可以由医生斟酌(＊推敲)。

（23）在使用商业性贷款时,必须仔细斟酌(＊推敲)。

（24）各地侨联还可以斟酌(＊推敲)自己的力量,办一些福利事业。

结合《现汉》释义观察上引语例,不难发现"推敲"主要用于语言表达,这与"推""敲"结合的理据有关。"推敲"源自贾岛对诗句"鸟宿池边树,僧敲月下门"用"推"还是"敲"的斟酌,最早用于遣词炼字,现使用范围虽有扩大,但仍主要与字词、语句及说话等表达相关。而"斟酌"多用于对数量、利弊等的考虑权衡,这些用法与"斟""酌"的意义来源和组合原因有关。《说文》:"斟,勺也。""勺"读 zhuó。《说文》:"勺,挹取也。象形,中有实,与包同意。""斟"本义指舀酒。《说文》:"酌,盛酒行觞也。"指盛酒在酒器中劝人喝酒。"斟""酌"都是盛酒的方式,盛酒时要对量多量少有所权衡和把握,有所谓"满斟、浅斟""满酌、浅酌"的区分。"斟""酌"构成并列复合词后,词义由盛酒倒酒引申为考虑琢磨,其中仍隐含[量]特征,古汉语中多用于权衡考量取舍得失或利弊损益的大小多少。例如:

故明主必谨养其和,节其流,开其源,而时斟酌焉。(《荀子·富国》)

至于斟酌损益,进尽忠言,则攸之、祎、允之任也。(《三国志·蜀书·诸葛亮传》)

专古也,理与今违;专今也,太乖囊义。当<u>斟酌</u>两途,商量得
失,人吏之情亦不可苟顺也。(《北史·列传第十五·公孙表传》)

租税之时,虽有大式,至于<u>斟酌</u>贫富,差次先后,皆事起于正
长,而系之于守令。(《北史·列传第五十一·苏绰传》)

到现代汉语中,"斟酌"的考虑琢磨义中仍然滞留[量]这一语义特
征,例(21)斟酌的是"坚守"和"退出"哪个风险大,例(22)斟酌的是
"注射量",字面上就显现出与[量]相关。另外两例尽管字面上没有与
量相关的字眼,但"斟酌"的重心还是在其搭配对象的"量"上,通过添
加相关词语可以清楚地看到这一点:

(23')在使用商业性贷款时,必须仔细斟酌[额度的大小]。
(24')各地侨联还可以斟酌自己的力量[大小],办一些福利
事业。

还有一个要解答的问题是,"斟酌"的使用范围扩展至言语文辞
后,为什么在有些情况下不能替换"推敲"?经过分析语料发现,在考
虑琢磨词句是否适宜时,可以用"斟酌",这当是由"量"是否适度发展
而来的;但当考虑琢磨语言的内在逻辑或深层含义时,则只能用"推
敲"而不能用"斟酌",如例(19)(20),因为这些情况与"斟酌"结合的
原因及本义的语义特征[量]没有关系。

通过考察现代汉语"推敲""斟酌"的语义和用法异同,上溯二词的
历史来源,我们认识到,同义复合词构词语素结合的理据不同,会使其
本义隐含不同的语义特征。尽管本义的语义特征随着词义引申逐渐淡
化,但通常不会彻底消失,它可能顽强地滞留在后起义位中,也可能有

所发展,从而持续地对同义复合词的语义侧重和搭配倾向产生影响或制约作用。

二、认识本源义滞留对于现代汉语同义词辨析的意义

王力先生(1982:24)指出:"所谓同义,是说这个词的某一意义和那个词的某一意义相同,不是说这个词的所有意义和那个词的所有意义都相同。"黄金贵(2000)认可一义相同即为同义的观点,批评了那种"以词为单位""逐词集中缕述诸词诸义"的同义词辨析模式,认为"这种同义词辨析,完全成了分组的多义词义项异同比较。看来内容全面丰富,其实是多而不精,多的是词与词的异同比,少的是一个相同义本身的深入精到的辨异",强调同义词辨析要"细辨一义的同中之异"。我们赞同黄先生的意见,只是进一步提出,"细辨一义的同中之异",并不意味着目光仅限于所辨之义;上溯同义词的本义、词源义和构词理据,考察本源义滞留,才能更好地辨析一义的同中之异。下面从三个方面谈谈认识本源义滞留对于现代汉语同义词辨析的意义。

(一)有助于精准聚焦同一义位的差异

同义词既为"同义",其语义差异就非常细微。为了发现这细微的同中之异,通常要汇集大量语例,进行同义词可否替换的测试;进而从同义词不可替换的搭配关系或语境切入,来分析各自的语义特点和搭配限制。然而,这样的考察路线带有较强的盲目性,存在不少局限:一是工作量大。在缺乏线索没有方向的情况下,只能用大海捞针的方式做大量的语料分析,以找到足够数量的不可替换的语例,否则难以发现同义词的规律性差异。二是难以全面揭示同义词的差异。同义词可能

在意义、搭配及功能上存在多种差异,盲目的语料分析常常会止于其一而未及其余。三是对同义词语义侧重和搭配倾向的概括可能有失精准。例如,有同义词词典将"里""内"的差异概括为四点①:

❶表示具体的处所里边时,"里"和"内"有一些习惯搭配,不能互换:

◇室内　　校内　　境内　　体内　　场内(＊里)

◇田里　　水里　　山里　　嘴里　　手里(＊内)

❷有时"里""内"都可以用在某些词语之后,但意思有区别,"里"表示在这个抽象的范围之内;"内"主要表示在这个具体的处所里边:

◇最近学校里出了一件大事,你知道吗? (＊内)

◇学校内不允许随便停车。(里)

❸"里"经常表示抽象的范围之内,"内"很少表示抽象的范围之内:

◇系里　　心里　　家里　　脑子里　　单位里　　公司里(＊内)

◇国内　　党内　　军内(＊里)

❹"里""内"都可以放在时间词语之后,表示在一定的时间之内,但意思有区别,"里"主要表示时间过程,"内"主要表示限定时间:

◇在过去的一年里,杰西的汉语水平有了很大的提高。(＊内)

◇市政府计划在一年内完成这个工程。(＊里)

---

① 为节省篇幅,语例有删略。详见赵新、李英(2009:341—342)

这四点差异中，❶只列举出一些"里""内"在处所词语中不可互换的现象，对二者的选择限制未予概括；❷❸都从抽象度的角度来辨析，这个角度针对性较弱，没能揭示出"内""里"的主要差异在于是否凸显空间上的［界域］特征（"学校内""学校里"），另外，如果说"系里"表示的是抽象的范围之内，而"国内"表示的不是抽象的范围之内，也是让人难以理解的；❹倒是触及了"内"的［界域］特征，但表述不够清楚。实际上"时间词语+内"指称的多是有明确起讫点的一个时段，侧重强调限于某个时间范围；而"时间词语+里"通常指称一个大致的时段，言说双方都不太关注这个时段的具体界限。

上文对"里""内"本义及其语义特征的分析使我们看到，尽管现代汉语同义词具有相同的义位，但这个相同的义位却各有来源，在词义发展的起点差异显著。本源义滞留的分析视角可以帮助我们在同义词迥异的本源义中，发现决定其引申方向的语义特征，从而以此为线索，精准聚焦其在同一义位上的细微差异，发现其在组合关系上的语义选择限制。

（二）有助于解释同义词在组合关系上的语义选择限制

同义词不仅同义，通常还有相同的语法功能，可对于同一语法类别的语言成分，它们却常有可否组合的差异。这些差异是什么决定的，如果缺乏本源义滞留的分析视角，可能会知其然而不知其所以然。例如，王光全（2009）提出"构词域"这一概念，并对同义语素"墙"和"壁"的构词域进行了分析概括：如果要构成与"wall"的自身结构有关的词，选择"墙"；如果要构成与"wall"的附设物有关的词，则倾向于选用"壁"：

　　墙:墙根儿 墙角儿 墙头儿 墙体 墙裙 墙基 墙面儿 墙皮
　　壁:壁灯 壁橱 壁柜 壁画 壁虎 壁炉 壁纸 壁钟 壁毯 壁挂

　　这一观察大体可以反映"墙""壁"的构词域,但回避了一些反例(如"家徒四壁""面壁思过""隔壁"等,与"wall"的附设物无关);更重要的是,二者为什么会形成这样的构词域? 文章没有做出解释。这个问题可以从本源义滞留的角度进行探析。

　　《尔雅·释宫》:"墙谓之墉"。(《说文》:"墉,城垣也。")
　　《释名·释宫室》:"壁,辟也。所以辟御风寒也。"

　　从本义来看,"墙"指城墙、围墙,《诗经·将仲子》"将仲子兮,无逾我墙,无折我树桑"中的"墙"即指庭院的围墙;"壁"指房屋的墙,《仪礼·特牲馈食礼》:"馈爨在西壁。"郑玄注:"西壁,堂之西墙下。"可见,"墙""壁"的本义在[-房屋][+房屋]上存在对立,这就可以解释,为什么构成与"wall"的附设物有关的词,倾向于选用"壁",因为附设物通常是附于家里的墙上,极少附于院墙或围墙上。

（三）有助于厘正以往同义词辨析的偏差

　　现代汉语同义词辨析由于缺乏历时观照,可能存在一些辨析不当的情况,需要我们从本源义滞留的角度进行分析辨正。例如,有词典辨析:"'绑'和'捆'都是动词,但是意思稍微有所不同,'绑'的对象一般要依附于一个物体,'捆'的对象不一定依附于其他物体。"(杨寄洲、贾永芬,2005:42)我们在北京大学 CCL 语料库进行检索,"绑"共有 11947 条结果,其中"绑在"1027 条,占 8.6%;"捆"共有 4896 条结果,"捆在"

550 条,占 11.2%①。这一检索结果与上引辨析并不相符,甚至相反。那么,"绑"和"捆"的主要差异何在? 分析本源义可以解答这个问题。《正字通》:"绑,俗作绑缚字。"《说文》:"缚,束也。""绑""缚"当为帮母阳部与帮母鱼部阴阳对转形成的同族词②,意思是束缚。上古汉语"缚"的对象主要是人,如"晋襄公缚秦囚,使莱驹以戈斩之"(《左传·文公二年》);"帝乃梏之疏属之山,桎其右足,反缚两手与发,系之山上木"(《山海经·海内西经》)。在现代汉语中,[人]这一语义特征仍滞留在"绑"义中,"绑"及其所构复合词主要用于人,如"松绑、绑架、绑票、绑匪、陪绑、反绑、绑人质、五花大绑"等。《说文》"捆"作"稇","稇,絭束也"本义指用绳子环绕捆束。与"稇"同源的"囷"(圆形的粮仓)、"顤"(耳门)、"梱"(门中所竖圆锥体木橛)、"困"(被环围而处于艰难窘迫的境地)等词源义为[圆、环围],现代汉语中"捆"多与可环围捆绑的对象搭配,如"捆草、捆麦子、捆柴禾、捆书、捆行李、捆铺盖、捆粽子、捆扫帚、捆钞机"等,这表明"捆"(稇)的词源义[圆、环围]仍滞留在其意义中。

三、结语

本源义不同的词语在其意义不断引申或分化的过程中可能发展出相同的义位,成为同义词。这些词尽管有了相同的义位,可其本源义的某些语义特征或许并没有完全消失,而是像生物体的遗传基因一样,滞留在后起的义位之中,使同义词表现出不同的语义侧重及组合关系上

---

① 2019 年 7 月 25 日检索。

② "方:甫"(都有始义)、"旁:溥"(都有广大义)、"榜:辅"(都有辅助义)、"雱(雪大):霶(大雨)"、"旁:浦(水边)"等多组同族词可为"绑""缚"同族提供证据(详见张博,1989)。

的选择限制。本文同义词实例分析以及未能悉数列举的大量同义词异同现象证明,本源义滞留是现代汉语同义词语义侧重与搭配倾向的重要致因。认识本源义滞留现象和规律,对于同义词辨析以及改进语文辞书同义词释义和配例都有重要的应用价值。此外,不同语言或方言间概念义对应的词语往往有不同的搭配限制,其中,必有一些是受本源义滞留的影响,因此,在普方词汇对比、汉外词汇对比研究中,本源义滞留也是一个值得深入探讨的问题。

参考文献

黄金贵,2000,《论同义词之"同"》,《浙江大学学报(人文社会科学版)》第4期。

贾燕子、吴福祥,2017,《词汇类型学视角的汉语"吃""喝"类动词研究》,《世界汉语教学》第3期。

蒋绍愚,1989,《古汉语词汇纲要》,北京大学出版社。

利奇著,李瑞华等(译),1987,《语义学》,上海外语教育出版社。

王光全,2009,《构词域与后缀"–子"的语义问题》,《世界汉语教学》第3期。

王力,1982,《同源字典》,商务印书馆。

王宁,1984,《谈训诂材料中的词与词义》,《昭乌达蒙族师专学报(哲学社会科学版)》第2期。

王宁,1995,《汉语词源的探求与阐释》,《中国社会科学》第2期。

王宁,1996,《训诂学原理》,中国国际广播出版社。

杨寄洲、贾永芬,2005,《1700对近义词语用法对比》,北京语言大学出版社。

张博,1989,《汉语音转同族词条系统性初探》,《宁夏社会科学》第6期。

张博,1999,《组合同化:词义衍生的一种途径》,《中国语文》第2期。

张博,2004,《本义、词源义考释对于同义词教学的意义》,赵金铭(主编)《汉语口语与书面语教学》,北京大学出版社。

张博,2014,《汉语两组表约量同义词的组际组内差异及其根源》,《励耘语言
　　学刊》第 2 辑。

赵新、李英(主编),2009,《商务馆学汉语近义词词典》,商务印书馆。

中国社会科学院语言研究所词典编辑室(编),2016,《现代汉语词典》(第 7
　　版),商务印书馆。

Hopper, P.J. On some Principles of Grammaticization, In Traugott, E.C.&B. Heine
　　(eds.), *Approaches to Grammaticalization*. Amsterdam: John Benjamins,
　　1991.

Hopper, P.J.&E.C. *Traugott Grammaticalization*. Cambridge: Cambridge University
　　Press, 2003.(梁银峰译《语法化学说》(第二版),上海:复旦大学出版社,
　　2008 年。)

谈汉字形声化与汉语词汇双音化[*]

万业馨

汉语和汉字的发展演变过程中,在结构方面最重要的变化是汉字的形声化和汉语词汇的复音化(主要是双音化,以下径称双音化)。汉字符号体系完全成熟后人们的认识发生变化,学术研究的分类也越来越细,汉字形声化和汉语词汇双音化分属于文字学研究和词汇学研究。但汉字应记录汉语的需要而生,尽管汉字符号体系完全成熟后体现出自身的系统性与相对的独立性,但两者的关系始终密不可分。因此,我们拟从语言和文字关系的角度出发对形声化和双音化之间的联系展开讨论。

一、假借与汉字符号体系的形成

(一) 形声化之前的假借优势

说到形声化,不能不提到假借。形声化过程中,"在已有的文字上加注定符①或音符,始终是形声字产生的主要途径"。两者中,"有大量形声字是由于在已有的文字上加注意符而形成的"(详见裘锡圭,

---

　＊　本文原载《古汉语研究》2021 年第 3 期。
　①　形声字的形旁在普通文字学中称为定符或类符,在汉字学中一般称为意符。为行文便利,本文径称意符。

1988/2013：7、2013）。而"已有的文字"多为假借字。这一点，从已有研究成果中可以得到证明。例如：

　　魏建功（1935/2001：19、43）通过对古音系所作研究得出如下看法："汉以前文字简直完全写音，不为一语特造一字，但假同音字之形，后来顾到用表意的形体来区别同音，直到汉代，越往后形声字就越特别多了。"因此提出："中国文字的同音假借早于形声，最初的形声是'注形作用'。"李孝定（1973—1974：531、539）认为："形声造字的方法，是受了假借字启示，才被发明出来的，它在六书的位置，必在形声之前，这是毫无疑义的。""从假借字变成形声字，多半是就原字加注形符而成。"陈梦家（1956/1988：79）认为：象形①、假借、形声是"文字发展的三个过程"，"汉字从象形开始，在发展和应用的过程中变作了音符，是为假借字；再向前发展而有象形与假借之增加形符与音符的过程，是为形声字"。姚孝遂（1980）根据对甲骨文例所做的随机抽样统计，得出甲骨文例中假借字约占70%的结论。② 林沄（1986：34—35）所述更为直接、细致："战国至汉初是通假字和形声字争胜的时代，由于汉语本身的特点和具体的历史形势，通假字输给了形声字，记音化的倾向被抑制，形声化的倾向则不断发展。"

　　上述各家论述都指明了如下事实：一是汉字中的假借早于形声，大量形声字是通过在假借字上加注意符产生出来的；二是假借是通过记录语音与词建立联系的，形声字是"注形"而非"注音"，所以形声化可以视为对汉字表音倾向的抑制，而非传统看法所说是增加了汉字的表

_____

　　① 陈梦家先生所说"象形"，指的是造字的原则或方法，"大约包括了许慎所说的象形、指事、会意，也就是班固所谓的象形、象事、象意"（陈梦家，1956/1988：78）。
　　② 因为《说文》是分析汉字形体结构之书，而假借是借他字形体记音，故《说文》全书明言假借例极少。姚文是从语料中字词关系的对应方式做出判断。同样，基于这一原则，才有"古书多假借"的共识。

音成分。

（二）假借的分类与作用

假借字是跟本字相对的概念。传统文字学研究一般将假借分为两类：一是本无其字的假借，一是本有其字的假借，后者或称之为通假。前者指语言中的某个词没有为之专门造的字（本字①），后者指的是已经有了专门造的字而未用，用了一个同音字来表示。这一点，王引之（1985:756）说得很清楚："盖无本字而后假借他字，此谓造作文字之始也。至于经典古字，声近而通，则有不限于无字之假借者。往往本字见存，而古本则不用本字而用同声之字。"

显然，对假借的分类依据为：词是否已有为之专造的字，较多地着眼于对汉字符号体系本身变化的观察。然而，作为记录语音的符号，我们认为有必要从假借的作用进行观察并分期、分类。

1. 法不敷用

在相当长的时间里，假借被认为是"字不敷用"（来不及为已有的词造字）时的权宜之法。然而，近人林义光（1920/2012:12）却从汉字记录汉语的角度提出了不同看法："盖文字孳乳，转注兼形声大抵后出。至于干支四方之名，六七八九百千万亿之数，朕我尔汝之称，国邑之号，语助之词，用象形指事会意，终不得成文。其他亦有艰于造字者，此所以无本字而每用假借也。"

这段文字说得非常清楚：专名、虚词以及其他一些"艰于造字者"，是无法用象形、指事、会意等方法为之造字的。"但要构成能基本逐词记录语言的文字体系，记录'虚词'的符号又是必不可少的。"（参见林

---

① "本字"在不同领域有不同的理解。"说文学家寻求本义，只不过是按已知的词义，去找一个原始的书写形式"；训诂学"对于文字所寻求的，是照字面讲不通的假借字在句子里实际标志的那个词"。详见洪诚（1984:34）。

沄，1986∶23)因此，最初的假借出于"法不敷用"，而不是"字不敷用"。

这一看法，可以从纳西象形文字记录语言的发展过程得到印证。在东巴教的经书里保留着从记事图画向文字发展变化的不同发展阶段，表现为文字符号记录语言的不同方式：

其一为"以字记忆，启发音读"，即以少量的字代表多句话、多个音节。例如东巴经书《人类迁徙记》的两段经文中的字跟词、句的关系，一段是每个字平均代表两句话，14 个音节；另一段是平均 1.3 个字代表一句话，每个字代表 8 个音节左右，没有完整准确地记录语言。

其二是"以字代句，帮助音读"。在四段经文中，字跟词、句的关系如下：第一段，平均每 1.3 个字代表一句话，每个字代表 4 个音节；第二段，平均每 1.5 个字代表一句话，每个字代表 4.2 个音节；第三段，平均每 3 个字代表一句话，每个字代表 2.7 个音节；第四段，平均每个字代表一句话，6.3 个音节。

其三为"以字代词，逐词标音"。在两段经文中字跟词、句的关系如下：第一段经文有 104 个字，代表了 25 句话，125 个音节；第二段经文有 171 个字，代表了 37 句话，187 个音节。

从以上三种方式可以看到，随着字数的增加，纳西文字逐渐做到接近逐词记录。值得注意的是，第三种方式中，假借字的数量明显增加。第一段 104 字中，有假借字 53 个，已超过半数；第二段 171 字中，有假借字 105 个，约占 60%(详见方国瑜，1995；志武，1981)。

比较上面三种方式，不仅可以了解纳西文字记录语言的发展过程，而且我们完全可以得出这样的印象："表意的造字方法和假借方法应该是同时发展起来的。"(详见裘锡圭，1988/2013∶5)是假借，帮助汉字"无遗漏地按照语词次序书写语言"(周有光，1998∶5)，成为成熟的文字体系。

不仅如此,我们还可以据此重新认识六书——六书是汉字记录语词的六种方式。

2. 字不敷用与仓促无其字

除了虚词、专名等以外,还有什么情况使得假借在法不敷用到字不敷用时仍然承担记录语词的任务?

陈梦家(1939/2006:22)描述图画与文字的区别时曾说:"图画经约束成一表现一事一物的单位,它由个体变为共相了。我们画一个人形的'人'字,所画的是甲,甲的'人',乙的'人',约束成一个共同的象形的'人'字,象人之形,所以凡称'人'不管他是甲乙,同用这个'人'字。图画则不然,甲是甲,乙是乙。文字近于小孩的图画①,他们画男人女人大人小人都是一个人形。"换言之,最早的文字表现的是事物的"共相"——类名,而非种群或个体的名称。了解这一点,我们对以下几方面的现象可以有进一步的认识。一是为什么形声字形旁直接表示具体词义的情况很少;二是形声字形旁为什么表现的是模糊的类概念并具有区别作用。三是艰于造字者不仅仅是那些虚词、专名等,还有类以下的种群乃至个体。记录个体的需要日益强烈(一期甲骨文已经出现"狼"字和"狈"这样的形声字就是很好的例证),在没有找到更好的方法之前,这一任务仍然需要用记音的方法来完成,这是由于法不敷用与字不敷用同时存在而需要假借的时期。

与此同时,还有一种情况,就是郑玄所说的"其始书之也,仓卒无其字,或以音类比方假借为之,趣于近之而已"(详见陆德明,1983:序

---

① 心理学研究成果对儿童认识事物做过这样的描述:儿童从很小的时候开始,在看到各种颜色的汽车和听到"汽车"这个词时,"经过多次反复,各种不同的汽车就以'汽车'这个词作为'中介'联系在一起了。以后,只要看到汽车,不管它在大小、颜色、形状等方面有什么具体特征,儿童都会叫它'汽车',甚至当他哭闹时,听到'坐汽车去玩'的话,也会破涕而笑了"(详见潘菽,1985:101)。

录）。指已经有为某词专门造的字（我们称之为"正字"）却没有用，属于本有其字的假借。但稍加观察，或可分为几种情况：一是可能知道也可能不知道有正字，仓卒间写了假借字；

二是与使用者以及规范用字的风气是否形成有关。正如自明先生所说：这一类的假借，汉以前"相当多。王引之《经义述闻》卷三十二《经文假借》专论其事，隋唐以后士大夫的作品，用字渐有规范"（洪诚，1984：32）。这一点，从出土文献与传世典籍的用字情况比较中就可窥见一斑。钱玄（1980）在比较了现有秦汉古籍与简帛书中通借字数量的变化后的统计结果是："现有《荀子》（据王先谦《荀子集释》本）的首三篇，共 5700 余字，其中用通借字 54 个，约占 1% 弱。现有《老子》（据唐傅奕校定《道德经古本篇》）5500 余字，其中用通借字 30 余个，不足 1%。马王堆帛书《老子》乙本用通借字 320 个，占 6%，又帛书《经法》约 5000 字，其中用通借字 320 个，也占 6%。"可见"秦汉之际的帛书简牍中的通借字，较现有的先秦古籍多出 6 倍以上"。另外，对部分简帛书文字材料①的统计结果显示，通借字也占 7% 左右（平均值）（参见万业馨，1992）。可与钱文所说出土材料中假借字的比例相印证。造成这种变化是由于后人的校改，当可属于规范的举措。

三是文字应记录语词而生，在相当长的时间里，人们还保留着记音的习惯。

上述通借字的情况又可具体分为三种。一是借声旁字表形声字。如以"屯"表"纯"、以"内"表"纳"等，这一类占的比例最大，一般说来，"纳""纯"出现在后，且形体较繁重，故这一类可以看作是出于用字人

---

① 材料包括《睡虎地秦墓竹简》，马王堆帛书《老子》甲本及卷后佚书、《老子》乙本及卷前佚书、《春秋事语》、《战国纵横家书》，银雀山汉简本《尉缭子》、《孙子兵法》、《孙膑兵法》等。

的习用或趋简心理;二是同声旁字之间的借用。如以"政"作"征"、以"故"作"固"等,所占比例略低于第一类,当属于首重音读和个人用字习惯所致;三是借形声字代声旁字①,与第一种的情况正相反,如以"征"表"正"、以"迈"表"万"等②,所占比例最小,不少人对这种"借繁代简"的做法感到费解。其实,上述事实反映出声旁字与同声旁形声字由于含有同形的音符而成为同音假借用字的最佳选择。同时也可以证明,在当时,无论声旁字还是形声字,在很多时候主要还是用来记录语音的。只有把"汉字作为记录语音的符号",才会不斤斤计较字形的繁简,这才可能是第二和第三类存在的真正原因。

二、形声优势建立的必然性

(一) 假借的弊端

如上文所引林沄(1986:34—35)所述,假借与形声争胜的结果是通借字输给了形声字,原因则是"由于汉语本身的特点和具体的历史形势","记音化的倾向被抑制,形声化的倾向则不断发展"。这里说到两个问题:一是汉语的特点,二是记音化倾向与形声化倾向的实质。我们拟对此展开讨论。

第一个问题可以通过与其他文字(主要是字母文字)所记录的语言相比较得到答案。

一是语言的音节构成——语言单位包含的音节数量。各种语言的单位常常有多种音节组合方式,从单音节到多音节不等。以德语为例,

---

① 为方便称说,我们将在形声字中充当声旁者的原形称为声旁字。

② 古人对这三种情况已有所注意,清人俞樾分别称之为"文省""文异""文增"(详见俞樾,1995:241)。

根据 F.W.卡埃丁（1898）对将近 1100 万德语单词所作研究得到的音节长度和出现率的关系制成的图表,可以了解到德语单词音节数由单音节到 15 音节不等;最多的可高达 15 音节（戴维·克里斯特尔,1995：139,转引自《剑桥语言百科全书》中译本,中国社会科学出版社 2002）。语词间的对立可以通过音节数量的变化来实现。而汉语缺少这样丰富的变化形式,无法通过音节组合的变化在不同语词中形成对立。

二是音节数量。汉语音节构造由一声、一韵拼合而成,相对单纯,音节数量因此很受限制。翻检《现代汉语词典》所列,汉语普通话共有 418 个声韵组合,分四声（有的音节并非四声俱全）并加上轻声后,共有 1335 个音节①。

汉语音节构成与组合的上述特点决定了汉语同音词和同音字数量之多远远超过了其他语言文字。林沄（1986：12—13）曾注意到:"以目前供中等文化的人所用的《新华字典》所收的字为例,记录 yì 这一语音的字就有六十多个不同的形体。"这一点决定了"汉字不同于大多数文字的地方,是在于它的文字符号除了有表达语音的作用外,还有一个以不同形体区别不同语义的作用"。

此后,据有关统计,《现代汉语词典》所收一万多汉字中,下列音节对应的同音字②都不少于 100 个:

---

① 音节数的有关统计从 1957 年到 2002 年诸家所得数据各有不同。此处所用蒙中国社会科学院语言研究所词典编辑室主任谭景春先生提供。从这里也可以看到声调的重要作用。

② 此处所说的"同音字",指的是有同样的声母和韵母,而不是声韵调全同的严格意义上的同音字。

表1

音节对应的同音字数	音节对应的同音字数	音节对应的同音字数
yi177	xi130	lu115
ji163	zhi128	qi111
yu139	jian119	wei111
li133	fu118	shi109

此外,还有218个音节对应的同音字从20个到94个不等。以上相加共7901个字,占整部词典所收总字数的79%(参见安子介,1988)。

为了区分一个音节所对应的多个同音词,求助于字形变化是最常见的手段。了解这一点以及形声字的产生途径,就不难理解为什么形声字所用音符和意符在数量上会有那样明显的差距——根据分析,在现代汉语7000通用字中属于形声结构的有5631个,7000通用字中总共有形符(馨按,即意符)246个,5631个形声结构包含了1325个不同的声符(馨按,即音符)。后者是前者的5倍强(参见李燕、康加深,1993;康加深,1993)。根据对《汉语水平·词汇与汉字等级大纲》所收形声字进行的分析,得到意符155个,音符820个,后者也是前者的5倍强(参见万业馨,1999)。

至于第二个问题,上文已经回顾了假借的大量存在以及在各个阶段的不同情况。反映出文字应记录语言而生、文字之于语言的第二性特征。假借使得文字能够完整地无遗漏地按照语词次序书写语言,成为成熟的文字体系。但作为一种完全成熟的文字符号体系,需要满足以下三方面的要求:一是字与词(或词的义项)之间有比较稳定的对应关系,二是字与字之间有明确的能够形成对立的区别性特征。三是记录语词的形式经过历史演变仍然具有稳定性。然而,汉语的结构特点使得假借这种借助同音的符号形体直接并准确地表现不同词语的要求很难得到满足。诚如王引之（1985：756）所说：当古本"不用本字而用同声之字"时，"学者改本字读之，则怡然理顺；依借字解之，则以文害辞"。由于一个字的符号形体承载着记录词的本义、引申义和假借义的多项任务，这使得假借字与本字的判断常常需要依赖语境。

在《说文》学家和文字学家的论述中经常提到用添加成分的办法分流或限制词义，就此摆脱对语境的依赖。例如清人王筠（1983：327）说道："其加偏旁而义遂异者，是为分别文。其种有二，一则正义为借义所夺，因加偏旁以别之者也；一则本字义多，既加偏旁，则只分其一义也。"陈梦家（1939/2006：43）提到象形字的会合作用时指出，"凡异文会合皆由形与形的相益而得义与义的限制与表彰"，并举"鸣"与"明"为例：口与鸟互相限制，自然只有鸣叫之义；"如日与月而表彰为明亮"。裘锡圭（1988/2013：150—151）则归纳了那些在原有文字上加注意符"通常是为了明确字义"，所明确的字义分别为引申义、假借义和本义。

显然，添加成分是为了弥补假借由于汉语音节特点所带来的不足，可以让字词对应关系更直接，更明确。因此，形声化势在必行。

（二）形声优势的形成

通过各种统计数据可以比较清楚地看到形声优势的形成过程。20世纪70年代李孝定（1973：380）得到的数据是：甲骨文已识字中形声字占27%强；汤余惠（1986）对《甲骨文编》正编（附录不计）所作统计，"见于《说文》的凡914字，其中形声字216个，约占总数的23%"。

黄德宽与黄天树二位教授根据对已识甲骨文的分类统计，得出甲骨文中形声字已占40%以上的结论。黄德宽（2014：85）对商代已识字结构类型加以统计,得出形声字占 41.9%①。黄天树(2014:54)对已识商代甲骨文 1231 字进行了字形结构的分析和归类,得到形声字 583 字,"占已识字的 47%"。以上是有关甲骨文字所含形声字数量的最新统计成果。张振林(1993)为赵平安《隶变研究》所作序则称,"西周到西周末期形声字占有当时总字数的 50%以上","春秋战国之际的文字资料中,形声字约占有总字数的 75—80%"。清人朱骏声(1984:22)对《说文》收字所作六书分类中,形声字约占 82%。

不仅如此,形声优势最迟在战国晚期确立,此后,形声字在汉字中始终占 80%左右。据统计,7000 个现代汉语通用字中,属于形声结构的有 5631 个,占总数的 80.5%左右(参见康加深,1993)②。形声优势的确立说明汉字已是一个完全成熟的文字体系;这一优势的持续稳定,则说明这是汉字记录汉语的最佳方式。

(三) 形声字的优点

与假借相比,形声结构至少有以下几方面的优点,使得它能够在与假借争胜时胜出,在整个汉字符号体系中定于一尊。

一是形声字采用坐标式的方法与所记录的词建立了明确的对应关系。在形声字中,音符与意符各司其职,意符表示模糊的类概念,音符表示读音,表示个性。两者结合,所指得以彰显。不仅如此,由于大量早期形声字是通过在假借字上加注意符产生的,意符的添加,使得原有字的音符角色也得到明确,为汉字识读带来便利。

二是将直观图示的表意方法改变为明确的音、意组合式,大大降低

---

① 根据后记,殷商文字部分由郝士宏、江学旺承担。
② 承德国友人沈孟坤雅见告:"在我分析的 6535 个通用字中间,80%(79.7%)是形声字。""90%的汉字或者是形声字,或者做形声字的声旁,这就是说,通用字的 90%参加汉字的表音功能。"(2003 年 3 月)

了字形加工的难度,这是汉字结构方式的简化(参见万业馨,1990)。因此,尽管形声字在字形上属于添加成分的繁化(在已有符号形体上添加意符或音符),而用字人却能欣然接受。

三是形声字的音符和意符都来源于已有的汉字形体,而非重新造字。这一变化非常值得注意,看似简单的组合,其实质却是汉字符号形体的职能分化,更准确地说,是角色变换。同一个符号形体既可以是记录语词的符号,也可以只是汉字本身所使用的符号——字符:记录词的读音—音符、与词义有关联的符号—意符,或跟两者都没有关系的记号。换言之,在形声字中音符和意符的符号形体由语词的记录符号变成了汉字使用的符号——字符。这一层次上的变化,有效地限制了汉字基本符号的数量。

四是符号单位的载义功能变得更清晰。如前所述,字不敷用指的是来不及为词或某项词义造字。而这又可以大略分为以下几种情况:

其一,类名下属的种群之名需要分别定名。

其二,社会发展,新事物和各种现象大量涌现。

其三,人对事物认识的进一步深化和表达要求。这一点,从词类的日益丰富完善可以窥见一斑。陈梦家(1956/1988:91)分析甲骨卜辞得到九种词类,分属五种词位,分别为:名物位(1.名词,2.单位词,3.代词—人称代词、指示代词),动作位(4.动词),形容词—名词之附加(5.状词、6.数词、7.指词、其他形容词),关系位—名词与名动之联系(8.关系词—连词、介词),助动位(9.助动词)。张玉金(2001:绪论、第一章)列出甲骨文词类有名词、动词、形容词、数词、量词、代词、副词、感叹词、介词、连词、语气词共十一种。

需要指出的是,符号形体的载义作用是通过对词义的分流明确起来的。古代汉语以单音节词为主,字词常常不别,如上文曾引王筠所说分别文中的一项——"本字义多,既加偏旁,则只分其一义",这个"其"不是"字"本身,而是字所记录的"词"。换言之,是形声化缓解了单音节词义项日趋增多与辨析和理解之间的矛盾。

五是可以为各种结构造字的形声字具有极强的能产性。

三、对汉语词汇复音化进程及其成因的观察与讨论

(一) 汉语词汇复音化进程

有关汉语词汇复音化研究成果提供的各个不同时代语言材料中复音词数量变化的数据,可以大致勾勒出这一进程的轨迹。

《诗经》中共出现词 4000 多个,其中有复音词 1329 个(包括专有名词),约占总词数的 30%弱(参见向熹,1980)[①]。《论语》一书中出现的总词数为 1504 个,其中复音词 378 个,约为总词数的 25.1%;对《孟子》一书中不同词汇单位的分布情况则有不止一种考察结果,一种是:总词数 2240 个,其中复音词 651 个,约占总词数的 29%(参见程湘清,1994a:110)。另一种结果是:总词数 2278 个,其中复音词 713 个,约占总词数的 31.3%(参见赵克勤,1994:17)。

语言资料的总字数与复音词的数量之比是观察复音词数量变化的另一种途径。

《尚书》里的《商书》五篇共 1851 个字,其中复音词(除去重见的)只有 30 多个;《庄子·逍遥游》,全文 1465 字,有复音词 80 多个(参见潘允中,1989:16)。东汉王充《论衡》一书共 21 万余字,全书复音词总

---

① 与先秦其他散文类作品相比,《诗经》里的复音词所占比例可能会更大一些,这是因为《诗经》是一部以四言为主的诗歌总集。这种"两字一顿的四言句式特别适合双音词的发展"。

数为 2300 个(包括专有名词);南朝刘义庆《世说新语》共 6 万余字,仅相当于《论衡》一书总字数的七分之二,而全书复音词总数已达 2126 个;王重民等据敦煌石室藏晚唐五代变文辑得的《敦煌变文集》所收变文约 27 万余言,是《论衡》一书总字数的 1.28 倍强,而全书复音词有 4347 个,是《论衡》一书复音词总数的 1.89 倍(参见程湘清,1994b、1994c、1994d)。在篇幅基本相同的情况下,唐代韩愈《柳子厚墓志铭》、柳宗元《答韦中立论师道书》《段太尉逸事状》三篇文章中的复音词数量,是《左传》所含复音词的两倍半(参见赵克勤,1994:16—18、65—66)。佛经如后秦鸠摩罗什所译的《妙法莲华经》中最有名的《譬喻品》约 7750 字,有双音词约 1500 个①(参见梁晓虹,1994:175—177)。

　　近代作品中复音词在汉语词汇中已占优势。例如潘允中(1989:16、33—34)从《水浒全传》第二十三回中随意选取的一段,共使用 163 个汉字,其中有 97 个汉字组成了 41 个复音词或词组(还包括两个成语性的四字格),只有 66 个单字单词,即"汉字一字一词的只占 40%,而 60%的汉字只是复音词的词素而已";《毛泽东选集》第四卷第一篇第一段所用 178 个字中,"只有 28 个是单字单词,约占全部汉字的 16%,其余 84%左右即 150 个汉字都是词素,组成了 68 个复音词"。可见"到了现代,复音词的比率越发增高到占绝对的优势"。

　　有统计数据显示:"《现代汉语词典》(商务印书馆 1978 年版)收 56000 余条目,其中仅双音节复合词就有 32346 个,约占 57.8%。"(参见周荐,1991)《现代汉语频率词典》所统计的四大类②共 180 万字语料中,共使用不同汉字 4574 个,共构成 31159 个词条,其中就词数而言,

---

　　① 东汉时期便开始陆续传入的佛经,其译文(尤其是音译)中,双音词比例更高,此乃因内容的需要,梵汉语音的不同,及通俗文体的特色所致。

　　② 四大类依次为:报刊政论、科普书刊、生活口语、文学作品。

单音节词在四大类中所占比例依次分别为 17.2%、19.7%、27.3%、14.2%,双音节词除在第三类中占 65.2% 以外,在其他各类中均占 71.2% 以上,呈绝对优势(参见北京语言学院语言教学研究所,1986)。

综上,可以得到这样的印象:与形声化相比,汉语词汇复音化(主要是双音化,以下径称双音化)不仅晚于形声化,而且进程也显得比较缓慢。词汇学研究成果表明:"古汉语词汇主要由单音词构成(即使到了唐代也没有改变这种状况)。"(参见赵克勤,1994:65—66)我们认为,正是因为形声化实现语义分流极大地缓解了一个汉字形体对应单音节词的多个义项而造成对应关系不明确的矛盾,使得字词关系相对稳定。

既然如此,为什么此后又出现了双音化? 从形声化完成到双音化之间究竟出现了哪些值得注意的现象? 我们认为,必须从两个方面观察并思考。一是单音节词面临的困境,二是记录语词的汉字(主要是形声字)造字方法对这一困境的影响。

(二)单音节词面临的困境

1. 单音节词的义项量

随着社会发展和人类生活的日益丰富、人对客观世界和主观世界认识的不断深入,人们对事物的观察越来越细致,表达越来越准确,语词数量势必剧增。这也是语言诸要素中词汇变化最为激烈、最引人注目的主要原因。例如,《说文》有"走""心""金"三部。共收字 545 字,甲骨文则完全没有;"甲骨刻辞中的动词不过 300 余个",而《说文》所收字中,"表示行为动作的有 1600 余个","甲骨刻辞里的形容词总共只有几十个。到了周秦汉语形容词增加到千个以上"(参见向熹,1998:389、399、400)。在这样的大背景下,"单音词的发展要受语音形式的限制。单音词太多,会产生过多的同音词,或者词义过于复杂,不便于人们的社会交际。……上古新词的产生,自然地向着复音化的方向发展"(参见向熹,1998:407)。换言之,单音节词不仅数量剧增,而且所承载的义项量众多以及同音词大量出现。是以单音节词为主之时,必然出现的情况。

前者可以从研究者的观察中得到证实。例如,通过对《诗经》里的单音词和复音词做全面考察后得到的印象是:"从意义上看,《诗经》里的单音词大多数是多义词,复音词则大多还是单义词,只有少数是多义词。"(参见向熹,1980)若将现代汉语中那些构词力强的单音语素与复合词的载义量进行比较,差异更加明显,据有关统计,单音语素"体""构成复合词210条"。其中,"具有 1 个义项的 194 个,2 个义项的 21 个,3 个义项的 2 个。共有义项 235 个,平均每个复合词是 1.119 个(义项)"。而"体"作为单音语素时,"它的义项是 5 个"。又如单音语素"场","构成的复合词 103 个"。其中"具有 1 个义项的 87 个,2 个义项的是 14 个,3 个义项的 1 个,5 个义项的 1 个。共有义项 123 个,平均每个复合词是 1.194 个(义项)"。而"场"作为单音语素时,"所具有的义项是 9 个"(参见苏新春,1996:188—189、183)。

如果对具体语词稍作观察,或可得到进一步的认识。我们曾随机抽取《论语》首篇首句"学而时习之"中的"习"字加以观察(参见万业馨,2005:145)。作为古汉语的单音节词,"习"在《论语》中出现凡三次,见于《学而》和《阳货》,今人分别释为"演习""实习""复习""习染""习惯"等等。杨伯峻先生曾对翻译时所选择的双音节词加以说明:"一般人把习解为温习,但在古书中,它还有'实习''演习'的意义,如《礼记·射义》的'习礼乐''习射'。《史记·孔子世家》:'孔子去曹适宋,与弟子习礼大树下。'这一'习'字,更是演习的意思。"(参见杨伯峻,1982:1、4、181、278)清代阮元(1982:1050)所编《经籍籑诂》"习"字条下的释义便有"学""晓""修故""积"等十余项,而且每一项都列举了书证。宗福邦、陈世铙、肖海波(2003:1813)主编《故训汇纂》"习"字条下条分缕析,将假借用法也包含在内,所列义项达83项之多,且皆有书证。

上述对比,说明古汉语单音节词"习"的词义在后人看来可以分列为多个义项(并通过双音节词来表达),或者说,古汉语单音节词具有多义性。而当时对这些义项的理解和确认往往需要根据语境。

现代汉语复音词则不然。翻检商务印书馆2002版《现代汉语词典》和商务印书馆2002版《倒序现代汉语词典》,"习"具有数个义项:①学习、复习、练习,②对某事物常常接触而熟悉,③习惯,④姓。由"习"组成的复音词中,"习"居词首者21个,其中具有2个义项的仅3个(习惯、习染、习作),其余皆为单义项;在词尾者18个,其中仅"练习"一词具有两个义项,其他单义。

以上只是解剖了一个麻雀,然而它所反映的现象是带有普遍性的。这样的例子大量存在。不仅如此,比较古汉语中的单音节词与现代汉语中的双音节词,后者对词义的描述显然更精确。

2. 单音节词与专名

上文所述是单音节词多义项问题。而直接导致单音节词数量剧增的,主要是单音节词表现的由于性状差异而定的众多专名。

从甲骨刻辞到周秦汉语的发展过程中,一个很明显的变化是动词和形容词数量大增。除此之外,根据性状差异而做出的定名或描述不仅使单音节词和同音词的数量剧增,而且与之对应的形声字数量更是迅速增加,构形也更为复杂。

例如甲骨文中仅用"赤"代表南方之色,到了周秦,则已根据用途或进一步分层而形成近 20 个一组单音节词(详见向熹,1998:401)。《尔雅》是按事物进行词语分类的,其中"释虫""释鱼""释鸟""释兽",当是我国最早的动物分类。观察各类中不同种属的名称,可以得到同样的结论,例如"马",可用于"宗庙、戎事、田猎",分别要求"齐毫"(尚纯)、"齐力"(尚强)、"齐足"(尚疾)(参见郝懿行,1982:8)。故十分重视毛色、体型、力量等等,并根据种属之间在上述方面的差别而定名。除了"牡曰骘,牝曰騇"这样的总体概括外,仅颜色一项,就有:"膝上皆白惟驠,四骹皆白驓,四蹄皆白騼,前足皆白騪,后足皆白狪,前右足白启,左白踦,后右足白驤,左白驍。"等等。不难设想,各个种属,按照这样越来越细致的划分,可以产生多少单音节词,又有多少记录它们的字,无怪乎"马属"一项,就收了"騏騄駮騝驪駃騜騽"等 41 个从"马"之字(不包括重出者)。

《说文》中根据马的各种性状所作定名内容更为丰富,"马"部收字已达 115 个(详见许慎,1979:199—202)。除了对毛色依然重视外,"马的奔驰、行走,甚至行走的形态"及"马怒、俯仰、摇头"都有专门的术语,"马的年龄、高度,以及与马有关的装饰,也都有专门的字来加以记录"(详见刘又辛、方有国,2000:248—252)。

随着单音节词数量剧增以及同音词的同步增加,必将增加人们学习和使用的负担。这些名称及其对应的汉字后来有很多都废弃不用,说明对事物日趋精细的描述逐渐舍弃了单音节词的表达方式以及相应的形声字记录方式。

3. 从上古汉语复合词类型分布看解困

了解较早时期双音词的类别分布,可以让我们对怎样走出单音节词面临的困境得到进一步的认识。

从上古汉语中最为发达、所占比例最高的联合式复合词与偏正式复合词的功能,基本上可以了解到双音词的大体面貌。为了提高汉语表达的明晰度和精确度产生的联合式复合词,是由两个地位平等的词素构成,来自两个可以独立运用的单音节词,"由它们构成联合式复合词,则是把两个词素的意义固定在某一共同的义位上,从而加强词义的单一性和明确性;两个词素彼此也可以起一种互相注释的作用"。在上古汉语中,联合式复合词已经很发达,据有关研究所得结果:"《诗经》里 900 个复音词中有 200 多个联合式复合词;《论衡》2000 多个复音词中,联合式复合词有 1400 多个,占整个复合词的 60%。"(参见向熹,1998:414—415)

组成偏正式复合词的两个词素前为偏,后为正,"偏词素制约正词素,从而表示一个新的概念。上古汉语里,偏正式复合词也很发达。《诗经》里偏正式复合词有 400 个,比联合式复合词多出一倍。但《论衡》里偏正式复合词只有 500 多个,占全书复合词总数的 22%"。其内容形式,主要有以下 11 种,分别是:修饰部分说明中心部分的数量、地域或方位、时间、种属、领属、原料、颜色、形状特点、人物的职业和地位、功能或作用、行为的方式(详见向熹,1998:417—421)。

值得注意的是两者在词类方面还存在一定的互补关系。上古汉语中,联合式复合词有"名词,动词,形容词等各个词类";而偏正式复合词"绝大多数是名词,极少数是动词,形容词和副词几乎没有"(详见向熹,1998:414、421)。

我们根据研究者对以下几种材料的分析统计以列表的形式展示各种结构类型复合词的数量与所占百分比。[①] 虽不能代表材料所处时代

---

① 材料来源:《诗经》(向熹,1980)、《论语》《孟子》(程湘清,1994a)、《论衡》(程湘清,1994b)、《世说新语》(程湘清,1994c)、《敦煌变文集》(程湘清,1994d)、《现代汉语词典》(周荐,1991)。所占百分比为笔者计算所得,由于计算时取四舍五入的原因,后三种材料合计所得百分比均为 100.01,存在 0.01 的误差。

复合词类型分布的全貌,却也可窥见一斑。

表 2

统计材料来源	结构类型					
	联合式 词数(%)	偏正式 词数(%)	补充式 词数(%)	支配式 词数(%)	表述式 词数(%)	合计 词数(%)
《诗经》	209/29.60	484/68.56		13/1.84		706/100
《论语》	60/46.15	67/51.54	0/0	2/1.54	1/0.77	130/100
《孟子》	146/56.81	100/38.91	0/0	9/3.50	2/0.78	257/100
《论衡》	1404/67.24	517/24.76	101/4.84	52/2.49	14/0.67	2088/100
《世说新语》	926/54.92*	573/33.99	93/5.52	77/4.57	17/1.01	1686/100
《敦煌变文集》	2113/63.7	800/24.12	194/5.85*	170/5.13	40/1.21	3317/100
《现代汉语词典》	8310/27.31	16411/53.93	300/0.99	5030/16.53	380/1.25	30431/100

　　可见,联合式复合词与偏正式复合词在全部复合词中占据优势这样的局面一直延续至今。说明它们是汉语词汇走出单音节词困境的主要方法。在上表中,除了《世说新语》《敦煌变文集》《现代汉语词典》三种,该两项的和所占百分比未能达到90%以上(分别为88.91%、87.82%和81.24%)外,前四种都在90%以上(分别为98.16%、97.69%、95.72%、92%)。

　　而为了"加强词义的单一性和明确性","提高汉语表达的明晰度和精确度产生的联合式复合词",以及偏正式复合词——以说明中心部分的数量、地域或方位、时间、种属、领属、原料、颜色、形状特点、人物的职业和地位、功能或作用、行为方式等作为修饰部分的偏词素,来"制约正词素(馨按:正词素往往表示类别或种属)从而表示一个新的概念"。这不仅可以与上文的分析和观察相印证,而且还可以为不同时代复合词类型所占比重此起彼伏的原因探究提供线索。

四、形声字对单音节词所面临困境的影响

我们之所以把目光投向汉字是出于以下原因。一是基于古代汉语中字和词的关系。汉字符号形体的载义作用是通过对词义的分流明确起来的。古代汉语以单音节词为主,字词关系紧密,称说时常常不别,今日称之为"词"者,原来通常称之为"字",这一点,从一些研究虚词的书名中也可窥见一斑,例如清人刘淇的《助字辨略》,今人裴学海的《古书虚字集释》,吕叔湘的《文言虚字》等。故上文曾引王筠所说分别文中的一项——"本字义多,既加偏旁,则只分其一义",这个"其"不是"字"而是"词"。换言之,是形声化缓解了单音词义项日趋增多所造成的辨析和理解之间的矛盾。二是双音化进程所采取的手段与形声化如出一辙。显然,对形声化完成后的汉字与语词的关系及状态进行观察并深入思考是很有必要的。

(一)形声造字方法的长与短

汉字结构种类在很大程度上取决于词的功用,或者说,词类对字形构造是有所选择的。① 例如,记录实物名称(名词)的象物字,即通常所谓"象形字"。而会意字所记录的词类,往往属于动词,这显然是由于动作有施受双方的缘故。陈年福(2001:107—109)在对甲骨文动词字做结构分析后得出的印象是:"甲骨文动词字会意字占多数。""多数是两个形符以上的复合。"石定果(1996:194—195)对《说文》中会意字的

---

① 但这也不是绝对的,因为词义有引申、转变;语词有兼类,记录它的符号有可能表示不同的词类,此其一;其二,语词与符号之间的联系是约定俗成的产物,因此,两者之间的关系还有待进一步研究。

分析统计结果显示:《说文》会意字中的动词共 251 个,占全部会意字的 39.59%,并因此得到如下认识:"名词能以象形手段造字,而动词却不能用独体象形字来表示。……会意字大都是为动词而创造的。"

同样,那些虚词、专名等——例如"干支四方之名,六七八九百千万亿之数,朕我尔汝之称,国邑之号,语助之词"等"艰于造字者","往往无法用象形指事会意等方法为它们造字,只能够通过语音与词建立联系,这就是假借字"(详见林义光,1920/2012:12)。

从理论上说,形声字通过意符与音符的组合形式可以为各种词类造字。而大量形声字是通过在原有的字上加注意符产生的。新造字与原有字之间的关系——"归类"与"分级"——就是形声造字方法的核心。

《说文·叙》谈到汉字构形时有"依类象形"的说法,指的是最早的文字表现的是事物的"共相"——类名,而非种属或个体的名称。这不仅可以解释为什么形声化过程中大量形声字是把已有字作为音符,通过加上意符(形旁)的方式产生的,意符往往表示模糊的类概念,而且可以看到形声造字方法在区分同类事物方面的能力,而这又是建立在人对事物有了进一步了解和认识并反映到语词中的。一期甲骨文中已经有"狼""狽"二字,就是典型的例子——"犬"是类,"狼"和"狽"则是比类低一级的种属。同样,"我们可以把'蘭'字勉强解释为'草也',可决不能把'艸'字解释做'蘭也'。因为'蘭'是专名"(参见唐兰,1949/1979:100)。随着这种能力的极大发挥,整个汉字中形声优势逐渐建立。《说文》收字"分别部居,不相杂厕"中的"部"相当于"类",而同一部里集合的字词便是同属一类而又比类低一级的事物。这样的编排基础就是形声字的归类与分级能力。

字词关系的紧密与稳定,除了音义的联系外,还需要字与字之间具有能够造成对立的区别性特征。形声造字方式采用归类、分级(实际上是一种分化)的做法是能够满足这种需要的,诚如王筠(1983:327)对"分别文"所做描述:"其加偏旁而义遂异者,是为分别文。"但此法一开,汉字的数量急剧上升。如朱骏声(1984:542—544)《说文通训定声》一书中,收录为不同义项所造分别文众多,即以"辟"为例,以之为音符所造之字多达 22 个。诚如林沄(1986:90)所论:"分化的结果是文字数量增加。"如果换一个角度进行观察,由于形声造字方法成为主流,因此,"文字数量愈多,形声文字的比例愈大"(详见唐兰,1949/1979:103)。《说文》所收字中,形声字约占 82%,而郑樵(1995:333—334)《六书略》中,形声字已占 90%左右①。

这样的造字方法最擅长为哪一类词造字? 陆德明《经典释文·序录》对这种归类、分级的做法有过具体的描述:"岂必飞禽即须安鸟,水族便应著鱼,虫属要作虫旁,草类皆从两屮。如此之类,实不可依。"这段话中,"安鸟,著鱼,作虫旁,从两屮"都是归类,形象地描述了在原有字上添加意符造出新字——"归类"以及"分级"过程。同时说明:无论归类还是分级,得到的多是表示事物名称的名词。唐兰(1949/1979:98)曾明确指出:"每一类新文字,往往就等于一本专门名词的词汇。"

其实,从文字产生的初期,对于事物性状、数量等方面的表达,就已明显要比单纯的名称复杂。例如,在图画中,我们可以画一头很大的"鹿"来表示"大鹿"的意思,但作为文字,就要用"大"和"鹿"两个符号来表示,而且必须知道这个"大"的象形符号,代表的是"大"的意思而不是"成人"(参见裘锡圭,1988/2013:3)。或者专门为大鹿起专名、造专字。

陈梦家(1939/2006:49—51)则提及有关数量的专名有不少是合

---

① 据郑樵所作"六书总计":象形、指事、会意三者相加,仅 1455 字,而形声一项便有 21810 字。

文,"一个数名和物名复合成一单位",例如"'半'字是八(分)和牛的合文,意即半个牛,半字后来引申为量的单位,……《说文》的'伍''什'必是五人、十人的合文",据此类推,"驷""是四马或马四的合文","骖"是三马的合文。

而上文所述那些根据性状(带有修饰和限定成分)差异而定名者,则由于繁复和庞杂往往在出现一段时间后被弃用。至于形容词,由于状态和程度的变化极为丰富,也是如此。

陈世辉、汤余惠(1988:41—42)曾以《史记·司马相如传》载《子虚赋》为例,其中形容水声、水势的形容词有 16 个,这些字不仅大多数不见于先秦文字,而且后代很多字也都不再使用。

(二) 形声字的泛滥

当汉字(主要是形声字)与所记录的词之间是一一对应的关系时,是不能称之为泛滥的,则双音化的起因与完成全出于自身的原因,与形声字无关。然而,事实并非如此。

如前所述,当新造词绝大多数是单音节词时,必然出现两方面的问题:单音节词往往多义项,而且同音词数量呈同步增长。因此字(主要是形声字)与所记录的语词即使是一一对应的关系,数量的增长也已经相当可观。而实际情况是:表示同一种属的事物直至个体的词往往有不止一个汉字形体与之对应,终成泛滥之灾。而造成这种局面基本上可以归于以下原因。

首先,是形声结构本身所含"变数"。

形声结构由声旁(使用音符)+形旁(使用意符)组合而成。由于同音字多,组成形声字时,对音符的选择可以有多种,而不是固定的,或者说唯一的。同样,由于相近义类的互通互换乃至形体相近,对意符的选择也不是唯一的。这样，形声结构本身就含有变数——记录同一语词的形声字因所选择的意符或音符不同而出现异体就是普通而常见的现象。

不仅如此，语言文字的本质是约定俗成，字本非一人、一时、一地所造，当使用汉字的地域宽广，使用者越来越多，由于观察角度和表达方式的差异，一个词的代表字往往存在多个构形。

唐代颜元孙《干禄字书》中将当时通行汉字的不同构形根据使用人群和场合分为"俗""通""正"三体。并加以说明：用于"籍帐、文案、券契、药方"的是为"俗者"；用于"表奏、牋启、尺牍、判状"的属于"通者"；用于"著述、文章、对策、碑碣"的即所谓"正者"（详见施安昌，1992：10—11）。其中所收，意类相似相通或因观察角度或具体情况有所不同而形成上述分别的，如"犭"与"豕""豸"并存（见"猪、豬""狸、貍""豺、犲"等），又如"鸟"与"隹"换用（见"雕、鵰""雛、鶵"）、"阝"与"土"可通（见"堤、隄""階、堦"）等等，不一而足。声旁因音同、音近而形成构形不同的如"衿、襟"（"今"与"禁"）、"粮、糧"（"良"与"量"）、"棹"与"櫂"（"卓"和"翟"）等。以《干禄字书》流传之广，影响之大，可见那些不同字形，不仅在不同人群中流通，而且得到当时社会的承认。张涌泉《汉语俗字研究（增订本）》第三章"俗字的类型"曾将俗字生成的途径（或谓类型）归纳为十三种[①]，其中"增加意符""省略意符""改换意符""改换声符"等项最是常见，可与上述情况相印证，所举如"瓜—苽"、"畢羅—饆饠"（或将"食"旁换为"麦"旁）、"暫—蹔—蹔"、"捣—擣"、"怜—憐"等。

其次，是别异，又可包括两种情况。一是滥用"归类"，主要表现为

_____

① 有关俗字研究详见张涌泉教授的多部著述。

添加意符。如上引陆德明所说"安鸟""著鱼""作虫旁""从两中"等。陆氏用"岂必"与"如此之类,实不可依"鲜明地表达了反对之意。换言之,对于那些已经约定俗成的字,再如此"叠床架屋",实不可取。

当代学者对此有更为深入的论述并具体举证。例如,唐兰(1949/1979:134、102)曾一针见血地指出"别异是文字增多的主要原因",并举"梁—樑""忍冬—荵冬""凤皇—凤凰"等为例指出:"后起的形声字,大都增加了不需要的形","由于意义而歧异的字"(如"隹"变为"唯"跟"惟","立"变为"位","令"变为"命","鼎"变为"贞","正"变为"征"),"以及草木虫鱼诸名字的增加偏旁,虽然,有些是无需的,可总是很正常的","所以中国文字可以以万计了"。

二是妄生分别,强为专名造专字。

如前所述,形声字具有极强的能产性。在帮助词义分流时,有一种倾向值得注意。那就是不仅力求做到词有专字,甚至希望为每一个具体事物乃至义项造出专字。在表意字里已经存在对某一事物的不同表现形式,但那有时是由于观察角度与表达有所不同,当然也可以看作是追求专名的一种表现。例如甲骨文中,"牝""牡"字有从牛也有从羊、从鹿的,"牢"有从羊、从马的,等等。但后来往往归并为一种形体(详见姚孝遂,1984;刘钊,2006:64—65)。

形声字则有所不同。由于形声字具有极强的能产性,加上社会用字的日渐普及,用字人群范围的扩大,用形声的办法为专名造字蔚然成风。正如郑樵(1995:301)所言:"谐声与五书同出,五体有穷,谐声无穷。"他的《六书略》对所收汉字进行的六书分类所得结果,在总计24235个汉字中,有形声字21810个,约占90%弱(详见李孝定1973:380)。

在为专名造字时,添加或改换意符是最常见的手段。如《庄子·

刻意》有“魡鱼”，为“钓鱼”专字，《经典释文》“本亦作钓”（详见陆德明，1983：381）。《干禄字书》除表弓弦之“弦”，又有表琴弦之“絃”（详见施安昌，1992：25）。

即以《说文》省声而言，历来颇受诟病，多以为“殊不可解”，但其中有一支实属于用替换意符为专名造专字，许氏归于“省声”彰显其音义从受关系。试举两例：

屔：《说文》八上丘部：“屔，反顶受水丘，从丘泥省声。”段玉裁（1981：387）《说文解字注》：“不但曰尼声，必曰从泥省声，说水潦所止之意也。”并指出：“屔是正字，泥是古通用字，尼是假借字。”王筠（1983：112）：“屔下云泥省声，缘受水之意来也。”指明“屔盖后来分别文也”。

馰：《说文》十上马部：“馰，马白额也，从马的省声，一曰骏也，易曰为的颡。”王筠（1983：114）：“作的者正字也，作馰者后来分别字。许君见此分别文而收之，其引易则仍作的，而说解则沿易义作的省声，不改经文，不背字义。”徐灏（2014：9562）：“古无馰字，假的为之，后人乃易马旁，非直造馰字从马勺声也。此类不可不知。”

与添加意符相比，添加音符的做法要少得多。

人们对此多有批评。除了上文所引陆德明与唐兰所言外。例如《中华大字典》上册石部收“碠”，为“石亭”专字，下引《正字通》云：“按草木石虽别，通谓之亭，今因石亭旁加石，木亭当从木作楟，草亭当从草作葶。迂泥甚。从亭为正。”下册艸部有“葶”字，分为两条。其一，释义有二：一是“亭”之异体，“同亭”；二是草名，见于《尔雅・释草》。其二，草名，可毒鱼，见于《山海经・中山经》。《集韵》有“葶”，是一种能毒鱼的草。若以此类推，这种求专名的做法对意符和音符的选择相互干扰的情况当非个例，而《集韵》所收俗字与正字并列者可谓触目皆是。又如,清人钱大昕(1997:24)曾就"上帝版版"的"版"字被分出从木之"板"和从金之"钣"议论道:"魏晋儒师强立偏旁,妄生分别,故有从'金'从'木'之别。"

而陈世辉、汤余惠(1988:41—42)则直斥形声造字法带来的公害:"使汉字字数急剧增多,异体字也随时随地都在产生,字数急剧膨胀,这使汉字的学习难度加大。"刘又辛、方有国(2000:284—285)持相同意见:大量形声字的产生,"用以记录新产生的词语,或者改变过去的习用字",并举"食"部字为例:"《说文》"食"部字共82个字(连重文和新附字);《玉篇残卷》134字,(中华书局影印本,有两处完整的食部字);今本《玉篇》220字;《汉语大字典》556字。""但是在现代常用字表中,食部字只有25个,《新华字典》比常用字收字较宽,也只有50字。"无论字书还是韵书所收那些不断增加的字数与用字人所使用的汉字数量的巨大落差,还是陈、汤、刘等诸位先生对形声字使用情况的具体描述,都可以说明,有相当一部分形声字后来已经不用了。

综上所述,添加或改换意符和音符,都是通过"归类"和"分级"达到为专名造专字的目的。在对已有类别和种属继续做精细分级的过程中,记录单音节词的符号形体有了极大的扩展,形成泛滥之势。使单音节词的困境不但没有得到缓解,反而在字词的学习和使用上带来极大不便,最后成为使用者不能承受之重。继续造出更多形声字以满足向纵深分级、准确细致的做法已经走到尽头。从这个意义上可以说,形声字的泛滥不仅不利于解困,反而推动了双音化的进程。

结　语

回顾汉字形声化和汉语词汇双音化的过程以及前者对后者产生影

响的事实,给我们不少有益的启示。

　　首先,使用者对汉语和汉字的要求主要有以下几点:一是符号单位与意义的对应明确而稳定;二是符号数量必须有所控制,以利于使用和交流。

　　其次,根据这样的归纳和理解,观察形声化和双音化是通过哪些手段满足上述要求的,可以得到一些很有意思的印象。

　　汉字形声化的出现是由假借的弊端引发或推动的。假借通过记录语音的方法弥补了用表意方法记录语词时的不足,它的大量存在帮助汉字符号形体做到逐词记录语言,建立成熟的符号体系。但与此同时,也带来了符号形体与所记录对象之间可能存在多种选择而不能明确与稳定的短处,判断字词关系时常常需要依赖语境。形声化通过在原有字上加注音符或意符,以类似坐标定位的方法使字词关系明确而稳定,摆脱了对语境的依赖。并且在整个汉字符号系统中形声优势始终存在,可以认为至此汉字符号体系已经完全成熟。

　　因为此前假借的普遍存在,所以大量形声字是通过在原有字上添加意符产生的。这是通过归类的方法达到区分同音词、分流词义来完成的。值得注意的是,在这个过程中,汉字符号形体产生了角色的分化——记录语词的符号是字,而充当声旁和形旁的是汉字本身使用的符号——字符。这种分化和将符号"降级"使用的做法使得基本符号的数量得到有效的限制。

　　随着社会的发展,人类生活内容的丰富,单音节词大量增加,其所承载的义项量日趋繁重,对词义的准确理解和运用常常需要根据语境。同时,由于音节构成的原因,同音词数量剧增,给使用者带来诸多不便,双音化的出现可谓大势所趋。与此同时,由于记录语词的汉字(主要是形声字)并非一时、一地、一人所造,对形声字组成成分——音符和意符存在不止一种选择,字词之间往往突破了一一对应的关系。加上对专名的极度追求,在已经约定的符号形体上叠床架屋,终成泛滥之灾,不仅未能帮助单音节词纾困,反而给学习和使用造成不能承受之重。

如同形声化采取的方法一样,双音化同样通过分化(词和词素)并"降级"之法,用两个地位平等的词素固定在某一义位上,使之加强词义的单一性和明确性;或以偏词素修饰、限定正词素,以表示新概念,词义得以明确而稳定,摆脱了对语境的依赖。与形声化主要是在原有字上添加意符——类别或种属有所不同的是,偏正式复合词是以类或种属作为已有的正词素,用添加具体性状的偏词素的方法进行词义分流,使词义得到明确。同样,由于组成双音词的词素来自原来的单音节词,有效地限制了语词及其记录符号——汉字的数量。双音化完成后,现代汉语以双音词为主的局面稳定存在至今,说明这是符合汉语汉字需要的方式。

综上所述,我们认为:汉字形声化和汉语词汇双音化都是系统自身进行调节的手段。

参考文献

安子介,1988,《汉字的再认识》,《第二届国际汉语教学讨论会论文选》,北京语言学院出版社。

北京语言学院语言教学研究所(编著),1986,《现代汉语频率词典》"编纂说明","附录4:使用度最高的前若干词的词数及覆盖率统计",北京语言学院出版社。

陈年福,2001,《甲骨文动词词汇研究》,巴蜀书社。

陈梦家,1939/2006,《中国文字学》,中华书局。

陈梦家,1956/1988,《殷虚卜辞综述》,中华书局。

陈世辉、汤余惠,1988,《古文字学概要》,吉林大学出版社。

程湘清,1994a,《先秦双音词研究》,程湘清(主编)《先秦汉语研究》,山东教育出版社。

程湘清,1994b,《〈论衡〉复音词研究》,程湘清(主编)《两汉汉语研究》,山东教育出版社。

程湘清,1994c,《〈世说新语〉复音词研究》,程湘清主编《魏晋南北朝汉语研究》,山东教育出版社。

程湘清,1994d,《变文复音词研究》,程湘清(主编)《隋唐五代汉语研究》,山东教育出版社。

戴维·克里斯特尔,1995/2002,《剑桥语言百科全书》中译本,任明等(译),中国社会科学出版社。

丁度等(编),1998,《集韵》上册,上海古籍出版社。

段玉裁,1981,《说文解字注》,上海古籍出版社。

方国瑜(编纂),和志武(参订),1995,《纳西象形文字谱》,云南人民出版社。

郝懿行,1982,《尔雅义疏》三册下之七,北京市中国书店。

和志武,1981,《试论纳西象形文字的特点》,《云南社会科学》第3期。

洪诚,1984,《训诂学》,江苏古籍出版社。

黄德宽,2014,《古汉字发展论》,中华书局。

黄天树,2014,《商代文字的构造与"二书说"》,《黄天树甲骨金文论集》,学苑出版社。

康加深,1993,《现代汉语形声字形符研究》,陈原(主编)《现代汉语用字信息分析》,上海教育出版社。

李孝定,1973,《中国文字的原始与演变》,台北《历史语言研究所集刊》45册2分册。

李燕、康加深,1993,《现代汉语形声字声符研究》,陈原(主编)《现代汉语用字信息分析》,上海教育出版社。

梁晓虹,1994,《佛教词语的构造与汉语词汇的发展》,北京语言学院出版社。

林义光,1920/2012,《文源·六书通义》,中西书局。

林沄,1986,《古文字研究简论》,吉林大学出版社。

刘钊,2006,《古文字构形学》,福建人民出版社。

刘又辛、方有国(编著),2000,《汉字发展史纲要》,中国大百科全书出版社。

陆德明,1983,《经典释文》,中华书局。

潘菽(编著),1985,《人类的智能》,上海科技出版社。

潘允中,1989,《汉语词汇史概要》,上海古籍出版社。

钱大昕,1997,《嘉定钱大昕全集》第七册,《十驾斋养新录》,江苏古籍出版社。

钱玄,1980,《秦汉帛书简牍中的通借字》,《南京师大学报(社会科学版)》第3期。

裘锡圭,1988/2013,《文字学概要》,商务印书馆。

阮元(编),1982,《经籍籑诂》,成都古籍书店影印本。

施安昌(编),1992,《颜真卿书干禄字书》,紫禁城出版社。

石定果,1996,《说文会意字研究》,北京语言学院出版社。

苏新春,1996,《当代中国词汇学》,广东教育出版社。

唐兰,1949/1979,《中国文字学》,上海古籍出版社。

汤余惠,1986,《略论战国文字形体研究中的几个问题》,《古文字研究》第十五辑,中华书局。

万业馨,1990,《汉字结构方式的质变》,《古汉语研究》第3期。

万业馨,1992,《秦汉简帛书同声通借试析》,南京大学古典文献研究所《古典文献研究》(1980—1990),南京大学出版社。

万业馨,1999,《汉字字符分工与部件教学》,《语言教学与研究》第4期。

万业馨,2005/2012,《应用汉字学概要》,安徽大学出版社;商务印书馆。

王引之,1985,《经义述闻》,江苏古籍出版社。

王筠,1983,《说文释例》,武汉古籍书店。

魏建功,1935/2001,《古音系研究》,《魏建功文集》,江苏教育出版社。

向熹,1980,《〈诗经〉里的复音词》,北京大学中文系《语言学论丛》编委会
　　(编)《语言学论丛》第六辑,商务印书馆。

向熹(编著),1998,《简明汉语史》,高等教育出版社。

徐灏,2014,《说文解字注笺》,丁福保(编纂)《说文解字诂林》,中华书局。

许慎,1979,《说文解字》,中华书局。

杨伯峻,1982,《论语译注》,中华书局。

姚孝遂,1980,《古汉字的形体结构及其发展阶段》,《古文字研究》第四辑,中
　　华书局。

姚孝遂,1984,《牢、宰考辨》,《古文字研究》第九辑,中华书局。

俞樾,1995,《湖楼笔谈》五,《九九销夏录》,中华书局。

张涌泉,2010,《汉语俗字研究(增订本)》,商务印书馆。

张玉金,2001,《甲骨文语法学》,学林出版社。

张振林,1993,《隶变研究序》,河北大学出版社。

赵克勤,1994,《古代汉语词汇学》,商务印书馆。

郑樵,1995,《通志·六书略》,中华书局。

周荐,1991,《复合词词素间的意义结构关系》,《语言研究论丛》第六辑,天津
　　教育出版社。

周有光,1988,《比较文字学初探》,语文出版社。

朱骏声,1984,《说文通训定声》,中华书局。

宗福邦、陈世铙、肖海波(主编),2003,《故训汇纂》,商务印书馆。

词的相应分化与义分同族词系列[*]

张 博

一、词义的相应引申与词的相应分化

20 世纪 70 年代末以来,由于系统论方法在各学科的广泛借鉴和应用,我国语言学家开始超越对单个词意义引申的纵向义列的传统关注,去审视意义相关的词在引申过程中的相互影响和制约,于是,有了蒋绍愚先生(1981;1989)的"相因生义"说,陆宗达、王宁先生(1983)的"引申系列'段'、'线'重合"说,许嘉璐先生(1987)的"同步引申"说,等等。尽管诸家的研究角度和所据材料互异,却共同揭示了词义引申过程中的一种重要现象,即在词义系统内部,一个词意义的运动变化,往往会牵连带动与之相关的另一个或几个词的意义也发生相应的运动变化。换言之,相关词的意义引申在很多情况下不是互不相干、各行其路的独立运作,而是相引相从、路线一致的有序共变。

观察同义词或反义词的引申义列,不难发现它们在多个义位上互相对应。例如,"议"和"论"是一对同义词,它们共同具有以下义位:(1)议论。如《左传·襄公三十一年》:"夫人朝夕退而游焉,以议执政之善否。"《孟子·万章下》:"以友天下之善士为未足,又尚论古之人。"(2)言论。如《墨子·亲士》:"谄谀在侧,善议障塞。"《庄子·刻意》:

---

* 本文原载《古汉语研究》1995 年第 4 期,收入本书时略有修订。

"刻意尚行,离世异俗,高论怨诽,为亢而已矣。"(3)主张。如《史记·鲁仲连邹阳列传》:"今臣尽忠竭诚,毕议愿知。"《文子·守弱》:"故士有一定之论,女有不易之行。"(4)判罪。如司马迁《报任安书》:"拳拳之忠,终不能自列,因为诬上,卒从吏议。"《史记·孝文本纪》:"今犯法已论,而使毋罪之父母妻子同产坐之,及为收帑,朕甚不取。"(5)文体的一种。即议论文。如刘知几《史通·论赞》:"《春秋左氏传》每有发论,假君子以称之……既而班固曰赞,荀悦曰论,《东观》曰序,谢承曰诠,陈寿曰评,王隐曰议。"又如"大"和"小"是一对反义词,它们有以下对立的义位:(1)在面积、体积、容量、数量、力量、强度、年龄、重要性等方面超过一般或超过/不及一般或不及所比对象;(2)尊重/轻视;(3)敬词/谦词(或蔑词);(4)副词,表示程度,很、极/稍微、略微。相关词的这种义位对应,无法用偶合来解释,只能视为词义在演变过程中互相作用、互相影响的结果。至于相关词意义的对应性变化,孰先孰后,孰主孰从,由于文献材料的不足,有时很难一一辨明。因此,我们认为,将相关词意义的对应性发展变化称为词义的相应引申,是比较合适的。这是一个泛时的、注重结果而忽略过程的提法。

词义的引申有两种结果,一是产生新义位,一是分化出新词。比如"张"的本义是给弓上弦,由此引申出拉开(弓)、张开、扩张、人腹胀满等义位。后来,或是由于这个词的意义负荷过重而指称不明,或是由于某些义位的联系在人们的观念中变得模糊不清,于是"人腹胀满"这个义位便从"张"的引申义列中独立出来,语音稍有变化并获得新字形写作"胀",从而成为一个新词。我们把由词义的引申分化而孳生出的新词"胀"和所由孳生的源词"张"合称为义分同族词①。既然词的分化与

①　关于"义分同族词"与下文提到的"音转同族词"的定名、性质、特征等问题,请参见张博(1991)。

词义的引申密切相关,而词义的相应引申是一种客观事实,那么,我们不禁要追问,在词的孳生繁衍过程中,是否也存在着相应分化? 对于这个问题,只要稍加留意,就可以从汉代以来不少学者的研究中找到肯定的回答。

《释名·释首饰》:"梳,言其齿疏也。数言比。比于梳其齿差数也。比言细相比也。"刘熙对梳理工具"梳"和"比(箆)"的命名之义的推求,证明表示密度大和小的反义词"疏"和"比",向同一方向引申分化,分别孳生出"梳"和"比(箆)"。这可能是古人对词的相应分化现象的最初感悟。刘熙之后,一些杰出的小学家也有过类似表述。例如:

　　(1)潮汐,江海之水,朝出为潮,夕至为汐。(《六书故》卷六)

　　(2)把,秉也。……弓弣之属手所把为把,必驾切。(别作"弝")犹秉之为柄也。(同上卷十四)

　　(3)贺之言加也,犹赠之言增也。(段玉裁《说文》"贺"字注)

　　(4)凡更代作必以其次,故代谓之比,犹次谓之坒也;代谓之递,犹次谓之第也;代谓之迭,犹次谓之秩也。(王念孙《广雅·释诂》"代也"条疏证)

上引诸条材料,可加以简化,表述为:

　　(1)朝—潮　　(2)把—把(bà)　　(3)加—贺　　(4)比—坒
　　　夕—汐　　　秉—柄　　　　　　　增—赠　　　递—第
　　　　　　　　　　　　　　　　　　　　　　　　　　迭—秩

从简化式中可以较为清楚地看出,每条横线连接的两个词是一组义分同族词;横线左边(竖方向)的源词或同义,或反义,横线右边的孳生词亦有同义或类义的关系(关于类义关系,详见下文)。我们把这种具有某种语义类聚关系的词分化出另一组具有某种语义类聚关系的词的现象,称为词的相应分化;把因相应分化而产生的若干组同族词称为义分同族词系列。

1935 年,著名语言学家杨树达著《字义同缘于语源同例证》(2011),贯串证发,纵横系联,共找出五十四组同义(或近义类义)词分别来源于与之相对的同义词,实际上这也就是五十四个义分同族词系列。1950 年又作《字义同缘于语源同续证》(2007),补充了十五个例证。这是迄今为止唯一的系联义分同族词系列的专文。文章通过为数众多的义分同族词系列,有力地证明了词的相应分化是语言发展中确实存在的客观现象。然而,杨树达对义分同族词系列的系联和词的相应分化的考察,尚有三点不足。(1)只展示了具有同义聚合关系的词的相应分化,而未看到具有其他语义类聚关系的词也有相应分化的情况。(2)《续证》的"结论"部分说:"语源同或云构造同。悉言之,构造同谓象形会意字,……语源同为形声字。"这一方面把词的相应分化与意义相同的字多用相同义符的造字规律混为一谈,另一方面把词的相应分化限制在形声字的范围内,在一组意义相同或相近的形声字中去寻找它们意义相同的声符,即所谓"语源"。(3)只为认识词的相应分化提供了可资参验的"例证",而未能对词的相应分化的成因、规律、类型及价值等问题进行探讨并做出理论总结。

如何在前人感性认识的基础上,将这个问题引向深入? 本文拟从以下三个方面做一些初步的尝试。

二、相应分化的语义类聚条件

　　相应分化是由一组语义相关的词的共同分化形成的。所谓语义相关,究竟包括哪几种类型的语义类聚关系? 也就是说,相应分化的语义类聚条件有哪些? 这是观察词的相应分化的起点,因而是一个首先要搞清楚的问题。

　　通过检验王念孙、杨树达等人系联的义分同族词系列,我们发现具有同义(包括近义)关系的同义词最易发生相应分化。如:

　　1. 舁——誉
　　　　舁——俌(称)

　　《说文》:"舁,共举也。"又"舁,并举也"。舁和舁是一对同义词,它们向同一方向引申分化的结果,孳生出"誉"和"俌"。《说文》:"誉,俌也。"《广雅·释诂》:"俌,誉也。"(杨树达,2007)

　　2. 府——腑
　　　　藏——臟(脏)

　　《说文》:"府,文书藏也。"《小尔雅·广诂》:"府,物所藏。"《玉篇》:"藏,库藏。"《左传·僖公二十四年》:"晋侯之竖头须,守藏者也。"在"储藏文书财物的库房"这个义位上,府和藏是同义词,它们向同一方向引申分化的结果,孳生出"腑"与"臟"。《白虎通·性情》:"六府者何谓也? 谓大肠、小肠、胃、膀胱、三焦、胆也。"府,后来写作

"腑"。《周礼·天官·疾医》:"参之以九藏之动。"郑玄注:"正藏五,又有胃、旁胱、大肠、小肠。"五藏的"藏",后来写作"臟"。

以上例证显示,具有同义关系的源词,其分化的结果——孳生词具有两种语义类聚关系。其一仍是同义关系,如"誉"和"俌"。"把(bǎ)、秉"分化出的"把(bà)"和"柄"也是同义关系。其二是类义关系。广义的"类义"包括"同义""近义"等,而这里所谓"类义"是一个狭义的概念,它指与"同义"和"反义"相对的一种语义类聚。具有类义关系的各个义位,标志着同类事物(或现象、性质、行为等)里的不同对象。同义词"府"和"藏"分化出的孳生词"腑"和"臟"就具有这种类义关系。

反义词也能发生相应分化。如反义词"疏"和"比"分化出"梳"和"篦","朝""夕"分化出"潮""汐"。又如:

1.句——朐

　挺——脡

《说文》:"句,曲也。"《周礼·考工记·弓人》:"于挺臂中有柎焉。"郑玄注:"挺,直也。""句"和"挺"是一对反义词,它们向同一方向引申分化的结果,孳生出"朐"和"脡"。《礼记·曲礼上》:"以脯脩置者,左朐右末。"郑玄注:"屈中曰朐。"《公羊传·昭公二十五年》:"高子执箪食与四脡脯。"何休注:"屈曰朐,申曰脡。"

2.句——钩

　倨——矩

　　句有曲义,佝有直义,如《周礼·考工记·冶氏》:"已佝则不入,已句则不决。"《大戴礼记·劝学》:"其流行瘝下佝句,皆循其理。"俱是其例。"句""佝"相应分化出"钩""矩"。《礼记·乐记》:"佝中矩,句中钩。"《汉书·扬雄传上》:"带钩矩而佩衡兮,履欃枪以为綦。"颜师古注引应劭曰:"钩,规也。矩,方也。"

　　反义词相应分化出的孳生词,都是类义关系。"梳"和"箆"、"潮"和"汐"这两组词分别是具有类义关系的类义词;"朐"是屈曲的干肉,"脡"是直长条的干肉;"钩"是画曲线或圆的用具,"矩"是画直角或方形的用具,它们之间也分别存在类义关系。

　　前文已经提到,类义关系也是一种语义类聚,那么,类义词能否像同义词或反义词那样,在一定的条件下也发生相应分化? 虽然前人的研究尚未涉及这个问题,但实际上类义词也有较强的相应分化能力。例如:

　　　1.颠——巅
　　　　领——岭

　　表示人体部位的类义词"颠"和"领"向同一方向引申分化,分别孳生出表示山的相应部位的"巅"和"岭"。

　　　2.禽——擒
　　　　兽——狩
　　　　鱼——渔

　　《尔雅·释鸟》:"二足而羽谓之禽,四足而毛谓之兽。"《说文》:

"鱼,水虫也。"禽、兽、鱼是标志不同动物的类义词,其意义共同向"猎取动物"这个方向运动,而分别分化出"擒""狩""渔"。"禽"甲骨文作 ✲ 或 ✲,像捕鸟的网。这说明,在甲骨文时代,"禽"这个词至少已有鸟类总名和捕获鸟类两个义位,人们选取后者为之造字,后来又为表示擒获义的"禽"加手旁造出区别文"擒",标志着"禽"的分化正式完成。《公羊传·桓公四年》:"狩者何? 田狩也。"何休注:"取兽于田,故曰狩。"《说文》:"渔,捕鱼也。"

　　类义词相应分化出的孳生词一般仍保持类义关系,不过源词与孳生词构成的是不同的分类义场。如源词"禽、兽、鱼"构成表示动物的分类义场,而其孳生词"擒、狩、渔"则构成表示获取(动物)的分类义场。亦有个别类义词相应分化出具有同义关系的孳生词,如"眉、唇、鬓"是表示面部不同部位的类义词,它们相应分化出的"湄、滣、滨"都指水涯,是同义词。

　　上述分析表明,一方面相应分化必须以同义、反义或类义三种语义类聚关系为前提,也就是说,只有在源词是同义词、反义词或类义词的情况下,才有可能发生相应分化。比如"雨"分化出"零","斯"分化出"嘶",由于"雨"和"斯"的语义无关,它们的分化就只能是相对无关分化。另一方面,相应分化还必须以同义或类义两种语义类聚关系为结果,也就是说,只有在孳生词也是同义词或类义词的情况下,才算得上是相应分化,如果只是源词之间具有同义、反义或类义关系,而孳生词之间语义无关,也谈不上是相应分化。

　　同义关系、反义关系和类义关系是相应分化的语义类聚条件,它规定了词的相应分化发生的范围,同时也规定了观察词的相应分化的视界。

三、相应分化的复杂状况

为了论述的方便,前文有意择取线索清晰的相应分化实例,或对较为复杂的相应分化过程加以简化。实际上,作为一种特殊的词义运动结果和词语孳生方式,相应分化受到来自语言内部和外部的更多因素的制约,其事实远不像前文所展示的那样简单,而是存在着以下种种复杂状况。

1. 相应分化的或然性和不平衡性。(1)相应分化的或然性是指具有某种语义类聚关系的词不一定发生或都发生相应分化。例如,《广雅·释诂》:"抠、掀、抗、扬、擎、孕、翻、寨、翘、仰、卬、发、扛、偶(禹)、搴、暴、纠、扐、胜、檐、舁、揭、尚、兴、罋、畀,举也。"此条所集27词基本上都含"举"这个义位或义素,可其中只有"畀"和"禹"相应分化出表示赞扬的"誉"和"偶",而其他词却没有发生类似的分化。这说明,在相同的语义类聚条件下,词的相应分化是或然的,而不是必然的。因此,不能把相应分化绝对化,以为只要具有某种语义类聚条件就必然发生相应分化。(2)相应分化的不平衡性是指,具有某种语义类聚关系的词,其义位的相应分离不一定都表现为词的相应分化。例如"天、耳、颈"表示人体的不同部位,具有类义关系,在此基础上,它们相应分离出"于该部位所施之刑罚"的新义位。"耳"孳生出"刵"、"颈"孳生出"刭"来负载新义位,而"天"却只是靠词义的引申来负载新义位。有时,还会出现词的相应引申与词的相应分化交织在一起的情况。如王念孙《广雅·释诂》"取也"条疏证:"取之义近于聚,聚、取声又相近。故聚谓之收,亦谓之敛,亦谓之集,亦谓之府;取谓之府,亦谓之集,亦谓之敛,亦谓之收。取谓之将,犹聚谓之裒也;取谓之掇,犹聚谓之缀也;取谓之捃，犹聚谓之群也。”“收、斂、集、府”四词的取义相应引申出聚义；表取义的“取、捋、掇、捃”四词相应分化出表聚义的“聚、裒、缀、群”四词。这说明，词的分化一般要经历词义引申这个阶段，而词义的引申是否会出现孳生新词的最终结果，这要由词汇系统内部多种因素的共同作用来决定。具有某种语义类聚关系的词，其词义向同一方向运动变化的结果，既有可能产生新引申义，也有可能孳生新词，这就导致了相应分化的不平衡性。

2. 相应分化的具体过程模糊不清。在指明词的相应分化和系联义分同族词系列时，我们总是力图弄清两种顺序：其一，在每一组义分同族词中，哪个词是源，哪个词是流？其二，在义分同族词系列中，哪一组同族词产生在先，哪一组同族词产生在后？例如，表示区划的“郡”“酇”“都”分别与表示聚义的“群”“欑”“都(dōu)”有族属关系（杨树达，2007）。从其出现的时间看，西周金文中有“群”“郡”，“酇”始见于《周礼》，“欑”始见于《说文》，表聚义的“都”出现最晚，《广雅·释诂》：“都，聚也。”根据词义由具体到抽象的引申规律推断，应该是先有“群”（聚在一起的禽兽）和“欑”（丛林），然后才有表示人聚居之区划的“郡”“酇”。当“郡”“酇”与都邑之“都”有了类义关系后，又反过来影响“都”的“民所聚”这一义位向聚义发展，分化出“都(dōu)”。经过上述考证，大致可以对这个义分同族词系列的产生过程做如下描写：

(1) 群——→郡

(2) 欑——→酇

(3) 都(dōu)←——都

箭头标示由源及流的分化方向，序号标示相应分化的先后顺序。这个义分同族词系列的内部关系算是比较清晰显豁的。然而,由于语言的历史早于文字的历史、汉语缺乏形态变化以及文献材料的匮乏等种种原因,在多数情况下,我们很难甚至不能探明相应分化的轨迹。例如,王念孙《广雅·释诂》"止也"条疏证:"凡止与至义相近,止谓之阁,犹至谓之格也;止谓之底,犹至谓之抵也;止谓之讫,犹至谓之迄也。""止与至义相近",是因为停下来就意味着到了某处,还是因为到了某处就停下来? 止义与至义之间的引申走向很难确定。因此,是阁、底、讫相应分化出格、抵、迄,还是格、抵、迄相应分化出阁、底、讫,还是交错分化? 就成了一个难以判决的疑案。另外,这三组同族词产生的先后顺序亦不可知。在这种情况下,只能笼统地系联出如下这个义分同族词系列:

阁——格

底——抵

讫——迄

横线意味着其连接的两词具有族属关系,是一组同族词;略去序号意味着这几组同族词产生的先后顺序不明。

3. 义分同族词的相应分化。我们先看这样两组义分同族词:A.夹,持也。从大侠二人(《说文》)。睞,目旁毛也(《说文》)。挾,夹也,在旁也(《释名·释姿容》)。颊,面旁也(《说文》)。B.辅,人颊车也(《说文》)。髆,肩甲也(《说文》)。酺,颊也(《说文》)。A、B 两组同族词都有"在旁"之义,是两组具有类义关系的同族词。其中 A 组的"颊"和 B 组的"酺"同义,因此,我们推想这大概导源于相应分化。然而,如果没有确凿的材料证明,很难指出 A 组中的哪个词是"颊"的源词,B 组中的哪个词是"酺"的源词。在这种情况下,与其认定某两个词为相应分化的"源",毋宁把两组同族词或其共同义素"在旁"看作相应分化的源。这两组义分同族词的相应分化可表述为：

夹、郏、挟——颊

辅、髆——䩉

4. 相应分化与音转系列纠结难分。这种现象发生在两组语义相关而又声音相近的词之间。例如，耑，甲骨文作，《说文》："耑，物初生之题也。上象生形，下象其根也。"本义为发端、开端。因初生之物幼小，引申出小义。《广雅·释诂》："耑，小也。"①《说文》："專（专），六寸簿也。"亦引申为小。《淮南子·修务》："独守專室而不出门。"高诱注："專室，小室也。"耑与專在"小"这个义位上为同义词，耑为端母元部字，專为章母元部字，语音关系极近。以耑、專为起点，我们发现两组意义既与耑、專相关，而又互相同义的耑声和專声字。如（1）腨，小厄也（《说文》）。膞，小厄有耳盖者（《说文》）。（2）剬，断齐也（《说文》）。劅，截也。从首，从断。劅，或从刀，專声（《说文》）。物截断必小，故剬、劅义与耑、專相关。如此看来，耑、專、腨、膞、剬、劅六个词既有密切的意义关系，又有密切的声音关系。它们的孳生繁衍过程，是如下面左图所示，由两组两级相应分化的同族词构成的义分同族词系列，还是如右图所示，由三组异质同构的音转同族词构成的音转同族词系列②？

腨——耑——剬　　　　　耑……專

膞——專——劅　　　　　腨……膞

　　　　　　　　　　　剬……劅

---

① 王念孙据《玉篇》补。
② 关于音转同族词系列，请参见张博（1989）。

　　根据现有材料,我们无法在二者之间做出抉择。甚至还应该想到,这可能是一种意义分化与语音变易交错发生的更为复杂的过程。

四、义分同族词系列的重要价值

　　词义的引申在一定条件下导致词的分化,从而在旧词的基础上孳生新词,这种造词方式我们暂且称之为义分造词。义分造词法与音转造词法和结构造词法一样,是汉语造词法的重要类型之一。特别是在上古时代,它曾有过很强的能产性。作为一种造词法,义分造词一定有着自身独具的条件、形式、特点及规律等等,语言中大量存在的义分同族词系列就昭示出相应分化这一特殊的义分造词形式,使我们看到,在具有某种语义类聚关系的词中,单个词的孳生分化往往不是一种孤立的运动,它可能会影响到其他词也发生相应的孳生分化,义分同族词系列就是相应分化的产物。它进一步证明,词汇是个系统,词作为词汇系统的构成要素,绝非一盘散沙,而是有序地处在各种关系之中。

　　词的分化是词义引申的后继形态,有相应分化,必有相应引申。因此,义分同族词系列在昭示相应分化的同时,还支持了词义的相应引申。义分同族词系列证明了相应分化及与之相关的相应引申是语言发展中的客观事实,这是它重要的理论价值所在。除此以外,在词族学、词义学和文化学等诸多领域,义分同族词系列还有如下一些重要的实用价值。

　　1. 为系联单组义分同族词提供参证和线索。义分同族词的特征是声音相同或相近,意义相近或相关。① 在系联义分同族词时,其语音

---

　　① 关于"义分同族词"与下文提到的"音转同族词"的定名、性质、特征等问题,请参见张博(1991)。

是否相同或相近,可依古声母韵部及其远近通转关系来衡量,因而是易于把握的。而所谓意义相近或相关,体现的是古人对事物或现象之间关系的认识,如果用现代人的观念去确认某两词义近或义远,则往往会发生偏差。因此,考察义分同族词的语义条件,仅靠推断和猜想是不行的,还要尽可能找到足以证明意义相近相关的实据,以避免把没有源流关系的词强行系联在一起,而把真正的义分同族词弃置不顾。如《释名·释水》:"海,晦也,主承秽浊,其色黑而晦也。"海怎么会得名于晦?海给我们的视觉印象是蓝色、壮丽、宽广,在一望无际的海边,人们会产生广阔、舒展、超然的情感。因此,孤立地看海与晦,可能会认为它们语义无关。但当发现声音相同,又分别与晦、海同义的"冥——溟"时,就会确信晦与海有同族关系,它们与"冥——溟"一起构成一个义分同族词系列,在这个系列中,两组义分同族词相互参证,证明在人类无力征服大自然的远古时代,大海被看成是幽冥凶险的所在,因此有了在先民联想作用下产生的海与晦的语义相关。当由两组同族词构成的义分同族词系列较为确实地显示出某两种意义的相近或相通后,有时还可以循着这一语义相关线索,系联更多的义分同族词。例如段玉裁曾用"赠"源于"增"印证"贺"源于"加","加"是一个有意的声符,从而显示出"赠贺"与"增加"两个义位互相关联,以此为线索,杨树达先生(2011)发现有赏赐施予义的"贶""赏""赈""赐"分别来源于有增益义的"兄""尚""彼、髪""益、鬄"等,从而将段玉裁所系联的由两组同族词构成的义分同族词系列扩展为以下这个由六组同族词构成的系列:

增——赠

加——贺

兄——贶

尚──赏

彼、髲──皱

益、鬄──赐

这样，就使义分同族词的语义条件变得真实可信，使义分同族词的系联由零散个别走向批量系统。

2. 有助于探求事物的命名之义和词语的可靠来源。例如《说文》："耈，老人面冻黎若垢。"朱骏声通训定声："当训老人背伛偻也。从老省，从句，会意，句亦声。"《释名·释长幼》："耈，垢也，皮色骊悴恒如有垢者也。"许慎、刘熙认为耈得名于垢，朱骏声认为得名于句（佝）。面部出现寿斑和脊背弯曲皆为老年人的特征，两说似乎都有道理。然而，如果同时考察与"耈"类义的"妪"的来源，就会得到下面这个义分同族词系列：

句──佝──耈

区──伛──妪

表曲义的句、区分化出表脊曲的佝、伛，佝、伛又分化出表男性老者的耈和表女性老者的妪。在两级分化过程中，两组同族词始终保持着一一对应的关系。因为有了"妪"作参证，我们就可以认定朱骏声的推断是合乎事实的。义分同族词系列不仅有助于考察古语词的来源，还能帮助我们寻找某些现代语词包括方言词的来源。例如，"聪""明""憭""灵"四词义近，皆来源于有中空通孔之义的词，即：

囱、窗、葱──聪

囧──明

寮、寮、蔓、镣——憭
櫺、軨、舲——灵（杨树达，2007）

　　这个义分同族词系列显现出一个"中空通孔—聪明"的义位连结束，由此可以确定，今人称聪明机灵为"有心眼""心眼多"，称愚钝无知为"不开窍""差窍""一窍不通"，宁夏方言说某人"脑子空"意即脑子好使，皆来源于"中空通孔—聪明"的语义关联。

　　3. 有助于结合词的来源辨析词义。有些来源各异的词，随着时间的推移，其内部形式变得隐晦模糊，易被视为同义词而忽略了其间的差异。如果把它们放在义分同族词系列中来考察，则便于揭示它们不同的隐含意义。如《广雅·释诂》："蹊、径，道也。"王念孙疏证："蹊，亦径也。语之转耳。"认为蹊与径同义，是因语音变转而形成的音转同族词，现代字典词典中，"蹊""径"同有"小路"这一义项，因而被看成绝对同义词。但是，如果联系其他词语，就会发现"蹊"与"径"各有来源。《说文》："颈，头颈也。""经，织[从丝]也。"段注："从丝二字依《太平御览》卷八百二十六补。古谓横直为衡从。""茎，枝柱也。""鞕，温器也，圜直上。""娙，长好也。""胫，胻也。"《释名·释形体》："胫，茎也，直而上似物茎也。"《释名·释水》："水直波曰泾。泾，径也，言如道径也。"与"径"同声符的颈、经、茎、鞕、娙、胫、泾皆有"直"这个义素，"径"表示道路得名于直。而玄应《一切经音义》卷七："徯，又作蹊。《通俗文》：'邪道曰徯，步道曰径。'"再看与蹊同谐声偏旁的字多有邪曲义，如《说文》："蹊，山渎无所通者。"即山间蜿蜒的小水流。《淮南子·本经》："驱人之牛马，徯人之子女。"高诱注："徯，系囚之系。"拘系必使人身体屈曲。徯有曲义，犹"拘"来源于句曲之句。《庄子·天下》："謑髁无任而笑天下之尚贤也。"陆德明释文："謑髁，讹倪不正貌。"知蹊指称道路得名于曲。既然蹊与径是两组具有反义类聚关系的同族词相应分化的产物，那么，如前所述，它们之间的关系就是类义关系。只有把它们看成类义词，才能解释为什么在上古文献中，"蹊"与"径"一般不能互换。如"行不由径"（《论语·雍也》）是说不走直捷的小路，"径"不能由"蹊"替代；"山无蹊隧，泽无舟梁"（《庄子·马蹄》）的"蹊"指曲折的山路，也不能换成"径"。这说明尽管"蹊"和"径"的中心义素相同，但它们的限定义素仍保持着其来源之间的极性对立关系，制约着它们出现于不同的语境之中而不能混用。

参考文献

蒋绍愚，1981，《关于古汉语词义的一些问题》，北京大学中文系《语言学论丛》编委会（编）《语言学论丛》第 7 辑，商务印书馆。

蒋绍愚，1989，《论词的"相因分化"》，吕叔湘等《语言文字学术论文集——庆祝王力先生学术活动五十周年》，知识出版社。

陆宗达、王宁，1983，《训诂方法论》，中国社会科学出版社。

许嘉璐，1987，《论同步引申》，《中国语文》第 1 期。

杨树达，2007，《积微居小学述林》卷 5，上海古籍出版社。

杨树达，2011，《积微居小学金石论丛》卷 1，商务印书馆。

张博，1989，《汉语音转同族词系统性初探》，《宁夏社会科学》第 6 期。

张博，1991，《简论汉语同族词的类别及其特征》，《宁夏大学学报（社会科学版）》第 3 期。

古汉语词义衍生途径新说综论[*]

宋亚云

　　研究词义演变的途径和方式，是汉语词汇史研究和语义学研究的重要内容。关于单个词语词义演变的方式，学术界探讨颇为热烈，有关论文颇多。近二十多年来，学者们又开始注意到相关词语在词义演变过程中的相互影响，逐步发现词义衍生的另一些新的途径，并相继命以新名。就笔者所见，有以下十余种提法：一、相因生义说，蒋绍愚（1981；1980；1989：82—87）、罗积勇（1985）主此说。二、词义渗透说，孙雍长（1985）主此说。三、聚合类推说，李宗江（1999：14—22）主此说。四、同步引申说，许嘉璐（1987）主此说。五、横向联系说，董为光（1991）主此说。六、类同引申说，江蓝生（1993）主此说。七、相应引申说，张博（1995）主此说。八、词义感染（或词义沾染）说，伍铁平（1984）、朱庆之（1989：191—205）、邓明（1997；2001）主此说。九、词义浸润说，肖贤彬（1993：111—127）主此说。十、组合同化说，张博（1999）、李宗江（1999：20—21）主此说。

　　本文将在比较诸说之异同的基础上，结合王念孙《广雅疏证》的"同义相因"说和现代语言学理论，对诸说之渊源以及存在的问题进行评述，以期为汉语词汇史、汉语语义学的研究贡献绵薄之力。本文题目称之为"新说"，只是为了方便称说而已，其实早已有之。

---

　　* 本文原载《语言研究》2005年第1期，收入本书时略有修订。

一、诸说之简介、分类与异同

（一）相因生义说。蒋绍愚先生（1981：28—48）指出义位之间的互相影响，是词义发展变化的四种方式之一；指出相因生义是在引申之外的又一种词义发展途径，并为相因生义下了明确的定义（1980）；进一步完善了"相因生义"说（1989：82—87）。罗积勇（1985）的硕士学位论文对相因生义进行了全面的研究，将相因生义分为同义相因生义、反义相因生义及毗邻相因生义。该文还指出了相因生义与另一语言现象——"同步引申"的区别、相因生义的成因等问题。

（二）词义渗透说。孙雍长（1985）指出"词义渗透"是与"引申"规律相并行的另一种词义发展的重要现象，是在两个（甚至两个以上）词语之间所发生的意义的流转变化，它并不与词的本义直接发生事理联系。作者将"词义渗透"分为四类，并反复强调"词义渗透"与词义引申的关系，指出二者互为依存，相辅相成。

（三）聚合类推说。李宗江（1999：14—20）指出，聚合类推与引申和虚化之间的界限不太好划分，有四种情况可以解释为聚合类推。作者把蒋先生、孙先生认为是相因生义或词义渗透的部分例证称为"平行衍生"，指出平行衍生是引申或虚化的系统发生现象，不能独立成为一种词汇发展的途径。

以上三说是一类，其共同点是强调这种词义衍生方式与引申、虚化的区别。

（四）同步引申说。许嘉璐（1987）对同步引申论之甚详，文章从同步引申的定义、类别、对语言发展的影响、对语言分析的作用、前人对同步引申的关注、同步引申在语言方面和心理方面的基础等六个方面进行阐述,将这个问题的研究又向前推进了一步。文章归纳出同步引申的四种类别:同义词同步引申、反义词同步引申、同源词同步引申、交叉同步引申。

(五)横向联系说。董为光(1991)指出,一个词义引申组系可能受到两种力的作用:一种是作为引申依据的词义内在发展力;一种是比照第一引申序列的类推趋同力。那么,哪一种力相对占主导地位呢?作者总结出两点:首先,从组系自身的纵向发展力考虑,一个组系依循的引申方式越是容易产生,越是具有普遍性质,该组系的引申系列个体独立性就越强,后起序列受此影响的可能性就越小。其次,从横向类推作用力的大小考察,引申组系中的相关词语在使用的时间上、习惯上、心理上以及内部意义的特点上越接近,其横向联系力就越大。由这些论述可见,一个新的词义无论由哪一种推动力而产生,它和同一组系的其他词义都属于同一个引申组系,因此"横向联系"说仍然属于引申的范畴。

(六)类同引申说。江蓝生(2000)以历代口语词为例,将类同引申现象分为三类:(1)同义词、近义词的类同引申。(2)反义词的类同引申。(3)义类相关的形容词的类同引申。值得注意的是,作者强调,词义的类同引申不同于词义的沾染(contagion)。

(七)相应引申说。张博(1995)在前人时贤研究成果的基础上,提出了"相应引申"说,并指出,在词的滋生繁衍过程中,词的分化与词的引申密切相关,既然词义的相应引申是一种客观事实,那么,词的相应分化也应是客观事实。作者通过检验王念孙、杨树达等人系联的义分同族词系列,发现具有同义(包括近义)关系的同义词最易发生相应分化;反义词也能发生相应分化;类义词也有较强的相应分化能力。

以上四说是另一类,其共同点是仍然将这种词义衍生的方式纳入引申的范畴。

以上七说可借用张博(1999)的说法,称为"聚合同化"说,以区别于下面的"组合同化"说。

(八)词义感染(或词义沾染)说。伍铁平(1984)指出"词义感染"包括"组合感染"和"聚合感染"。"组合感染"是指由于二词相连所产生的词义的感染现象,"聚合感染"(或"联想感染"),即由于词的组成部分与另一词的组成部分相同,受另一词影响也获得与该词意义相同或相近的意义。朱庆之先生(1989:191—205)认为中古汉语词义演变的一个主要方式是词义沾染。朱先生只探讨了由词义沾染而引起的词义演变,并为词义沾染下了一个定义,将由词义沾染引起的词义演变分为四类(定义及分类详见其书,此从略)。邓明(1997)也为词义感染下了定义,作者也强调词义感染同引申、假借的区别,认为感染义确实是在词与词的连用过程中产生的,是不同于引申义、比喻义、假借义的一种特殊意义。邓明(2001)再次强调词义感染是古代汉语中确实存在的词义演变的一种特殊途径,感染义是词语在连用的过程中通过词义感染而获得的。

(九)词义浸润说。肖贤彬(1993:111—127)在考察了"词义渗透"说和"相因生义"说,并指出二者共有的三点不足之处的基础上,提出了"词义的浸润性演变",即由于内部要素的相互影响而产生的词义的非常态、非理据性的变化,这种变化与"词义渗透"和"相因生义"的区别在于:它是在严格的"双音复词条件"下实现的,另外,还有"互文""对举""排比"等修辞语境。由于作者将"双音复合"等语言形式作为必要条件,我们将此说与"组合同化"说归为一类。

(十)组合同化说。张博(1999)继提出聚合同化说之后,又明确提出组合同化说。作者称源自词语组合关系的词义衍生现象为"组合同化"(如"蚕蚀"连用,"蚕"受"蚀"的影响而有了侵蚀义)。作者还将"相因生义"说、"词义渗透"说、"同步引申"说、"相应引申"说等提法统称为"聚合同化",并指出了"组合同化"与"聚合同化"的区别。李宗江(1999:20—21)提出"聚合类推"之后,在同书中又提出"组合同化",与张博(1999)的思路、提法不谋而合。作者对组合同化的认定十分审慎,并对邓明(1997;2001)举出的几组例证是否为组合同化均表示怀疑。

以上三说可归入另一类,不妨仍采用张博(1999)的说法称为"组合同化"说。

总之,以上十说可分为两大类:聚合同化说和组合同化说。张博(1999)将第一、第二、第五、第七等四说统称为"聚合同化",我们将第三、第四、第六等三说也归入"聚合同化"说,图示如下:

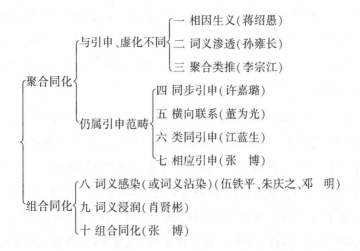

不过这种分类是大致的,归入"聚合同化"说的学者,有的也兼谈组合同化,比如孙雍长(1985)"词义渗透"的第四类即"因语法结合关系而发生词义渗透",这是属于"组合同化"的内容。归入"组合同化"

说的学者,有的也兼谈聚合同化,比如伍铁平(1984)指出"词义感染"包括"组合感染"和"聚合感染",朱庆之先生(1989:191—205)的"词义的沾染"的第一类"并列式组合关系引起的词义演变"则是组合同化和聚合同化同时起作用的结果;而邓明(1997)的词义感染则只包括组合同化的内容。有的学者则明确地将"组合同化"与"聚合同化"分别进行论述,比如李宗江(1999:14—20)、张博(1995)的相关论述应归入"组合同化"说,而李宗江(1999:20—21)、张博(1999)的相关论述则应归入"聚合同化"说。

二、诸说之渊源

我们认为,"聚合同化"诸说(包括第一到第七说)大多源于王念孙《广雅疏证》的"同义相因"说,同时,"聚合同化"说和"组合同化"说(包括八、九、十等三说)又都与索绪尔的关于组合关系和聚合关系的思想有着密切的联系,因而有着重要的理论价值和方法论意义。下面分别阐述。

(一)"聚合同化"诸说对传统训诂学的继承和发展

1. 王念孙《广雅疏证》的"同义相因"说和"转语同步引申"说

什么是"同义相因"说? 我们先来看看《广雅疏证》中的这条训释。例1《释诂》:"敦,大也。"《疏证》:"厚与大同义,故厚谓之敦,亦谓之厖;大谓之厖,亦谓之敦矣。"此例可理解为"敦"和"厖"均有"厚"义,是一对同义词,既然"敦"可由"厚"义引申出"大"义,那么"厖"也可由"厚"义引申出"大"义。用公式表示为:A,B 也,B′ 与 B 义相因(或 B′ 与 B 同义),故 B′谓之 A,又谓之 A′;B 谓之 A′,又谓之 A。可理解为:A

与 A′均有 B 义,是一对同义词,既然 A 可由 B 引申出 B′,则 A′也可由 B 引申出 B′。此类训释的特点是:被训释词 A 与 A′之间无音转关系,但有共同的义项 B,在这个意义上,A 与 A′是一对同义词,若 A 能由 B 引申出 B′(或 A 亦有与 B 相通的 B′义),那么 A′也能由 B 引申出 B′(或 A′亦有与 B 相近的 B′义)。由于王念孙经常说"某与某同义""义相因也""某与某义相近",所以我们将这种训释词义的方法称为"同义相因"说(王氏的同义与今天我们所说的同义不完全一致)。此说与前面的"相因生义""词义渗透""聚合类推""同步引申""类同引申""相应引申"等说法十分类似。此类例子甚多。如《释诂》"奄,大也"条、《释诂》"贯,行也"条、《释诂》"蜀,弌也"条、《释诂》"类,法也"条、《释诂》"凯,般,大也"条等等,《疏证》均有类似的表述。

我们发现,《广雅疏证》中与"同义相因"说并行使用的还有一类训释方法,我们把它概括为"转语同步引申"说。如果说,前者大致相当于"同义词同步引申",后者则大致相当于"同源词同步引申"。先看例 2《释诂》:"佳,大也。"《疏证》:"佳者,善之大也。……《大雅·桑柔》笺云:'善,犹大也。'故善谓之佳,亦谓之介;大谓之介,亦谓之佳。佳、介,语之转耳。"意思是:佳有"大"义,又有"善"义,二义相通;佳音转为介,则介亦有"大"义,又有"善"义。换言之,佳、介是一对有音转关系的词,既可表示"大"义,又可表示"善"义,二义相通。用公式表示为:A,B 也,B′与 B 义相近(或 B′犹 B 也),A 与 A′语之转,故 B′谓之 A,又谓之 A′;B 谓之 A′,又谓之 A。可理解为:A 有 B 义,又有 B′义,二义相通;A 音转为 A′,则 A′亦有 B 义,又有 B′义。换言之,A、A′是一对有音转关系的词,既可表示 B 义,又可表示 B′义,二义相通。此类训释的特点是:被训释词 A 与 A′有音转关系,可能是古今语不同,也可能是方言的差别,若 A 有 B 义和 B′义,则 A′也有 B 义和 B′义,B 与 B′义相同(或相近）。类似的例子还有很多，此不赘述。

有时，同一条训释中，王氏既运用"同义相因"说，又运用"转语同步引申"说，二者交相使用，真可谓"引申触类，不限形体。"如例3《释诂》："荒，远也。"《疏证》："凡远与大同义。远谓之荒，犹大谓之荒也。远谓之遐，犹大谓之假也。远谓之迂，犹大谓之訏也。"这不过是换了个说法，此说亦可改为："凡远与大同义。远谓之荒，亦谓之遐，亦谓之迂；大谓之荒，亦谓之假，亦谓之訏。"此例可理解为："荒"有"远"义，又有"大"义，二义相通；"遐"与"假"音近义通，"遐"有"远"义，"假"有"大"义，二义相通；"迂"与"訏"音近义通，"迂"有"远"义，"訏"有"大"义，二义相通，这属于"转语同步引申"。但"荒"与"遐（假）"并无音转关系；遐（假）与迂（訏）之间，"荒"与"迂（訏）"之间也无音转关系。在"远"这个意义上，"荒""遐""迂"是一组同义词，同步引申出"大"义，这属于"同义相因"。"荒"兼有二义，并未形成新词；"遐"由"远"义引申出"大"义，写成新词"假"；"迂"由"远"义引申出"大"义，写成新词"訏"。但究竟是先有"远"义，还是先有"大"义；是先有"遐""迂"，还是先有"假""訏"；还是"远"义、"大"义不分先后，分别写成"遐""迂"和"假""訏"，有时不好确定。不过，不管孰先孰后，这一组同义词同步引申的现象是的确存在的。此类例子还很多，如《释诂》"弙，帗，磔，𢎡，张也"条、《释诂》"容，法也"条、《释诂》"虞，抚，有也"条等等，《疏证》也有类似的表述。

2."同义相因"说的价值及其与"聚合同化"诸说的关系

赵振铎（1979）针对王念孙的这种训释指出："（《广雅疏证》）有些条目采用演绎法，单纯从音或义上推论，没有举出用例。"周祖谟（2001：526—527）认为王念孙的这种训释方式存在两方面问题：其一，王氏经常说"某与某同义"，此说不是归纳，而是演绎，这种说明词义的方法是有毛病的。其二，针对王氏的有些训释，周先生认为只是"比拟得很巧。……语言中同一音如果表示两种意义，这两种意义，可以相近，也可以不相近。……如果一个字具有两方面不同的意义，由于字有通假或音有转移，就可以产生很多交错往来的关系。这样，我们自然不宜由此就把两方面不同的意义牵合为一。同时，词义有引申，词义相近又有部分和全体之分，以一概全，犹为不可"。

这种训释究竟能否在其他字书或文献注释里找到根据呢？这种训释方法究竟有无可取之处呢？姜跃滨（1991）认为《疏证》中的每一用例都可以在《疏证》的有关条目下以及其他字书或文献注释里找到根据，王念孙的同义相因说是来源于客观的语言材料，而不是单纯的演绎推理过程。

但作者并未列出检验的结果，其说有待证实。蒋绍愚先生（2002：216）对王念孙的训释进行了检验："这些条目中的词的训释，也是有的可信，有的不一定可信，所以要根据古代的字书，特别是古代的文献资料对这些训释做一番检验。……经过检验可以看出，其中有一些词的训释根据不足，因而某些条目不能成立；但多数条目还是可信的。"

可见，王氏的"同义相因"说是基本可信的。在谈到同义相因说的价值时，姜跃滨（1991）说："近几年来，有些学者在研究词的意义发展变化时，已经从对一词一义进行孤立的研究中走出来，开始将意义相关的众多词联系起来加以分析，从词与词之间在意义上的相互影响、相互浸透、相伴而生的角度去揭示词义的特点、揭示词义发展的规律。这是词义研究的一个新趋势，一个好兆头，而这种研究方法不能不说是胚胎于王念孙。"

从文章的注释中可知，作者主要是指许嘉璐（1987）的同步引申说胚胎于王念孙。我们认为，"聚合同化"说（包括第一到第七说）大多源于王念孙《广雅疏证》的"同义相因"说。试看蒋绍愚先生（1989：171—176；2002：216）对《广雅疏证》的精辟论述、孙雍长（1994：136—164）对王氏著作的深入分析，我们就会理解，由他们分别提出"相因生义"说、"词义渗透"说是十分自然的。其他各说如"同步引申"说、"类同引申"说、"聚合类推"说、"相应引申"说又是对上述两说的进一步阐发和升华。由此可见，王念孙的《广雅疏证》的确不愧为乾嘉学派的代表著作，其中蕴含的精辟的理论和方法都给我们以有益的启示，值得我们好好总结。"聚合同化"诸说是对王氏的理论体系和训释方法的完善和发展，尽管此说自身也存在一些有待改进的地方（详下文）。

（二）"聚合同化"和"组合同化"诸说与现代语言学理论的契合

朱庆之先生（1989：191）较早地将"词义沾染"同现代语言学理论的关系进行了阐述："我们需要进一步弄清的是什么原因造成了引申或假借。在这方面，现代语言学的一些理论和研究成果显得具有特别的价值。早在1898年，施托克莱因就曾经正确地指出：意义的变化不是发生在词这种孤立的语言单位之中，而是发生在作为词组的成分的词中。其后索绪尔更进一步把语言表述为由'组合''聚合'两种根本关系构成的符号系统。前者指在一定序列中前后连接的语言符号之间的关系，后者指在同一结构内可以相互替代的语言符号之间的关系。语言符号由此在不同层次上联系起来，相互发生横向的和纵向的接触，在人类心理活动规律的支配下，就有可能相互影响，通过诸如'类比''粘合'以及词义'沾染'等方式产生出新的形式和意义来。上述理论对于解释印欧语的演变是完全行之有效的。……这种理论对汉语史的研究有没有指导意义呢？通过对中古时期大量词义演变材料的分析，我们认为它同样适用于汉语。"

张博(1999)明确地将这种词与词之间由于发生横向和纵向的关系而产生新义的演变方式概括为"组合同化"和"聚合同化",李宗江(1999)也用"组合同化"和"聚合类推"来概括,还有其他几说的相继出现,使得这种探求词义演变途径和方式的理论体系变得更加清晰和完备(尽管"同化""同步""类同""相因""渗透""感染""沾染""浸润"等表达方式哪一种最佳还值得进一步推敲)。

总之,王念孙的"同义相因"说已经自觉地将词汇视为一个系统,将一系列意义相同或相近的词联系起来考察,从词与词的互动关系中探求词义的发展和演变,其创新精神在某种程度上说已经较为契合现代语言学理论,因而具有重要的方法论意义。"聚合同化"说和"组合同化"说更是在索绪尔关于组合关系和聚合关系的思想的指导下,对这种古汉语词义演变的特殊途径进行的有益探索和成功实践。

三、诸说之不足

(一) 与词义引申的关系难定,往往强置因果

"相因生义""词义渗透"二说自提出以来,陆续收到一些疑问,其中最大的一点是:如何划清这二说与词义引申的界限? 朱城(1991)对孙雍长(1985)所举例证中的九组提出五点疑问,其中第一个就是词义渗透与词义引申的关系问题。比如,孙先生认为:"判"虚化为情态副词,表"必、决、断"之义,是与之同义的动词"决"的词义渗透所致,朱先生则觉得:"判"的词义虚化,是可以从其自身的引申发展得到说明的;孙先生认为:"如"有"应当"之义是受与之义近的"当"的影响,朱先生则认为:"如"的词义并不一定由"当"渗透而来,而是由本义引申出来

的。还有两例"道/从""明/光"也是如此。对此,朱先生说:"为什么从两条不同的路线出发,能得出相同的结果呢?恐怕这不仅仅是理解上的分歧问题,而且还反映出词义渗透与引申之间复杂的关系问题。"的确,词义渗透与词义引申的界限不太清楚,有时难免强置因果,把用词义引申说能解释的现象用词义渗透或相因生义来解释。

李宗江(1999)认为,朱城(1991)对孙雍长(1985)所引的词义渗透例提出的疑问是很自然的;蒋绍愚(1989)、孙雍长(1985)虽然都强调相因生义和词义渗透同引申的区别,但是两位先生在对具体用例的分析时都没有把这一原则贯彻到底,因而所举例证有一些就值得商榷。肖贤彬(1993)对此早有类似的批评,他说:"遗憾的是孙(雍长)先生所列举的例证又多半违反了孙先生自己规定的'不与词的本义发生事理联系'的前提。""蒋先生的'相因生义'与孙先生的'词义渗透'名异而实同,起码是大同小异。同样,蒋先生也未把这个前提贯彻到底。""蒋先生在《古汉语词汇纲要》一书中举出的例证还有多个实际上都是引申,只不过有些引申的轨迹过于隐讳罢了。""'词义渗透说'和'相因生义说'不能理解:乙词的 B 义(陨石义位)为什么一定是从甲词而不是别的什么词里获得的呢?而事实上,汉语里义位部分相同的词比比皆是,其中有相当一些只能解释为'同步引申',甚至可以说是纯粹的巧合。"此外,笔者还有一个疑问就是:既然甲词能由甲 a 义位引申出甲 b 义位,乙词为何就不能类似地从乙 a 义位(与甲 a 义位同义)引申出乙 b 义位,而一定要说是受甲词的影响产生的呢?相比之下,"类同引申"的叫法较之"相因生义""词义渗透""同步引申"似更妥帖,这种说法既没有肯定地说某一词的某一新义位的产生一定是受与之有共同义位的另一词的影响,也没有武断地说某两词的引申过程一定是同步的,而只是强调引申方向、方式的类同,因而留有余地。在这方面,董为光

（1991）先生的实践和理论总结尤其值得注意，作者在分析大量例证的基础上指出："对词义引申组系内部实际横向联系力的强弱，应从具体引申方式建立的难易程度和组系各词语各种联系的紧密程度这两方面加以斟酌评定，而不能泛泛而论。"需要指出的是，虽然作者着重探讨的是如何区别独立引申（或称纵向发展）和类推引申（或称聚合类推、横向类推），但二者都属于引申的范畴，这一点不同于"相因生义"说和"词义渗透"说。

"组合同化"说近来也受到了质疑。朱城（2000）将张文所举全部12组例证逐一考察，结果发现，除"胼·胝""睡·觉""盗·贼"3组外，其余9组都存在着值得斟酌商讨的地方。对于几组词的新义的产生原因，张博用组合同化的理论推阐其得义之由，朱城则从词义引申的角度找到了依据。朱城指出：第一，探讨词义的变化发展，首先当全面地从词语自身的义位系统出发，弄清其多义之间的内在联系，把握其意义特征，然后做出令人信服的解释；而不是径从其本义或某一义位出发，轻易舍本逐末，甚至把比新义出现年代还晚的组合及偶然的连用拿来作为新义衍生的根据。第二，不能简单地将组合同化与词义引申对立起来，互相排斥。应该看到，词义衍生发展的原因并非孤立单一的，就某个新义位的产生而言，有时或许正是引申与同化甚至多种因素共同作用的结果。还有，在探讨词义衍生发展时，必须辩证地看待组合同化与聚合同化的联系和相容性，否则，难以全面而科学地揭示其复杂的原因。这些意见都是值得重视的。徐之明（2001）也对张博（1999）的"组合同化"说提出了五条疑问，指出张博（1999）所列举的范例多数不能用来证明是"组合同化"衍生新义的，其中有的范例完全可以从词义引申途径上找到答案。李宗江（1999：20）也认为，通过组合同化产生新词这种现象确实存在，但用它来解释某个词的来源的时候需要谨慎，凡是可用其他方式解释的,就不宜分析为组合同化,因为受组合同化的过程较难验证。他对邓明(1997;2001)举出的"吉/祥"和"涕泗""颜色""弹丸""安置"等四组例证也提出了质疑。

可见,无论"组合同化"说,还是"聚合同化"说,都难以同词义引申划清界限。即便是引申,是受到词义的内在发展力的推动而独立引申,还是受到横向类比趋同力的带动而同步引申或类推引申,有时也很难分清。但是反过来,我们不禁要问:那些用词义引申理论来解释显得牵强的例子,如果改用相因生义或词义渗透来说明,不是更好吗?用词义引申来解释就一定靠得住吗?可以说,"相因生义"诸说的出现,加深了我们对词义演变的途径和方式的思考,同时也使我们对传统的词义引申理论进行总结和反思:哪些能用引申来解释、哪些不能?如果不能,是什么原因、又该如何解释?

(二)相关词语义变源流难定,往往强言同步

诸说能注意到相关词语在演变过程中的互相影响,并试图揭示这种互动的源和流,这无疑是值得肯定的。比如,许嘉璐先生(1987)的"同步引申"可谓言之有据,但是,作者的具体分析与所下的定义却并非契合无间。作者在定义中说:"同步引申是指一个词意义延伸的过程常常'扩散'到与之相关的词身上,带动后者也沿着相类似的线路引申。"试问:在"族""众""列""庶"四个词中,究竟是谁带动谁呢?这一点是最难回答的。许先生想克服相因生义说和词义渗透说之不足,将这种现象纳入引申的范畴,无疑是值得肯定的。但是,在不能确信某一词的引申就是由于另一词的引申而带动的情况下,我们宁可说这是一种"类同引申"。朱城(1991)的第四个疑问是"是由于渗透产生了同源词,还是同源词导致了词义的渗透?……当然,它们之间关系也较为复

杂,尚需进一步研究"。可见,问题之复杂,不是一句"渗透"或"同步"就能阐述清楚的。还有,同步容易理解成同时,这跟词义类同引申有先有后的情况不完全符合。这一点,江蓝生(1993)已经指出。

(三)新义位的产生时代难定,往往举证失当

对一个词的某一新义位产生时代的认定,往往决定着对这个词词义演变过程解释的成败。比如,张博(1999)认为"削"受"弱"同化而有"弱"义,朱城(2000)指出:张文所举"削"有"弱"义的最早用例为《商君书》,其成书年代也要早于所举"削弱"连用的《战国策》。既然如此,"削"的"弱"义怎么可能是受"弱"的组合影响才会产生呢?朱城认为,"削"之有"弱"义,可以从其自身的引申演变中找到答案。徐之明(2001)也指出了这一点,徐还谈到"息"的"休息、休止"义产生的年代应当早于"消息"组合连用出现的年代,"息"的上述义项不大可能是由于"消息"的组合同化才衍生的,张文所举"消息"组合连用的书证(《易经》)偏晚。可见,作为一种理论推演,这种词义演变的方式的确存在,事实上也不乏例证。但如果对新义位的产生时代以及某个组合形式的连用始见时代缺乏准确的判断,那么将导致:不是举例不当,就是举不出一定量的具有说服力的例证。这就要求我们要进一步加强常用词演变的研究和各阶段词汇系统的研究,只有这些工作都做好了,我们才能更有把握地说,哪些义位是何时新产生的,哪些组合形式是新出现的,哪些词义的演变是引申,哪些是聚合同化。

(四)判断新义位的标准难定,往往随文释义

朱城(1991)对孙雍长(1985)的词义渗透例提出的第二个疑问是:"词的偶尔出现的用法能不能视为由渗透产生的新义?"朱城(2000)针

对张博(1999)文章中的部分例证指出:词语因修辞需要临时活用而产生的意义是临时义,不应纳入"组合同化"衍生的新义范围。徐之明(2001)对张博(1999)的"组合同化"说提出的第五个疑问是:"是词义的临时用法,还是组合同化衍生出的新义位?"新义位的产生只有得到社会的承认,才能在全民语言中站住脚。如果某个词由于修辞的作用而在上下文中具有某种临时的用法和意义,我们就不必把这种意义看成是由于聚合同化或组合同化而产生的。或者,某个词或某个组合体的用法只是属于"个人行为",在实际语言中罕有其例,这样的用法我们也很难视为聚合同化或者组合同化的实例。关于这一点,朱文和徐文都有很好的意见,此不赘述。

参考文献

邓明,1997,《古汉语词义感染例析》,《语文研究》第 1 期。

邓明,2001,《古汉语词义感染补证》,《古汉语研究》第 2 期。

董为光,1991,《词义引申组系的"横向联系"》,《语言研究》第 2 期。

江蓝生,2000,《相关语词的类同引申》,《近代汉语探源》,商务印书馆。

姜跃滨,1991,《论王念孙"同义相因"说》,《北方论丛》第 4 期。

蒋绍愚,1981,《关于古汉语词义的一些问题》,北京大学中文系《语言学论丛》编委会(编)《语言学论丛》第 7 辑,商务印书馆。

蒋绍愚,1989,《古汉语词汇纲要》,北京大学出版社。

蒋绍愚,1994,《论词的"相因生义"》,《蒋绍愚自选集》,河南教育出版社。

蒋绍愚,2002,《读〈广雅疏证〉札记》,《纪念王力先生百年诞辰学术论文集》编辑委员会(编)《纪念王力先生百年诞辰学术论文集》,商务印书馆。

李宗江,1999,《汉语常用词演变研究》,汉语大词典出版社。

罗积勇,1985,《试论汉语词义演变中的"相因生义"》,武汉大学硕士学位
　　论文。

孙雍长,1985,《古汉语的词义渗透》,《中国语文》第 3 期。

孙雍长,1994,《管窥蠡测集》,岳麓书社。

王念孙,1983,《广雅疏证》,中华书局。

伍铁平,1984,《词义的感染》,《语文研究》第 3 期。

肖贤彬,1993,《词义浸润:一种词义演变的新方式》,申小龙等(主编)《中国
　　语言与中国文化论集》,亚太教育书局。

徐之明,2001,《"组合同化"说献疑——与张博同志商榷》,《古汉语研究》第
　　3 期。

许嘉璐,1987,《论同步引申》,《中国语文》第 1 期。

张博,1999,《组合同化:词义衍生的一种途径》,《中国语文》第 2 期

张博,1995,《词的相应分化与义分同族词系列》,《古汉语研究》第 4 期。

赵振铎,1979,《读〈广雅疏证〉》,《中国语文》第 4 期。

周祖谟,2001,《读王念孙〈广雅疏证〉简论》,《周祖谟语言学论文集》,商务印
　　书馆。

朱城,1991,《〈古汉语的词义渗透〉献疑》,《中国语文》第 5 期。

朱城,2000,《关于"组合同化"的几点思考——与张博先生商榷》,《海南师范
　　学院学报(人文社会科学版)》第 2 期。

朱庆之,1989,《佛典与中古汉语词汇研究》,佛光山文教基金会。

甲骨文反义词研究[*]

陈伟武

同义词、反义词都是语言中具有类聚关系的一组组词。商代甲骨文的同义词,已有专家做了系统的研究(陈炜湛,1983),而于商代反义词则鲜见论述,[①]本文拟集中探讨两个有关的问题。

一、反义词对举与反义复合

反义词是指两个词各含有一个语义(义位),它们的构造成分(义素)有同有异,有的一般义素相同,有的相近,而它们的区别性义素却是相反或对立的。一对反义词能够表述对立统一的两个矛盾方面,这种表义的完整性和准确性是反义词对举并走向复合的逻辑基础。

殷墟甲骨文的重要内容是卜辞,在有关行事吉凶臧否的占卜记录中,反义词就相当丰富,而且往往两个反义词同见一辞,甚至以对贞形式出现。这就是本文所谓的反义词对举。据笔者初步调查,殷墟甲骨刻辞中以对举形式出现的反义词共有二十余对,试条陈如次。

---

    * 本文原载《中山大学学报(社会科学版)》1996年第3期。
    ① 王绍新《甲骨刻辞时代的词汇》论述反义词的一段话是这样的:"词义互相对立的词在甲骨词汇中有'大、小','长、幼','新、旧','多、少','上、下','内、外','左、右','出、入','陵、降','喜、忧'等。"见程湘清(1982)。

　　东：西　　贞：……于东？……于西？（《合》8723）

　　　　　　　壬申卜，贞：虫于东母西母，若？（《合》14335）

　　旦：昏　　……旦至昏不雨？大吉。（《合》29272）

《合》29781 片辞例与 29272 片同，实系不察而重录。

　　且：匕　　丁未贞：酚高且（祖）？匸其牛高匕（妣）？（《屯》608）

　　牝：牡　　贞：勿业牝？叀牡？（《合》6653 正）

　　　　　　　壬申卜，母戊岁，叀牡？叀牝？（《合》27583）

牝、牡指专为祭祀用牲而饲养的母牛和公牛。

　　左：右　　翌日王其令右旅眔左旅㞢见方戋，不雉众。（《屯》
　　　　　　　2328）

　　　　　　　王……若？乙丑允伐右卯眔左卯，隹（唯）匕（牝）
　　　　　　　牛。（《合》16131 正）

　　上：下　　燊其上自且（祖）乙，其下自小乙。（《甲》3598）

甲骨文中每以反义词区分先公先王世系。"上""下"即其例。

　　高：后　　于高且（祖）帚，又勹（害）？于后且（祖）帚，又勹
　　　　　　　（害）？（《粹》401）

　　　　　　　……卜，其又……高且（祖）乙……于【后】且（祖）
　　　　　　　乙。（《英》2405）

甲骨文假"毓"为"后"。高与后亦指先公先王及其配偶世系先后而言。
郭沫若先生《殷契粹编》401 片考释说:"高祖后祖相对为文,但其依何
为分,则不可知。"

出:入　乙酉卜,又(侑)出日入日。(《怀》1569)

　　　　戍戌卜,内乎雀祓于出日于入日宰。(《合》6572)

匄:畀　贞:王其有匄于大甲,畀?(《合》1430 乙)

　　　　乙未卜,余匄,母畀? ……二月。(《合》19983)

匄,祈求;畀,给予。

烄:畀　贞:翌辛卯矢雨爱,畀雨?(《合》63 正)

"生"犹匄也。

坒:归　……翌……戍單勿坒(往),归?(《合》4076 正)

先:归　辛卯卜,争贞:勿令望乘先,归? 九月。(《合》7488)

　　　　令望乘先,归田?(《英》665)

"坒"犹言往。

以:丧　甲子……贞:⿰糸糸二涉,以众,不丧众?(《合》22537)

　　　　……亥卜,启以……疋其丧?(《合》21019)

"以"指招致,"丧"指失去,义正相反。

降：陟　癸丑卜,宁贞:郭龠降? 比陟? (《合》18812)

戊戌卜,壹贞:告自丁陟? …… 贞:告自唐降?

(《合》22747)

"丁"和"唐(汤)"都是先公先王名号,"降指以下,陟指以上"(陈梦家,1956:441),以"陟"与"降"表示商王世系的界限。

屮：亡　癸未卜,争贞:旬亡(无)囚? 王固曰:屮(有)祟……

(《英》886 正)

每：启　己卯卜,□贞:今日启? 王圄曰:其启? 隹其每? 大

启? (《后》下·17·9)

"每"读作晦,天色灰暗,故与"启"指晴朗义反。

若：每　敕于之,若? 王弗每? (《合》27987)

司母其……文武帝乎……司母于癸宗,若,王弗每?

(《合》36176)

《尔雅·释诂》:"若,善也。"即顺善之意。"每",同悔,悔咎,祸害。传世文献用例如《公羊传·襄公廿九年》"饮食必祝曰:'天苟有吴国,尚速有悔于予身'"也有同义复合作"悔祸""悔咎""悔尤"的。卜辞中"每(悔)"用为动词,指加祸,"弗每(悔)"为"若"的同义复述,是占验术文的惯用句式。

若：祟　贞:隹王帝勹(?)祟,不若? (《合》24478)

鬼神予人以灾祸称为"祟",与予人以嘉善称为"若"相反。

　　若：囚　庚辰贞：日又戠,非囚,隹若？(《合》33698)

"囚"读为祸。

　　每：吉　弜宿其每？吉。(《合》27805)

贞辞问有无灾祸,验辞曰吉。

　　黑：白　用黑羊,亡雨？叀白羊用,于之又(有)大雨？(《宁
　　　　沪》113)
　　　　白犬【叀】【犬】？(《京津》4200)

"黑"与"白"就祭祀用牲的毛色而言。在殷人看来,用牲毛色不同,祈雨的效果也截然有别。

　　同见一辞或以对贞形式出现,是商代甲骨文反义词的一种分布规律。合理地利用这一规律,可以作为古文字考释的辅助手段。于省吾先生(1979:54—56)在《释啚》中,沟通了甲骨文表"不吉"义的"啚"字同典籍里臧否之"否"的历史联系,于先生首先依据的正是反义词对举的规律："叀又(右)只(获)啚,叀广(左)只(获)吉。"(《前》8·7·3)接着指出："按此二语系卜田猎之事,下上对贞,反正为义。"这就确定了与"吉"对立的"啚"的词义,再结合文献和出土材料补充帮助,论证有力。

　　唐兰先生(1981:61—63)《释朝》考定甲骨文诸形是"朝"字而非"萌"字,除了从字形衍化等方面进行辨析外,最得力的证据也

是反义词对贞互见。唐先生指出:"《佚》二九二片云'朝又雨',同片另一残辞有昏字。《库》一〇二五片云'朝酉',其另一辞云'贞蓦酉',蓦当即莫,则朝字不当读为萌,亡疑也。"

对举的反义词还可骈列而用,姑且称作连用对举。例如:

> 日月　癸酉贞:日月又食,佳若? 癸酉贞:日月又食,非若?
> (《合》33694)

> 左右　丙申卜,贞:肇马左右中人三百? 六月。(《合》5825)

> 右左　王族其敦尸方邑旧右左其𤔲?(《屯》2064)

> 牡牝　……午贞:……生于高匕(妣)……牡牝?(《合》
> 34079)

> 牝牡　甲申卜,御妇鼠匕(妣)己二牝牡? 十二月。(《合》
> 19987)

> 降陟　贞:降陟? 十月。(《合》15377)

> 出入　癸未贞:甲申酚出入日,岁三牛? 兹用。(《屯》890)
> 出入日,岁卯四牛? 不用。(《屯》2615)

> 往复　乙酉卜,争贞:往复从枭,牵舌方? 二月。(《合》6333)

"往复"犹言往来。

> 出复　……出复业行。十月。(《合》4037)
> 东西　贞:方告于东西?(《合》8724)

反义词对举是反义复合的坚实基础,连用对举的反义词更是反义复合词的直接过渡形式。甲骨文以"上下"(或"下上")指天地神祇,以

"旦湄(昧)"指天将明之时(与"昏"对举),以"往来"指行动、行事,以"文武"指文丁,都充分证明商代就产生了反义复合词,而这些反义复合词所由产生的并列式构词法,则标志着复合化是汉语词汇发展的新方向。笔者曾经做过专门论述(陈伟武,1989),此不复赘。

二、反义词的形体标志

文字对于语言来说是外在的,只有语音才是语言的内在形式。不过,文字一经创造出来,就会对语言产生影响,加速或延缓语言的发展。甲骨文之类的上古汉字使上古汉语得以流传于世,而"汉字本身的结构也就反映着上古时代汉语的情况"(王力,1980)。与后代汉字相比而言,甲骨文的形象性较强,象形字、指事字和会意字对某些单音节反义词起到图解的作用,把反义词的相同义素和对立义素具体地展示出来,让我们今天能够窥知初民对反义词的体验和认知。

上:下　文例见前。上、下由空间对立转指时间对立。上作二、〝,下作二、〞;合书作三(上下),三(下上),指天地间众神,是反义复合词。上、下都是指事字,以一长画为界线,上方着一短横者为上,下方着一短横者为下,两词的联系和区别显而易见。商锡永先生指出上下作曲笔者是为了避免与记数的"二"相混(商承祚,1983)。

左:右　甲骨文作✂(𠂇、左)✄(又、右),左顾而右盼,相映以成趣。陈炜湛先生(1980)曾对卜辞中左右两字的用法及形体演变做过详细分析。若从反义对立的角度看,左与右表现的是空间对立,它们的本义是左手与右手。《诗·王风·君子阳阳》:"君子阳阳,左执簧,右招我由房。"左右正是分别指左手、右手。卜辞"左"不用左手义,而用以指左方、辅佐;"右"不用右手义,而用以指右方、护佑。左方右方义相对立，辅佐与护佑同义，这都可以归结到左右的本义特点——人手的位置及其作用去理解。从左手右手抽象出新的对立义左方右方和相同意义，正是一对反义词同异两端分化的结果。

出：各　一期卜辞中“往出”为习见词语，如《合》5055片：“贞：王㞷（往）出？”《合》1665片：“贞，王勿往出？”出，义与入反而近于往，故每以“往出”连言。《合》5439正：“贞：各化，亡𡆥，载王事？”各，佫之初文，格之本字，训来至。西周金文云：“隹王来各于成周年”（厚趠齍），“来各”并举。金文恒见“王各庙”“各大室”之语，各字则应解为入。出与各反义，在甲骨文形体上表现得最清晰。出作、等形，像“止”从坎穴迈出。各作、等形，像“止”进入坎穴。构字部件相同，从止凵（𠙴），就像两个反义词包含了相同的义素“在某一区域活动”。但止与凵（𠙴）的关系不同，或相向，或相背，代表了出与各对立的区别性义素，即行为动作的方向相反。甲骨文中“止”的方向是有辨义作用的，一般来说，足趾的方向代表着行为动作的方向，如（之）、（往）、（先）、（步）、（前）等都有前行之义，出字与它们同属一类；（夊、后）、（复）都有退却之义，各字与它们同属一类。

陟：降　《合》102片：“……来刍陟于西示。”《合》32420片：“其陟于大乙且（祖）乙。”《合》7852正：“贞：兹邑其生（有）降□？ 二告。”《合》13855：“丁巳卜，贞：亡降疾？”卜辞中陟、降两词的宗教色彩颇浓。“陟于西示”指以物牲献祭西方之神，“陟于大乙且乙”指献祭先公先王大乙和祖乙。神灵高高在上，祭祀者只能言“陟”来表示奉献之意。这与它辞言“登黍”“登新鬯”同理。神祇居高临下，因此，卜辞言“降𡆥（祸，灾祸）”“降疾（疾患）”“降𦓤（败，祸害）”“降黑（白日无光）”“降食（日月之蚀）”，施动者都是神。甲骨文陟作，像徒步陵阜；降作，会步行下山之意。陟、降都从阜从二止，活动处所一致，而且都表示行

为变化(从止之字多有动义),二止方向相反,表示的意义也相反,这与出、各的反义会意方式相同。卜辞有云:"辛未贞:今日告其步于父丁,一牛?在祭卜。"(《合》32677)"庚辰步于母庚?"(《合》10918)这两个步字意义用法都与陟同。

甲骨文从与北,分别会二人相从、二人相背之意,也体现了反义构形的特点,惜未见相应文例,故难以论列。前引诸例证明,上古时代人们对反义词意义上的联系和区别已有了足够的认识,因此能自觉地利用文字的形象化特点加以表现。上下、左右、出各、陟降以及从北等都是运用了异位表义的造字法,每对反义字(词)的构形线条或部件都一样,只是线条部件的位置和方向有区别,位置不同、方向相反都起到表达对立意义的作用。

营造反义字,除以异位表义外,还有增益区别性符号的方法。一个词内部包含两个相反意义的现象在语言中确实是存在的,不仅古代有,现代也有;不仅汉语有,其他民族语言也有。甲骨文中就有与反义异词平行的反义同词现象,如"受"既表示接受义,又表示授予义。又如"学"字,《合》32 片正:"丁巳卜,𣪊贞:王学众伐于𢀛方,受㞢(有)又(佑)?"《合》3250 片:"丙子卜,贞:多子其延学疒,不冓(遘)大雨?"两个学字均作斈,而前例指教导,后例主语是"多子","学"当指学习而言。我们可以推断,教与学同从爻声,反义同源,早期书面形式也相同。《说文》:"爻,放也。"放就是仿效、学习。朱骏声谓爻"疑即学之初文"(《通训定声·小部》),所疑甚是。甲骨文教字作𢽂、𣀷,即由学字分化而来。《粹》1162 片云:"丁酉卜,其乎曰多方屯小臣,其效(教)成?"郭沫若先生(1937:149)认为此谓殷之邻国派学生游学于殷,接受教戒。与"受"字仍处于反义同词相别,"学"字因增益区别性符号"攴"旁而分化为教、学反义异词。许多在先秦反义同词的例子在汉代以后才变为反义异词,如受与授、买与卖、籴与粜等。连同后来分化的实例进行考察,可知反义同词分化时,总是用后起字和变化了的语音表示施动方面的意义,而受动方面的意义则由原来的词形承担。如学、受、买等表受动,教、授、卖等表施动。从语音上讲,表受动的字保留入声或上声的读法,表施动的字多读为去声。

甲骨文朝莫(暮)对立,朝字或作𣄰,莫字或作𦱴,罗振玉(1927:6)谓前者"日已出䒑中,而月犹在天,是朝也"。朝字草中之日是初升日,莫字草中之日是落日,于是靠加月形")"会朝字意。不过,这样的反义标志是不够明确的。随着时代的发展,汉字性质发生了变化,形声字大批增加,字形的规整化使甲骨文原来的形象化特点被冲淡了,象征性符号的表义作用不断减弱,单音节反义词形体标志式微。如甲骨文陟降反义一目了然,西周金文降字或作𨺇(𣱱钟),两止的方向已变易难认。其他反义字隶变之后也多难看出其间的形体联系。实际上甲骨文中有形体标志的反义词并不多,只是我们可借以了解上古反义词的意义联系,同时通过对有形体对立的词与当时实际语言的比较,进而掌握反义词语义关系的演变。

附记:此文草成于 1985 年 2 月,蒙韦戈先生批示,多所匡正。一瞬十年如梦,少作似有可珍,于是重加整理,复请韦戈先生审阅,谨兹申谢。1995 年 6 月 1 日。

引用书目

董作宾:《小屯·殷虚文字甲编》——《甲》

郭沫若:《殷契粹编》——《粹》

胡厚宣:《战后京津新获甲骨集》——《京津》

胡厚宣:《战后宁沪新获甲骨集》——《宁沪》

考古所:《小屯南地甲骨》——《屯》

李学勤等:《英国所藏甲骨集》——《英》

历史所:《甲骨文合集》——《合》

罗振玉:《殷虚书契后编》——《后》

罗振玉:《殷虚书契前编》——《前》

商承祚:《殷契佚存》——《佚》

许进雄:《怀特氏等收藏甲骨文集》——《怀》

参考文献

陈梦家,1956,《殷虚卜辞综述》,科学出版社。

陈伟武,1989,《论先秦反义复合词的产生及其偏义现象》,《古汉语研究》第1期。

陈炜湛,1980,《甲骨文字辨析(两篇)》,《中山大学学报(哲学社会科学版)》第1期。

陈炜湛,1983,《甲骨文同义词研究》,常宗豪(主编)《古文字学论集(初编)》,香港中文大学中国文化研究所、吴多泰中国语文研究中心。

程湘清(主编),1982,《先秦汉语研究》,山东教育出版社。

郭沫若,1937,《殷契粹编》,文求堂书店。

罗振玉,1927,《增订殷虚书契考释》卷中,东方学会。

商承祚,1983,《说文中之古文考》,上海古籍出版社。

唐兰,1981,《殷虚文字记》,中华书局。

王力,1980,《汉语史稿》,中华书局。

于省吾,1979,《甲骨文字释林》,中华书局。

西周金文字词关系的共时与历时考察*

田　炜

汉字是记录汉语的符号,汉字与所记录的词之间不仅有简单的一对一关系,还有一字表多词、一词用多字等复杂关系。不同时代、不同地域的文字资料所反映出来的字词关系都有存在差异的可能;即便是同一时代、同一地域的文字资料所反映出来的字词关系也不是完全相同的。从共时的角度看,时代相同或相近的西周金文所反映出来的字词关系是比较接近的,但也同样存在着一字表多词、一词用多字等复杂关系;从历时的角度看,西周金文所反映的字词关系与其他时期的文字资料相比具有独特性,不同时期的西周金文所反映出来的字词关系也有各自的特点。本文即拟从共时与历时的角度对西周金文的字词关系进行考察,为了明确字与词的区别,本文参照裘锡圭先生在《文字学概要》中的做法,用‖‖作为词(包括义位所对应的音义和合成词中有意义的语素)的标志。

一、西周金文字词关系的共时考察

(一)共时一字表多词

裘锡圭先生曾经指出,造成一字表多词的原因有四:语义引申、假

＊　本文原载《出土文献与古文字研究》2013 年第 5 辑。

借、同义换读、异字同形①。除了同义换读以外，其余三种原因造成的一字表多词现象在时代相同或相近的西周金文中都可以找到相应的例子。下面我们各举一例说明。

1. 共时一字表多词例

（1）ナ—{左}_{向左}、{佐}、{左}_{过错}

古文字"ナ"字象左手之形，是用作方位词"左右"之{左}的本字。在西周金文中，"ナ"字可以表示"向左"之{左}，如：

> A.……㠯（以）西至于堆莫，履（裘锡圭，2012a：27—32）井邑田，自根木衙（道），ナ(<u>左</u>)至于井邑，弄（封）……（《集成》10176散氏盘・西周晚期）

"向左"之{左}是从用作方位词的{左}引申而来的一种动词用法。

西周金文还用"ナ"字表示"辅佐"之{佐}，如：

> B.王曰："𠱂（善），昔先王既令女（汝）<u>ナ(佐)</u>疋（胥）龏厌（侯），今余唯肇（肇）𩁹（申）先王令，令女（汝）<u>ナ(佐)</u>疋（胥）龏厌（侯），监𤔹（幽）白（师）戍，易（锡）女（汝）乃且（祖）旂（旗），用事。"（《集成》2820善鼎・西周中期）

"辅佐"之{佐}是由方位词{左}引申而来的。

---

① 参看裘锡圭（1988：255—256）。按："一字表多词"现象裘先生称为"一形多音义"。称"形"不称"字"，主要是为了与传统语文学中形、音、义的结合体"字"的概念相区别；称"音义"而不称"词"，主要是考虑到语义引申而来的引申义有时候是同一个词的不同义位，有时候是不同的词，由于本文不涉及前一种情况，故仍按照一般的表达习惯称为"一字表多词"。

西周早期的埶驭弟史觥盖铭文云：

C.豚（褒）騪（驭）弟史遣（遗）马①，弗ナ（左），用作父戊宝隩（尊）彝。（《集成》9300 埶驭弟史觥盖·西周早期）

或读觥盖铭文中的"ナ（左）"为"差"，可通。但赵平安先生（2001：80）指出"左"（{左}）在古书中就有"不当""错误"之义，其说甚是。据此可知，在西周金文中"ナ"字也可以表示当"差错"讲的{左}。

（2）朢—{朢}、{忘}

在西周金文中，"朢"字有两种用法。第一种用法表示"月满朢日"之{朢}，如：

A.隹（唯）王元年六月既朢乙亥……（《集成》2838 曶鼎·西周中期）

B.隹（唯）九月既朢戊寅……（《新收》858 晋侯对匜·西周晚期）

第二种用法表示"忘记"之{忘}，如：

C.廖弗敢朢（忘）公白（伯）休……（《集成》4167 廖簋·西周中期）

D.辪（肆）武公亦弗叚（遐）朢（忘）朕圣且（祖）考幽大弔（叔）、懿（懿）弔（叔）……（《集成》2833 禹鼎·西周晚期）

---

① 此句从裘锡圭先生读，参看裘锡圭（2012h：13—14）。"遣"字的考释参看荆门市博物馆编（1998：146）、赵平安（2001：78—85）、刘钊（2002：123—132）。

在古文字中，"看望"之"望"本作"𡿪"，象人竖目张望之形，下或增"土"旁则作"𡉦"。《书·召诰》"惟二月既望"，孔颖达疏："望者，于月之半，月当日，冲日光照，月光圆满面向相当，犹人之相望也。"《释名·释天》："望，月满之名也。月大十六，小十五，日在东，月在西，遥相望也。"故"月满望日"之{望}是由"看望"之{望}引申而来的。"望"字是在"𡉦"字的基础上增益"月"旁而形成的形声字，是为表示"月满望日"的这个引申义而造的分化字。用"望"字表示{忘}是假借的用法。

（3）霝—{伶}、{灵}

西周晚期大克鼎铭文云：

A.王若曰："克，昔余既令女（汝）出内（入）朕令，今余唯龘（申）豪（就）（裘锡圭、李家浩 1992：422—428）乃令……易（锡）女（汝）史、小臣、霝鼓钟……"（《集成》2836 大克鼎·西周晚期）

清代学者孙诒让引"李读"认为鼎铭中的"霝"当读为"伶"，是乐官之义[1]，陈梦家先生（2004：263）说略同，可从。所谓"伶鼓钟"是伶官鼓钟之意（田炜，2012：286—288）。

西周晚期的奠井弔钟铭文云：

B.奠（郑）井（邢）弔（叔）乍（作）霝钟，用妥（绥）宾。（《集成》21、22 奠井弔钟·西周晚期）

---

[1]　参见孙诒让（2010：226）。按：孙文谓："郑盦宫保以此鼎精拓本见诒，复示诸家释文，命更案绎。"孙文屡见"李释""李说""李读"等辞，然未见其全名，不知"李"为何人。

清代学者方濬益(1935)认为"龗""即'灵'之异文",近是。陈双新先生(2002:187—188)认为"龗钟"可以读为"灵钟",是指乐音美好的钟,可从。《集成》262 号秦公钟、267—269 号秦公镈铭文用"霝(灵)音"来形容钟、镈乐音的优美,秦公大墓石磬铭文自称"厥(厥)音𫜪鎗鎗,允龢又(有)龗(灵)殸(声)",皆其证。

　　无论"伶官"之{伶}还是"灵钟"之{灵},都与音乐有关,故大克鼎与奠井弔钟铭文中的"龗"字所从之"龠"是表义形旁,用"龗"字表示{伶}、{灵}二词是用作本字的用法。但{伶}、{灵}二词之间并没有引申的关系,因此表示{伶}的"龗"字与表示{灵}的"龗"字实际上是一对同形字。西周金文用"龗"字表示{伶}、{灵}这两个词,是由异字同形造成的一字表多词现象。

　　2. 同人之器铭文一字表多词例

　　不仅是时代相同或相近、本身并无关联的铭文存在一字表多词的现象,即使是同属一人的器物上的铭文也存在着这种现象。

　　(1) 衣—{衣}、{卒}

　　西周中期穆王时器戏方鼎与戏簋铭文曰:

　　A.……王册(俎)(于豪亮,1985:77—81)姜事(使)内史友员易(锡)戏幺(玄)衣朱襮(襮)裣(襟)(唐兰,1976a:38;裘锡圭,1976:75—76)。(《集成》2789 戏方鼎·西周中期)

　　B.戏迷(率)有嗣(司)、师氏徛(奔)追卸(袭)(裘锡圭,1994:41)戎于械(械)林,博(搏)戎馘(胡)。……衣(卒)博(搏),无罙①于戏身……(《集成》4322 戏簋·西周中期)

_____

　　①　此字旧多读为"尤",陈剑先生改释为"拇"而读为"愍",说见陈剑(2007a:59—80)。

唐兰先生(1976a:39)最早把戬簋铭文中的"衣搏"解释为"搏斗完毕",并进而指出"衣""即卒字,完毕。郾王詧戈萃字作裒,寡子卣誶字作誺,并可证"。李学勤(1990a:134—137)、裘锡圭(1990:16—17)两位先生继而指出天亡簋、它簋、庚嬴鼎、繁卣、多友鼎等西周铜器铭文中的"衣"字都应当读为"卒"。这种意见十分正确。但西周金文为什么用"衣"字表示{卒},仍是一个需要讨论的问题。

裘锡圭先生(1990:8—17)指出,商代甲骨文"卒"字或作表意字,在"衣"形内加上交叉线作 ^𡥀(《合集》1210)、𡥀(《合集》6163 正)等形,或在"衣"形末端增加上钩的笔画作 𡥀(《合集》21055)、𡥀(《合集》28879)等形;或作形声字,在末端笔画上钩的"卒"字的基础上,增加"聿"旁表声("聿"旁或又可省),作 𡥀(《合集》32263)、𡥀(《英藏》2466)、𡥀(《屯南》2366)、𡥀(《英藏》2414)等形,所从的"卒"旁或简化成"衣"旁,作 𡥀(《合集》32715)、𡥀(《合集》30990)等形。《说文》:"卒,隶人给事者衣为卒。卒,衣有题识者。"从古文字资料看,这种说法是不可信的。裘先生(1990:17)曾对"卒"字的本义做出推测,认为"甲骨文中在'衣'形上加交叉线的'卒',大概是通过加交叉线来表示衣服已经缝制完毕的,交叉线象征所缝的线","下部有上钩的'尾巴'的'卒'","其字形可能表示衣服已经缝制完毕可以折叠起来的意思"。对这个问题,笔者有另外一种猜测。我们知道"五"字从×,本义是交午,而以从五得声的"吾"字为声旁的字有"交午""会合"之义,如"啎""晤"等字,引申而又有"禁止"之义,如"吾""衙""圄""敔"诸字。"卒"字在衣襟之间的交叉线表示的是"交午"之意,示意衣服两衽交午闭合,故有"禁止""终卒"之义。"卒"字在"衣"形下部的上钩表示两衽相系闭合,也可以表示"禁止""终卒"之义。至于裘先生认为是从聿的"卒"字,其实可以分为两组:在较早的历组卜辞中写作⟨字形⟩、⟨字形⟩等形;在后来的无名组、何组卜辞中写作⟨字形⟩、⟨字形⟩等形。第二组中"聿"大概是从朿繁化而来的,颇疑⟨字形⟩、⟨字形⟩诸字仍然是表意字,进而形声化为⟨字形⟩、⟨字形⟩。⟨字形⟩、⟨字形⟩等字表意最清楚,朿可能是衣系之属。《说文》:"紟,衣系也。"《释名·释衣服》:"紟,亦禁也。禁使不得解散也。"《广雅·释器》:"其紟谓之䌬。"王念孙疏证:"紟之言禁也,履系谓之紟,衣系谓之紟,佩系谓之紟,其义一也。""卒"字从朿系二衽,故有"禁止"之义。把"卒"字简化而与"衣"字同形的情况可以追溯到商末的黄组卜辞,西周甲骨文和金文承袭了这种用字习惯。上古音"衣"字属影母微部,"卒"字属精母物部,微、物二部是严格的阴入对转关系,而声母则似相隔。但有研究音韵的学者指出,后代读为影母的字在上古有时候是可以和其他声母字相谐的,并认为"卒"字或从衣作,也可以视为从衣得声(麦耘,2009:123)。总之,"衣""卒"二字形音俱近,用"衣"字表示{卒}可以看作是"卒"字简省后与"衣"字同形,但这种简省与"衣""卒"二字读音相近也是有关系的。

(2) 义—{仪}、{宜}

"义"字商代甲骨文作⟨字形⟩(《合集》27972)、⟨字形⟩(《合集》32982)等形,西周金文沿袭商代甲骨文的写法作⟨字形⟩(《集成》4170 癲簋)。《说文》:"义,己之威仪也。从我羊。"按照这种说法,"义"字的本义是威仪。不过许慎把"义"字所从的"我"看作是第一人称代词,学者多不信从。学者一般认为"我""义"二字音近,"我"旁有表声的作用,这种意见是正确的。

西周中期的癲簋铭文用"义"字表示"威仪"之{仪}:

A.顈皇且(祖)考䢅(司)威义(仪),用辟先王……(《集成》

4170－4177 瘕簋·西周中期）

瘕钟与瘕簋同为"瘕"的器物，钟铭用"义"字表示{宜}：

> B.……义（宜）文神，无疆（疆）顜福……（《集成》246、255 瘕
> 钟·西周中期）

{仪}、{宜}二词的意义彼此相关。"威仪"之{仪}是名词，合于仪者则为{宜}，在瘕钟铭文中用作动词。

3. 同铭一字表多词例

在同一篇铭文中，一字表多词的现象也很常见。唐兰先生（1986：177—178）在释读大盂鼎铭文时就曾经指出过鼎铭中存在的"一字而有两种解释"的现象：

> 糞（引者按：大盂鼎铭文云"夙夕糞我一人粪三方"）在此处读为劻或诏，《说文》："劻，勉也。"《尔雅·释诂》："诏、相、导、左右、助、劻也。"注："劻谓赞勉。"那麼，劻或诏，也可以解为相，为左右，为助。此铭三个糞字意义不全同。前两个不能解为助（引者按：前两个"糞"字的文例分别是"今余隹令女盂糞夒，丂敨德亚""糞夾死帀戎"），因为盂的地位很高，单是赏赐奴隶就有一千六百多人，如何能只作一些人的助手呢？因此，必须解作继才通。而在此则是相王君四方，又只能是助，不能解作继。此铭中同一字而有两种解释的，如：瀀字前面解为大，后而解为废；登、糞字前面是烝祭，后面的烝是君。与此是同样情形。我国语言，同音词多，古代字少，常有假借，所以必须根据上下文义推究，不能拘泥于一定的解释。

唐先生认为造成同铭一字表多词现象的原因是"字少词多"。有很多同铭一字表多词的例子确实如唐先生所言,是由于字少词多造成的。然而,有时候一些词按照当时的用字规范是可以分别用不同的字表示的,但铭文的写手却选择了用同一个字来表示,这也是造成一字表多词现象的重要原因。唐先生对由于"字少词多"而造成的同铭一字表多词现象已经做了解释,囿于篇幅我们不再赘述。下面我们略举数例说明因写手的选择而造成的同铭一字表多词现象。

(1) 帛—{帛}、{白}

西周中期恭王九年时①的九年卫鼎铭文云:

> 矩取眚(省)车:軓䡅酉(鞃)、虎冟、布(蔡)幎(盖)(裘锡圭,1983:226)、画韓、炎(鞭)、帀(席)韐(索)、帛(白)緥(缮)乘、金廐(镳)錬。舍矩(矩)姜帛三两。……舍盠冒䍏羘(羘)皮二,虳皮二,鞶(业)爲㞡皮二,朏帛(白)金一反(钣),阜(厥)吴喜皮二。(《集成》2831 九年卫鼎·西周中期)

这里需要稍作解释的是"帛(白)金一反(钣)"中的"帛"。唐兰先生(1995a:200)读"帛金"为"白金",甚是。或以"帛"与"金一钣"为二物,读为"帛、金一钣"(马承源,1988:137—138),然铭文于赠送物品之后每标明物品的数量,前文"舍矩(矩)姜帛三两",说明"帛"也不例外,若按照这种读法赠予朏的帛独缺数量,恐不可信。

鼎铭"帛"字凡三见,其中一例表示{帛},两例表示{白}。《仪礼·聘礼》"受享束帛加璧",郑玄注:"帛,今之璧色缯也。"《周礼·春

---

① 或以九年卫鼎是懿王时器,见李学勤(1990b:98—99);原载《文物》1976 年第 6 期。或以为夷王时器,见彭裕商(2000:83—87)。

官·大宗伯》"孤执皮帛",郑玄注:"帛,如今璧色缯也。"徐灏《说文解字注笺》:"帛者,缣素之通名。璧色,白色也,故从白。引申为杂色缯之称。""帛"字的本义是白缯,故"帛"字本是从"白"字分化出来表示"白缯"之{帛}的,鼎铭或又假借"帛"字表示{白},这是"被借字的意义跟假借义有联系的现象"(裘锡圭,1988:188—191)。

(2) 丝—{丝}、{兹}

西周中期的曶鼎铭文云:

> 王才(在)𩰬庡,井(邢)弔(叔)易(锡)曶赤金𢆶,曶受休[命]于王。曶用丝(兹)金乍(作)朕文孝(考)𡖊白(伯)𩰾牛鼎。……井(邢)弔(叔)才(在)异,为□□,事(使)𠬝(厥)小子𣪘吕(以)限讼于井(邢)弔(叔):"我既卖(赎)女(汝)五[夫效]父,用匹马、束丝。"……曶则拜𩒨(稽)首,受丝(兹)五夫,曰陆、曰恒、曰𦱤、曰𨽿①、曰𧘪,事(使)吕(以)夅(铃)告旣,廼卑(俾)□吕(以)曶酉(酒)彶(及)羊、丝三夅(铃),用𦤶(致)丝(兹)人。(《集成》2838曶鼎·西周中期)

鼎铭用"丝"字兼表{丝}、{兹}这两个词。古文字"丝"字作🦋(《集成》2712乃子克鼎),象露出丝绪的两束绞丝之形。"兹"字本作"𢇛",古文字写作🦋(《合集》15959正),亦象二丝束之形,只是不露丝绪而与"丝"字有别。"丝""𢇛(兹)"二字形、音并近,实为一字分化。西周金文"丝""𢇛(兹)"二字都可以表示{丝}和{兹},说明二字的分化尚不彻底。

---

① 裘锡圭先生释此字为"𧘪",说见裘锡圭(2012b:6页注⑤);原载《文物》1978年第3期。

（3）鱼、渔—｛鱼｝、｛渔｝

《说文》："〓，捕鱼也。从〓从水。〓，篆文〓从鱼。"西周金文"渔"字或作〓（《集成》753 公姞鬲），与《说文》篆文相同，或用几个小点表示水作〓（《集成》2720 井鼎）。｛鱼｝、｛渔｝本一词，用作名词则为｛鱼｝，用作动词则为｛渔｝，后来加注"水"旁分化出"渔"字表示｛渔｝。在西周金文中，"鱼""渔"二字均可以表示｛鱼｝、｛渔｝这两个词：

A.辛卯，王渔于敝沱（池），乎（呼）井从渔，攸易（锡）渔（鱼），〓（对）〓（扬）王休，用乍（作）宝障（尊）鼎。（《集成》2720 井鼎·西周中期）

B.王才（在）〓京，鱼（渔）于大〓（池）（李家浩 2008：245—250）。王〓尹曆，易（锡）鱼百。（《新收》1875 尹簋·西周中期）

在传世文献中，"鱼""渔"二字每可相通。例如《左传·隐公五年》"五年春，公将如棠观鱼者"，孔颖达疏："《说文》云：'渔，捕鱼也。'然则捕鱼谓之鱼。"《释文》："观鱼者，本亦作渔者。"《史记·鲁周公世家》记此事作"隐公五年，观渔于棠"。又如"鱼盐"一词，在典籍中又作"渔盐"：

晏子对曰："君商渔盐，关市讥而不征，耕者十取一焉，弛刑罚——若死者刑，若刑者罚，若罚者免。若此三言者，婴之禄、君之利也。"（《晏子春秋·内篇杂下》）

凡此皆"鱼""渔"相通之例。

（4）斿—{旂}、{旅}

西周中期的伯晨簋铭文曰：

易（锡）女（汝）……驹车：画呻（轸）（吴红松 2006：20—21）、
鞑（幬）爻（较）、虎帏冟苸里（裏）幽、攸（鋚）勒、斿〈旂〉五斿〈旂〉，
弤（彤弓），彭（彤矢），斿（旅）弓，斿（旅）矢，历戈，虢（甲），胄（胄）
……（《集成》2816 伯晨簋·西周中期）

吴闿生（1933）、于省吾（1975：21；1979：30—33）、陈梦家（1955：63）、陈
邦福（1955：67）等先生都已指出，西周金文中的"旅弓""旅矢"即典籍
中的"卢弓""卢矢"。《书·文侯之命》"卢弓一、卢矢百"，孔安国传：
"卢，黑也。""卢弓""卢矢"是指黑色的弓矢。郭沫若先生谓"旅弓"
"旅矢"之"旅""假为矑，黑色也"（郭沫若，1956：8）。唐兰先生（1986：
156）对"旅""卢""矑""玈"诸字的关系有更为细致的解释，他指出：

旅通卢，黑色，《书·文侯之命》就作卢弓、卢矢。小篆还专造
一个矑字，《说文》："齐谓黑为矑。"《左传·僖公二十八年》和《文
公四年》则作玈，又把旅字改从玄，玄也是黑色。
《左传·僖公二十八年》和《文公四年》都作玈弓、矢千，与此
铭（引者按：指宜侯夨簋铭文）合。旅弓次于彤弓，所以比彤弓多十
倍。《书·文侯之命》彤弓彤矢与卢弓卢矢数目相等，恐怕是
错的。

唐说至确。用"旅""卢"二字表示"黑色"之{卢}都是假借的用法，
"矑""玈"二字则是后起本字。

在西周金文中，"旂""旅"二字因形近而每相讹混。伯晨簋铭文把"旂""旅"二字都写作"㪔（旅）"亦其例。

（二）共时一词用多字

裴锡圭先生曾经指出，造成一词用多字的原因主要有五：异体字、已有本字的词又使用假借字、同一个词使用两个以上不同的假借字、文字分化、同义换读。除了同义换读以外，其余四个原因造成的一字表多词现象在时代相同或相近的西周金文中都可以找到相应的例子，下面我们各举一例说明。

1. 共时一词用多字例

（1）｛钩｝—嚁、劚

西周金文有下揭两条材料：

A.易（锡）女（汝）……金车……金簠（簟）弼（茀）、鱼苬（箙），马三（四）匹：攸（鋚）勒、金嚁（嘆—钩）、金雁（膺），朱旂二鈴（铃）……（《集成》2841 毛公厝鼎·西周晚期）

B.佮白（伯）庆易（锡）焂戒賨（簟）敥（弼—茀）、劚（钩）鏇（膺）、虎衮（裘）、豹衮（裘）……（《新收》1454 焂戒鼎·西周晚期）

焂戒鼎铭文"劚鏇"写作𤔲鏇，吴振武先生（1998:4—5）指出𤔲字从翼、丩声，𤔲鏇当读为《诗》屡见的"钩膺"，吴先生还联系毛公厝鼎铭文中的𤔲，指出𤔲、𤔲为一字异体，他认为𤔲字从翼、从口，会翼护马嘴之意，又指出"翼"旁上部的"㠯"可以兼表"翼"字的读音。吴先生的这些意见都是很有道理的。石鼓文《吾水》有"嚁"字，乃"翌日"之"翌"的本字，该字后劲本最为清晰完整，作𦐇，所从之"翼"亦增益"㠯"旁表声（徐宝贵，

2008：803）。可以补充的是，⿰字所从之"口"很可能也兼有表声的作用，"钩""口"古音是很接近的。据此可知西周晚期金文可以用"劂"与"曚"这一对异体字表示"钩膺"之{钩}。《集成》4009 号西周晚期的毛伯嘆父簋铭文中，毛伯的名字"嘆父"之"嘆"写作⿰，应该也是⿰、⿰二字之异体。

（2）{簟}—簠、赏

"簟茀"见于《诗》之《齐风·载驱》《小雅·采芑》《大雅·韩奕》等篇，王国维先生认为"簟茀"即车蔽（王国维，1994：145—146）。此与《采芑》郑笺、《韩奕》孔疏同。在西周金文中，"簟茀"有"簟弻"（《集成》4326 番生簋盖·西周中期）、"簠弻"（《集成》2841 毛公厝鼎·西周晚期）、"赏敬"（《新收》1454 焂戒鼎·西周晚期）等不同的书写形式。其中"簟"字在番生簋盖铭文中写作⿰，在毛公厝鼎铭文中写作⿰。清代学者刘心源（1902）已经释出⿰即"覃"字。郭沫若先生（2002：[旧页码]225，[新页码]475）认为⿰、⿰二字所从之⿰、⿰皆为"覃"字，乃象器物之上盛果实之形。赵平安先生（2003：107—113；2004）指出⿰、⿰二字的声旁是不同的，⿰字从覃得声，而⿰字乃从盬得声，并指出"盬"字即楚简中写作⿰（《包山》简 147）的"盐"字，其说甚是。焂戒鼎铭文"赏敬"之"敬"可读为"弻"是毫无问题的，关键是"赏"字是否能读为"簟"。陈佩芬先生（1997：318）指出"古从咸声字和从覃声字都在侵韵，是否为音近通假字，未可遽定"。陈先生已经指出"咸""覃"侵部叠韵，她所顾虑的主要是两字的声母一为喉牙音匣母、一为舌头音定母，似乎有一定的距离。吴振武先生（1998：5）指出《易·临》中的"咸"字在马王堆帛书本中写作"禁"，与"禁"字同为从林得声的"婪"字《说文》又云"读若潭"，故"咸""覃"二字确有相通的可能。《说文》："盐，鹹（咸）也。

从卤,监声。"在西周金文中"簠"字又可以从盫(盐)得声,因此"监""盐""覃"三字在读音上是有联系的,而"监"就是喉牙音见母字,因此定母字"覃"与喉牙音匣母字"咸"相通是完全可能的。此外,《说文》也为"咸""覃"相通提供了证据。《说文》:"覃(覃),长味也。从曰,鹹省声。"许慎认为"覃"字从鹹省声是不可信的,但说明了"咸""覃"二字读音相近。因此,把焂戒鼎铭文中的"賮"字读为"簠"是正确的。毛公層鼎铭文中的"簠"字从竹盧声,与从竹覃声的"簠"是一对异体字,只是声旁不同而已。"賮"字从贝作,其本义当与{簠}无关,鼎铭用"賮"字表示{簠},是一种假借的用法。据此可知西周晚期金文表示{簠}这个词时既可用本字"簠",亦可用假借字"賮"。

(3){衡}—黄、亢

西周金文常有赏赐"市"的记载。《说文》:"市,韠也。"和市配套赏赐的还有"衡"。唐兰先生(1995b:86—93)指出"衡"就是系市的带子,其说甚是。以西周中期金文为例,{衡}或用"黄"字表示,如:

A.易(锡)趞曹載(缁/纁)市(韍)囘黄(衡)、鑾(銮)。(《集成》2783 七年趞曹鼎·西周中期)

B.……易(锡)女(汝)曑(秬)鬯一卣,幺(玄)袞衣、赤巿〈市—韍鞁〉幽黄(衡)、赤舄、攸(鋚)勒、鑾(銮)旂,用事。(《集成》9728 智壶盖·西周中期)

裘锡圭先生(2012c:197)指出,"黄"字本作🏃(《合集》3093),演变为🏃(《合集》595 正),进而又演变为🎋(《合集》31178)、🎋(《合集》11073)等形。唐兰先生(199b:90)认为"黄"字"象人仰面向天,腹部膨大,是《礼记·檀弓》'吾欲暴尫而奚若'的 '尫' 字的本字",可从。因此,用"黄"字表示{衡}是假借的用法。

西周中期金文或又用"亢"字表示{衡},如:

C.王册令尹,易(锡)盠赤市(韍)幽亢(衡)、攸(鋚)勒……
(《集成》6013 盠方尊、9899－9900 盠方彝·西周早期后段至西周
中期前段)

D.王或睗(锡)狱仲(佩)、戠(缁／纁)市(韍)、称(朱)亢(衡)。
(《考古与文物》2006 年第 6 期 60 页图三、四狱簋·西周中期)

《说文》:"亢,人颈也。从大省,象颈脉形。"古文字"亢"字作🧍
(《合集》18562)、🧍(《集成》9901.1 矢令方彝盖)等形,在正面人形的两
腿间划了一条斜线,并非象颈脉之形,其本义显然不是"人颈"。比较
象形的早期金文"亢"字作🧍(《集成》3655 亢簋)、🧍(《集成》6785 亢
觚),斜线从一腿的脚踝处划至另一腿的膝盖处,应该是"胻"字的表意
初文,故以连线的方式指示胫之两端。用"亢"字表示{衡}也是一种假
借的用法。

据此可知西周中期金文假借"黄""亢"二字表示{衡}。

(4){神}—申、神

西周金文或用"申"字表示{神},如:

A.……甘(其)日淖(潮—朝)夕用鞥(鶉—敦)祀于㠱(厥)百申
(神)……(《考古与文物》2006 年第 6 期 58 页图一狱鼎·西周中期)

B.……用喜(享)孝于皇申(神)、且(祖)老(考)①,于好姍

---

① 《集成》4450.2 杜伯盨铭文用"孝"字表示"祖考"之{考}。

（朋）友。（《集成》4448－4452 杜伯盨及杜伯盨盖·西周晚期）

或又用"神"字表示｛神｝,如：

C.……义（宜）文神,无疆（疆）覭福……（《集成》246、255 癲
钟·西周中期）

D.隹（唯）皇上帝、百神保余小子……（《集成》260 默钟·西周
晚期）

古文字"申"字作ᠺ(《合集》20139)、ᠺ(《集成》4121 荣簋)等形,王
筠（1988:454、537)谓"申"字"象电光闪烁屈曲之状",又云"'虹'之籀
文从申,云'申,电也',知'申'是古'电'字",其说甚是。由"申"字的
本义"电"又引申出"神"这个意义,"神"实际上是"电"的人格化。因
此"神"字实际上是从"申"字分化出来表示其引申义的一个字,用"申"
"神"二字表示｛神｝均是用作本字的用法。

2. 同人之器铭文一词用多字例

上文我们曾经举例讨论过同人之器上的铭文一字表多词例。在同人
之器上的铭文也存在着一词用多字的现象。下面我们试略举数例说明。

（1）｛盨｝—盨、糧

A.虢季乍（作）旅盨,永宝用。（《新收》31 虢季盨器铭·西周
晚期）

B.虢季乍（作）旅糧（盨）,永宝用。（《新收》31 虢季盨盖铭、
32－34 号季盨·西周晚期）

第一例用簋字表示⹂簋⹃;第二例在"簋"字上增益"米"旁,表示簋用于盛放米一类的粮食。

(2)⹂林⹃—簋、鎬、鏷、鼓

西周晚期兮仲钟铭文云:

>　　A.兮中(仲)乍(作)大鎬(林)钟……(《集成》65 兮仲钟·西周晚期)

>　　B.兮中(仲)乍(作)大鏷(林)钟……(《集成》66—68、70、71兮仲钟·西周晚期)

>　　C.兮中(仲)乍(作)大簋(林)钟……(《集成》69 兮仲钟·西周晚期)

在这三个例子中,表示"林钟"之⹂林⹃的字写法都不一样。第一例作"鎬",从金、从亩得声;第二例作"鏷",从金、稟声;第三例作"簋",从林、从亩,"林""亩"皆可表声,是一个双声符字。

与兮仲钟铭文相似的情况也见于西周晚期的井人妄钟铭文:

>　　D.肆(肆)妄乍(作)龢父大簋(林)钟……(《集成》110 井人妄钟·西周晚期)

>　　E.肆(肆)妄乍(作)龢父大鼓(林)钟……(《集成》112 井人妄钟·西周晚期)

第一例"簋"字的写法我们已经分析过。第二例左旁在"稟"字上增益了"米"旁,右旁从攴。唐兰先生(1995c:335)曾经指出"亩""稟"都是"廩"字的异体,"亩"字像仓廩,"稟"字像仓廩中有禾,其说甚是。在

"稟"字上再叠加"米"旁,仍然是"廪"字,表示仓廪中有禾也有米。

　　铭文中的"林钟",或以为律名"林钟"。日本学者高田忠周先生(1925)根据《广雅·释诂》《白虎通·五行》等材料指出"林"当训为"众也","林钟"即众多的编钟。后来马承源(2002a:530—531)、唐兰(1995c:334—339)等先生利用各自的证据进行论证,得到了与高田氏相同的结论。唐先生指出非但"林"有"聚""众"之义,"廪"也有"积聚"之义,并引《素问》注为据,这是很精辟的意见。"薔""鏋""鑠""歗"诸字实际上是一组异体字:"薔"字"林""亩"两个表声的偏旁都兼表意义;"鏋""鑠"二字从金,表示林钟乃金属铸造,"亩""稟"二旁表声兼表意义;"歗"字从橐表声兼表意义,从攴大概与林钟用于敲击有关。因此,上述诸字在表示"林钟"之{林}时都用作本字。

　　(3){敦}—亯、雝
　　　　{神}—申、神
　　西周中期的狱鼎、狱簋、狱盨铭文有下列文例:

　　　　A.……甘(其)日淖(潮—朝)夕用雝(鶉—敦)祀于阜(厥)百申(神)……(《考古与文物》2006年第6期58页图一狱鼎·西周中期)
　　　　B.……用阜(厥)𣪸(馨)香亯(敦)祀于阜(厥)百神①……(《考古与文物》2006年第6期60页图三、四狱簋·西周中期)
　　　　C.……用阜(厥)𦥑(馨)香亯(敦)示〈祀〉于阜(厥)百神……(《考古与文物》2006年第6期59页图二·1狱簋·西周中期)
　　　　D.……用阜(厥)𣪸(馨)香亯(敦)祀于阜(厥)百神……(《通鉴》5662狱盨·西周中期)

---

① 狱簋器、盖同铭,唯器铭脱"香"字。

这些例子可以分为两组：A 为第一组；B、C、D 为第二组。两组的用字情况存在着差异：第一组用"雦（鹑）"字表示｛敦｝，用"申"字表示｛神｝；第二组用"臺"字表示｛敦｝，用"神"字表示｛神｝。吴振武先生（2006：61）指出"敦祀"即"厚祀"，可从。《说文》："臺，孰也。从亯，从羊，读若纯。"有学者认为"臺"字从亯、从羊，会熟羊荐享之意（何琳仪，1998：1334），可从。段玉裁注："今俗云纯熟，当即此字。纯、醇行而臺废矣。"是知"臺"字本义为"熟荐"，引申而有"纯熟"之义，进而引申有"深厚"之义。也就是说，用"臺"字表示｛敦｝是用为本字的用法。而用"雦（鹑）"字表示｛敦｝，则是假借的用法。关于"申""神"二字的关系，我们在上文已经讨论过，兹不赘述。

（4）｛裘｝—裘、衣

在陕西省岐山县董家村出土的裘卫诸器铭文中，"裘"字有"裘""衣"两种写法：

A.矩（矩）白（伯）庶人取堇（瑾）章（璋）于裘卫，才（賸）八十朋，厽（厥）贾，廿（其）舍田十田。……裘卫廼毚告于白（伯）邑父、焚（荣）白（伯）、定白（伯）、就白（伯）、单白（伯）。（《集成》9456 卫盉·西周中期）

B.廼令参（三）有嗣（司）：嗣（司）土（徒）邑人趞、嗣（司）马𤔲人邦、嗣（司）工（空）隆（随）矩（矩）、内史友寺刍，帅履（裘锡圭，2012a：27—32）裘卫厉田三（四）田。……邦君厉眔付裘卫田。（《集成》2832 五祀卫鼎·西周中期）

C.……廼舍裘卫林𢼸里。……我舍庽（颜）𨻰大马两，舍庽（颜）姅（姒）虘吾，舍庽（颜）有嗣（司）𡫫商圅裘、盠㡀。矩廼眔濬（？）舞令𡫫商眔舍曰："颜履（裘锡圭，2012a：27—32）付裘卫林𢼸里。"

……舍潩(？)虡曶、爂(燥)棶、穰棶(靯)，东臣羔裘……(《集成》
2831 九年卫鼎·西周中期)

D.南白(伯)入右(佑)衰(裘)卫，入门，立卓(中)廷，北卿
(向)。(《集成》4256 裘卫簋·西周中期)

甲骨文"裘"字作𧞷(《合集》7921)，象兽毛在外的皮裘之形(罗振
玉，2006：468—469)。西周金文或增"又"旁表声作𧞷(《集成》5994 次
尊)(吴大澂，1988)，或又省去"裘"字初文像兽毛在外的笔画而变为从
衣作𧞷(《集成》4331 𤔲伯归佥簋)，或又易声旁"又"为"求"作𧞷(《新
收》671 敔簋盖)。上古音"裘"字属群纽之部，"求"字属群母幽部，
"又"字属匣母之部，群、匣二纽均属喉牙音，之、幽旁转，读音是很接近
的。应该指出的是，我们只是从文字嬗变的角度做出以上的论述，并不
代表这些字出现的先后顺序。事实上，从衣求声的"裘"字在西周早期
的不𧤛簋铭文中就已经出现了。

3. 同铭一词用多字例

与同人之器铭文一词用多字的现象相对而言，同铭一词用多字的
现象似乎比较少见。同铭一词用多字现象主要是由写手对用字的选择
造成的。按照西周金文的用字习惯，有些词是可以用不同的字表示的，
写手出于求异的心理选择了不同的字表示同一个词，造成了同铭一词
用多字的现象。

(1) {德}—德、遖

西周晚期的井人妄钟铭文曰：

A.井人妄曰："覣盨(淑)文且(祖)克質(慎)(陈剑，2007b：
39—53)辜(厥)德，眚屯(纯)用鲁，永羿(终)于吉，妄不敢弗帅用文

且(祖)皇考穆穆秉遳(德)……"(《集成》109、111 井人妄钟·西
周晚期)

钟铭用"德""遳"二字表示{德}。在古文字中,"彳""辵"二旁在作为
表义偏旁时往往可以换用,因此"德""遳"为一字之异体殆无可疑。按
照《说文》的讲法,"德"字是一个从彳、悳声的字。其实这种说法是有
问题的。商代甲骨文中有一个写作 仲(《合集》7255)、㞢(《合集》7264
正)等形的字,旧有"循""省""徝"等多种释读意见(于省吾,1996:
2250—2256)。其实就字形而言,该字从彳从直当无可疑,释"徝"的意
见是正确的。"徝"字也见于西周早期的曆方鼎、麦方尊、辛鼎诸铭,均
表示{德}:

> B.曆肈(肇)敳(对)元徝(德),考(孝)畜(友)隹(唯)井(型),
> 乍(作)宝隫(尊)彝,甘(其)用氽(凤)月(夕)鼏亯(享)。(《集成》
> 2614 曆方鼎·西周早期)
>
> C.……孙孙子子甘(其)亡奸(终),用富徝(德),妥(绥)多友,
> 亯(享)旋(奔)(郭沫若,1990:40—41)徥(走)令。(《集成》6015
> 麦方尊·西周早期)
>
> D.辛乍(作)宝,甘(其)亡(无)彊(疆),阜(厥)家戠(雝)徝
> (德)殻用替(毅)阜(厥)剩多友,多友赞(赉)辛,万年唯人〈亟—
> 极〉。(《集成》2660 辛鼎·西周早期)

西周金文除了用"徝"字表示{德}以外,更多的是用"德"字表示
{德},例多不烦引。"徝"字从彳从直,示意行道之直,直亦声,"道德"
之{德}就是从这种意义引申而来的。何新先生(1985:98)指出"因为

德字的造字本义是直视而行,所以一切正直的品行即皆可称为'德行'"。何先生认为"德"字的本义是直视而行,与我们的看法不同,但他指出"德行"之{德}是从"值"字的本义引申而来的,则十分正确。"德"字实际上是从"值"字分化出来的一个专门表示其引申义的字。钟铭的"遁"字易"德"字所从之"彳"旁为"辵"旁,是义近形旁的换用。

(2){唯}—佳、唯

西周中期的鲜簋铭文云:

> 佳(唯)王卅又四祀唯五月既望戊午……(《集成》10166鲜簋·西周中期)

簋铭中的"佳"字与"唯"字都用于表示{唯},用"佳"字表示{唯}是假借的用法,用"唯"字表示{唯}则是用为本字的用法。

(3){子}—子、字

西周晚期的善夫沙其簋铭文云:

> ……用匄爵/爵(沫—眉)耋(寿),爵/爵(沫—眉)耋(寿)无强(疆)、非字(子)千孙,子子孙永宝用高(享)。① (《集成》4147—4157善夫沙其簋·西周晚期)

铭文中的"百字千孙",沙其鼎与沙其壶铭文皆作"百子千孙"。簋铭"子孙"之{子}或用"子"字表示,或用"字"字表示,是同铭一词用多字例。

---

①　善夫沙其簋铭文"百字千孙,子子孙孙永宝用高",或作"百字千孙̲,子̲孙̲永宝用高",或作"百字千孙,子̲孙̲永宝用高",或作"百字千孙̲,子子孙孙永宝用高"。第一种写法"千孙"之"孙"后的"="或以为重文号,但不合金文文例,故这里的"="或是美笔,或是词语提示符号,提示"孙"字当与"千"字连读而不当与后面的"子"字连读。

二、西周金文字词关系的历时考察

西周金文的字词关系与商代文字、东周文字资料的字词关系有不少相同之处,例如西周金文用"子"字表示地支第六位的{巳},就是继承商末甲骨文的用字习惯而来的,然而西周金文的字词关系也有自身的特点。同时,不同时期的西周金文所反映出来的字词关系也互有异同。

(一) 西周金文与商代、东周文字资料字词关系的差异

西周金文与商代、东周文字资料所反映的字词关系存在着不少差异。关于这个问题,学者曾有过讨论,如李孝定先生(1982:222)曾经指出:

> 甲骨及早期金文,"有无"字皆作"亡",后始以"无"为之,"亡"之本义不可知,或以为"芒"之古文;"无"则"舞"之本字,以为"有无"字,皆假借也。许君以降,均谓舞字以无为声,商承祚氏则谓亡无一字,所论均未的。

这个例子反映的是同一个词在商代文字与西周文字中的用字差异。如果对李先生的这段话做一个延伸,我们还可以看出同一个字在西周金文中所表示的词与它在商代文字资料中所表示的词也可能存在差异。"无"字在西周金文中多用于表示{无},但在商代甲骨文中,则多用于表示{舞},如:

甲辰卜,争贞:我无(舞)岳。(《合集》14472)

下面我们试再举一些例子说明这个问题。

1. 辳—｛晨｝、｛农｝

在商代甲骨文中屡见"辳岁""暮岁"和"辳酓""暮酓"的说法。常正光先生（1982：142—144）指出"辳"与"暮"相对，"辳"表示的是｛晨｝。在商代甲骨文中，"辳"有时候也与"昏"相对，如：

> 壬申卜，即贞：兄壬岁，重辳。
> 贞：旹（其）昏①。（《合集》23520）

西周恭王时的史墙盘铭文有"辳嗇"一词，学者一般读为"农穑"。"辳"字在商代甲骨文中表示｛晨｝，在西周金文中表示｛农｝，反映了商代文字与西周金文的用字差异。

2. 攺、啟—｛肇｝、｛启｝

《说文·攴部》云："啟，教也。从攴，启声。《论语》曰'不愤不啟'。"杨树达先生认为《说文》对此字形体的分析不可信：

> 甲文有攺字（引者按："攺"当作"叹"），从户从又。又有攺字，从户从攴。甲文从又从攴多不分，此二文皆一字，皆示以手开户之形。愚谓训开者当为此字，以手辟户，故为开也。训教之启，许解为从攴启声，愚谓当解为从口攺声。盖教者必以言，故字从口，教者发人之蒙，开人之智，与启户事相类，故字从攺声，兼受攺字义也。
> ……　……
> ……夫攺攺之字既屡见于甲文，而训开之字，说其形为从户从

---

① "昏"字本作𣅊，从裘锡圭先生释，说见裘锡圭（2012d：355—357）；原载《湖北大学学报》1990年第1期。

口，不如说其形为从又_{或从支}从户之切也。训教之字，说其形为从支从启，不如说其形为从口从攺之切也。（杨树达，2007a：136—137）

杨说较之许说确有改进。"教训启发"之义本是从"开启"之义引申而来的，"啟"字是为了表示"教训启发"这一引申义而分化出来的。不过，从目前所见的古文字资料看，用"攺""啟"二字表示"开启"之{启}的用例均为春秋晚期以后的材料，如：

（1）王子<u>啟</u>疆自作（作）□□。（《三代吉金文存》11·28·4王子啟疆尊·春秋晚期）

（2）含（今）虔（吾）老賈（裘锡圭，2012i：440—443），斳（亲）迻（率）叄（三）军之众，吕（以）征不宜（义）之邦，傲（奋）桴晨（振）铎，閈（辟）<u>啟</u>叔（封）彊（疆）……（《集成》2840 中山王𧊒鼎·战国晚期）

（3）二十一年，<u>攺</u>（啟）𣞀（封）龄（令）瘱（癰），工帀（师）金，塗（冶）者。<u>啟封</u>①。（《集成》11306 二十一年啟封令癰戈·战国晚期）

西周金文"攺""啟"二字并不如杨先生所言，用于表示"开启"之{启}。西周金文有𢼄（《集成》2375 逐鼎）字，杨树达先生（1952b：86）认为此字即"开启"之"啟"字所从，但又说："或说遂为人名，攺与肇同，諆与其同，攺諆皆助词，无义，说亦通。"其说颇游移。杨先生引"或说"谓"攺"可能"与肇同"实际上是有道理的，惜未指出"或说"的出处。西周金文又有𢾅（《集成》2066 詠鼎）字，与后来的"啟"字同形。吴闿生先生（1933）在考释𢾅方彝、鼓𩰚簋、召圜器等器铭中早已明确指出"攺"

————————

① 后一"啟封"为秦文字，是秦人俘戈后所刻。

"启"二字当释为"肇"。唐兰先生（1986：107）在为攸簋铭文写释文的时候，也把簋铭中的"启"读为"肇"。张桂光先生（1998：219—220）继而指出从又从户之字乃是"开启"之"启"之表意初文，或在字下增繁"口"旁；从支从户之字乃是"肇"字，后在字下增繁"口"旁或"聿"旁。也就是说，在西周金文中"启"字表示的是{启}，而"改""启"二字表示的则是{肇}。其后，方稚松先生（2009：45—61）对甲骨、金文中的"肇"字做了比较全面的梳理，也赞同释"改""启"为"肇"的观点。谢明文先生（2010）在此基础上又释出西周金文中一些尚未认出的"肇"字。春秋早期的芮伯壶铭文仍然承袭西周金文的用字习惯，用"改"字表示{肇}；同为春秋早期的戎生编钟铭文仍用"启"字表示{启}。

在西周金文中表示{肇}的"改""启"二字与在春秋晚期以后的文字资料中表示{启}的"改""启"二字是历时的同形字。

3. 田（甲）—{甲}_{天干第一位}、{甲}_{"甲衣"之{甲}}

"田"字在西周金文中只表示天干第一位的{甲}，"甲衣"之{甲}则用"虢""虢"等字表示（李零，1996：270—271；李家浩，1999：350—353；白于蓝，1999：110—1192）。在战国文字中，"田"字既可以表示天干第一位之{甲}，也可以表示"甲衣"之{甲}，如：

（1）三吴臣（甲），屯（纯）紫鞶（縢）；韦（冑），帼贴。两马之馰（漆）臣（甲），紫鞶（縢）；韦（冑），鞶贴。（曾侯乙墓竹简简 43）

（2）舜（乘）马形臣（甲），黄纺之鞶（縢）；韦（冑），鞶軟贴。（曾侯乙墓竹简简 139）

（3）九月田（甲）晨（辰）之日，郗异之司歇（败）番胆受旨（期）。（《包山》简 46）

（4）臣（甲）寅之日，妨（疠—病）良㾓（瘇—瘇）。（《包山》简 218）

"田"字在战国文字中或省写为"匤",裘锡圭和李家浩两位先生(1989:514)指出类似的情况在战国文字中屡见,"园""圆""国"等字均有类似的省写。

4.｛疆｝—彊、畺、畕、隬

在西周金文中,"疆土""疆界"之｛疆｝一般都是用"彊"字来表示的,兹选录其用例如下:

(1)王曰:"……雩我甘(其)遹(遹)眚(省)先王受民受彊(疆)土……"(《集成》2837 大盂鼎·西周早期)

(2)辛父其万年无彊(疆),子孙孙永宝用。(《集成》4114 仲辛父簋·西周中期)

(3)郜鬶(召)乍(作)为其旅匤,用实旂(稻)粱(粱),用飤者(诸)母、者(诸)兄(兄),事(使)受窝(福),母(毋)又(有)彊(疆)。(《新收》1042 郜召簋·西周晚期)

《说文》:"彊,弓有力也。从弓,畺声。"用"彊"字表示｛疆｝是假借的用法。除了用"彊"字以外,西周晚期金文偶尔也用"畺"字表示｛疆｝,如:

(4)毛白(伯)嘆父乍(作)中(仲)姬宝毁(簋),甘(其)万年无畺(疆),子子孙孙永宝用高(享)。(《集成》4009 毛伯嘆父簋·西周晚期)

(5)隹(唯)甫季加自乍(作)宝它(匜),其万年无畺(疆),子子孙孙永宝用高(享)。(《集成》10265 甫季加匜·西周晚期)

《说文》:"畺,界也。从畕,三,其界画也。疆,畺或从彊土。"故"畺"字实际上是"疆"之本字。

春秋、战国文字沿袭西周的用字习惯，也用"彊""畕"二字表示{疆}，同时还用"畕"字表示{疆}。其中用"彊"字表示{疆}者十分常见，例不烦举，而用"畕""畕"二字表示{疆}者则比较少见：

　　(6)隹(唯)🔸子西车乍(作)行鼎(鼎)，子孙永宝(宝)，万年无畕/畕(疆)，自用。(《集成》2603、2604🔸子西车鼎·春秋早期)

　　(7)唯深白(伯)🔸🔸林乍(作)鼎(鼎)，其万年无畕(疆)，子子孙孙永宝用之。(《集成》2621深伯鼎·春秋早期)

《说文》："畕，比田也。从二田。"王筠(1988:556;1987:182—183)怀疑"畕"为"畕"之累增字，未安。例(6)两件🔸子西车鼎的铭文中，"无疆"之"疆"盖铭均作"畕"，而器铭均作"畕"。"畕""畕"二字当是一字之异体，《说文》误析为二。

春秋、战国金文除了用"畕""畕""彊"诸字表示{疆}以外，也开始使用"疆"字表示{疆}，如：

　　(8)……用旂(祈)𩫖(沫—眉)𩁾(寿)无疆，子子孙孙，用賸(保)用𩫖(享)。(《集成》87 郑叔之伯钟·春秋早期)

　　(9)隹(唯)正月初吉丁亥，邻(徐)王之子庚儿自乍(作)飤𫄧，用征用行，用穌用𩟅(羹)(陈剑，2007e;郭永秉，2010:81—98)，𩁾(眉)𩁾(寿)无疆。(《集成》2715、2716 庚儿鼎·春秋中期)

　　(10)王子启疆自乍(作)□□。(《三代吉金文存》11·28·4 王子启疆尊·春秋晚期)

　　(11)贾曰："……贾忨(愿)从在(士)大夫，吕(以)请(靖)郾

(燕)疆……”(《集成》9735 中山王嚳方壶 · 战国晚期)

或又易“疆”字所从之“土”为义近形旁“阜”,用“隱”字表示{疆},如:

(12)余处此南隱(疆),万枼(世)之外,子子孙孙,友䝉(朋)乍(作)吕(以)永鼓(鼓)。(《集成》428 冉钲铖 · 战国早期)

就目前的资料来看,西周金文多用“彊”字表示{疆},春秋、战国文字除了承袭西周金文用{彊}字表示{疆}以外,又多有用“疆”字表示{疆}的用例,而用“畺”字表示{疆}仅见于西周晚期到春秋早期金文,用“畕”字表示{疆}仅见于春秋早期金文,用“隱”字表示{疆}仅见于战国早期金文。

5. {于/於}—于、烏(於)

《说文》:“乌,孝鸟也。象形。……,象古文乌省。”“乌”“於”二字本是一对狭义异体字。西周金文“乌”字写作(《集成》4330 沈子它簋)、(《集成》2824 㦰方鼎)、(《集成》2841 毛公層鼎)等形,象乌之形。在春秋、战国文字中,“乌”字写作(《集成》38 㽙篙钟)、(《集成》2840 中山王嚳鼎)等形,后来的“於”字即由此而来。在秦汉文字中,“乌”“於”这一对异体字又出现了分化,“於”字用于表示介词{于/於},而“乌”字则表示“孝鸟”“黑色”等意义的{乌}。

在西周金文中,“乌(於)”字表示叹词“呜呼”之{呜},“于”字用作介词,两者分工明确,从不相混。在出土春秋、战国文字资料中,“乌(於)”“于”二字皆可用作介词,如:

(1)隹(唯)王五月初吉丁亥,齐辟𩐈(鲍)弔(叔)之孙,遵中

（仲）之子龢乍（作）子中（仲）姜宝镈，用旛（祈）厌（侯）氏永命，万
秊（年）龢（令）堡（保）其身，用喜（享）用考（孝）于皇祖圣弔（叔）、
皇礼（妣）圣姜，于皇祖又（有）成惠弔（叔）、皇礼（妣）又（有）成惠
姜、皇万（考）遹中（仲）、皇母……厌（侯）氏从德（告）之曰："枼
（世）万至於辝（台）孙子，勿或俞（渝）攺（改）。"（《集成》271 龢
镈·春秋中期）

（2）隹（唯）督（荆）篙（历）屈桼（朱德熙，1979：303），晋人救戎
於楚竟（境）。（《集成》38 督篙钟·春秋晚期）

（3）……用喜（享）于其皇祖、皇妣（妣）、皇母、皇考……（《集
成》277 叔尸钟·春秋晚期）

（4）……台（以）喜（享）台（以）養（孝）于大宗、皇聚（祖）、皇
妣、皇万（考）、皇母……（《集成》4629、4630 陈逆簠·战国早期）

（5）隹（唯）十三（四）年，中山王䑞诈（作）鼎（鼎），于铭曰：
"乌/於（呜）摩（呼），語（语）不逵绎（哉），淲（寡）人聙（闻）之，蕢
（与）其洵（溺）於人豦（也），宁洵（溺）於閜（渊）。昔者鄽（燕）君子
儈（噲），觊（叡）弇（弁）夫犞，㫺（长）为人宔（主），闲於天下之勿
（物）矣，犹规（迷）惑於子之而迠（亡）其邦，为天下戮（戮），而皇
（况）才（在）於孚（少）君摩（乎）？……天隆（降）休命于朕邦，又
（有）㫷（厥）忠臣贾……乌/於（呜）摩（呼）祈（慎）绎（哉）……乌/
於（呜）摩（呼）攸（悠）绎（哉），天其又（有）狌于绎㫷（厥）邦……
乌/於（呜）摩（呼），念（念）之绎（哉），遉（后）人其庸＝（庸用）之，
母（毋）忘尔（彌）邦。昔者吴人并（併）雪（越），雪（越）人侻（修）
敨（教）备㑥（信），五年遉（复—覆）吴，克并（併）之至于含（今）。
……乌/於（呜）摩（呼），念（念）之绎（哉）……"（《集成》2840 中山
王䑞鼎·战国晚期）

从上引诸例可知,在出土春秋、战国文字资料中,"于""乌(於)"二字均可以表示介词{于/於},而且有的铭文兼用"于""於"二字表示{于/於},如上揭例(1)、例(5)即其例。

（二）西周金文字词关系的内部历时差异

在不同时期的西周金文中,同一个字有时候会表示不同的词,同一个词有时候也会用不同的字表示,这就是"西周金文字词关系的内部历时差异"。下面我们试举例说明。

1. 朿—{东}、{束}

在西周金文中,{东}一般用"東(东)"字表示,但在西周早期的金文中,{东}偶尔也会用"朿"字表示,如:

佳(唯)周公征伐朿(东)尸(夷)、丰白(伯)、尃(薄)古(姑),咸戈。(《集成》2739 疐方鼎·西周早期)

商末黄组卜辞也有用"朿"字表示{东}的例子,如:

乙子(巳)王贞:启(启)乎(呼)祝曰盂方收□,甘(其)出伐屯弖(师)高,甘(其)令朿(东)迨于高,弗每(悔),不喆戈(灾)。王固曰:吉。(《合集》36518)

西周早期金文兼用"东""朿"二字表示{东},是沿袭商末甲骨文的用字习惯而来的。"朿"字在西周金文中更多地被用于表示{束},如:

……吴姬宾帛朿……(《集成》4195 㝬簋·西周中期)

"束""东"二字皆象囊橐之形,本是一字分化。商末甲骨文和西周早期金文"束"字既可以表示{束}又可以表示{东},是由于文字分化不完全而造成的一字表多词现象。

"束"字在西周早期金文可以表示{东}和{束},在西周中、晚期金文中则只表示{束},这就是不同时期的西周金文可以用同一个字表示不同词的例子。

2.{妣}—匕、妣、妣、礼

在商周出土文字材料中,{妣}这个词可以用"匕""妣""妣""礼"诸字表示。李孝定先生(1982:409)曾经指出:

> 妣字古假"匕"为之,后乃增"女",犹牝之增"牛"也。妣之本义为母,不别生死,《虞书》"百姓如丧考妣",正言生父生母,如专指已死,宁得更言"丧"乎? 后乃专为死母之称,故字又增示作"礼"耳。

其说大致上是正确的,但于各字使用的时代李氏只用"古""后"等字眼笼统言之,要明确各字使用的确切时代仍需做一番考察。

商代甲骨文和金文多假借"匕"字表示{妣},其例甚夥,兹选录部分用例如下:

(1)贞:钔(御)帚(妇)好于匕(妣)十(甲)。(《合集》2616)

(2)丙寅卜,贞:王窒(宾)大乙夾匕(妣)丙,翼(翌)日亡戈。(《合集》36194)

(3)辛卯贞:甴(其)萃生于匕(妣)庚、匕(妣)丙,一牢。(《屯南》750)

（4）匕（妣）辛（《集成》1515 戈妣辛鼎·商代晚期）

除了用"匕"字以外，商代甲骨文偶尔也假借"比"字表示｛妣｝，如：

（5）□虫（侑）比（妣）庚，宰。（《合集》2450）

西周早期承袭商代的用字习惯，有较多用"匕"字表示｛妣｝的用例，偶尔也用"比"字表示｛妣｝：

（6）匕（妣）癸（《集成》1516 妣癸鼎·西周早期）

（7）匕（妣）己（《集成》8739 妣己爵·西周早期）

（8）匕（妣）庚（《新收》834 妣庚觯·西周早期）

（9）我乍（作）神（御）祦（？）且（祖）乙、匕（妣）乙、且（祖）己、匕（妣）癸……（《集成》2763 我方鼎·西周早期）

（10）羍乍（作）比（妣）辛隩（尊）彝。（《集成》2374 羍鼎·西周早期）

除了用"匕""比"二字表示｛妣｝以外，西周早期金文也用"妣"字表示｛妣｝，这是区别于商代的用字习惯，例如：

（11）乍（作）妣（瓯）壬鼎（尊）彝。（《通鉴》8483 作妣壬尊彝爵·西周早期）

（12）姁乍（作）義妣（妣）宝隩（尊）彝。（《集成》586 姁鬲、3667 姁簋·西周早期）

（13）舌乍（作）妣（妣）丁。（《集成》8978、8979 舌爵·西周早期）

（14）几乍（作）妣（妣）日丁隩（尊）彝。（《新收》913 几卤·西周早期）

"妣"字从女，是"考妣"之"妣"的本字。西周中、晚期的金文均用"妣"字表示｛妣｝，而不再假借"匕""比"二字表示｛妣｝，如：

（15）……讨（其）用凤（凤）夜高（享）孝于乒（厥）文且（祖）乙公，于文妣（妣）日戊，讨（其）子子孙孙永宝。（《集成》2789 戕方鼎·西周中期）

（16）召中（仲）乍（作）生妣（妣）隩（尊）鬲，讨（其）子子孙孙永宝用。（《集成》672、673 召仲鬲·西周晚期）

春秋、战国时期金文除了沿袭西周以来的用字习惯用"妣"字表示｛妣｝以外，还用"妣"字表示｛妣｝：

（17）……用高（享）于其皇祖、皇妣（妣）、皇母、皇考……（《集成》277 叔尸钟·春秋晚期）

（18）……台（以）高（享）台（以）養（孝）于大宗、皇聚（祖）、皇妣、皇万（考）、皇母……（《集成》4629、4630 陈逆簋·战国早期）

"妣"字易"妣"字声旁为"比"，也是"考妣"之"妣"的本字。春秋时期的金文还有用"祉"字表｛妣｝的用例：

（19）……用高（享）用考（孝）于皇祖圣吊（叔）、皇祉（妣）圣姜，于皇祖又（有）成惠吊（叔）、皇祉（妣）又（有）成惠姜、皇万

（考）遵中（仲）、皇母……（《集成》271 鄦镈·春秋中期）

"祂"字从示与"祖"字从示相类。

西周早期用"匕""比""妣"三字表示{妣}，西周中晚期则只用"妣"字表示{妣}，反映了不同时期金文的用字差异。此外，商代文字只用"匕""比"二字表示{妣}，春秋、战国文字用"妣""妣""祂"三字表示{妣}，与西周金文不同，反映了西周金文的用字特色。

3. {国}—或、国、郖

西周金文用"或"字表示{国}者甚多[①]，并见于西周各期金文，如：

（1）乙卯，王令保及殷东或（国）五庚（侯），征兄（贶）六品……（《集成》5415 保卣、6003 保尊·西周早期）

（2）王亯（诰）宗小子于京室，曰："……隹（唯）珷（武）王既克大邑商，则廷告于天，曰：'余甘（其）宅兹（兹）圉（中）或（国），自之辥（辥—乂）民。'……"（《集成》6014 何尊·西周早期）

（3）王才（在）宗周，令师圉（中）眔静省（省）南或（国），相𣄰（埶—设）（裘锡圭，2012e：174—175；李学勤，1990c：15，1997a）厓。（《新收》1795 静方鼎·西周早期）

（4）王令圉（中）先省（省）南或（国），瞶（贯）行，𣄰（埶—设）厓。（《集成》949 中甗·西周早期）

（5）唯王令明（明）公遣（遣）三族伐东或（国）……（《集成》4029 鲁侯簋·西周早期）

（6）王令毛公㠯（以）邦冢君、土（徒）𩪋（驭）、或人伐东或（国）

[①]　或读"或"为"域"，亦可通。{国}、域本是一对同源词，音、义皆近。

瘠戎……(《集成》4341 班簋 · 西周中期)

(7)戗南尸(夷)肤、虎会杞尸(夷)、舟尸(夷)雚不䜣(顺),賨(广)伐东或(国),齐𠂤(师)、族土(徒)、述(遂)人,乃执啚(鄙)宽亞[①](李学勤,1997b:174)。(《新收》636 史密簋 · 西周中期)

(8)禹曰:"……乌(呜)虖(呼)哀𢦏(哉)! 用天降大丧于下或(国),亦唯噩(鄂)厌(侯)駿(驭)方,衒(率)南淮尸(夷)、东尸(夷)广伐南或(国)、东或(国),至于历内……"(《集成》2833、2834 禹鼎 · 西周晚期)

(9)王肇(肇)逩(遹)眚(省)文武,堇(勤)彊(疆)土,南或(国)𠬝孳(孳)敢臽(陷)处我土……(《集成》260 㝬钟 · 西周晚期)

西周中、晚期金文除了用"或"字以外,也用"国""䣋"二字表示{国}:

(10)王令戣曰:"叡淮尸(夷)敢伐内国……"(《集成》5419 录戣尊,《集成》5420、《新收》1961 录戣卣 · 西周中期)

(11)隹(唯)南尸(夷)毕敢乍(作)非良,广伐南國……(《新收》1456 应侯视工鼎 · 西周晚期)

(12)王叒(若)曰:"雁(应)厌(侯)视工,𢦚[①]淮南尸(夷)毕敢㬪(薄)氒(厥)众鬲,敢加兴乍(作)戎,广伐南国。"(《首阳吉金》39 应侯视工簋 · 西周晚期)

(13)王若曰:"师寰,𡿺淮尸(夷)繇我𧶠(帛)畮(贿)臣,今敢博(薄)氒(厥)众叚,反氒(厥)工事(吏),弗速(迹)我东䣋(国)……"(《集成》4313、4314 师寰簋 · 西周晚期)

---

① 此字或释为"伐",文义殊不能通,又同铭另有"伐"字作𢦚,与此字形体不同,故知释"伐"非是。参照師寰簋铭文,此字与𡿺表示的当是同一个词,其具体音义待考。

除了上引用"国"字表示{国}的用例以外,西周中期的夺伯盘铭文也有"赐三(?)国"一语,可能是赏赐三方之地的意思,但由于盘铭出土时被误刮(周世荣,1992:180),铭文残破殊甚,上下文义尚不能完全贯通,故其确切含义仍待考。

西周金文"或"字作𢆶(《集成》5415 保卣)、𢆶(《集成》4341 班簋)等形,从丁(表示城邑)旁边有界划、从"必"之初文,界划或与"必"旁结合而作𢆶(《集成》2841 毛公鼎)。"或"字从丁作,故其本义与"城邑""疆域"有关,当即{国}之本字,所从之"必"乃武器之属,示意捍卫、夺取城邑和开拓、守卫疆土皆与兵事有关。在西周金文中,"或"字又可以用作副词,表示"又""再"之义,故在"或"字上增益"囗""邑"二旁分化出"国""郥"二字表示"或"字的本义。但这种分化并不彻底,故而出现了用"或""国""郥"三字表示{国}的现象。

4. {衡}—黄、亢

我们在"共时一词用多字"的部分讨论过西周金文用"黄""亢"二字表示{衡}的情况。我们对这一组字词关系的时代性进行了考察,发现用"亢"字表示{衡}主要见于西周中期金文,最早的用例见于昭、穆之世的盠方尊和盠方彝铭文,只有《集成》4202 𤔲簋铭文一例属于西周晚期;用"黄"字表示{衡}的用例在西周中、晚期金文中的分布则较为平均。

5. {胥}—疋、楚

在西周金文中,"疋"字多表示"辅佐"之义:

(1)王曰:"譱(善),昔先王既令女(汝)ナ(佐)疋(胥)𢆶厌(侯),今余唯肇(肇)𤔲(申)先王令,令女(汝)ナ(佐)疋(胥)𢆶厌(侯),监𤔲(𤔲)𠂤(师)戍,易(锡)女(汝)乃且(祖)旂,用事。"(《集成》2820 善鼎·西周中期)

（2）……更且（祖）考，疋（胥）师戏龤（司）走马駿（驭）人眔五邑走马駿（驭）人……（《新收》633、1874 虎簋盖·西周中期）

（3）王曰："服余，令女（汝）更乃且（祖）考事，疋（胥）备中（仲）龤（司）六自（师）服，易（锡）女（汝）赤敝（敝—韍）、幽黄（衡）、鋚勒、旂。"（《集成》10169 吕服余盘·西周中期）

（4）……令女（汝）疋（胥）周师龤（司）歠（林）……（《集成》4240 免簋·西周中期）

（5）王乎（呼）内史尹册令（命）师兑："余既令女（汝）疋（胥）师龢父，龤（司）ナ（左）右走马……"（《集成》4318、4319 三年师兑簋·西周晚期）

（6）王乎（呼）内史尹册令师兑："疋（胥）师龢父龤（司）ナ（左）右走马、五邑走马，易（锡）女（汝）乃且（祖）巾（市—韍）、五黄（衡）、赤舄。"（《集成》4274、4275 元年师兑簋·西周晚期）

（7）……昔余既令女（汝）疋（胥）焚（荣）兑，飘龤（司）三（四）方吴（虞）薔（林）……（《新收》747 册三年遂鼎·西周晚期）

上引诸例中的"疋"，旧或释为"正"，或释为"足"，陈梦家先生（1956b：96—97）始释为"疋"，又引《尔雅·释诂》"胥，相也"为证指出"疋"在铭文中当读为表示"辅佐"之义的⟨胥⟩，其说甚是。日本学者白川静先生也持相同的观点（转引自周法高，1975a：1101—1102）。陈先生又指出，在西周金文中⟨胥⟩还可以用"楚"字表示（陈梦家，2004：206），如：

（8）王乎（呼）尹氏册命师⻆，易（锡）女（汝）赤舄、攸（鋚）勒，用楚（胥）弳白（伯）。（《集成》4253、4254 弳叔师⻆簋·西周中期）

（9）㪪敢乍（作）姜般（盘），用万年用楚（胥）保眔弔（叔）。

（《集成》9436╪盉、10106╪盘·西周中期）

此说亦可从。值得注意的是，用"疋"字表示{胥}者并见于西周中、晚期金文；而用"楚"字表示{胥}者则仅见于西周中期金文。这个例子也反映了西周金文内部字词关系的历时演变。

（三）字词关系的完全替代和不完全替代

不同时代的文字资料所反映出来的字词关系是有差异的，前代文字资料的字词关系会被后代文字资料的字词关系替代。

1. 完全替代

如果某一个词原来是用某一个或若干字表示，后来改用另外的字表示，而不再用原来的字表示；或者某一个字原来是用来表示某一个或若干词，后来改用来表示另外的词，而不再表示原来的词，这就是字词关系的完全替代现象。以上文曾经谈到过的"辳"字为例，在商代甲骨文中"辳"字表示的是{晨}，而西周金文用"辳"字表示{农}而不再表示{晨}，这就是一种完全替代。从{晨}这个词的角度看，商代甲骨文用"辳"字表示{晨}，而西周金文则改用"辰""㫃"等字表示{晨}而不再用"辳"字表示{晨}，这也是一种完全替代。下面我们试再举一些例子说明。

（1）柬—{韦}、{範}

西周中期的师훼鼎铭文云：

　　훼敢墿（擧）王，卑（俾）天子儚（万）年，燅䯤白（伯）大（太）师武，臣保天子，用犀（厥）剌（烈）且（祖）ᛏ（孚）①德。（《集成》2830

---

① "ᛏ"，《上博一·缁衣》引《诗》"万邦作孚"，"孚"字作"ᛏ"，裘锡圭先生据此认为甲骨、金文中的"ᛏ"字多应读为"孚"，陈剑先生同意此说并做了补充，见裘锡圭（2012j：161、166）；原载《훼公盨——大禹治水与为政以德》，线装书局 2002 年版；又载《中国历史文物》2002 年第 6 期。此铭"ᛏ"字旧或不识，或释为"介"，均非是，"ᛏ（孚）德"犹言"信德"。

师㝨鼎·西周中期)

裘锡圭先生读鼎铭中的𤔲𤔲为"范围",并指出鼎铭中的𤔲与甲骨文中表示西方风名"韦"的𤔲(《合集》14294)、𤔲(《合集》14295)皆象木的周围有物包束之形,即"橐"字(裘锡圭,2012k:18—21)。"橐"字在商代甲骨文中表示西方风名{韦},在西周金文中不表示{韦}而表示{范},这是字词关系完全替代的一个例子。

(2)在—{士}、{在}、{缁/纔}

《说文》:"在,存也。从土,才声。""在"这个字形见于商代甲骨文,但并不表示{在}。林沄先生(1998:120)曾经指出:

> ……宾组卜辞已有㘴字(合集371),出组卜辞作㘴(英1989),和金文对比,可以肯定都是在字。其辞例如下:
>
> (3)乎般比㘴力—勿乎般比㘴力(合集371反)。
>
> (4)☑卜出☑令方☑比㘴……(英1989)
>
> 两辞中的㘴力和㘴☑,可以看作是人名,且与前举第(1)辞(引者按:即《合集》9560号卜辞,辞曰:"甲子卜,宾贞:毕㘴在疾,不从㘴古。贞:其从㘴古。")语例相仿。㘴力的㘴,因有声符才,肯定应读如士,则㘴古的㘴,自然也可以读士。看来,之所以出现㘴字,正是为了给一形多读的㘴字注音而明确其读法(引者按:林先生认为㘴字有"王""士"两读),犹如纳西文中㘴字一形多读而出现注音的㘴和㘴。但由于在历组二类卜辞和出组卜辞中又兴起在㘴上加横作㘴(引者按:㘴当为王之误)而专表读王的办法,不加横的㘴就自然成了读士的专用字,加才声的在字就另作它用了。中山王䪅方壶铭把士写成在,其实倒是很古的写法。

其说可从。"在"字也见于西周金文，其文例如下：

A.隹(唯)十又二月，王初馘旁，唯还在周，辰才(在)庚申……（《集成》5431 高卣·西周早期）

B.王若曰："盂，不(丕)显玟(文)王受天有大令(命)，在珷(武)王嗣(嗣)玟(文)乍(作)邦，闢(辟)氒(厥)匿，匍(抚)有三(四)方，畯(畯—俊)正氒(厥)民。在雩卸(御)事，虞酉(酒)无敢酗，有髭(紫)蒸(烝)祀无敢醻(扰)，古(故)天异(翼)临子，灋(废)保先王，匍(抚)有三(四)方。……"（《集成》2837 大盂鼎·西周早期）

C.隹(唯)公大(太)史见服于宗周年，才(在)二月既望乙亥，公大(太)史咸见服于辟王，辨于多正。三(四)月既生霸庚午，王遣(遣)公大(太)史。公大(太)史在丰，商(赏)乍(作)册魋马。（《集成》5432 作册魋卣·西周早期）

D.王令卑(中)先①，眚(省)南或(国)，肃(贯)行，埶(埶—设)庀，在岫(曾)。……卑(中)眚(省)自方、昪(邓)，沺贺邦，在霝(鄂)𠂤(师)𫚖(次)……（《集成》949 中甗·西周早期）

E.王令卑(中)先，眚(省)南或(国)，肃(贯)行，埶(埶—设)王庀，在甕𡃋真山。（《集成》2751 中方鼎·西周早期）

F.啓(启)从王南征，毳山谷，在溹水上。（《集成》5983 启尊·

---

①　杨树达先生指出铭文中的"先"是"先行"之意，并论证如下：《周礼·大司马》云："右秉钺以先。"《仪礼·士昏礼》云："壻乘其车先。"《左传·桓公十六年》云："寿子载其旌以先。"《闵公二年》云："二人曰：我，大史也，实掌其祭。不先，国不可得也，乃先之。"诸先字皆谓先行也。别有中尊，与此为一人之器，其铭云："王锡中马"，又云："王曰：用先！"乃命中乘王所锡之马先行也，与此文先字义同，是其证也。其说可从。说见杨树达（1952a：129—130）。

西周早期)

G.隹(唯)八月初吉庚午,王令燮(燮)在市(韍)、放〈旂〉。(《集成》4046 燮簋·西周中期)

A 至 F 六个例子中的"在"字用法相同,G 中的"在"字用法与前六例不同,我们先讨论 G。"在市"与西周金文中常见的"㦸市""载市"是同一个合成词的不同书写形式。"市"字之前的"㦸""载""在"诸字,孙诒让读为"纔",训为帛雀头色,并引《仪礼·士冠礼》郑玄注"士皆爵韦为韠"及《玉藻》"韠,君朱,大夫素,士爵韦"为证,谓"纔市""即《礼经》之爵韠"(孙诒让,1905;2010b:245—255)。"爵""雀"音近可通,"爵韠"即雀头色之韠。陈梦家先生(1956b:90)则读"㦸""载""在"诸字为"缁"。{纔}、{缁}这两个词不仅读音接近,而且他们所表示的颜色也很相近。《仪礼·士冠礼》郑玄注云:"爵弁者,冕之次,其色赤而微黑,如爵头然,或谓之緅。"又云:"爵弁者,制如冕,黑色,但无缫耳。"《周礼·春官·巾车》郑玄注又谓"雀,黑多赤少之色",与《士冠礼》注异。虽然《仪礼》注与《周礼》注彼此有异,但"雀头色"是赤黑色之属,应该是没有问题的。《说文》:"缁,帛黑色也。"缁是比緅更深的黑色,故《仪礼·士丧礼》胡培翚正义云:"缁是深玄。"按照古代礼书的记载,爵韠之外又有缁韠。《仪礼·特牲馈食礼》云:"特牲馈食,其服皆朝服,玄冠,缁带,缁韠。唯尸、祝、佐食玄端,玄裳、黄裳、杂裳可也,皆爵韠。"孙、陈二说似皆可通。由于我们对西周的服饰制度还缺乏足够的了解,故未知二说孰长。

下面我们再看 A 至 F 这六个例子。这些"在"字的用法似乎与我们熟悉的表示处所的介词{在}很接近。一般认为在古文字资料中,"在""才"二字是一对通用字,"在"字的用法似乎与"才"字是相同的。

但我们发现上引 B、C 两例"在""才"二字并见，"才"字后均为时间，而"在"字后均为地名，A、D、E、F 四例只有"在"字，"在"字后也是地名。"才""在"二字这种用法上的区别很值得我们注意。窃疑上引 A 至 F 这六个例子中的"在"当训为"至""至于"，有几件金文可与之并观：

H.王出獸（兽—狩）南山，啊山谷，至于上厌（侯）牍川上。（《集成》5410 启卣·西周早期）

I.唯五月初吉，还至于成周……（《古文字与古代史》第 1 辑第 221 页图 2 文盨·西周中期）

J.隹（唯）王初女（如）䢔①，延自商启（师）复还至于周。（《集成》4191 穆公簋盖·西周中期）

K.三（四）月，还至于帝（蔡），乍（作）旅盨，驹父甘（其）万年永用多休。（《集成》4464 驹父盨盖·西周中期）

L.师雝（雍）父借（省）衛（道）至于鈇（胡）……（《集成》2721 霰鼎·西周中期）

M.王命同：竴（左—佐）右（佑）吴大父嗣（司）易（场）、林、吴（虞）、牧，自淲东至于涧（河）……（《集成》4270 同簋盖、4271 同簋·西周中期）

启卣与启尊是同一人之器，文例亦相近，卣铭云"至于上厌（侯）牍川上"，尊铭云"在淲水上"；高卣铭文云"还在周"，文盨铭文云"还至于成周"，穆公簋盖铭文云"还至于周"，驹父盨铭文云"还至于帝（蔡）"；中甗铭文云"眚（省）南或（国）……在鄛（曾）"，中方鼎铭文云"眚（省）

---

① 郭永秉先生认为䢔即屡见于商代甲骨文的畋猎地、，可从。说见郭永秉（2012：130—140）。

南或(国)……在霎鄙真山",敶鼎铭文云"徝(省)衒(道)至于猷(胡)";同簋铭文云"自淲东至于涮(河)",中甗铭文云"自方、异(邓)、𣲏、𫝀邦,在噩(鄂)𠂤(师)𫰶(次)",皆可证明训"在"为"至于"是合适的。作册麹卣铭文云"公大(太)史在丰",是指公太史到了丰。大盂鼎铭文先述文王,后云"在武王",即谓"至于武王","在雩御事"即谓自武王以下至于御事,"雩"乃句中助词。{在}兼有"至于""处于"之义与{于}兼有"往""至于""处于"诸义颇相类。用"在""才"二字分别表示"至于""处于"二义,大概是起到以形别义的作用。

根据上引资料,我们可以得出这样的结论:在商代甲骨文中,"在"字表示的是{士},而在西周金文中,"在"字不再表示{士},转而表示{在}、{纔/缁}等词。

(3){朝}—朝、潮

商代甲骨文"朝"字作𦥑(《合集》33130),从茻、从日、从月,表示草莽中日升月落之意,"茻"旁或省而作𦥑(《合集》29092)。商代甲骨文用"朝"字表示{朝},如:

癸丑卜,行贞:翼(翌)甲寅毓且(祖)乙戚(岁),朝酓(酒)。兹用。贞:蔡(暮)酉(酒)。(《合集》23148)

西周金文改用"淖(潮)"字表示{朝},而不再用"朝"字表示{朝}(周法高,1975:4204—4214)。在西周金文中,"淖(潮)"字作𣴪(《集成》4131利簋)、朝(《集成》2837大盂鼎)、𣶒(《集成》6016矢令方尊)、𣶒(《集成》4331𣶒伯归夆簋)等形,右旁的𣱱、𠂤、𣲏、𣶒皆水流之象形,左旁的"卓"从日从二中,朱芳圃先生(1962:132)认为乃表示早晨日出于草间,甚是。但朱先生所举的例子却是"橐""莫"等字而并非"朝"字,这

是不可取的。西周金文用"淖(潮)"字表示{朝}的用例甚夥,兹略举数例如下:

　　A.珷(武)征商,隹(唯)甲鬶(子)淖(潮—朝)……(《集成》4131 利簋·西周早期)

　　B.……用淖(潮—朝)夕卿(飨)氒(厥)多䣈(朋)友。(《集成》2655 夨兽鼎·西周中期)

　　C.克甘(其)用淖(潮—朝)夕高(享)于皇且(祖)考。(《集成》4465 善夫克盨·西周晚期)

《楚辞·九章·悲回风》"听潮水之相击",朱熹集注:"潮,海水以月加子午之时,一日而再至者也,朝曰潮,夕曰汐。"所以{潮}是从{朝}派生出来的一个词,二者在意义上是存在关联的。西周金文借"淖(潮)"为"朝",是"被借字的意义与假借义有联系的现象"(裘锡圭,1988:188—191)。

　　(4){卒}—衣、𠁁、䘤、衣

　　上文我们曾经谈过,商代甲骨文用𧘝、𧘇、𧘈、𠁁、𧘊、𩉐、𩉑等字表示{卒}。其中在"衣"形内加交叉线的字形可以隶定为"衣";在"衣"形末端增加上钩的字形很难隶定,我们直接用𠁁字作代表;在末端笔画上钩的"卒"字的基础上增加"聿"旁表声的字形可以隶定为"䘤"。也就是说,商代甲骨文用"衣""𠁁""䘤"诸字表示{卒},而西周金文则改用"衣"字表示{卒}。在这一组字词关系中,"衣"字完全替代了"衣""𠁁""䘤"诸字。

　　(5){翌}—翼、𣆻、暤、𣇤

　　商代文字用"翼""𣆻""暤"诸字表示{翌},兹各举一例如下:

A.贞：翼（翌）戊申甘（其）雨。

贞：翼（翌）戊申不雨。（《合集》12432）

B.丁丑卜：䠆（翌）日戊王甘（其）田，湄日亡戋（灾）。（《合集》28500）

C.曀（翌）日戊，王甘（其）田，不冓（遘）雨。

□田，曀（翌）日戊，瞗（阴）（沈建华，2004：115）。吉。（《合集》28537）

用"翼""䠆"二字表示{翌}是假借的用法，"曀"字从日，是"翌日"之"翌"的本字。

西周金文用"䠆"字表示{翌}，而未见用"翼""䠆""曀"诸字表示{翌}之例：

A.雩若䠆（翌）日乙酉……（《集成》2839 小盂鼎·西周早期）

B.雩若䠆（翌）日，才（在）璧（辟）雝（雍），王乘于舟，为大豊（礼）。（《集成》6015 麦方尊·西周早期）

"䠆"字应该是在"䠆"字的基础上增益"日"旁而来的，是"翌日"之"翌"的本字。

2. 不完全替代

如果原有的字词关系被改变，新的字词关系仍然保留原有字词关系的一部分，这就是字词关系的不完全替代现象。例如在西周金文中，"田（甲）"字仅表示天干第一位的{甲}，而在战国文字中，"田（甲）"字不仅有这种用法，而且还可以表示"甲衣"之{甲}，这就是同一个字表示的词之间的不完全替代现象。换一个角度看，"甲衣"之{甲}在西周金文中只用"虢""虢"二字表示，而在春秋、战国文字中则可以用"虢""虐""奎""田（甲）"等字表示，这就是表示同一个词的字之间的不完全替代现象。下面我们再举数例说明。

（1）申—{申}→{申}、{神}

西周金文或用"申"字表示{神}，这一点上文已经讨论过；或又用"申"字表示地支第九位的{申}。而在商代甲骨文中，"申"字一般只用于表示地支第九位的{申}。这就是同一个字表示的词之间的不完全替代现象。

（2）谷—{谷}、{裕}、{欲}→{欲}

商周甲骨、金文"谷"字作（《合集》8395）、（《集成》5983 启尊）等形。《说文》："谷，泉出通谷为川。从水半见，出于口。"故"谷"字本象山谷之形，"口"旁或兼可表声（何琳仪，1998：346；黄文杰，2002：417）。在西周金文中，"谷"字即多用于表示{谷}，如：

A.啓（启）从王南征，山谷，在渽水上。（《集成》5983 启尊·西周早期）

B.女（汝）光长父吕（以）追博（搏）戎，乃即宕伐于弓谷。（《新收》745 四十二年遽鼎·西周晚期）

西周早期成王时的何尊铭文云：

C.叀王龏（恭）德谷（裕）天，顺（训）我不每（敏）。（《集成》6014 何尊·西周早期）

在尊铭中，"谷"字被用于表示{裕}。西周晚期的师訇簋铭文云：

　　D.……徝(率)吕(以)乃友干(扦)吾(御)王身,谷(欲)女(汝)
弗吕(以)乃辟圅(陷)于艱(艰)。(《集成》4342 师訇簋·西周晚期)

　　在簋铭中,"谷"字又被用于表示{欲}。春秋时期的文字资料鲜见"谷"
字。在战国文字中,"谷"字多被用于表示{欲},如:

　　E.保此衍(道)者不谷(欲)端(尚)呈(盈)。(《郭店·老子
甲》简 10)
　　F.虔(吾)一谷(欲)翻(闻)三弋(代)之所。(《上博四·曹沫
之阵》简 64)

　　在西周金文中,"谷"字可以表示{谷}、{裕}、{欲}这三个词;在战
国文字中,"谷"字被用于表示{欲}。这也是同一个字表示的词之间的
不完全替代现象。

　　(3){夙}—枴、殊→殊、肌

　　《说文》:"殊,早敬也。""殊"乃"夙"之初文。商代甲骨文用"殊"
字表示{夙}早已是学术界公认的事实。沈培先生(1995:93—94)通过
对商代甲骨文中"殊""枴"二字的用法进行对比研究,指出甲骨文除了用
"殊"字表示{夙}以外,还用"枴"字表示{夙},可从。黄天树先生(2006:
227)又指出在花园庄东地甲骨中有"枴兴"一词,即《诗·卫风·氓》"夙
兴夜寐"之"夙兴",亦可从。西周金文用"殊"字表示{夙},用例甚多,
不烦举,或易"夕"旁为"月"旁,用"肌"字表示{夙},其用例亦不少,如:

　　A.……用匄鲁(鲁)福,用肌(殊—夙)夜事。(《集成》5410 启
卣·西周早期)

B.……甘(其)用肌(妟—夙)夜高(享)孝于苹(厥)文且(祖)乙公,于文妣(妣)日戊……(《集成》2789 戠方鼎·西周中期)

C.……女(汝)母(毋)敢妄(荒)盗(宁),虔肌(妟—夙)夕,重(惠)我一人……(《集成》2841 毛公層鼎·西周晚期)

商代甲骨文用"妟""枚"二字表示{夙},西周金文用"妟""肌"二字表示{夙},而不再用"枚"字表示{夙}。也就是说,"妟""肌"这一对组合替代了"妟""枚"这一对组合表示{夙},由于"妟"字并见于这两对组合,因此这种替代是一种不完全替代。

(4){岁}—戌→戌、岁

在商代甲骨文中,"年岁"之{岁}用"戌"字表示,如:

A.甲子卜:来戌(岁)受年。八月。
来戌(岁)不甘(其)受年。(《合集》9659)

B.丙寅卜,彀贞:今来戌(岁)我不甘(其)受年。(《集成》641 正)

西周中期恭王时的史墙盘铭文有"戌齝佳辟"一语,裘锡圭先生(2012b:8、16)读为"岁稼唯辟",解释为"不断开辟土地,所种的庄稼年年增加",可从。此外,西周金文还用"岁"字表示{岁},如:

C.昔馑岁,匡众氒(厥)臣廿夫,寇智禾十秭,呂(以)匡季告东宫。东宫迺曰:"求乃人,乃弗得,女(汝)匡罚大。"(《集成》2838 智鼎·西周中期)

智鼎铭文"岁"字作, "戌"旁被分裂成、两个部分,实际上仍是从戌之"岁"字。商代甲骨文用"戉"字表示"年岁"之{岁}，而西周金文用"戉""岁"二字的组合替代了"戉"字表示{岁}，这也是字词关系的不完全替代。

《说文》："岁，木星也。越历二十八宿，宣徧阴阳，十二月一次，从步、戉声。""岁"字从步、戉声，"木星"非其朔义。窃疑"岁"乃"越"之本字，从步表示"跨越"之义。《释名·释天》："岁，越也，越故限也。"无论"年岁"之{岁}还是"岁星"之{岁}，很可能皆从{越}引申而来。如果我们的推测不错的话，用"岁"字表示"年岁"之{岁}是用作本字的用法。

（5）{用}—用→用、甬

在西周金文中，{用}这个词皆用"用"字表示的，其例至夥，兹不烦引。春秋晚期以后文字则兼用"用""甬"二字表示{用}，如：

A.攻吾（吴）王光自乍（作）用剑（剑）。(《新收》1478 攻吴王光剑·春秋晚期)

B.……吕（以）祀皇且（祖），吕（以）会父佳（兄），羕（永）甬（用）之，官攸（悠）无彊（疆）。(《集成》4694、4695 郏陵君豆·战国晚期)

用"用""甬"二字的组合替代"用"字表示{用}也是字词关系不完全替代的一个例子。

三、西周金文字词关系的影响因素

（一）用字规范与写手的选择对字词关系的影响

影响字词关系的因素十分复杂。总的说来，西周金文所反映出来的字词关系是当时的用字习惯（或者说是用字规范）与写手个人用字习惯综合作用的结果。前面我们主要是从语言、文字发展的内因（词义的引申与孳乳、文字假借、分化等）着眼，对西周金文字词关系中的一些现象进行了举例说明。但内因只是为这些现象提供了理论上的根据，具体例子的出现与否实际上取决于当时的用字规范。用字规范的形成，既存在着约定俗成的因素，也存在着人为规定的因素。写手在用字规范允许的范围内可以相对自由地对用字做出选择，因此用字规范与写手的选择对字词关系有重要的影响作用。

1. 不同写手的用字选择对字词关系的影响

我们先看西周早期的鸢觯铭文。《首阳吉金》23 号著录了一件西周早期的鸢觯，器、盖有内容相同的铭文。现将铭文拓本揭出，以资比较：

器铭　　　　　　　　　　　　盖铭

对比器、盖二铭，我们不难发现二者在书法和字词关系上都存在着显著差异。下面我们把器、盖二铭中一些存在突出差异的字列出，就可以直观地看出二者的区别：

	器铭	盖铭
隹/唯		
令		
周		
马		
宝		
隮		

从书法上看，器铭和盖铭"令""马""宝""隮"等字的写法存在明显不同，此外如"隹"（包括"唯"字所从之"隹"）、"初"、"史"、"乍"诸字在笔画的写法、形态和笔势上都有差异。从此即可判断这两件铭文很可能出自不同的写手之手。从字词关系上看，器铭和盖铭分别用"唯""隹"二字表示{唯}，用"周""閗"二字表示{周}，这种差异反映了不同写手对用字的不同选择。

我们再来看看西周中期的采获簋铭文。就目前所见，采获簋共有甲、乙两件，其中甲簋有盖，器、盖同铭，乙簋盖已佚，器铭内容与甲簋相同。张懋镕先生（2010:60—63）曾撰文对采获簋铭文进行考释，并发表了甲簋器、盖两篇铭文的拓本。此外，《通鉴》也发表了采获簋三篇铭文的照片。下面我们先将甲簋器、盖上铭文的拓本和乙簋的器铭照片揭出，以资研讨：

甲簋：

盖铭　　　　　　　　器铭

乙簋：

器铭

从字词关系看,甲簋的盖铭与两件器铭有较大的差异,两件器铭则比较一致。从书法看,甲簋盖铭字体结构宽博、疏朗,两件器铭字体结构相对显得比较紧凑,明显是不同写手所书。下面我们将三件铭文中比较有代表性的字用表格列出,以资比较:

	甲簋盖	甲簋器	乙簋器
戠			
赤			
市			
旂			
对			
义			
簋			
宝			

"戠""赤"二字在三件铭文中的构造都是相同的,但偏旁的写法则有不同,其中甲簋盖铭独具特色,而两件器铭则较为一致。在字词关系上,甲簋盖铭与两件器铭也存在差异。甲簋盖铭用"巾"字表示{韍}、"旂"字表示{旂}、"堂"字表示{对}、"羕"字表示{义}、"皀"字表示{簋}、

"䐸"字表示{宝}，两件器铭则用"市"字表示{韍}、"旅"字表示{旂}、"对"字表示{对}、"义"字表示{义}、"𣪘"字表示{簋}、"宝"字表示{宝}。从甲簋盖铭与两件器铭的用字差异我们可以看出不同写手的用字选择对字词关系的影响。

　　一些通用字在不同的铭文中，既有可能是通用的，也有可能是分用的，这种现象反映的也是写手的选择对于字词关系的影响。下面我们先谈谈西周金文中的通用字在同篇铭文中分用的情况。例如西周金文可以用"且""取"二字表示{祖}，但在同一篇铭文中，这些字的用法有时候是有区别的，我们以邓小仲方鼎铭文为例：

　　　　鄧(邓)小中(仲)隻(获)，又(有)㝼(得)，弗敢取(沮)，用乍(作)氒(厥)文且(祖)宝鼎隩(尊)，用隩(尊)氒(厥)畐(福)于宗(?)宫。(《新收》1828 邓小仲方鼎·西周早期)

邓小仲方鼎铭文用"且"字表示{祖}，用"取"字表示{沮}。就这篇铭文而言，"且""取"二字的用法是有区别的。同样的情况也见于《集成》10176 号史墙盘铭文。盘铭中"高祖""剌祖""亚祖"之{祖}作"且"，而"弗敢沮"之{沮}作"取"。类似的还有"老""考""丂""孝"诸字。在西周金文中，"老""考""丂"三字都可以表示{考}，"孝""考"二字都可以表示{孝}、{考}，但在同一篇铭文中，这些字分用的情况也不少见，如：

　　　　(1)簋(簋)甘(其)用舍(侑)，亦引唯考(孝)，䉝(肆)毋友(有)弗譐(顺)，是用𡕘(寿)老。(《集成》2724 毛公旅鼎·西周早期)

（2）……用敢卿（飨）**考**（孝）皇丂（考）。（《集成》746—752、《新收》1147、《首阳吉金》32 仲枏父鬲・西周中期）

（3）晋厌（侯）僰马既为寳（宝）盂,则乍（作）隣（尊）壶,用隣（尊）于宗室,用膏（享）用**考**（孝）,用旛（祈）耆（寿）老,子子孙孙其迈（万）年永是寳（宝）用。（《新收》888 晋侯僰马壶、902 晋侯僰马壶盖・西周晚期）

（4）不（丕）显朕皇**考**,克岙明（明）毕（厥）心,帅用毕（厥）先且（祖）**考**政德,膏（享）辟先王,遄卸（御）于毕（厥）辟,不敢豖（惰）（陈剑,2007c:243—272）,虔㸚（夙）夕,敬毕（厥）死（尸）事。天子坚（经）朕先且（祖）服,多易（锡）遄休,令甎蕳（司）三（四）方吴（虞）蕭（林）。遄敢对天子不（丕）显鲁休勫（扬）,用乍（作）朕皇**考**葬（恭）弔（叔）穌钟,鎗鎗悤悤、𩡩鐄鐄,用追**孝**卲各喜侃耇（前）文人。（《新收》772—774 遄钟・西周晚期）

可见写手的用字选择对字词关系的影响是不容忽视的。

2. 同一写手用字的复杂性对字词关系的影响

一方面,不同写手对用字的不同选择会使得字词关系出现变化;另一方面,即便是同一个写手对用字的选择也不是一成不变的,这就是同一写手用字的复杂性。上文提到的同铭一词用多字现象,就是同一写手用字复杂性的表现之一。下面我们试再举一个例子。

《新收》852—856 号著录了五件晋侯对盨及其铭文。从铭文的内容来看可以分为两组:第一组包括 852—854 以及 856 号;第二组是 855 号。下面我们把这两组铭文揭出（第一组选取 852 号为例）,以资比较:

第一组：

器铭　　　　　　　　　　　　　盖铭

第二组：

器铭　　　　　　　　　　　　　盖铭

这两组铭文所反映出来的字词关系存在着一些差异：第一组用"隹"字表示{唯}、"宝"字表示{宝}、"须"字表示{盨}；第二组用"唯"字表示

{唯}、"镛"字表示{宝}、"糒"字表示{盨}。但这两组铭文也有很多相似之处,例如两组铭文"须"字的写法虽有小异,但大体的写法是很相近的,其中"页"旁的写法具有比较明显的相同特征;又如"正月初吉"诸字,无论书法还是笔势都十分相近;第一组"唯"字所从之"隹"写法与第二组"隹"字的写法也十分相近。因此,这两组铭文很可能是同一写手所书。同一写手所书写的不同铭文,字词关系出现差异,说明同一写手的用字选择也不是固定的。

(二)词的特指意义对字词关系的影响

裘锡圭先生(2012l:36—37)曾经指出,商代甲骨文"在指大牢的时候通常写作'牢',在指小牢的时候通常写作'宰'。因为古代以牛为大牢,羊为小牢",裘先生认为这是"字形随语言环境变化的现象"。这种现象裘锡圭先生(2012f:198—203)在讨论商代甲骨文中"焚羌、焚恇"之"焚"时也曾论及。刘钊先生把这种现象称为"随文改字",并举"牡"为例。刘先生指出,在商代甲骨文中"牡"字可以写作🐂、🐏、🐖,分别特指"公牛"之{牡}、"公羊"之{牡}和"公豕"之{牡}(刘钊,2006b:64—67)。庞朴先生(2000:37—42)也曾经指出,在战国文字中一些从心之字是着意表示一种心态、德行,例如楚简文字用"愳"字表示{勇},表示的是一种在心态和德行上的"勇"。陈斯鹏先生(2011:300)认为这是为一个词的语境义专门造出的新字,与裘说略同。为了把这种现象与下文谈到的"文字类化"相区分,我们把这种现象称为"词的特指意义对字词关系的影响"。这种情况也见于西周金文。下面我们试再举两例说明。

1. 醹—{扰}

西周康王时器大盂鼎铭文云:

在雩钾(御)事,戲酉(酒)无敢酸,有髭(祟)羣(烝)祀无敢<u>醲</u>(扰),古(故)天异(翼)临子,瀍(废)保先王,匍(抚)有三(四)方。(《集成》2837 大盂鼎·西周早期)

"醲"字本作，孙诒让(1989)最先把此字隶定为"醲",然未识其义。郭沫若(1999:34)、于省吾(1998:115)、陈梦家(1956a:96)、唐兰(1986:174)等先生进而读"醲"为"扰",可从。陈梦家先生(1956a:96)引《书·酒诰》"唯祀德将无醉"来解释鼎铭中的"有髭(祟)羣(烝)祀无敢醲(扰)",李学勤先生(1985:52)又指出鼎铭中的"醲(扰)"乃醉乱之意,皆可从。故"醲"字实为"醉酒扰乱的专字"(唐兰,1986:174)。

2. 鞲—{索}

西周中期恭王时的九年卫鼎铭文云:

　　矩取眚(省)车:軓萎酉(鞄)、虎冟、布儢(盖)(裘锡圭,1983:226—227)、画鞸、㚔(鞭)、帀(席)鞲、帛緕(缯)乘、金麔(镳)錕(鞭)。(《集成》2831 九年卫鼎·西周中期)

唐兰先生(1976b:57)指出:"鞲字从革,当是皮做的绳索。"这也是用字形反映词的特指意义的例子。

(三) 词的社会意义对字词关系的影响

英国的语言学家里奇(G.Leech)在《语义学》(Semantics)中提出词是有社会意义的[①]。词的社会意义是指由于社会的因素而产生的词义。中国古代称皇帝为"上",称黄河为"河",这些都是因为社会因素

[①] 蒋绍愚先生在《古汉语词汇纲要》中对里奇的说法也有介绍,见蒋绍愚(1989:35—36)。

而产生的词义。有时候一个词出现了新的社会意义，或原有的社会意义发生转变，也会对字词关系产生影响。

1. 文、玟—{文}

　　武、珷—{武}

　　邵、珋—{昭}

　　这三组字词关系均与西周王称有关，性质也相同，兹一并讨论。西周金文"文王"之{文}或写作"文"，"武王"之{武}或写作"武"，并见于西周各期金文，例多不烦举。"文""武"二字或加"王"旁作"玟""珷"，专用于表示"文王"之{文}和"武王"之{武}：

　　　　(1)隹(唯)王初繇(迁)宅于成周，复禀珷(武)王豊(礼)，祼自天，才(在)三(四)月丙戌，王害(诰)宗小子于京室，曰："昔才尔考公氏，克逨①玟(文)王，肆(肆)玟(文)王受丝(兹)大命。隹(唯)珷(武)王既克大邑商，则廷告于天，曰……"(《集成》6014 何尊·西周早期)

　　　　(2)王眚(省)珷(武)王、成王伐商图，徙眚(省)东或(国)图。(《集成》4320 宜侯夨簋·西周早期)

　　　　(3)不(丕)显玟(文)王受天有大令(命)，在珷(武)王嗣(嗣)玟(文)乍(作)邦，闢(辟)厥(厥)匿(慝)，匍(抚)有三(四)方，畯(畯—俊)正厥(厥)民。……今我隹(唯)即井(型)㐭(稟)于玟(文)王正德，若玟(文)王令二三正，今余隹(唯)令女(汝)盂鼍(绍)焚(荣)，苟(敬)㪔(雝)德㐅(经)，叀(敏)朝夕入讕(谏)，亯

———————

① 此字有"逨""逑""遾""遾"等多种释读意见，迄今未有定论，兹暂释写为"逨"。关于学术界对此字的释读意见，请参看周法高(1975c:3589—3608;1982a:1835—1848)、陈剑(2001:378—396)。

（享）奔走，畏天畏（威）。（《集成》2837 大盂鼎·西周早期）

（4）王曰："叀（中），丝（兹）袁人入史（事），易（锡）于珷（武）王乍（作）臣，今兄（既）畀女（汝）袁土，乍（作）乃采。"（《集成》2785 中方鼎·西周早期）

（5）雁（应）公乍（作）隣（尊）彝簋珷（武）帝日丁，子子孙孙永宝用。（《华夏考古》2007 年第 1 期 27 页应公鼎·西周早期）

（6）朕不（丕）顯（显）且（祖）玟（文）、珷（武），雁（膺）受大命。（《集成》4331 ⿰彳卬伯归匕簋·西周中期）

"珷"字，宋人多径释为"武"（王俅，2005：588）。清代学者陈介祺最早指出"玟""珷"是王称的专字：

玟珷，人皆以为从玉，愚独以为从王，言文之"文"乃王者之文、武之"武"乃王者之武，非他文武比，以义起之字，从玉则其义小矣。（陈介祺，1919）

后来陈梦家、白川静、唐兰、于省吾等先生都从不同的角度支持此说（唐兰，1977：10；于省吾，1977：10；陈梦家，2004：72；周法高，1982b：3668）。应该指出的是，有学者认为在西周早期的一些铜器铭文中，"玟""珷"可能是"文王""珷王"的合文，例如武王时器利簋铭文中的"珷"可能就是"武王"的合文（张政烺，2004：464；刘钊，2006a：182；李学勤，2008：2）。不过大盂鼎铭文云"珷王嗣玟作邦"，说明"文王"可省称为"玟"，既如此则"武王"省称为"珷"的可能性也是不能排除的。

西周金文"昭王"之{昭}或用"卲"字表示，如：

（7）唯五月，王才（在）衣，辰才（在）丁卯，王曹（禘），用牡于

大(太)室,宫(禘)卲(昭)王。(《集成》2776 刺鼎·西周中期)

或在"卲"字的基础上增加"王"旁专用于表示"昭王"之{昭},如:

(8)……王才(在)蒡京,宫(禘)于琊(昭)王。(《集成》10166
鲜簋·西周中期)

用"琊"字表示"昭王"之{昭}与用"玟""珷"二字表示"文王"之{文}
和"武王"之{武}的情况是类似的。

"玟""珷""琊"三字是从"文""武""卲"三字分化出来的用于表示
西周王称的专用字。这种文字的分化源于{文}、{武}、{昭}三个词出
现了新的社会意义,因而造成了字词关系的变化。

2. 童—{东}

西周中期恭王时的标准器史墙盘铭文云:

緟(讯)圉武王,遹征四方,达(挞)殷欮(畯)民,永不巩(鞏),狄
(逖)虘𤉲,伐尸(夷)童(东)。(《集成》10175 史墙盘·西周中期)

裘锡圭先生对盘铭中的"尸童"有过解释:

"尸童"应该读为"夷、东"。东指处于殷之东方的东国。童是
古代的一种奴隶名称。东国之人多依附殷人而与周人为敌,盘铭
把"东"写成"童",可能是有意的。(裘锡圭,2012a:10)

由于"东国"之{东}被赋予了奴隶这一层社会意义,所以盘铭借用本来

表示"奴隶"之义、读音又与"东"相近的"童"字来表示"东国"之{东}。
这也是由于社会意义的影响而造成字词关系变化的一个例子。

3. 土、徒—{土/徒}

西周金文屡见职官"司徒",如：

(1)嗣(司)徒单白(伯)内(入)右趩(扬)。(《集成》4294、
4295 扬簋·西周中期)

(2)晋嗣(司)徒白(伯)䡵父乍(作)周姬宝隝(尊)鼎,甘(其)
万年永宝用。(《集成》2597 伯䡵父鼎·西周晚期)

(3)樐(楷)大嗣(司)徒中(仲)车父乍(作)宝殷(簋),用高
(享)孝。(《通鉴》4993、5994 楷大司徒仲车父簋·西周晚期)

或作"司土",如：

(4)嗣(司)土嗣乍(作)乓(厥)万(考)宝隝(尊)彝。(《集成》
3696、3697 嗣土嗣簋·西周早期)

(5)……命女(汝)乍(作)嗣(司)土……(《通鉴》5264、5265
采隻簋·西周中期)

(6)嗣(司)土南宫乎乍(作)大鑻(林)褻钟……(《集成》181
南宫乎钟·西周晚期)

西周早期金文只作"司土",西周中、晚期金文则兼作"司土"与"司
徒"。清代学者吴大澂(1893:20 上)曾经指出：

三代设官皆质言之司土、司马、司工为三卿,司土掌土地人民,

司马掌戎马，司工掌营造工作。周末文字日趋繁缛，"土"字加辵为"徒"，以司徒掌徒役、徒众犹可言也……

杨树达先生（2007b：374—375）对此有不同的看法：

司徒者，《白虎通·封公侯篇》云："司徒主人，不言人，言徒者，徒，众也，重民众。"郑君《周礼目录》云："名徒，主众徒。"《书·周官》伪孔《传》云："主徒众，教以礼义。"《国语·周语》云："司徒协旅。"韦注云："司徒掌合师旅之众。"按诸说并释徒为徒众，窃谓非其义也。夫用徒众者莫过于军旅，其次莫过于营造。果如诸说，司徒之称当属夏官、冬官，何以属之与徒众不相涉之地官乎！今考《周礼·大司徒》以天下土地之图周知九州之地域广轮之数，辨其山林川泽邱陵坟衍原隰之名物，而辨其邦国都鄙之数，制其畿疆而沟封之。又以土会之法辨五地之物生，以土宜之法辨十有二土之名物，以土均之法辨五物九等，制天下之地征，以土圭之法测土深，正日景，以求地中，又分地职，奠地守，制地贡，而颁职事焉，以为地法而待政令。然则司徒之职以土地为主，《周礼》以大司徒属地官，非无故也。《说文》徒从土声，窃谓司徒即司土，非徒众之谓也。

杨先生又认为吴大澂"既谓司土掌土地矣，又于司徒掌徒役、徒众之说信而不疑"乃是"进退失据"。张亚初、刘雨两位先生（1986：8—9）对这一问题提出了既不同于吴说也不同于杨说的新解释：

嗣土是一种古老的写法，土之作徒单纯是同音假借字，还是另有一定的思想意识内涵，这个问题是应该引起我们的重视的。司土,注重的是物,是土;而司徒,注重的则是人,是徒众。这恐怕不是单纯文字通假的问题。……

　　……

　　……司徒简单说来就是农官。金文作嗣土,嗣徒都是主农之意。司土就是管理土地,司徒就是管理在土地上从事劳作的农业生产者。……

　　……《周礼》就说:"大军旅大田役以旗致万民而治其徒庶之政令"。《左传》昭公二十二年传:"司徒丑以王师败绩于前城"。这说明司徒有组织农夫从征的职责。

张、刘两位先生的意见是很有启发性的。从西周金文看,司徒的职责主要包括管理土地和农林虞牧。由于民众与土地以及农业生产是分不开的,所以《周礼·地官·大司徒》谓大司徒"掌建邦之土地之图与其人民之数,以佐王安扰邦国"。职官"司徒"在记录形式上的变化,反映的大概是社会对司徒职能认识的一种变化。

(四)文字类化现象对字词关系的影响

　　一般说来,影响用字的因素主要是这个字所表示的词或语素的意义和读音,但也有特殊情况。刘钊先生(2006:95—100)曾经指出:

　　类化又称"同化",是指文字在发展演变中,受所处的具体语言环境和受同一文字系统内部其他文字的影响,同时也受自身形体的影响,在构形和形体上相应地有所改变的现象。……

　　……

　　在典籍中,有许多字受上下文的影响,从而类化改写偏旁,以趋同于上下文,这一点与上引古文字中的情况极为相似。……

在金文中,这种类化的现象也时常可见,如:

华母壶:华母自作麓簋(引者按:此例"荐"字不从皿,末字为"盟"字而非"簋"字)。

兮甲盘:母敢不出其賮其责。

师簋(引者按:当是师簋):戈馘咸。

扬簋:易女赤肺市(引者按:"市"乃"市"之误)。

啻客簋:啻客乍朕文考日辛宝障毁。

不嬰簋:厰允广伐。

　　　　　宕伐嬰允。

师龢鼎:赤巾朱幀(引者按:当是"赤市朱横")。

大克鼎:宔静于献,盟哲氒德。

陈贁簋:彝盟槐神。

盂鼎:伐咸方。

梁伯戈:印魃方□□攻旁。

魃父卣:魃父乍旅彝。

散氏盘:湮田醫田。

这种"类化"现象很值得注意。不过刘先生所举的例子略显宽泛,例如兮甲盘铭文中的"賮"字从贝是因为{帛}本身有"财货"这一项引申义,并非受到"责"字的影响,师衰簋铭文云"淮尸(夷),繇我賮(帛)畮(贿)臣",𤔲伯归𠂤簋铭文云"眉敖至見(视)(裘锡圭,2012g:444—448),獻(献)賮(帛)",皆其证;又如大克鼎铭文用"盟"字表示"淑善"之{淑},相同的用法也见于卯簋和井人妄钟等铭文,因此"盟"字也不是受到了"宝"字的类化;又如"槐"字从示乃是为了增强表义作用,并非受到了

"神"字的影响;同样地,西周金文常常假借"黄"字表示{衡},"衡"本是系市(韨)的带子,因此师虎鼎铭文用来表示{衡}的"幟"字实际上是{衡}的后起本字,即便没有上文的"市",用"幟"字表示{衡}也是合理的;再如"鬼方"之{鬼}用"畏""魆"二字表示,应该是借"畏"为"鬼",春秋时的王子午鼎和王孙诰钟铭文"畏忌"之"畏"写作"魆",战国玺印中人名"亡畏"之"畏"抑或从戈作,皆其证,故"畏""魆"二字大概也不是受到了上下文的"类化"。因此要确定文字是否受到上下文文字的影响而出现"类化",应该排除异体字、文字假借、由于语义引申而造成的文字分化等情况。刘先生认为造成"类化"的原因有二:一是受所处的具体语言环境的影响;二是受同一文字系统内部其他文字的影响。前者常常会使字词关系出现变化。受到上下文文字形体和意义的影响而产生的"类化"实际上是一种特殊的文字分化现象,上引刘文所举的"肺市"之"肺"和"戜咸"之"戜"都是典型的例子。在这两个例子中,"肺""戜"二字受到了"市""咸"二字形体和意义的双重影响而增益了"市"旁和"戈"旁。这种现象与上文提到的因为词的特指意义而导致的字形变化都属于"字形随语言环境变化的现象",文字学家一般以"专字"或"专用字"混言之。实际上这两种现象是有差异的:为了表示词的特指意义而导致的字形变化,其本质是因词义变化导致的字形变化;文字类化是受到上下文其他文字形体和意义的影响而产生的,该字所表示的词的意义并没有发生显著的、具有区别意义的变化。下面我们再举数例说明。

1. 鋐—{衡}

西周中期的䢼伯师耤簋铭文云:

……易(锡)女(汝)玄衣、黹屯(纯)、鈢市(韨)金鋐(衡)、赤

爲……(《集成》4257 毋伯师耤簋·西周中期)

上文我们曾经谈过,西周金文一般用"黄""亢"二字表示"韍衡"之
{衡},簋铭却用"钪"字表示{衡},这在西周金文中是仅见的。"钪"字
之所以从金是受到了"金衡"之{金}意义的影响,故增益"金"旁。用
"钪"字表示的{衡}与一般用"黄""亢"二字表示的{衡}意义是相同的。

2. 錭、鏢—{林}

上文我们谈到"林钟"的{林},本来是众多的意思。如果从{林}这
个语素来看,"林钟"的{林}似乎没有理由用从金的"錭""鏢"二字来表
示。其实"錭""鏢"二字是受到了{钟}这个语素意义的影响分化出来
表示"林钟"之{林}的,从金是因为"钟"是金属铸造的。

3. 鍏—{骍}

西周早期的亢鼎铭文云:

亚宾亢鍏(骍)金二勺(钧)。(《新收》1439 亢鼎·西周早期)

鼎铭中的"鍏"字写作𤎡,从◉、从羊。◉在西周金文中屡见,即"勺""金"
等字所从,是金属块的象形。为了区分象金属块之形的◉与"夂"字,我
们把𤎡字隶定为"鍏"。马承源先生读"鍏"为"骍",解释为红色的牛
(马承源,2002b:346—347),非是。李家浩和黄锡全两位先生均以"鍏
金"为红铜(李家浩,2001:159;黄锡全,2009:46),甚是。但两位先生对
𤎡字左旁两点的作用仍有不同看法:李先生认为◉乃受"金"字同化作用
而增,强调的是受到"金"字形体的影响而产生的类化;黄先生则认为𤎡
字的两点是为了表示铭文中的"骍"乃指铜的颜色,强调的是受到"金"
字({金})意义的影响而产生的类化。黄说近是。不过这两种说法也

并非截然对立。●是金属块的象形,自然可以表示与金属相关的意义,因此更准确地说,"鐮"字受到了"金"字形体和意义的双重影响。

(五) 因文字错讹造成的字词关系变化

文字错讹的情况在文献中是很常见的,西周金文当然也不例外。有时候文字会因错讹而不能成字;有时候则会把一个字讹成形体相近的另一个字,这就会造成字词关系出现临时的"变异"。下面我们试举例说明。

1. 戍—{伐}

在商代文字中,"伐"字写作🗡(《集成》1011 伐鼎)、🗡(《集成》6718 伐瓿)等形,从又从戈从人,或不从又而作🗡(《合集》875 正),表示用戈砍人头之意。古文字"戍"字作🗡(《集成》2708 戍嗣子鼎)、🗡(《集成》5419 录戈尊)等形,从人从戈,表示戍卫之意。在西周金文中,"伐""戍"二字一般是不通用的,但由于二字形体相近,偶尔也会相混,如:

　　蠆从王戍〈伐〉荆,孚(俘),用乍(作)鐮殷(簋)。(《集成》3732 蠆簋·西周早期)

蠆簋是西周早期昭王时器,簋铭说的是西周史上的一件大事——昭王南征楚荆。簋铭曰"蠆从王戍荆,孚(俘)",文义不可通,诸家均释"戍"为"伐",无疑是正确的。在簋铭中,由于文字的错讹导致"戍"字临时表示{伐}这个词。

2. 之—{先}

古文字"先"字作🗡(《合集》4068)、🗡(《集成》10173 虢季子白盘)等形。西周金文"先"字或误省"人"旁而与"之"字混同:

不(丕)显皇且(祖)剌(烈)考,遱匹之〈先〉王。(《集成》82
单伯昊生钟·西周晚期)

文字的错讹使得"之"字在铭文中表示{先}这个词。

在其他古文字材料中,也有把"先"字误省为"之"字的例子。《郭
店·性自命出》简17云:

……窒(观)亓(其)之迖而逆训(顺)之……

裘锡圭先生指出:"'之迖'二字当是'先后'之误。"(荆门市博物馆,
1998:182)《上博(七)·君人者何必安哉(甲本)》云:

州徒之乐,而天下莫不语,之王之所以为目观也。

乙本"之王"作"先王",故知"之"字为"先"字之误①。《上博(七)·凡
物流形(甲本)》简16、26云:

邦豪(家)之厓(危)安鹰(存)忘(亡),恻(贼)愸(盗)之复
(作),可之智(知)。(复旦大学出土文献与古文字研究中心研究
生读书会,2008b)

乙本"之智"作"先智","先知"字误写为"之"字之例。曾侯乙墓出土
的编号为E.66的漆箱顶盖上刻有"之匵""后匵",张新俊先生(2005:

① 本段简序有调整,参看复旦大学出土文献与古文字研究中心研究生读书会
(2008a);又载《出土文献与古文字研究》第3辑,复旦大学出版社2010年版,277页。

98）指出"之匿"当为"先匿"，与"后匿"相对。

　　3. 厷—{佑}

　　　右—{紘}

　　西周金文"右"字作𭆌（《集成》4314 师𰀂簋），"厷"字作𬝤（《集成》2841 毛公𤴁鼎），二者形体相近，因此西周金文"右"字或误写为"厷"字，如：

　　　　（1）士戍厷〈右—佑〉殷立中廷，北卿（向）。（《新收》840 殷簋·西周中期）

"厷"字或又误写为"右"字，如：

　　　　（2）……易（锡）女（汝）𤿲（秬）鬯一卣，金车：桒軙（较）、朱虢（鞹）䰝䡉、虎冟熏（纁）里、右〈厷—紘〉�净（軛）、画䡅、画𫐐、金甬，马三（四）匹，攸（鋚）勒。（《集成》4318、4319 三年师兑簋·西周晚期）

"厷�净"一词除了见于三年师兑簋铭文以外，还见于毛公𤴁鼎和番生簋盖铭文，清代以来多被释为"右�净"。陈剑先生（2007d：234—242）指出车�净本无左右之分，"右𠪐"的说法很可疑，并认为毛公𤴁鼎、番生簋盖等铭文中所谓的"右"字写作𬝤、𩵋等形，实际上是"厷"字，而三年师兑簋铭文写作"右"，是误写所致，其说正确可从。陈先生指出"鞃""紘"这两个从厷得声的字均有"缠束"之义，认为"厷𠪐"可能是裹束着皮革的车𠪐，亦可从。用"右"字表示{紘}、用"厷"字表示{右}皆是因为文字错讹而导致的字词关系的临时"变异"。

引书简称

《包山楚简》——《包山》

《郭店楚墓竹简》——《郭店》

《甲骨文合集》——《合集》

《商周金文资料通鉴(电子版)》——《通鉴》

《上海博物馆藏战国楚竹书》——《上博》

《新收青铜器铭文暨器影汇编》——《新收》

《殷周金文集成》——《集成》

《英国所藏甲骨集》——《英藏》

参考文献

白于蓝,1999,《〈郭店楚墓竹简〉读后记》,吉林大学古文字研究室(编)《中国古文字研究》第 1 辑,吉林大学出版社。

常正光,1982,《辰为商星解》,四川大学学报编辑部、四川大学古文字研究室(编)《四川大学学报丛刊》第 10 辑《古文字研究论文集》,四川人民出版社。

陈邦福,1955,《夨𣪠考释》,《文物参考资料》第 5 期。

陈剑,2001,《据郭店简释读西周金文一例》,北京大学中国古文献研究中心(编)《北京大学中国古文献研究中心集刊·2》,北京燕山出版社。

陈剑,2007a,《甲骨金文旧释"尤"之字及相关诸字新释》,《甲骨金文考释论集》,线装书局。

陈剑,2007b,《说慎》,《甲骨金文考释论集》,线装书局。

陈剑,2007c,《金文"彖"字考释》,《甲骨金文考释论集》,线装书局。

陈剑,2007d,《释西周金文中的"厷"字》,《甲骨金文考释论集》,线装书局。

陈剑,2007e,《释上博竹书和春秋金文的"羹"字异体》,"2007 中国简帛学国际论坛"论文,台湾大学。

陈介祺,1919,《甲戌二月廿二日致吴云书》,《簠斋尺牍》第 12 册,商务印书馆。

陈梦家,1955,《宜侯夨𣪘和它的意义》,《文物参考资料》第 5 期。

陈梦家,1956a,《西周铜器断代(三)》,《考古学报》第 1 期。

陈梦家,1956b,《西周铜器断代(六)》,《考古学报》第 4 期。

陈梦家,2004,《西周铜器断代》上册,中华书局。

陈佩芬,1997,《释夋戒鼎》,《第三届国际中国古文字学研讨会论文集》,香港
　　中文大学。

陈双新,2002,《两周青铜乐器铭辞研究》,河北大学出版社。

陈斯鹏,2011,《楚系简帛中字形与音义关系研究》,中国社会科学出版社。

方濬益,1935,《缀遗斋彝器款识考释》,商务印书馆。

方稚松,2009,《殷墟甲骨文五种记事刻辞研究》,线装书局。

复旦大学出土文献与古文字研究中心研究生读书会,2008a,《〈上博(七)·
　　凡物流形〉重编释文》,"复旦大学出土文献与古文字中心网站"(www.
　　guwenzi.com),12 月 31 日。

复旦大学出土文献与古文字研究中心研究生读书会,2008b,《〈上博七·君
　　人者何必安哉〉校读》,"复旦大学出土文献与古文字中心网站"(www.
　　guwenzi.com),12 月 31 日。

高田忠周(纂述),1925,《古籀篇》,古籀篇刊行会。

郭沫若,1956,《夨𣪘铭考释》,《考古学报》第 1 期。

郭沫若,1999,《两周金文辞大系图录考释》,上海书店出版社。

郭沫若,2002,《金文余醳之余·释罤》,郭沫若著作编辑出版委员会(编)《郭
　　沫若全集·考古编·第五卷》,科学出版社。

郭永秉,2010,《释上博藏西周寓鼎铭文中的"羹"字——兼为春秋金文、战国
　　楚简中的"羹"字祛疑》,复旦大学出土文献与古文字研究中心(编)《出
　　土文献与传世典籍的诠释——纪念谭朴森先生逝世两周年国际学术研
　　讨会论文集》,上海古籍出版社。

郭永秉,2012,《穆公簠盖所记周穆王大蒐事考》,《复旦学报(社会科学版)》》

第 5 期。

何琳仪,1998,《战国古文字典》,中华书局。

何新,1985,《辨德》,《人文杂志》第 4 期。

黄天树,2006,《殷墟甲骨文白天时称补说》,《黄天树古文字论集》,学苑出版社。

黄文杰,2002,《"谷"及相关诸字考辨》,中国古文字研究会、中山大学古文字研究所(编)《古文字研究》第 24 辑,中华书局。

黄锡全,2009,《西周货币史料的重要发现》,《古文字与古货币文集》,文物出版社。

蒋绍愚,1989,《古汉语词汇纲要》,北京大学出版社。

荆门市博物馆(编),1998,《郭店楚墓竹简》,文物出版社。

李家浩,1999,《读〈郭店楚墓竹简〉琐议》,《中国哲学》编辑部、国际儒联学术委(编)《郭店楚简研究》,辽宁教育出版社。

李家浩,2001,《谈春成侯盉与少府盉的铭文及其容量》,饶宗颐(主编)《华学》第 5 辑,中山大学出版社。

李家浩,2008,《释老簋铭文中的"滤"字》,中国古文字研究会、中山大学古文字研究所(编)《古文字研究》第 27 辑,中华书局。

李零,1996,《古文字杂识(两篇)》,吉林大学古文字研究室(编)《于省吾教授百年诞辰纪念文集》,吉林大学出版社。

李孝定,1982,《金文诂林读后记》,"中研院"历史语言研究所。

李学勤,1985,《大盂鼎新论》,《郑州大学学报(哲学社会科学版)》第 3 期。

李学勤,1990a,《多友鼎的"卒"字及其他》,《新出青铜器研究》,文物出版社。

李学勤,1990b,《试论董家村青铜器群》,《新出青铜器研究》,文物出版社。

李学勤,1990c,《盘龙城与商朝的南土》,《新出青铜器研究》,文物出版社。

李学勤,1997a,《静方鼎与周昭王历日》,《光明日报》12 月 23 日。

李学勤,1997b,《史密簋铭所记西周重要史实》,《走出疑古时代(修订本)》,辽宁大学出版社。

李学勤,2008,《新出应公鼎释读》,《古文字学论稿》,安徽大学出版社。

林沄,1998,《王、士同源及相关问题》,广东炎黄文化研究会等（合编）《容庚先生百年诞辰纪念文集》,广东人民出版社。

刘心源,1902,《奇觚室吉金文述》,清光绪二十八年自刻本。

刘钊,2002,《释"價"及相关诸字》,中国文字编辑委员会（编）《中国文字》新28期,艺文印书馆。

刘钊,2006a,《利簋铭文新解》,中国古文字研究会、中山大学古文字研究所（编）《古文字研究》第26辑,中华书局。

刘钊,2006b,《古文字构形学》,福建人民出版社。

罗振玉,2006,《增订殷虚书契考释》,《殷墟书契考释三种》下,中华书局。

马承源（主编）,1988,《商周青铜器铭文选·三》,文物出版社。

马承源,2002a,《商周青铜双音钟》,《中国青铜器研究》,上海古籍出版社。

马承源,2002b,《亢鼎铭文——西周早期用贝币交易玉器的记录》,《中国青铜器研究》,上海古籍出版社。

麦耘,2009,《音韵学概论》,江苏教育出版社。

庞朴,2000,《郢燕书说——郭店楚简中山三器心旁文字试说》,武汉大学中国文化研究院（编）《郭店楚简国际学术研讨会论文集》,湖北人民出版社。

彭裕商,2000,《董家村裘卫四器年代新探》,中国古文字研究会、中山大学古文字研究所（编）《古文字研究》第22辑,中华书局。

裘锡圭,1994,《关于晋侯铜器铭文的几个问题》,《传统文化与现代化》第2期。

裘锡圭,1976,《说"玄衣朱襮裣"——兼释甲骨文"虣"字》,《文物》第12期。

裘锡圭,1983,《释"虫"》,常宗豪（主编）《古文字学论集》初编,香港中文大学中国文化研究所、吴多泰中国语文研究中心。

裘锡圭,1988,《文字学概要》,商务印书馆。

裘锡圭,1990,《释殷墟卜辞中的"卒"和"裈"》,《中原文物》第3期。

裘锡圭,2012a,《西周铜器铭文中的"履"》,《裘锡圭学术文集3·金文及其他古文字卷》,复旦大学出版社。

裘锡圭,2012b,《史墙盘铭解释》,《裘锡圭学术文集3·金文及其他古文字卷》，复旦大学出版社。

裴锡圭，2012c，《说卜辞的焚巫尪与作土龙》，《裴锡圭学术文集1·甲骨文卷》，复旦大学出版社。

裴锡圭，2012d，《殷墟甲骨文考释（七篇）》，《裴锡圭学术文集1·甲骨文卷》，复旦大学出版社。

裴锡圭，2012e，《释殷墟甲骨文礼的"远""逖"（迩）及有关诸字》，《裴锡圭学术文集1·甲骨文卷》，复旦大学出版社。

裴锡圭，2012f，《说卜辞的焚巫尪与作土龙》，《裴锡圭学术文集1·甲骨文卷》，复旦大学出版社。

裴锡圭，2012g，《甲骨文中的见与视》，《裴锡圭学术文集1·甲骨文卷》，复旦大学出版社。

裴锡圭，2012h，《说从"旹"声的从"贝"与从"乏"之字》，中华书局编辑部（编）《文史》第3辑，中华书局。

裴锡圭，2012i，《释"贾"》，《裴锡圭学术文集3·金文及其他古文字卷》，复旦大学出版社。

裴锡圭，2012j，《鼗公盨铭文考释》，《裴锡圭学术文集3·金文及其他古文字卷》，复旦大学出版社。

裴锡圭，2012k，《说"𩇩𩇩大白师武"》，《裴锡圭学术文集3·金文及其他古文字卷》，复旦大学出版社。

裴锡圭，2012l，《汉字形成问题的初步探索》，《裴锡圭学术文集4·语言文字与古文献卷》，复旦大学出版社。

裴锡圭、李家浩，1989，《曾侯乙墓竹简释文与考释》，湖北省博物馆（编）《曾侯乙墓》上，文物出版社。

裴锡圭、李家浩，1992，《谈曾侯乙墓钟磬铭文中的几个字》，《古文字论集》，中华书局。

沈建华，2004，《释卜辞中方位称谓"阴"字》，中国古文字研究会、中山大学古文字研究所（编）《古文字研究》第24辑，中华书局。

沈培，1995，《说殷墟甲骨卜辞的"枫"》，陈少峰（主编）《原学》第3辑，中国广播电视出版社。

孙诒让，1905，《名原》，清光绪三十一年（1905）玉海楼刻本。

孙诒让，1989，《古籀余论》，中华书局。

孙诒让，2010a，《克鼎释文》，《籀庼述林》，中华书局。

孙诒让，2010b，《师㝮父鼎拓本跋》，《籀庼述林》，中华书局。

唐兰，1976a，《用青铜器铭文来研究西周史——综论宝鸡市近年发现的一批
　　青铜器的重要历史价值》，《文物》第 6 期。

唐兰，1976b，《陕西省岐山县董家村新出西周重要铜器铭辞的释文和注释》，
　　《文物》第 5 期。

唐兰，1977，《西周时代最早的一件铜器利簋铭文解释》，《文物》第 8 期。

唐兰，1986，《西周铜器铭文分代史征》，中华书局。

唐兰，1995a，《陕西省岐山县董家村新出西周重要铜器铭辞的译文和注释》，
　　故宫博物院（编）《唐兰先生金文论集》，紫禁城出版社。

唐兰，1995b，《毛公鼎"朱韍、葱衡、玉环、玉瑹"新解——驳汉人"葱珩佩玉"
　　说》，故宫博物院（编）《唐兰先生金文论集》，紫禁城出版社。

唐兰，1995c，《关于大克钟》，故宫博物院（编）《唐兰先生金文论集》，紫禁城
　　出版社。

田炜，2012，《读金文偶记二题》，中国古文字研究会、中山大学古文字研究所
　　（编）《古文字研究》第 29 辑，中华书局。

王国维，1994，《毛公鼎铭考释》，《古史新证》，清华大学出版社。

王俅，2005，《啸堂集古录》，中华书局（编）《宋人著录金文丛刊初编》，中华书局。

王筠，1987，《说文释例》，中华书局。

王筠，1988，《说文解字句读》，中华书局。

吴大澂，1893，《工字说》，《字说》，清光绪十九年（1893）思贤讲舍重雕本。

吴大澂（辑），1988，《说文古籀补》，中华书局。

吴红松，2006，《西周金文赏赐物品及其相关问题研究》，安徽大学博士学位论文。

吴闿生（集释）、邢之襄（校订），1933，《吉金文录》，南宫邢氏刻本。

吴振武，1998，《焂戒鼎补释》，《史学集刊》第 1 期。

吴振武,2006,《试释西周狱簋铭文中的"馨"字》,《文物》第11期。

谢明文,2010,《金文"肇"字补说》,复旦大学出土文献与古文字研究中心网站(www.guwenzi.com)。

徐宝贵,2008,《石鼓文整理研究》,中华书局。

杨树达,1952a,《不记月中齍跋》,《积微居金文说》,中国科学院。

杨树达,1952b,《遂咨諆鼎跋》,《积微居金文说》,中国科学院。

杨树达,2007a,《释启啟》,《积微居小学述林全编》,上海古籍出版社。

杨树达,2007b,《司徒司马司空释名》,《积微居小学述林全编》,上海古籍出版社。

于豪亮,1985,《说俎字》,《于豪亮学术文存》,中华书局。

于省吾,1975,《释卢》,《双剑誃殷契骈枝续编》,艺文印书馆。

于省吾,1977,《利簋铭文考释》,《文物》第8期。

于省吾,1979,《释冎、肙》,《甲骨文字释林》,中华书局。

于省吾(主编),1996,《甲骨文诂林》第3册,中华书局。

于省吾,1998,《双剑誃吉金文选》,中华书局。

张桂光,1998,《古文字考释十四则》,张永山(主编)《胡厚宣先生纪念文集》,科学出版社。

张懋镕,2010,《采获簋小考》,《古文字与青铜器论集》第3辑,科学出版社。

张新俊,2005,《上博楚简文字研究》,吉林大学博士学位论文。

张亚初、刘雨(撰),1986,《西周金文官制研究》,中华书局。

张政烺,2004,《利簋释文》,《张政烺文史论集》,文物出版社。

赵平安,2001,《释古文字资料中的"畜"及相关诸字——从郭店楚简谈起》,教育部人文社会科学重点研究基地华东师范大学中国文字研究与应用中心(编)《中国文字研究》第2辑,广西教育出版社。

赵平安,2003,《战国文字中的盐及相关资料研究》,饶宗颐(主编)《华学》第6辑,中山大学出版社。

周法高(主编),1975a,《金文诂林》第2册,香港中文大学。

周法高(主编),1975b,《金文诂林》第9册,香港中文大学。

周法高(主编),1975c,《金文诂林》第7册,香港中文大学。

周法高(编撰),1982a,《金文诂林补》第 3 册,"中研院"历史语言研究所。

周法高(编撰),1982b,《金文诂林补》第 6 册,"中研院"历史语言研究所。

周世荣,1992,《湖北出土的两周金文之国别与年代补记》,中国古文字研究
　　会、中山大学古文字研究所(编)《古文字研究》第 19 辑,中华书局。

朱德熙,1979,《䵼簋屈栾解》,《方言》第 4 期。

朱芳圃,1962,《殷周文字释丛》,中华书局。

汉语音变构词研究概述[*]

孙玉文

一、何谓音变构词

音变构词,即通过基础词音节中音素的变化构造意义有联系的新词。依汉语音节声、韵、调三要素,音变构词可以分为变声构词、变韵构词、变调构词三种简单的类型;还有的音变构词涉及声、韵、调中两种以上音素的变化,这是更复杂的类型。

变声构词,即通过基础词音节中声母的变化构造意义有联系的新词。例如"臭",尺救切(上古昌母幽部长入),气味;许救切(上古晓母幽部长入),用鼻子嗅气味。"畜",丑六切(上古透母觉部短入),积蓄财物;许竹切(上古觉部短入),用聚积的财物畜养人。"朝",陟遥切(上古端母宵部平声),早晨;"潮",直遥切(上古定母宵部平声),早上涨的潮水。这些配对词的韵母和声调都相同,只是声母有别。

变韵构词,即通过基础词音节中韵母的变化构造意义有联系的新词。例如"行",户庚切(二等字,上古阳部平声),道路;胡郎切(一等字,上古阳部平声),行列。"获",胡麦切(二等字,上古铎部短入),猎获;胡郭切(一等字,上古铎部短入),收割谷物。"谋",莫浮切(三等

———————
 * 本文原题为《略论汉语音变构词》,载《江苏大学学报(社会科学版)》2011 年第 5 期。收入本书时题目有所变更,内容有所增改。

字,上古之部平声),谋划,商量办法;"媒",莫杯切(一等字,上古之部平声),说合婚姻的人。这些配对词的声母和声调都相同,只是韵母有别。

变调构词,即通过基础词音节中声调的变化构造意义有联系的新词。例如"文",平声,花纹;去声,文饰。"研",平声,研磨;"砚",去声,研磨的文具,砚台。"好",上声,善,美好;去声,爱好。"秉",上声,握,拿;"柄",去声,器物的手握处。"率",入声(上古短入),率领,统率;去声(上古长入),统领的人,即统帅、元帅。这些配对词的声母和韵母都相同,只是声调有别。

复杂的类型,通过音节中声、韵、调三要素的两种或三种要素的变化构造意义有联系的新词。例如"长",直良切(上古定母阳部平声),两端之间距离大;知丈切(上古端母阳部上声),生长,长长了。这组配对词韵母相同,但声母和声调有别。"食",乘力切(上古船母职部短入),食物;详吏切(上古邪母之部去声),意思是饭。这组配对词声、韵、调都有差别。

无论哪种类型的音变构词,原始词和滋生词之间一定要找出词义的关联线索来。"锡",短入,一种金属;长入,赏赐。这不是变调构词,短入和长入的两个意思之间没有关系,是用字的假借。"舍",上声,舍弃,放弃;去声,搁置起来,舍置。这是变调构词,不是用字的假借,原始词和滋生词之间的词义引申关系清晰可辨。词义之间是否有引申关系,不能仅凭个人的感觉,要有实证。词义引申有规律可循,有时若干多义词的某个共同义项都发生了类似的演变,从 A 义演变为 B 义,这种现象可以帮助证明词义的引申。例如"抴",短入,牵引,拉;"栧",长入,船桨。"将",平声,牵引,拉;"桨",上声,船桨。

清代及清代以前的学者研究音变构词,没有自觉地将写成同一个汉字和写成不同汉字的配对词联系起来考虑问题。传统所说的"两声各义"或"四声别义",主要是就写成同一个汉字的变调构词来说的。这当然是受制于汉字产生的认识。从语言学的立场上看,无论写成一个汉字还是写成不同汉字,这两种不同的形音义配合格局之间,都是原始词和滋生词的关系。"买:卖"和"好(上声):好(去声)"在语言的词语滋生上完全同质。认识到这一点很重要,许多有关音变构词的理论分歧都可以从这一视角得以消除。

二、音变构词研究的重要性

音变构词是传统的音义之学的重要组成部分。汉语音义学是发源于先秦的训诂学和发源于东汉的音韵学相融合而产生的一门学问。汉末孙炎《尔雅音义》等著作的问世,标志着汉语音义之学的确立;魏晋南北朝至隋唐,音义之学大放光彩,有《经典释文》等比较全面搜集儒道经典著作注释中音义材料的著作出现。唐代,李济翁《资暇集》引稷下谚:"学识如何观点书。"这是说,检验一个人阅读古书的能力,就要看他"点书"的水平。"点书",即指碰到"两声各义"的字,在上下文中读哪一个声调,反映出阅读者对字义的理解:平声在左下角加点,上声在左上角加点,去声在右上角加点,入声在右下角加点。书点错了,说明书读错了,"学识"不高。既然是"稷下谚",那就不是某个学者的个人见解,而是古人的一种相当古老且具有普遍性的认识,由此可见音义之学在中古以前学人心目中的重要地位。前人在他们的研究中,显然注意到了音义关系的重要性。音义之学在古代一直深深影响着历代读书人,反映音义之学的资料非常丰富。

正因为音义之学跟传统"小学"的文字、音韵、训诂之学都有不同,所以清代谢启昆《小学考》明确将"小学"分为文字、音韵、训诂、音义四科。他认识到音义之学跟其他三种学问的差别,提升了音义之学的地位。但是,在清代学术的开山祖师顾炎武和乾嘉时期的代表学者那里,以"两声各义"为主体的音义之学受到贬抑。影响所及,"五四"以后,文字、音韵、训诂都得到了很大发展,而音义之学的发展却远远滞后于时代要求。

音义之学的建立和发展,是中国古代学者对于中华文明的重要贡献,是我国传统文化的优秀遗产。东汉时代产生音义之学,绝非偶然。说明当时的有识之士在研究实践中感觉到单纯的释义和注音都存在着缺陷,通过音义之学的方式释义,能消除单纯从训诂学或音韵学出发的一些弊病,达到更好地沟通古今语言的目的。想想今天的某些学者对音义结合研究语言的重要性还存在着一些糊涂认识,更令人感觉到古代学者的过人之处。

站在现代语言学和传承中华文明的高度,可以看到:音义之学不仅在我国,在整个世界的学术体系当中,也应该是非常重要的一门学问。语言符号是音义结合的产物,在文献中,语言符号并不总是显性的,甚至是隐性的,用以标示语言符号的字形符号并不同语言符号一一对应。运用语言符号系统进行思维和交际,特别是通过文献实现"今之识古",都要求我们将隐性的语言符号从其他众多的显性符号中分离出来,在此基础上才能进行科学的语言研究。音义之学既然如此重要,我们有什么理由让它徘徊于现代语言科学的大门之外?中国古代的音义之学完全应该成为一门独立的学问。我们应该将它请到现代学术中来,为语言研究服务,为传承中华文明服务。这是我们义不容辞的历史责任。

音义之学内容广泛。其研究成果散见于中国浩瀚的注疏、韵书、音义之书、文人笔记之中,其中也杂有一些虚妄之言。毕其一生,任何个人都无法窥其全豹。单音有义是汉语十分重要的特点,音变构词曾经是汉语最广泛使用的滋生新词的方法,这种词与词之间的音义联系广泛保留在我国悠久的历史文献中,汉语方言和普通话中也有一定数量的留存。从现代语言学的角度看,中国传统小学的音义之学抓住了汉语的基本音义关联反映在单音节上这一重要特点,抓住了汉语单音词之间存在音近义通的系统性关联。音变构词是一项关键课题,我们可以以此为突破口涉足这一领域。

尽管清儒说"两声各义"的音是六朝经师人为的,但是还没有谁指责跟这个音结合的义也是经师编造出来的。即使音是经师编造出来的,也不要紧,我们可以根据经师的"音"把跟它结合的"义"剥离出来,而凭借这个"音"将这个"义"剥离出来,不就有了一个形式标准确定古人心目中的客观存在的"义"吗? 这不是比离开音义结合而归纳出来的义更能揭示某一个字的客观存在着的义吗? 至于"两声各义"的音义结合是六朝经师编造出来的还是有口语的基础,它是否有更早的来历,兹事体大,可以在具体研究的基础上作为理论问题继续深入探讨,先不必急于下结论。只有全面研究了以前的"两声各义"的资料,才有条件对"经师人为"说进行抉择,定其是非。况且清儒认定"两声各义"是六朝经师人为的根据并不充足。音变构词是值得投入心血的学术领域。

三、研究音变构词的材料

没有调查研究就没有发言权,材料的搜集整理是研究音变构词成功与否的关键。《群经音辨》《马氏文通》《四声别义释例》《中国诗律学》《汉语史稿》《中国古代语法·构词编》等著作中就搜集整理了不少音变构词(特别是四声别义)的资料。但是专门研究音变构词的诸家论著,对于四声别义的材料有不少遗漏,例如《广韵》中就有不少属于

四声别义的材料没被列入诸家字表。因此音变构词的研究在资料方面
还有大量的工作要做。

　　字的音义结合可以发生变化,字的古今的音义结合可以不同。到
宋代,为了更有效阅读儒家经典,贾昌朝《群经音辨》全面搜集整理《经
典释文》中儒家经典的"两声各义"资料,在当时的历史条件下做出了
卓有成效的研究,功莫大焉。后人的研究常常取材于是。可以说,在数
据的整理上,贾昌朝的功劳远远超出了后起诸家。现在看来,该书也有
明显的缺点:(一)只搜集儒家经典及其注释中的音义,没有搜集道家
经典,就是儒家经典及其注释中的音义也反映得不够全面。例如
"胶",平声,具有黏合作用的物质,多用皮、角等熬成;去声,黏着。去
声读法只用在《庄子》中,《群经音辨》没有收入。(二)音变构词不只出
现于先秦两汉,但是《群经音辨》由于材料范围的限制,没有搜集后代
出现的大量的音变构词资料。例如"钉",平声,钉子;去声,钉钉子。
滋生词用法后起,《群经音辨》没有收。(三)往往一音只收一义,忽视
了一音多义。我们可以想到:怎么会那么凑巧,一个多音字刚好一个读
音只联系一个意义? 一音多义必定是常见现象。如果一字有几个音,
又有几个义,不同的音义如何配合就成了不可回避的问题,仅凭猜测或
推想不能圆满解决这样的问题。《群经音辨》不能满足我们这样的要
求。某些后人由于仅凭《群经音辨》的有限材料进行推阐,没有自己动
手去爬梳整理原始材料,得出了一些难以接受实践检验的结论。(四)
有的注音、词义归纳或举例不尽妥当。例如《辨字音清浊》:"始,初也,
式氏切,对'终'之称。缓言有初曰始,市志切,《礼》'蝉始鸣'。"这里
"始"和"式"都是《广韵》的书母字,"示"是禅母字。本来去声读法也
是书母字,由于北宋时全浊声母读成了清声母,所以贾昌朝拿"市"去
作"始"的滋生词的切上字,不合早期的读音,不妥当。再如《辨字音疑

混》说"坐、聚"两字的上去二读在《经典释文》中不区别意义,也不妥当。

随着搜集到的材料的增多,再去观察已有的关于音变构词特别是变调构词的研究,我们可以看到,《群经音辨》之后,特别是西方语言学理论传入我国之后,人们不仅对"两声各义"现象的资料做了进一步的搜集整理,也开始注意将写成不同汉字的音变构词材料联系在一起。这值得充分肯定。综观以前的研究,可以看出前人的数据整理已有不少进展,但对比《群经音辨》,进展有限,同时也留下了大量的问题,非常需要人们在当代新的学术起点上做出新的探讨。我在《变调构词研究·后记》中说:"我一直认为,汉语变调构词的研究,是一块有待开掘的沃土,甚至可说是处女地。"

前人在材料搜集整理上的问题,可归纳为"十蔽":一曰对写成同一汉字的音变构词资料搜集不全,许多字失收。例如"虫",平声,昆虫;去声,昆虫蛀蚀东西。"思",平声,思考,思念;去声,意思;悲愁,伤感。二曰对写成不同汉字的音变构词资料搜集不全。例如"擢",短入,抽,拔,牵引;"棹",长入,船桨,用来牵引船前进。三曰对具有三个以上声调的音变构词的字的读音搜集不全。例如"长",平声,两端之间距离大;上声,生长,长长了;去声,意思是"长度"和"多余的"。四曰把具有两个不同读法的属于音变构词的字音看成自由变读。例如"埽",上声,扫除,清除,除掉;去声,用扫帚扫。五曰注中古音有问题。例如"重",上声,重量大;去声,增加,加上。但是有人也将"重"的"重量大"一义注上去声。六曰释义有问题。例如"被",上声,被子;去声,覆盖。但是有人将"覆盖"的意思置于上声;又"被坚执锐"的"被"本来是"穿上衣服"的意思,有人却看作是"披上"的意思。七曰举例有问题。例如"走",上声,跑;去声,奔向目的地。但是有人将《孟子·梁惠王下》中"弃甲曳兵而走"这个本应读作上声的例子当作去声的用例。

八曰对原始词和滋生词之间意义的真正区别有误解。例如"下",上声,意思是"下面"和"从高处往低处,下来";去声,强制性地使从高处往低处,使处在下位,下达,下行。但是有人以为"下"读上声意思是下来,读去声意思是下面。九曰对具有变调构词的字的语法特点注意不够,有些有误解。例如"数",上声,意思是计算,一一列举;去声,除了指数目,还可用作动词,一一列举人的罪过而加以责备、谴责。有人笼统地说"数"读上声是动词,读去声是名词。十曰对具有变调构词的配对词音义源流的探讨几乎无人问津。

研究音变构词,应该力祛以上十弊,把汉、唐以来的音注材料汇集、排比,确定古代变调构词的词目,对每一组配对的原始词和滋生词的音义进行历史的考察分析,引举例证,考辨源流,驳正误说,将汉语史上音变构词的面貌比较清晰地呈现在世人面前。只有这样做,理论探讨才能避免片面性,才能更科学、更深入,也才能科学地解决面临的相关的理论和实践问题,才能达到理论和实践有机统一。

研究音变构词的资料有:一音注,经史子集都有,汉代以来就有了这宗材料,大部分是后代注家做的,也有的是作者的自注;二字书,包括字典、词典和韵书;三韵文,不仅有互相押韵的字,还有唐宋以后骈文、近体诗、词、曲中的平仄材料;四声训,主要是上古声训;五古今字和假借字;六前人笔记,主要是学术笔记;七现代方言;八外族语跟汉语的关系词,主要是借词;九前人整理的变调构词字表。这九种材料对研究变调构词各有其重要性和局限性。把这些材料联系在一起,彼此之间能互相印证、补充、订正,而且能从中揭示出变调构词的历史发展线索。即便如此,我们在研究时仍然时时感觉到有些配对词的材料太少。当然就更多的配对词而言,古人留下了大量的材料,非常有助于爬梳整理。

四、有关音变构词的若干理论

从《颜氏家训》和《经典释文》开始,前人和时贤在音变构词特别是变调构词的理论上做了不少探讨。关于这些探讨,我的《汉语变调构词研究》的第二章多有涉及,提出了自己的看法。时间又过去了十多年,我愈加坚持我过去提出的看法。以往的探讨,主要涉及这几个问题:一、音变构词是构词法还是构形法;二、是口语的反映还是经师人为;三、上古汉语是否有音变构词。这里再做一些补充和强调。

首先,音变构词只能是构词法。构形法是构造一个词不同的语法形态,构词法是构造另外一个新词。既往的研究,将音变构词分别纳入"区分词义"和"区分词性"的框架中。我在搜集整理材料时,起先受今人的一些研究的影响太大,有些配对词只想从词性上去分析,结果每每碰壁。例如人们常说,"种",上声,名词,种子;去声,动词,种植。可是当我在20世纪80年代搜集《史记》三家注的材料时,其中出现的第一个变调构词的例子就让我一筹莫展。《史记·五帝本纪》:"轩辕乃修德振兵,治五气,蓺五种,抚万民,度四方。"集解:"骃案:蓺,树也。《诗》云:'蓺之荏菽。'《周礼》曰:'谷宜五种。'郑玄曰:'五种,黍、稷、菽、麦、稻也。'"索隐:"蓺,种也,树也。五种即五谷也,音朱用反。"正义:"蓺音鱼曳反。种音肿。"这里的"种"只能是名词。张守节的《正义》注成上声,这好理解。可是司马贞《索隐》却注成去声,这不是名词用法也可以读去声吗?又《诗·小雅·大田》:"大田多稼,既种既戒,既备乃事。"笺:"将稼者必先相地之宜而择其种。季冬令民出五种,计耦耕事,修耒耜,具田器。"释文:"既种,章勇反。此注及下注'择种'并同。"这里"既种"的"种"只能是动词,可是陆德明却注成上声,这不是动词用法可以读上声吗？这样的事实多极了，都摆在那里，如何解释？

面对语言事实，只能这样解释：对于所有的音变构词必须要从词义的改变这个角度入手才能真正解决问题。经过二十多年的研究，我还未找到音变构词中不同读音只区别词性、不区别词义的铁证，所有的音变构词只能从词义的变化的角度去加以解释才能完满解决问题。某些配对词词义改变之后，原始词和滋生词词性也不同，这不能证明这些配对词只用来区别词性。有人只注重词性的不同，没有注意到词义的改变才是最本质的区别，因而产生误解，结果不能接受多方面事实的检验。前人说"两声各义""四声别义"，强调读音变化中"义"的改变，非常正确。像上面所说的"种"，《史记》中的用例，裴骃、司马贞把"种"理解为谷物，不理解为谷物的种子，司马贞注成去声；这有他们的释义作坚强的证据。张守节理解为"种子"，所以注成上声。《诗经》中的"种"陆德明之所以注成上声，是因为它不作"种植"讲，而是作"选取成色好的种子，选取良种"讲，这有郑玄的《笺》为证。应该这样去理解"种"的音义发展源流：原始词，谷物的种子，上声；词义构词，选取成色好的种子，选取良种，上声。滋生词，种植谷物，去声；词义构词，谷物。

这种意义的改变是词汇意义的改变还是单纯的语法意义的改变？有人看作是语法意义的改变。这是构形说的理论基础。这种看法极其错误，是对音变构词缺乏全面深入钻研的一种误断，因为根本不存在某种语法意义同某种音变形式之间的有规律的对应关系。按照这种说法，不但"毛：毛（选择毛色单纯的牲畜）""偶：偶（不期也）"是同一个词的不同语法形式，就是"非：诽""旋：漩""去：祛""内：豽"也是同一个词的不同语法形式。这种看法明眼人一看就知道很荒唐。再说，滋生词相对于原始词增添了某种新的意义，这种新的意义根本就无法正确地归纳出单纯的语法意义，而且也无法将这种意义坐实到声母、韵母、声调中导致跟原始词形成语音对立的那些音素上去。可以断定：从原始词滋生出滋生词，是词义引申规律在起作用，二者的词汇意义发生了变化，可以处理为不同的词，绝非同一个词的不同的语法意义。即使说成是原始汉语中构形法的遗留，也说不过去，这是捕风捉影、歪曲事实，因为没有坚强的可靠的依据。在科学方面，事实永远胜于雄辩。从原始词中滋生出新词，是在语言系统中实现的，因此离开了语法系统，也就不能滋生出新词。但是变调构词是构词法，不是构形法。

其次，说音变构词是六朝经师人为，这也就是说，前人在书面文献中留下来的音变构词没有实际口语的依据。然而这样的观点前人并没有科学地加以论证。这个问题看似一个个案，但是涉及"以今知古"的一个大问题：古人语音已逝，只留下了注音材料，或者留下了古代语音的后代传承形式，后人如何判定自古传承下来的字音是注音者人为编造的还是来自早期的口语？古今语音之间有严整而系统的对应关系，一般地说，除非有坚强的理由，否则大家都承认古人传来的字音都有口语的基础。这是探求古代语言的一个基本工作前提。古人音变构词的材料摆在那里。说音变构词是六朝经师人为，首先必须科学解决这样的前提：作为后人，你如何知道这些配对词中滋生词的音义区别没有实际口语的基础？又如何知道原始词的音义区别有实际口语的基础？赵元任先生曾说："言有易，言无难。"要证明音变构词没有实际口语的依据，实际上也是"言无难"的问题。古人，特别是清人试图证明这一观点，也想了很多办法，但是这些办法并不能推出这一结论。周祖谟先生《四声别义释例》一文中曾举出东汉经师的不少注音材料证明至晚东汉"四声别义"现象就出现了。这是具有突破性的观察。中古时的人对有些滋生词明确注明出自口语，不可忽视。

音变构词是不能类推的。例如"朝：潮"是变调构词，但是同样性质的词义变化,"夕:汐"却采取了词义构词的手段;"背:负"是复杂形式的音变构词,但是同样性质的词义变化,"背:背"却只采取了变调构词的手段;"去"由去声变为上声,采取的是去声变上声的构词方式,同样性质的词义变化,由"去"变"祛"却采取了去声变平声的构词方式。可以想一想:既然原始词和滋生词的语音可以变也可以不变,可以这样变也可以那样变,具体采取什么样的手段是不能预先知道的。那么后代研究者到底怎样判别滋生词的读音跟原始词是同音还是不同音? 到底应该怎样判别滋生词的音义联系是否为实际口语的反映? 要想推出音变构词没有实际口语的依据这一结论,唯一根本的办法就是调查古代的口语。如果不进行实地调查,无论从别的方面怎样迂回论证,也都无济于事,这在逻辑上属于"推不出"。只有进行实地调查后,调查的结果显示滋生词跟意义相结合的那个读音与所有方言的事实不合,而是跟原始词的读音一样,才能说滋生词的那个读音没有实际语言根据,是经师人为编造出来的。可是后人无法实地调查前代的语音,因此面对着古代留下来的音变构词数据,我们也就无法论证它们的读音区别没有实际口语的基础,坐实为六朝经师人为的区别。

　　一般地说,古代传下来的音,尽管相当多今天不再使用,但我们都认为有来历,有实际口语的根据。大规模地给汉字注音,这是魏晋以来的事。但是这并不妨碍我们根据现代汉语的读音去认识中古以降的读音,根据中古以降的读音去认识上古、远古的读音,断定这些读音有实际口语的基础。这是"今之识古"的最基本的前提,确定原始词和滋生词的读音也必须接受这一前提,除非找出不遵从这一前提的坚强理由。如果没有坚强的理由,我们就应该像对待其他的古代传下来的字和字音一样,推定滋生词的读音有前代口语的基础,相信前人关于滋生词的不同于原始词的音义联系最终得之于他们的实地调查。否则,所有的

"今之识古"都将遭到否定。有理由质问:原始词和滋生词的读音都见于中古人的注音,为什么只承认原始词有实际口语的基础,偏偏滋生词没有?说滋生词的音义结合晚于原始词,这我相信;但是说滋生词的读音跟原始词的读音在口语中一定相同,这我不相信。从多方面的事实看,音变构词显然有实际口语的基础。有人认为:古书当中,有的上下文只能按滋生词的词义讲,可是前人还有按原始词的读音来读的,这不是滋生词的读音为经师人为的证据吗?这实际上是似是而非的想法,我在《汉语变调构词研究》中已经做了论证:上下文中滋生词注成原始词的读音,原因是多方面的,也有可能是注者不察,根本得不出经师人为的结论。至今更加相信我原来的说法。如果你硬要说滋生词的读音是经师人为的,那么我请你拿出有力的证据来,哪怕是一条两条。否则这种说法岂不只是一句空话?

　　许多破读音还残存在近现代的部分方言中。例如《中原音韵》"思:思"平去两读,"取:娶"分别读上去,"娶"只读去声;自首的"首"仍读去声。再如"女",上声,未婚女子;去声,把女儿嫁给某人。明末清初的李实《蜀语》说当时四川方言还有去声用法,清末民初的张慎仪《蜀方言》卷上也说"女"的滋生词用法"今川北行此音"。"始"有上去二读,其去声一读在后代某些方言中仍有保留。"先"有平去二读,"后"有上去二读,"先后"作为一个固定语,又发展指"妯娌"一义,凝固成一个词,都读去声。《汉书·郊祀志》:"神君者,第陵女子,见神于先后宛若。"注:"孟康曰:'产乳而死也。兄弟妻相谓先后。宛若,字也。'师古曰:先音苏见反,后音胡构反。古谓之娣姒,今关中俗呼为先后,吴楚俗呼为妯娌,音轴里。"颜注不可能是为记录当时关中方言"先后"一词的词义,而注上人为的读音;"先后"一词的音义应该都是对当时关中方言该词所做的如实记录。所以从颜注看,中古至少有的方言

"先""后"有去声一读。李荣先生《考本字甘苦》(载《方言》1997 年第 1 期)"先后"条说,清代以来山西、陕西、甘肃若干地方志作"妯娌"讲的"先后"都注明方言中有去声读法;现代汉语方言中,山西、陕西、甘肃的一些方言,这一义的"先后"一词的"先""后"仍读去声,如西安、绥德、延川、商县、西宁、武功、泾阳、高陵、咸阳、鄠县(现为鄠邑区)、洛南、宁强、永济、运城、万荣、吉县、新绛、临汾、屯留等地都是如此。又许宝华、宫田一郎先生主编的《汉语方言大词典》(第二卷)第 2010 页"先后"列有"妯娌;兄弟的妻子"一义,列举的方言除了李荣先生所举之外,尚有中原官话的山西汾西、河津、临猗、芮城,甘肃甘谷,新疆鄯善,晋语的山西隰县、太原,陕西米脂,西南官话的四川。"喜",上声,高兴;去声,喜欢。去年夏天,我到山西大学开音韵学年会,山西大学岳海燕谈到,山西太谷方言"喜"一般对应于中古的上声,但是"可喜"形容人的美丽、漂亮,却对应于中古汉语的去声,"喜"对应于去声只在这一个词中保持着。类似的材料还有很多,举不胜举。如果你要辩护说这是经师的人为读音影响到方俗土语所致,那么人们就自然会问:你的根据是什么? 你判断古代一个字音有口语依据和无口语依据的科学标准是什么?

　　根据王力先生《汉越语研究》,汉越语是中晚唐时期大批汉字输入越南后形成的一套读音,主要用于阅读儒家经典和科举,带有文言的色彩。这套读音还保留着中唐以前的一些破读音,甚为珍贵。例如"援"作"牵引"讲读平声,作"援助"讲读去声。汉越语中,"援"作"援助"讲读 viên6,正对应于汉语的去声。"供"作"供给"讲读平声,作"供奉"讲读去声。汉越语中,前者读 cung2,对应于汉语的平声;后者读 cung5,对应于汉语的去声。"敛"作"收敛"讲读上声,作"殓尸"讲读去声。汉越语中,"敛"读 liêm4,对应于汉语的上声;"殓"读 liêm6,对应于汉语的去声。"泥"作"泥巴"讲读平声,作"拘泥"讲读去声。汉越语中,前者读 nê1,对应于汉语的去声;后者读 nê6,对应于汉语的去声。"使"作"使用"讲读上声,作"出使"讲读去声。汉越语中,前者读su3,对应于汉语的上声;后者读su5,对应于汉语的去声。汉越语中,此类例子甚多。在我看来,汉语的音变构词都有实际口语的基础,是毋庸置疑的事实。

最后,我要强调:音变构词上古已然。过去,人们常常将自己的眼光局限在写成同一个汉字的"四声别义"和"两声各义"上,加之受汉字字形的束缚,研究方法也未臻精密,否定上古汉语有"四声别义"和"两声各义"。既然"四声别义""两声各义"和音变构词(包括变调构词)是同类性质的语言现象,否定上古汉语有"四声别义"和"两声各义",势必否定上古汉语有变调构词和音变构词。如果我们将眼光稍稍扩大一点,通过写成不同汉字的配对词来论证,上古汉语不仅有变声、变韵、变调等构词类型,而且当时这些音变构词远较中古发达。

我们根据王力先生的《汉语滋生词的语法分析》一文来谈这个问题。(1)变声构词。王文列有写成不同汉字的配对词,例如:包(包裹):胞(胞衣),藏(贮藏谷物):仓(谷仓),教(教育):校(学校),召(召唤,号召):诏(皇帝颁发的命令),浮(浮在水面上):桴(水上行驶的木排),三(三个,三匹):骖(并驾的三匹马)。(2)变韵构词。王文列的证据例如:封(划定疆界):邦(封建时代的邦国),含(东西放在嘴里):衔(马嚼子),围(四周遮挡起来):帏(围起来作遮挡用的布),冒(覆盖):雾(覆盖在人头顶上的雾气),横(横的):衡(秤杆,秤,天平)。(3)变调构词。王文列的证据例如:右(右手):佑(帮助),左(左手):佐(帮助),家(家庭):嫁(出嫁),杖(拐杖):仗(倚仗),扇(扇子):搧(搧动),弟(弟弟):悌(能尽弟道),陈(陈列,排成行列):阵(作战队伍的行列),坐(坐下):座(座位),舞(跳舞,舞蹈):巫(巫婆),摩(摩擦):磨(石磨),研(研磨):砚(研磨的文具,砚台),张(张开):帐(帐幕),结(打结):髻(脑后盘结的头发),沽(买,卖):贾(商人),秉(握,拿):柄(工具手握处),奉(奉献):俸(奉献给高官的俸禄,俸禄),断(断):段(片断),非(错的,不对的):诽(指斥错误,诽谤)。(4)复杂的音变构词。王文列的写成不同汉字的例子如:背(脊背,脊梁):负(用脊背驮),蹄(马蹄,蹄):踶(马踶,踢),爪(手指甲):搔(用指甲搔),帚(笤帚,扫帚):扫(扫地,打扫),药(药物):疗(医疗),内(里头,里边):入(进去,进来),坎(陷阱):陷(掉进陷阱里),豚(小猪):腯(猪肥),分(分割):半(半个),聚(聚集):族(氏族,家族),死(死亡):尸(死尸),卑(低下,卑贱):婢(婢女,丫头),广(宽阔,广大):扩(扩大)。

　　(1)(2)(3)(4)这些配对词的上古音,古音学家们都承认不同。这是对的,人们根据后代读音来推阐古音,不正是基于这样的认识吗?如果说每对词的两个成员上古读音都相同,不仅没有任何可靠的证据,而且必然将上古音系弄得一团糟。那样的话,我们就要追问:认为上古汉语"包:胞"同音的学者,你们怎样论证这些配对词分别同音?你们不采用"以今识古"的科学方法的依据是什么?这些你们处理为同音的字是什么时候变得不同音的?如果这些配对词上古不同音,那么,由原始词滋生出这些滋生词时声母、韵母等不就发生了变化吗?上古汉语不就存在着音变构词吗?我们还知道,上古汉语存在着大量的同源词,《同源字典》可以为证。实际上,同源词是上古甚至远古汉语音变构词和词义构词的共同产物。只是其中有不少词我们无法确定哪一个是原始词、哪一个是滋生词而已。谁都承认,上古汉语的同源词之间不一定同音。如果承认这一点,就必须承认上古汉语有音变构词。上古汉语有大量的不同音的同源词,这正好证明了上古汉语有大量的音变构词,当时是音变构词极为能产的时代。

我在《汉语变调构词研究》中,曾顺着这样的思路举出"舞:巫"为例,证明只要承认"舞"上古读上声,"巫"上古读平声,就一定能证明上古汉语有变调构词。现在再举一个例子:"内"和"㭊",这是一对同源词,"内"应该是原始词,"㭊"是滋生词。现在我们假定不知道"内"和"㭊"哪一个是原始词、哪一个是滋生词。我们知道,《诗经》时代,"内"是物部长入,"㭊"是缉部短入,不仅声调不同,连韵母也不同。但是根据研究,"内"原来是缉部长入,根据《汉字古音手册(增订本)》,"内"原读 nuēt,"㭊"原读 nuět。总之,"内:㭊"原来只是声调不同。这样一来,"内"和"㭊"的滋生情况理论上只有三种可能:(1)"内"是原始词,"㭊"是滋生词;(2)"㭊"是原始词,"内"是滋生词;(3)它们都是滋生词,原始词不知道。如果是(1),显然从"内"滋生出"㭊"声调发生了变化。如果是(2),显然从"㭊"滋生出"内"声调也发生了变化。如果是(3),这个未知的原始词的声调跟"内、㭊"就只有三种关系:第一种,跟"内"同调;第二种,跟"㭊"同调;第三种,跟"内、㭊"均不同调。如果是第一种,则原始词滋生出"㭊"时声调发生了变化;如果是第二种,则原始词滋生出"内"时声调发生了变化;如果是第三种,原始词滋生出"内、㭊"时声调都发生了变化。因此,上古汉语有变调构词,这是铁的事实。从《同源字典》中可以抽绎出大量的声韵全同而声调不同并且词义有别的同源词,因此上古汉语中肯定存在着大量的变调构词。有人根据写成同一个汉字的"四声别义"和"两声各义"否定上古汉语有音变构词,那是见树不见林,是错误的看法。

有一个糊涂观念,以为有很多"四声别义"的破读音最早只见于中古人的注音,未见于上古人的注音,因而不能推到上古去,因此上古汉语没有变调构词。这想法不科学。我们理解古代的语音,必须以已知求未知,"以今知古",但不能以今为古。按照有的人的说法来推阐,殷商的甲骨文岂不是没法释读? 古人的具体字的读音已逝,我们必须借助今天的读音去了解古代的读音。假如没有跟古代汉语一脉相承的现代汉语,我们几乎不可能读懂古书。正因为古代的许多字音在今天的活语言中还保留着,所以我们可以知道其古代的语音;有些字音今天消失了,但是南北朝以来的学者几乎给每一个汉字都注了音,借助它们的注音,我们也可以知道其古代语音。这是"以已知求未知"。汉字的注音是从汉代开始的,但是当时出现的绝大多数汉字汉儒并没有注音。这并不妨碍后人认识汉代语音。像"一、二、三、四、五"这些字上古的读音是什么,上古的人并没有告诉我们,只能通过后代读音往上推。因为那时候没有给这些字注音就认为这些字当时的字音不可知,这就陷入不可知论。

我们知道,不仅很多破读音不见于上古人的注音,就是绝大多数的如字音也不见于那时人的注音。我感到很奇怪:很多配对词的原始词的读音也是汉代人所没有注的,为什么只允许原始词的读音由六朝往上推,却不允许滋生词的读音由六朝往上推? 根据何在? 一个字无论读原始词的音,还是滋生词的音,根据六朝经师的注音往上推,是完全合理的,也是必须的。同理,美好的"好"读上声,爱好的"好"读去声,上古时代跟后代也分别有严整而系统的对应,按照一般音义结合的原则,都得从中古读音往上推。除非有另外的坚强的理由,否则对于配对的原始词和滋生词上古读音的推求都必须采取"以今知古"的方式。不能因为两个"好"上古人没有注音而认为都不可知,更不能认为读上声的"好"是可知的,去声读法是不可知的,或者去声读法要读成上声读法。"一、二、三、四、五"这些字的字音都未见于上古的注音,可是谁都会认为其通常读音都来自上古;同理,在一般情况下,"好"的两读也来自上古。当然,从理论上说,滋生词从原始词分化出来以后,首先要经过一个词义构词的阶段,因此滋生词最早跟原始词同音。这在理论上是成立的。但是,这只能说滋生词的读音晚于原始词的读音,并不能证明滋生词在上古时代也要读成原始词的音。我们不能忽视另外一个理论:如果滋生词的词义上古大量使用,按照"以今识古"的方法,其读音也得从中古往上古推。后一种理论更为关键。得承认,有少量的滋生词的读音上古时代跟原始词相同,中古才产生分化。但是,这要根据确实可靠的材料加以证实。否则,在一般情况下,就应该依据音义结合的原则,按照"以今识古"的方法将滋生词的读音由中古推到上古。历史语言学的这一个原则,我们应该坚定不移地贯彻下去。事实上,更多的音变构词,还有其他的内证材料可以证实其滋生词的读音来自上古。

五、研究音变构词的方法

研究汉语的音变构词,有一些研究原则和方法是必须遵守的。主要有:

(一) 在全面掌握材料的基础上做客观归纳。要做客观归纳,首先就要尽可能地全面掌握各配对词的相关材料。研究时要注意校勘;但是除非有明显错误,否则不能轻议古人注音的对错。我们可以看到,古人的注音材料有些看似很多,很芜杂,实际上很规则。一般情况是:(1)如果配对词的两个读音都传至今日,古人的注音也就相应地区分甚严。有时候上下文中兼注异读,但这往往是对上下文的词义有不同理解。(2)如果配对词的一方在中古以后的口语中音义早已消失了,在被注文本上下文词义不会出现歧解的情况下,古人的注音也就比较复杂。不仅不同的人注音不同,就是同一个人注音也不一致。后代口语中读音消失的词常常又注上中古时代的常见读音。这当然反映出注释家对后代口语中消失的读音处理的踟蹰,这一现象也折射出中古文学语言配对词在音义结合上发生的变化。(3)如果配对词甲方的原来读音在口语中消失了,读成了乙方的读音,除非上下文中理解有分歧,往往是乙方的上下文注音没有分歧;而甲方既可注甲方原来的读音,又可注乙方的读音,这就形成了参差。(4)如果滋生词的本义后来在口语中消失,由它继续引申出的词义在口语中还保留破读音时,滋生词的本义可以兼注原始词的读音,而由它继续引申出的词义则只注破读音。从史的角度看,这些现象都很容易理解,也反映出前人对汉语配对词的音义配合的分析是有规律可循的。

　　要研究好音变构词,多方发掘材料最为重要,只有充分的材料才能帮助我们深透地理解配对词的音义关联。例如有些字字书收录有别义的异读,明明反映了它属于音变构词,但是仅凭字书的材料难以做出圆满的考证,这时就必须扩展材料的来源。材料主要有三方面:一是跟字书中的音义配合关系相互印证的古书用例,二是跟口语相关的材料,三是具体音变构词配对词中音义配合关系源流的材料。第一方面的材料是重中之重。但是古书浩如烟海,相关的材料非常难寻,犹如大海捞针,颇费时间和功力,有时候要找到它需要碰点运气。例如《广韵》"虫"有直众切一读:"虫,虫食物……或作蚛。"古书中,"蚛"读直众切的例证相对容易寻找,"虫"作"虫食物"讲证据难寻。我想到,平时读《说文解字注》时,《说文》虫部有:"蛊,腹中虫也。"这里"虫"是动词,作动词"中"的宾语。段玉裁注:"'中''虫'皆读去声。《广韵》《集韵》皆曰:虫,直众切,虫食物也。亦作蚛。'腹中虫'者,谓腹内中虫食之毒也。自外而入,故曰中;自内而蚀,故曰虫。此与虫部'腹中长虫''腹中短虫'读异。《周礼·庶氏》:'掌除毒蛊。'注云:'毒蛊,虫物而病害人者。《贼律》曰："敢蛊人及教令者，弃市。"'《左氏正义》曰：'以毒药药人，令人不自知，今律谓之蛊。'玄应屡引《说文》：'蛊，腹中虫也。'谓行虫毒也。下五字盖默注语。"这样，"虫"的滋生词用法就找到了古书的用例。可惜至今还没有找到上下文中这个"虫"古人注去声的直接证据。但是滋生词的后起字有"蚰"，只读去声，而古书又有用例，算是弥补了这个缺憾。

　　再如《广韵》说"栖"有去声苏计切一读："栖，鸡所宿也。"我在读古书时，发现有用例，《战国策·秦策一》："诸侯不可一，犹连鸡之不能俱止于栖亦明矣。"鲍彪注："栖，鸡所宿也。"《文选·潘岳〈寡妇赋〉》："雀群飞而赴楹兮，鸡登栖而敛翼。"李善注："丁仪妻〈寡妇赋〉曰：'鸡敛翼以登栖，雀分散以赴群。'……栖，鸡宿处。"《三国志·魏书·刘放传》"然后帝崩"裴松之注引晋郭颁《魏晋世语》："殿中有鸡栖树，二人相谓：'此亦久矣，其能复几？'"按：鸡栖树，指皂角。《后汉书·陈蕃传》："车如鸡栖马如狗，疾恶如风朱伯厚。"唐杜甫《恶树》："枸杞因吾有，鸡栖奈汝何？"按：这里"鸡栖"指皂角。李贺《春归昌谷》："独乘鸡栖车，自觉少风调。"宋苏轼《林子中以诗寄文与可及余》："坐令鸡栖车，常载朱伯厚。"按：鸡栖车，一种制作简陋的小车。唐王驾《社日》："鹅湖山下稻粱肥，豚栅鸡栖半掩扉。桑柘影斜春社散，家家扶得醉人归。"这里"鸡栖"就是鸡窝，鸡息之处。这是一首七绝诗，根据平仄格式，"栖"是平声，说明在唐代，"栖"作"鸡窝，鸡息之处"讲，当时有的方言采取词义构词的方式。但是《广韵》等韵书的去声读法总不会是编者人为地编出来的，应该也有口语的来历。章炳麟《岭外三州语》："《说文》：西，鸟在巢上。或作栖。引申谓巢曰西。三州（文按：指广东惠州、嘉应、潮州）谓鸡西曰西，音如细。"可见清末的广东方言中，"栖"作"鸡窝，鸡息之处"讲，仍读去声。这是"栖"变调构词有汉语口语依据的铁证。这样"栖"的去声音义算是找到了十分有用的书证材料。类似的材料的发掘今后仍需努力。

　　有时候,古人给古书上下文留下的注音材料较少,不容易归纳出原始词和滋生词的词义分别。这时候,要注意思考扩大材料范围的方法。注意古人注音的体例是其中一个值得尝试的办法。中古人注音,越是中古常见的读音就越不注。"扫"有上去二读,但是其词义区别在哪里,前人没有解决,我多年思之未得。《经典释文》多给它的去声读法注音,很少给上声读法注音。因此无法从上去声的例证对比中确定不同声调读法的词义分别。前人已经提示我们:"扫"上声读法更常见。有一天我豁然开朗,《经典释文》注音的那些古书中,"扫"字出现几十次,按常理,那些没有注音的"扫"一般读上声。将这些古书中的"扫(埽)"全面整理出来后,再进行排比、归纳,结论也就出来了:"扫"读上声,泛指扫除,清除;读去声,特指用扫帚扫。

　　扩大材料范围还有一个好办法:前人注音,有时候遇到同一个字下文出现多次而读音相同时,为了节省篇幅,往往在第一个注音字那里注上"下同"等字样,提醒人们下文出现的这个字的读音跟上面提到的那个音是相同的。这能帮助我们解决不少问题,甚至是很重要的问题。例如"委"有上去二读。读上声,意思是聚集;读去声,意思是聚集起来的禾米薪刍等财物,用来供养人或周济人,喂养牲畜等。去声读法还有"喂养牲畜"的意思,词义扩大指喂养动物。这些都有很多材料证明。去声还有"用聚集起来的禾米薪刍等财物来供养人或周济人,喂养牲畜"的词义,这在前人的直接注释中没有出现。但是《周礼·天官·小宰》"二曰教职,以安邦国,以宁万民,以怀宾客"郑注:"怀亦安也。宾客来,共其委积,所以安之。"释文:"其委,于伪反。下'賙委'同。积,子赐反。"按,此"委积"是名词性结构,但值得注意的是"下'賙委'同"

几个字,指《小宰》"丧荒,受其含襚币玉之事"郑注"《春秋传》曰:口实曰含,衣服曰襚。凶荒有币玉者,宾客所賵委之礼"。此"賵委"为同义动词连用,指把聚积起来的禾米薪刍等用来接济人,供人食用或饲养牲畜。这样一来,去声读法的词义引申脉络是:聚集起来的禾米薪刍等财物,用来供养人或周济人,喂养牲畜等→用聚集起来的禾米薪刍等财物来供养人或周济人,喂养牲畜→喂养牲畜→喂养动物。通过"下注同"的提示,既可以知道"委"读去声有"用聚集起来的禾米薪刍等财物来供养人或周济人,喂养牲畜"的意思,而且还将词义引申的线索联系得更清楚。

　　一旦我们掌握了一定数量的材料,试图加以整理时,经常遇到"卡壳"的情况。这时候,千万不能放松或放弃,这种现象正说明里头大有文章可作。要注意到:各配对词的音义结合不是孤立的,应该联系相关的已知知识分析出条例,加以解决。这就要求研究者将变调构词各配对词放到整个音变构词的格局中去考察。围绕着解决具体的问题提炼各种方法和途径,这就自然探索出新的理论了。

　　我们搜集到的反映各配对词的材料本身是混沌一片的,要将它们的音义配合脉络理清楚,首先就要站在"义变"这个关键点上,通过个案的分析掌握其条例。以前很多人只站在词性的变化这一立脚点上去分析原始词和滋生词的区别,结果与事实大相径庭。例如有人说"恶"读入声(来自上古短入),是作名词或形容词;读去声(来自上古长入),是作动词。只要全面地接触材料就可以知道,"恶"的入去之别的关键根本不在词性上,古人大量的例证中,"恶"作动词仍然可以注入声。仔细考察一下词义就可以看出,"恶"的入去二读之别是跟着词义走的:"恶"的"罪恶,不良行为"(名词)及其引申用法"貌丑,不良,不善"(形容词)、"遭受凶恶"和"指摘人的不良行为,批评人的不良行为,谴责"(动词)诸义读入声,"恶"的"讨厌,厌恶,不喜欢"的意思读去声。站在"义变"的立脚点上,大量的疑难问题就会迎刃而解。

一个原始词,或原始词词义构词后滋生出来的一个新词,都可以滋生出多个滋生词。这也是一个条例。"长"本是"两端之间距离大"的意思,读平声。由它采取复杂的音变构词,滋生出"生长"的"长";又由它变调构词,滋生出"长度"的意思。这是明显的例子,两个滋生词的读音有区别,容易看出来。我在研究实践中,逐步悟到一个原始词可以采取同样的音变构词,滋生出不同意义的滋生词。例如"长"读去声有两个意思"长度"和"多余的"。这两个意思之间很难找出引申关系。"长度"的"长"很难引申出"多余的"意思:"广,深、高"等为什么没有发展出平行的意思?"多余的"的"长"也很难引申出"长度"的意思:其一,这个意义的"长"出现在文献中要晚于"长度"的"长";其二,"多余的"的"长"平行的例子也都没有发展出"长度"的意思。只有将这两个意思都看作是"两端之间距离大"的"长"发展出来的才是正确的。由这个读平声的"长"引申出"长度"的"长",跟"广,深、高"分别从形容词发展出"宽度、深度、高度"的意思正相平行;由这个读平声的"长"引申出"多余的"的"长",跟"短"引申出"不足,短缺"的意思正相平行。只有充分认识一个原始词,或一个原始词词义构词后滋生出来的新词,都可以发展出同音的两个或两个以上的滋生词,这样很多疑难问题才能迎刃而解。

一个原始词可以在不同的时代滋生出多个同义的滋生词。这也是一个条例。最明显的一个例子是,"背"是"背部,脊背"的意思,上古时代已经由它滋生出作"用背背"的"负";到了中晚唐,又由它滋生出"用背背"的"背"(早期仍写作"背")。再如"去"本是"离开"的意思,读去声。由它滋生出"除去,除掉,去除"的意思,读上声。可是"祛"也是

"除去,除掉,去除"的意思,却读平声。"祛"显然也是"去"的同源词。将属于基本词汇的读去声的"去"撇在一边,说读上声的"去"是"祛"的原始词,或者"祛"是读上声的"去"的原始词,都不合适。只能这样认为:读上声的"去"和"祛"都是分别从读去声作"离开"讲的"去"滋生出来的。认识到一个原始词可以滋生出多个同义的滋生词,这无疑也会解决一些疑难问题。

原始词及其滋生词各自都可以继续引申出新义,它们各自引申出的新义也会形成同义词或近义词。这也是一个条例。最明显的一个例子是,"背"由"背部,脊背"的意思引申出"违背,背弃"的意思;"负"从"背"引申出"用背背"的意思之后,也引申出"违背,背弃"的意思。变调构词中也应该有这种情况,尤其是某一个字上古至近代都严格维持不同声调的差别,但古人对上下文注音有兼注异读的情形,可以考虑从这方面加以解释。例如"劳"作"辛苦,辛劳"讲读平声,作"慰劳"讲读去声,周祖谟先生《四声别义释例》中通过汉儒的注音材料有力地证明了它在汉代已是平去别义,直到《中原音韵》"劳"还平去兼收,《经典释文》中"劳"的平去二读也是区别甚严的。但是《经典释文》中,有的地方似乎只可以作"慰劳"讲,却兼注异读。这需要解释。《诗·魏风·硕鼠》:"三岁贯汝,莫我肯劳。"释文:"肯劳,如字,又力报反。注同。"我们可以想到,古人的慰劳跟今天的"慰劳"还不完全一致,古人慰劳别人时要馈赠礼物。这里的"劳"字所以注去声一读,是因为可以从这个角度去理解。但是为什么又可注平声?是"慰劳"义又可以读平声吗?显然不能这样理解。依我看,这里的"劳"可以理解为"安慰其辛劳"的意思,是平声读法的一种扩展用法,故可注平声。舍此,别无其他更好的解释。

(二)历史文献的考证和语言学理论的结合。研究音变构词,要将历史文献的考证和语言学理论结合起来，把中国传统语言学中的科学精华和西方语言学的科学理论结合起来，从现代语言学的立场出发，将传统的"四声别义"改造为"音变构词"，这样就不仅仅局限于书面上的"一字异读"，而是由记录语言的文字深入到语言内部，不管原始词和滋生词是否用同一汉字来记录，都同样看待。这种改造，一方面批判继承了传统"两声各义"的研究成果；另一方面，又扩大了研究范围，拓展了研究视野，自觉地在现代学术背景下探讨包括"两声各义"在内的音变构词的各种规律。

　　将写成同一个汉字和写成不同汉字的变调构词一同进行考察，许多争论已久的问题也就迎刃而解了。例如"四声别义"是六朝经师人为还是汉语口语的反映？我们只要承认"解：懈""齐：剂""家：嫁""空：孔"等配对词声调不同，而这些配对词的不同声调在实际口语中已存在，就可以知道汉语口语中必然存在着变调构词；承认存在着变调构词，也就必然承认汉语口语中存在着"四声别义"。再如"四声别义"是上古已有的构词手段还是中古以后兴起的现象？我们只要承认"空：孔""内：纳""摇：鹞""交：绞""买：卖""言：谚"等配对词声调不同，而这些配对词的不同声调在上古口语中已存在，就可以推定上古汉语必然存在着变调构词；承认上古存在着变调构词，也就必然承认上古汉语存在着"四声别义"。四声别义和变调构词是语言中同类性质的现象，所异者只是在汉字字形上有无分别而已。

　　瑞士语言学家索绪尔提出语言符号的音义结合没有必然的联系。这是一个卓越的见解。汉语的音变构词也体现了这一规律。它提醒我们，在研究汉语音变构词时，要注意一对配对词的古今音义结合会有变化。事实确实如此。"称"古代作"称作，号称"讲读平声，作"名号，名称"讲读去声，今天都读平声；"誉"古代作"称赞"讲读平声，作"好名

声"讲读去声,今天都读去声。"数"作"计算,一一列举"讲读上声,作
"数目"讲读去声,这是古今一致的。但是它作"几,几个"讲古代读上
声,显然是从"计算,一一列举"义的"数"滋生出来的;但是今天这个
"数"却读去声,以致有人误以为"几,几个"讲的"数"是从"数目"的
"数"滋生出来的。这样的例子还有很多。它能给我们以启示:既然一
对配对词古今音义结合可以不同,那么,对于这种音义结合关系的变
化,绝不能仅仅靠古今的语音对应就可以类推而求得,必须深入古代材
料——爬梳整理,找出它们的历史发展线索。

(三)要贯彻科学的历史观和系统观。贯彻科学的历史观,要谨防
两种错误倾向。一种是在还没有得出科学结论的情况下,为了将音变
构词牵强附会地跟民族语言扯在一起,特别是跟藏语等藏缅语拉扯在
一起,将某一对音变构词视为原始汉藏语的遗留或进一步的发展,从而
歪曲事实。例如有人将"解"的原始词处理为"自解",读匣母;滋生词
处理为"判也",希望能跟藏缅语的自动词和使动词扯上关系。这里实
际上是连资料都分析错了。"解"的见匣二母的区别根本就不是"自
解"和"解它"的不同。《左传·宣公四年》:"宰夫将解鼋。"释文:"将
解,如字,又音蟹。"可见这里的动宾结构"解鼋"的"解"既可以读见母,
也可以读匣母。能说这里读匣母的"解"是"自解"吗? 同样是读上声,
见母和匣母的区别前人说得清清楚楚。《周易·解》疏:"然'解'有两
音,一音古买反,一音胡买反。'解'谓解难之初,'解'谓既解之后。"张
守节《史记正义·发字例》:"解,佳买反,除结缚也。又核买反,散也。"
这是正确的。

另外一种错误倾向是在缺乏深入研究的情况下,主观接受清代学
者的个别不正确认识,将音变构词看作南北朝兴起的语言现象,眉毛胡
子一把抓,将《经典释文》中兼注异读的现象不加分析地视作新旧读音

的交替的反映形式。例如"好"和"恶"的变调构词在上古以来的韵文等文献中就已经如此，今天所有的方言都保留着。《经典释文》的时代距周秦时代有一千几百年，陆德明给上下文中的"好"和"恶"注异读怎么可能反映的是新旧交替的读音呢？《左传·昭公七年》："晋侯问于士文伯曰：'谁将当日食？'对曰：'鲁卫恶之。'"杜注："受其凶恶。"释文："恶之，如字。或乌路反，非也。"这里"恶"带有宾语"之"。有人注为"乌路反"，是因为没有注意到，上下文中，"恶"不能理解为讨厌、不喜欢，只能理解为"遭受凶恶"，是名词用作动词，当读如字，不能读去声。《公羊传·隐公七年》："《春秋》贵贱不嫌同号，美恶不嫌同辞。"释文："美恶，乌路反，又如字。注同。"这里"恶"读去声时，"美恶"是指赞美和厌恶。"恶"读入声，则可能有两种解释：一种，"美恶"是形容词连用，指善恶；二种，"美恶"是动词连用，指赞美和指摘。这里"恶"的不同读音，是对上下文中具体词义理解有异，不是反映"恶"的去声读法刚刚兴起。碰到类似的情况，都得具体问题具体分析，不能轻易地处理为新旧读音的交替，那样的话，对音变构词仍然不能得到正确的理解。

语言的历史发展有继承，也有变化。但是，根据上面的讨论，我们可以知道，探求这种继承和变化必须以对材料的科学深入细致的分析为基础，不能图解历史观。只有这样，才能说是贯彻了科学的历史观。

音变构词本身具有系统性，这种系统性表现在多方面。例如在音义结合上，配对词中的原始词往往是非去声，滋生词往往是去声；原始词往往是短入，滋生词往往是长入，这就是系统性的一种反映。我的《汉语变调构词研究》一书已经涉及，这里不赘。因此，从语音上说，原始词和滋生词大多数情况下容易判别。判别原始词和滋生词，除了语音，还要注意语义等方面。这也要求贯彻系统性的原则。王力先生在《汉语滋生词的语法分析》一文中指出："汉语滋生词，多数是容易辨认的。"其《汉语词汇史》第三章《滋生词》中也说:"在汉语里,初词和滋生词的关系不是处处都很清楚的……在大多数的情况下,派生词是可以肯定的。例如'取'和'娶'、'包'和'胞'、'咽'和'咽'、'陈'和'阵'等等,其派生的关系是很清楚的。"我相信这话是真理。

　　贯彻科学的系统观,要求我们在词义发展的系统性当中区分词义引申和用字的音近假借。对某些配对词的研究有人忽视了其间的词义联系,将其当作用字假借处理了,一个重要原因就是忽视了从系统性出发做出科学的分析。例如"舍"有二读:上声意思是舍弃,去声意思是屋舍。有人以为这是音近假借。这样说是忽视了"舍"读去声还有一个动词用法:舍置,搁置起来,此义可以发展出"搁置之处(屋舍)"的意思。而"舍置,搁置起来"义跟"舍弃"义之间有联系。"废、置、遗、投、委、丢"都有"舍弃,废弃"的意思,也都发展出了"舍置,搁置起来"的意思,可以为证。由"舍"的"舍置,搁置起来"的意思发展出"屋舍"的意思则很容易理解。我们应该注意到,"舍置,舍止"的意思发展出"屋舍"的意思有相当多的平行的例证,但是还没有找到"屋舍"或"舍置,舍止"义发展出"舍弃"义的平行例证。所以可定"舍"的"舍弃"义为原始词,"舍置,搁置起来"义为滋生词。《说文》说"舍"的字形像"市居",是根据讹变以后的字形做出的分析,金文中的"舍"可能是个上以"余"为声符、下以"口"为形符的形声字。

　　音变构词是一种构词法,不是构形法,它们构造的绝不是一个词不同的语法形式,配对词的词义发展是按照词义引申脉络循序渐进的。这也是词义系统性的一种表现形式。这就要求我们科学吸收学者关于汉语词义引申的研究成果,找出词义引申脉络。例如"重"有三个读音,发展线索是:"重",重迭起来,平声→"重",重量大,上声。用作使动,使变重。又引申指盛→倚重,看重,吝惜→担心,害怕。"重",重迭起来,平声→"重",增加,加上,去声。由"增加,加上"义发展出以下诸义,也读去声:(1)频繁多次,反复,形容词。(2)更加,又,副词。(3)行军时或旅行时由部队或个人携带的物资或家属,财产,名词。有人没有注意到"重"作"更加,又"讲读去声,受今天读音影响,以为读平声,结果将这个意思看作是读平声作"重迭起来"讲的"重"的引申义,误。分析变调构词的配对词的词义引申脉络,除了参考古人的研究成果外,今人编纂的大型语文工具书《辞源(修订本)》《汉语大字典》《汉语大词典》《王力古汉语字典》等都是可以参考的。但是要根据音义结合的原则对这些工具书的音义配对关系做适当调整,以便更能反映出古人音义结合的实际情况。

研究音变构词贯彻系统性的原则,还要注意:音变构词是从各具体的方言中先产生的,一旦产生之后,并不都能推进到其他方言中去。因此,同样是词义引申,有的方言会采用词义构词的方式,有的方言会采用音变构词的方式。例如"去:弆"是一对配对词。"去"本读上声,意思是使离开,除掉,除去,是"去"的去声读法"离开"一义的滋生词。"弆"是"收藏"的意思,也写作"去"。有人认为"去"作"收藏"讲是"弆"的假借字,不确:"废、置"都有"除去,舍弃,废弃"的意思,也都发展出"舍置,搁置起来"的意思,这在上面已经谈到了。段玉裁《说文注》"废"字条注已明确指出"去"的这两个意义之间有引申关系。他的话是对的。应该承认作"收藏"讲的"去(弆)"是读上声作"除去,舍弃,废弃"讲的"去"进一步滋生出来的新词。这里要说的是"弆"的读音。《左传·昭公十九年》:"纺焉,以度而去之。"杜注:"因纺绳连所纺,以度城而藏之,以待外攻者。"释文:"而去之,起吕反,藏也。裴松之注《魏志》云:古人谓藏为去。案:今关中犹有此音。"孔疏:"去即藏也。《字书》去作弆,羌举反,谓掌物也。今关西仍呼为弆。东人轻言为去,音莒。"可见,直到隋唐时代的方言口语中,关中、关西方言"收藏"义的"去(弆)"跟读上声的"去"同音,属于词义构词;但是关东方言跟"莒"同音,跟读上声的"去"属于变声构词。

　　近些年来,有人注意运用方言叠置的理论解释一些问题。这当然是一种系统的研究活动,是好事情。但是要注意方言叠置理论的适用范围,不然的话,容易误入歧途。有人试图扩大叠置研究的功用,从这个角度去解释历史上的音变构词现象,提出了如下设想:早期汉语共同语中的一个词,在甲方言变成了 A,在乙方言变成了 B。A 或 B 在方言的词义发展过程中,意义发生了变化,读音也发生了变化。后来,A 和 B 都被吸收进了共同语,在语音和词义方面对立,形成音变构词。这是似是而非的说法。按照这种说法,"三"的变调构词是这样形成的:甲方言"三"指三个,读平声;乙方言"三"指三次,读去声。后来共同语分别从甲乙两个方言中吸收了这两个"三",形成平声"三"和去声"三"的叠置。可是我们应该仔细想一想:乙方言中"三个"的"三"拿什么去表达,它难道没有"一、二、三、四、五"的"三"? "三次"的"三"又是怎么产生的? 显然乙方言中已有"三个"的"三",读平声,再滋生出读去声作"三次"讲的"三",然后再推进到共同语当中去。而共同语中本身也有"三个"的"三",读平声。音变构词是一种词汇派生现象,这种现象绝不是语音叠置所能解释的。

六、研究音变构词的意义

　　音变构词研究的意义是多方面的,这里只是简单地说说。主要谈三个方面的问题:(1)对语言学特别是汉语史研究的重要意义;(2)对大型古汉语语文工具书编纂和修订的重要意义;(3)对古文献的阅读和整理的重要意义。音义结合是语言符号的本质属性,上述三个学科既然都要面对古代汉语的字和词,因此音变构词必然对这些学科的建设和发展有重要意义。

首先,我要谈到,音变构词研究对语言学特别是汉语史研究的重要意义。研究音变构词,要求全面地搜集散见于各处的音义研究,运用现代语言学的方法和汉语语音史、词汇史已有的研究成果对其进行鉴别,集零为整,去粗取精,更加全面地、真实地反映音义关联在语言学上的普适价值和汉语音义关联在系统结构关联上的独特之处,从而为普通语言学做出汉语研究自己的理论贡献。

王力先生在《汉语史稿》第三章《语法的发展》中花了相当大的篇幅论述音变构词,指出这项研究涉及"语音、语法、词汇三方面"的联系,实际上已经看到了音变构词对于汉语史各分支学科语音史、词汇史,语法史的重要意义。这是非常正确的看法。包括变调构词在内的音变构词曾经是汉语双音节构词产生之前极为能产的构词方式,在上古汉语之前尤为发达。这种构词方式必然会深刻地影响着当时的语音、词汇、语法系统,我们应该将这种构词方式全面地揭示出来,科学发掘它对汉语语音、词汇、语法系统的作用。当今国内外语言学对单音节符号系统的特点挖掘得很不够,影响了人们对语言规律的进一步掌握,也限制了一些研究者的学术视野。从这个角度说,汉语音变构词是极有意义的科研项目,是值得努力的学术方向。

不仅如此,将语言符号从其他符号系统中划分出来,将不同的语言符号彼此都划分开来,这是科学的语言研究的基石。要达到这种研究效果,只能走音义结合的道路。例如,语音史方面,各种研究语音史材料的运用都需要借助变调构词在内的音变构词的研究成果,上古汉语的一些音位区别,也一定要运用这里面的研究成果。音义关系研究可以说是构建音系的基础,基础不牢就会出现乱做语音系联、构建虚假音系的现象。从汉语音变构词的角度可以印证、检验现有的汉语上古音系和中古音系研究成果,正本清源,弘扬古音研究的优良传统和科学成就,同时让其中一些糟粕在实践的检验面前露出马脚,从而在方法论上对古音研究以及汉藏诸语言研究等方面做出贡献。词汇史方面,词义的确定和词的引申脉络、词义系统、同源词、词由单音节为主转变为以双音节为主的词汇系统变迁等词汇问题都要联系音变构词。语法史方面,词类的划分、词的归类、实词虚化及歧义问题、相关句式的研究等,都需要借助音变构词研究的相关结论。当今汉语语音史、词汇史、语法史研究中存在着的一些弊端,有不少就跟对汉语词的音义关系和音变构词、变调构词缺乏科学研究有关。另外,音变构词对于汉语方言的调查、汉语和其他语言的接触、汉藏诸语言的比较研究、汉语普通话的正音,以及了解古汉语与现代汉语(包括普通话和各地方言)的联系、了解古汉语与其他民族语言的历史关系有重要意义。毫无疑问,音变构词在语言学方面的重要作用早已为语言学界的有识之士认识到了。

　　这里只说说变调构词对于上古汉语声调研究的意义。大家都承认,上古汉语有声调的区别。问题主要集中在上古到底有没有去声?有人说,从韵文来看,上古没有去声。唐作藩先生《上古汉语有五声说》(载《语言学论丛》第33辑)论证,《诗经》中去声"确乎已经存在"。从联绵字来看,上古汉语的叠韵联绵字,基本上是去声跟去声构成叠韵联绵字;从并列复合词来看,先秦的并列复合词也一般按照平上去入的顺序排列;从白语的汉语借词来看,早期(可能在战国以前)的汉语借词,长入和去声声调不一致,去声也自成一个调类。这些都是上古汉语有独立去声的铁证。如果从变调构词的角度看,更可以确证上古汉语有去声。将变调构词跟韵脚字结合起来,可以清楚地看到,"好、恶"之类一般按照不同的音义结合关系来押韵。另外,如果没有去声,那么只能认为“买∶卖”“家∶嫁”“昭∶照”“含∶琀”“言∶谚”“两∶緉”“永∶咏”“垂∶睡”“弟∶娣”之类的配对词,在上古是同音词。这不但没有科学依据,而且也无法论证和解释它们的声调区别是何时产生的。东汉开始,人们留下了注音材料。当时的注音材料,已经反映出东汉的汉语就有去声。如果不承认当时就有去声,汉人注音中的“杜子春傩读为难问之难”(《周礼·春官·占梦》郑玄注引)、“朐……读若拘,又若良士瞿瞿”(《说文》“朐”下注,“瞿瞿”的“瞿”《广韵》九遇切)、“姷……读若佑”(《说文》“佑”下注)、“子读如不子之子”(《礼记·乐记》郑玄注)就很难解释清楚,不承认古有去声,则必然会扭曲事实。

其次,我来谈谈音变构词研究对大型古汉语语文工具书编纂的重要意义。大型古汉语字词典既注音又释义,注音除了现代读音,还要注反切,甚至注上古音。因此大型古汉语工具书的编纂和修订,就必然面对音义结合的问题。既往的编纂和修订在这方面做了不少有益的工作,但是也有不少需要改进之处。大家都承认,字词典的注音和释义应该配合起来。但是什么音跟什么义配合,这个问题还解决得很不够。一方面,音义配合随着时间的推移也会发生变化,《广韵》《集韵》的音义结合有时候反映的是唐宋时代的情况,跟更早时代的音义配合有一定距离。我们的字词典编纂和修订需要考虑这个问题:当出现这种配合不一致的情形时,到底应该反映更早的音义配合还是只照顾《广韵》《集韵》的配合呢?是否需要兼顾这种音义结合的变化?这无疑是需要研究的。另一方面,今天不少大型古汉语工具书的编写和修订中有的根本将音义配合处理错了。这应该加以改正。

例如,以下的问题就值得考虑。有些涉及音变构词的字,不同的读音词义本来有别,但是有的工具书却当作自由变读来处理。我在《汉语变调构词研究》中已经举出了一些,在《汉语变调构词考辨》中将举出更多。有些字古人本来用不同的读音将不同的词义确定了下来,但是有人却机械理解词义概括性的原则,将词主观地并成了一个词义。"假"读上声,意思是借进来;读去声,意思是借给别人。伐,读去声(来自上古长入),意思是进攻,攻打;读入声(来自上古短入),意思是遭到进攻,被攻打。"贯",读平声,强调贯穿这一动作行为;读去声,强调贯穿这一行为的结果。古人既已区分,字词典为什么还要合并为一个意义?一字多音多义,有时候字词典不免张冠李戴。"数"作"几,几个"讲本来读上声,应该放到读上声的反切下面,为什么要放到读去声的反切下面?这样的处置不仅音义配合不合于古,在词义引申线索上也容易引起误解。在字词典举例方面,有时候本来是甲读音的例证,却被用作乙读音的例证。《史记·老子韩非列传》:"道不同,不相为谋,岂谓是邪?"三家皆未注"为"字的音。《汉书·杨敞传》附《杨恽传》:"故'道不同,不相为谋。'"颜师古注:"《论语》载孔子之辞,恽又引之。为音于伪反。"可见,"不相为谋"的意思不是不能共同商量问题,而是不互相为对方出主意。这个"为"本来读去声,可是有的工具书却放到了"为"的平声读法之下,这就将上下文中的"为"理解错了。在古汉语字词典的编纂和修订过程中,对于用例的选择需要特别慎重,建议在选择用例时多多注意前人给相关上下文的某字所注的读音,以免张冠李戴。

　　最后来谈谈音变构词研究对古文献的阅读和整理的重要意义。古人给经史子集做了大量的注音,里面蕴含着丰富的变调构词材料。古人的注音在流传过程中会出现失真的情况,也有后人有意改动而失真的情况,还有一些古书因为长期流传出现讹误。从变调构词的角度可以发现不少并加以校勘。例如《全唐诗》卷一六二李白《天马歌》:"愿逢田子方,恻然为我悲。"其中,"悲"下原注:"一作思。"李白诗的原文到底是作"悲"还是"思"？我认为应该是"悲"字，因为"思"或"悲"出现的韵脚字组是"遗，之，悲（或'思'），饥，枝，眉，池"，都是平声。这里无论作"悲"或"思"，都是"悲伤"的意思，但是如果是"思"，就要押去声，跟韵脚字组不协调，所以李白原文应该是"悲"字。"思"有平去二读，作"思考，思虑"和"思念"讲读平声，作"伤感，悲愁"和"思绪，意思，想法"讲读去声。再如《礼记·表记》："《诗》云：'丰水有芑。武王岂不仕。诒厥孙谋，以燕翼子。武王烝哉！'数世之人也。"释文："数世，色主反。"黄焯汇校："段云，主当作住，上音所住，下音色住，所色互异，而住字同。焯案宋本及钞本皆误作主，顾广圻云抚本亦误。"都以为"数"作"几，几个"讲读去声，从而认为所有的版本都有误。这是以今例古。今考"数"作"几，几个"讲本来就读上声，段玉裁、顾广圻等人以为这里"数世"的"数"切下字"主"为"住"之讹，反而是错误的。

有时候，人们在阅读古书时对音变构词重视得很不够，常常出错，或者对古书的理解不合古人原来的理解。例如《左传·成公二年》："郤子曰：'人不难以死免其君，我戮之不祥。'"有的人把这个"难"看成是"困难"的"难"用作意动，解释为"把……看作难事"的意思。这个解释不合于古。这个"难"杜预没有作注。释文："不难，乃旦反。"可见陆德明是读去声。"难"作"困难"讲是读平声，可见这里的"难"在陆德明那里不是作"困难"讲，因而也就不是形容词用作意动。根据陆德明的注音，他显然是把这个"难"理解为"畏惧，害怕"，"不难以死免其君"意思是不害怕用死来使自己的国君免于被俘。再如《史记·魏其武安侯列传》："两人相为引重，其游如父子然。"集解："张晏曰：'相荐达为声势。'"这里既没有注音，也没有解释"为"字的意思，只是串讲句意。《汉书·灌夫传》："两人相为引重，其游如父子然。"颜师古注："张晏曰：'相荐达为声势。'师古曰：'相牵引而致于尊重也。为音于伪反。'"

据此，"两人相为引重"的"为"读去声，句意为两人互相为对方加以提携而致尊重。有时候，古人对某一个上下文中的字兼注异读，这种异读有的反映出古人对该字上下文的理解有分歧。因此这样的异读对于了解古书的文意提供了多个思考的角度。例如《左传·定公四年》："蔡侯，吴子，唐侯伐楚，舍舟于淮汭。"释文："舍舟，音赦，置也。又音舍，弃也。注同。"这说明古人对"舍舟"的"舍"有两种不同的理解。

音变构词研究的成果对于探讨汉语诗律，特别是近体诗的平仄格式有重要作用。可以说，不注意变调构词，就不可能将诗律研究清楚。这也就是王力先生《汉语诗律学》一书中花相当大的篇幅谈声调的辨别的重要原因。例如李商隐《锦瑟》诗"一弦一柱思华年"一句，如果只知道"思"读平声有"思考，思念"的意思，读去声有"思绪，意思"的意思，不知道"思"读去声还有"伤感，悲愁"的意思，就不能将这一句讲通，也会误以为"思华年"是"平平平"的格式，这实际上就把这句诗当成了"三平调"。杜甫《奉济驿重送严公四韵》："远送从此别，青山空复情。几时杯重把，昨夜月同行。"仇兆鳌《杜诗详注》给诗题"重"注音："平声。"给"杯重把"的"重"注音："义从平声，读从去声。"这两处的"重"都是作状语，意思是"更加，又，再"，本来就应该读去声，不应该读平声。仇氏惑于后代"重"作副词的用法读平声，注成平声，因而有"义从平声，读从去声"之语。

字用背景下形声字的职能变化*

赵小刚

汉字是一种表意性文字符号系统。原则上，该系统要求每个字符的形体意义与其所记录单词或语素意义统一，从而实现明了准确地传达语义的目的。但由于音义关系变化、语义内容增加、表达方式求异、书写效果求便而汉字数量需要节制等原因，在实际用字过程中，具体字符的应用常常偏离上述原则，出现文献用字所表语义与字形（字面）义不相一致的现象。

对于这种现象，传统语言学提出过"本字""假借字""通假字"等概念，初步从理论上进行了总结，但并未反映全部事实，因为假借字、通假字只管与所记录的单词、语素或本字音同、音近，而不管所假字的形体能否显示所记录单词或语素的意义。由此，人们不禁要问：语义在不断发展变化，而汉字字数不能无限膨胀，记录新的语义又不能全都使用假借字、通假字，那么汉字如何有效地记录汉语单词或语素？

为了回答这一问题，近年来学者们开始深入探讨字用现象。王宁先生（1994:47）指出《说文》本字与文献用字差异的种种现象后，把这些现象概称为汉字使用职能的变化。李国英（1996）研究小篆形声字时，对汉字的使用状况加以归纳，指出其使用方式有本用、转用、借用三种情况。李运富（2008:179）从汉字记录职能角度出发，指出汉字具有

---

* 本文原载《兰州大学学报（社会科学版）》2013 年第 5 期。

本用、兼用、借用三种情况;同时从职能变化角度出发,指出进入使用状态的汉字分别具有职能的扩展、职能的简缩、职能的转移等现象。李运富(2008:164)在谈到汉字结构演变原因时指出:"为了克服汉字表达职能的退化,人们会有意识地改变某些字的结构,以求汉字的形音义达到新的协调,从而恢复或增强汉字的记词职能。"显然,与以往的零星概念相比,这些研究更加系统,更为科学。其研究成果无疑揭示了汉字记录职能及其变化的基本规律。

顺着上述路向继续观察汉字使用情况,我们看到,形声字的字用表现多样,内容丰富,我们总称之为形声字的职能变化。具体情况如下:

1. 字符移用。即甲字和乙字同为形声结构,其形符不同,声符相同,两字所表词义无关。在用字的某一时段,甲字的形符不能有效提示当前词义。为使形义关系清晰,汉字系统便移用形符更加贴近当前词义的乙字代替甲字。如:

脣—唇。《说文·肉部》:"脣,口耑也。"《释名·释形体》:"脣,缘也。口之缘也。"这是口脣本字。此字形符本为肉字,但后来,许多合体字中的肉字构件变得跟月字极为接近,索性一律写作月字。在这种情况下,一般人眼中,脣字各构件与口脣义关系疏远,于是汉字系统移用声符仍为辰字而形符为口字的另一形声字——唇,代替脣字,表示口脣义,如徐灏《说文段注笺》指出的那样:"唇,俗用为脣舌字。"但唇字本是震惊的意思,《说文·口部》:"唇,惊也。"此形移用后,其原有的震惊义则由震字表示,段玉裁在《说文》唇字下注云:"后人以震字为之。"

欧—呕。《说文·欠部》:"欧,吐也。"这是表呕吐义的本字,其形符为欠,声符为区。使用过程中,一般人看来此字的形符与呕吐义联系不起来,因为呕吐是指胃内食物被迫从口中流出,欠字显示不了此义。于是汉字系统移用声符仍为区而形符为口的另一形声字——呕,代替欧字。这样一来,字面顺乎人们见形知义的识读习惯,尤其是"呕吐"二字常常连用,形符都是口字,类属意义更加明晰。但事实上,呕字本指小孩学话声,《广韵·侯韵》:"呕,呕呝,小儿语也。"

概括而言,字符移用是指当汉字进入记录汉语状态时,一些形声字的形体义与该形体所代表的词义关系疏离。于是,汉字系统利用形符示义条件,调用另一形声字,使得新用字符能够较为清晰地显示词义,从而继续保持字面义与所记单词或语素的意义一致。

2. 字符简用。即甲字和乙字同为形声结构,其形符相同或相关,声符所示读音相同或相近;甲字所表词义常用而字形相对复杂,乙字所表词义不常用但字形相对简单易写。在用字的某一时段,汉字系统便用乙字代替甲字。如:

湛—沈(沉)。《说文·水部》:"湛,没也。"这是表示沉没意义的本字,如《汉书·五行志》:"湛湎于酒。"但古籍常以沈为湛,《尚书·微子》:"沈酗于酒。"此沈当作湛,《汉书·霍光传》即引作湛。《战国策·秦策四》:"城不沈者三板耳。"此沈当作湛,《史记·魏世家》即引作湛。然而,沈字原指高山低洼处的积水,《说文·水部》:"沈,陵上滴水也。"在近现代汉字应用中,沉没义专由沈字表示。沈字形体又变为沉,《说文》沈字下段玉裁注:"湛、沈古今字,沉又沈之俗也。"湛字则转表其他意思。

齩—咬。《说文·齿部》:"齩,啮骨也。"这是表示咬啮义的本字,如《汉书·食货志》:"罢夫羸老,易子而齩其骨。"《文选·七命》:"口齩霜刃,足拨飞锋。"而咬字本指鸟鸣声,《玉篇·口部》:"咬,鸟声。"古籍常用,如《乐府诗集·古辞长歌行》:"黄鸟飞相追,咬咬弄音声。"《文选·鹦鹉赋》:"采采丽容,咬咬好音。"最迟在南北朝时期,咬字即代替齩字表示咬啮义,《玉篇·口部》说:"咬,……俗为齩字。"唐宋以降,文人笔下普遍使用咬字表示啮噬义,如唐代贯休《禅月集·送僧归剡山》诗:"荒林猴咬栗,战地鬼多年。"宋代周紫芝《竹坡诗话》卷二:"有名上人者,作诗甚艰,求捷法于东坡。东坡作两颂以与之,其一云:'字字觅奇险,节节累枝叶,咬嚼三十年,转更无交涉。'"此用法沿袭至今。然细察咬字代替齩字原因,可以看出,两字都从交得声,作为形符的口与齿二字意义相关,从口亦能提示咬啮的意义,且咬字形符笔画较少,于是系统用咬字代替齩字。

汉字史上出现的简体字有一大部分即属于字符简用。中华人民共和国成立以来推行的简化字,拓展了这种用字路径。如:

胆(膽)—膽。胆和膽原本是两个不同的字,《集韵·感韵》:"胆,肉胆也。"意思是脱衣露出上身。此字原作膻,《说文·肉部》:"膻,肉膻也。"①而膽即肝胆本字,《说文·肉部》:"膽,连肝之府。"因为胆字笔画较少,且跟膽字语音相近,加之形符同为月(肉),依然可以提示膽字意义类属,所以汉字系统用胆字代替笔画较繁的膽字。据《简化字溯源》(1997:53),至迟在元朝,胆字即代替膽字行用,元抄本《京本通俗小说》已有用例,明朝《正字通》收录这一用法。1932年出版的《国音常用字汇》和1935年发布的《简体字表》都把胆作为膽的简化字。1956年发表的《汉字简化方案·汉字简化第一表》同样把胆列为膽的简化字。

灯—燈。灯和燈原本是两个不同的字,《玉篇·火部》:"灯,火也;燈,燈火也。"前者泛指火,后者指灯火。灯字较少使用,笔画简单,且因为跟燈字具有相同的形符,能够提示燈盏、明燈意义,所以汉字系统用来代替燈字。据《简化字溯源》(1997:53),最迟在宋元时期,灯字即代替燈字行用,元抄本《京本通俗小说》已见用例,明朝《字汇》和《正字

---

① 《说文》有"羴"字,指羊的气味,其重文作"羶",后来又作"膻",读音为 shān,而肉膻的"膻"读 dǎn。两字同形。

通》均见收录。1932 年出版的《国音常用字汇》和 1935 年发布的《常用字表》都以灯为燈的简体字。1956 年发表的《汉字简化方案·汉字简化第一表》同样把灯列为燈的简化字。

显然，字符简用既达到了所用字符的字面义与所记录单词或语素意义一致的目的，又达到了减省笔画的目的。

3. 字符活用。即甲字和乙字同为形声结构，整字读音相同或相近，但其形符和声符均不相同，在使用的某一阶段，汉字系统活用乙字代替甲字。如：

彊—强。《说文·弓部》："彊，弓有力也。从弓，畺声。"据此，则该字为形声结构，弓为形符，畺为声符，义为有力、坚强。如《尚书·皋陶谟》："彊而义。"《诗经·大雅·荡》："曾是彊御。"又《尔雅·释虫》说："强，蚚。"邢昺疏："强，虫名也。一名蚚，好自摩捋者，盖蝇类。"《说文·虫部》："强，蚚也。从虫，弘声。"可见，强字本指蝇类飞虫，其结构也是形声，形符为右下角的虫字。战国、秦汉以来文献中，彊字逐渐被强字代替。据洪成玉（2009：348），《荀子》一书，表示有力、坚强义的彊字出现 56 次，强字 34 次；《孟子》一书，表示有力、坚强义的彊字出现 1 次，强字 11 次。这一对比，显示了强字代替彊字的过程。刚才所举《尚书》例子，《后汉书·杨震传》李贤注即引作"强而谊"；《诗经》例子，《汉书·叙传下》即引作"曾是强圉"。到了现代汉字阶段，只用强字。

勝—胜。《说文·力部》："勝，任也。从力，朕声。"按此说解，此字是形声结构，形符为右下角的力字，其他部分为声符。这是表示胜任、胜利意义的本字。又《说文·肉部》："胜，犬膏臭也。从肉，生声。"此字本指动物生肉的气味。近代以来，在胜任、胜利的意义上，胜字代替勝字行用。1956 年发表的《汉字简化方案·汉字简化第一表》把"胜"列为"勝"的简化字。

需要指出的是,字符活用不同于字符简用。字符简用是说两个字都是形声结构,形符相同或所表意义相关,形符和声符搭配的方式相同(如都是左右结构)。而字符活用是说两个字虽然也都是形声字,但形符不同,形符和声符搭配的方式也不同(如有的是左右结构,有的是不规则结构)。这种情况的出现,也许是用字者误析字形结构的结果。从《说文》说解看,彊与强、勝与胜都是形声字,但形符和声符及其搭配方式都不相同。小篆以来的字形,彊与强两字均把弓字旁单独左置,在一般人看来,两字似都为左右结构,且两字读音相同,于是以强代彊;同样,勝与胜两字也把"月"字旁①单独左置,在无意于深究两字内部构造的人看来,这两个字都为左右配置,且其音略近,于是以胜代勝。裘锡圭(1998:166)在分析形符与声符位置时提到这种现象:"有个别形声字的声旁,被后人不恰当地割裂了开来。"而这种现象,在字用过程中得到了汉字系统的宽容与接纳。

4. 字符分用。即甲、乙……几个字形原本具有同一记录职能,且同为形声结构,只是形符不同;在用字过程中,这些字形负载的意义逐渐增多,或者其中一个字形记录的词义增多,从而导致字面义与所记录词义关系模糊。于是,汉字系统便进行职能分工,即按照形符与所记词义关系的紧密程度,划分各形体使用范围,从此甲、乙……分别记录不同的词或语素,职能分化,字符分别使用。如:

钞—抄。《说文·金部》:"钞,叉取也。"段注:"手指突入其间而取之,是之谓钞。从金者容以金铁诸器取之矣。今谓窃取人文字曰钞,俗作抄。"《集韵·爻韵》:"钞,……或作抄。"依段注和《集韵》可知,钞、

---

① 据《说文》,"勝"字的声符为"朕",而"朕"字在"舟"部,段玉裁注:"其解当曰'舟缝也。从舟,并声。'"又据古文字学家考释,甲骨文、金文"朕"字像人双手持篙撑船形。这都说明,"勝"字左边构件原是"舟"字。同样,"胜"字左边构件原是"肉"字。经隶变至楷书,两字左边构件都变得似"月"字。

抄二形原本记录职能相同。段注还表明,这两个字记录的词义在后代有所增加。若按照出现先后罗列其义,首先是抢夺("手指突入其间而取之"),如《后汉书·何皇后纪》:"及李傕破长安,遣兵钞关东,略得姬。"王符《潜夫论·劝将》:"东祸赵魏,西钞蜀汉。"《后汉书·郭伋传》:"时匈奴数抄郡界,边境苦之。"其次是誊写别人文字,如杜甫《赠李八秘书别三十韵》:"乞米烦佳客,钞诗听小胥。"《世说新语·巧艺》:"戴安道就范宣学,视范所为,范读书亦读书,范抄书亦抄书。"

宋代时,官府发给商人一种单据作为钱券凭证,叫作钞。金代贞元二年(1154)发行纸币,纸面写明币值,称交钞,与钱并行流通。此时,钞字有了第三个意义——纸币,文献用例如《金史·食货志三》:"递制交钞,与钱并用。"明代臧晋叔《元曲选·陈州粜米》:"我作衙内真个俏,不依公道则爱钞。"自这个意义出现后,一般只用钞字记写,而不用抄字。至今,钱币、钞票义仍专用钞字。

以上分析可见,起初抄、钞记录职能完全相同,可以互换使用。但后来钞字有了钱币义,于是汉字系统对两个形体的记词范围加以分工,钞字专表钱币、钞票义,抄字表示原有的强夺、誊袭等意义,只是书名中有时还沿用钞字,如《北堂书钞》《烈士诗钞》。显然,如此分工的理据是,钞字从金,与钱币义关系紧密;抄字从手,与攻夺、誊抄义关系紧密。

咳—孩。《说文·口部》:"咳,小儿笑也。从口,亥声。孩,古文咳从子。"据此,咳与孩是职能相同的异体字。古籍确见使用,用咳字的例子,如《礼记·内则》:"父执子之右手,咳,而名之。"王符《潜夫论·德化》:"和德气于未生之前,正表仪于咳笑之后。"用孩字的例子,如《老子》第二十章:"我独泊兮其未兆,如婴儿之未孩。"《经典释文》:"本作咳。"潘岳《寡妇赋》:"少丧父母,适人而所天又殒,孤女藐焉始孩。"

早在春秋战国时期,这对异体字记录的词已产生了新义,即除了原有的小孩笑貌,还出现了小儿、如小儿一般看待等意思。文献记写这两个意义,一般用孩字,如《国语·吴语》:"今王播弃黎老,而孩童焉比谋?"《老子》第四十九章:"圣人在天下,歙歙焉为天下浑其心,百姓皆注其耳目,圣人皆孩之。"秦汉以来沿用,如王充《论衡·本性》:"纣为孩子之时,微子睹其不善之性。"《北齐书·文苑传》:"明罚以纠诸侯,申恩以孩百姓。"在此过程中,汉字系统调整咳字记写另一个词义——咳嗽,如《庄子·渔父》:"幸闻咳唾之音,以卒相丘也。"《李太白诗·妾薄命》:"咳唾落九天,随风生珠玉。"而咳嗽义原本由欬字记写,《说文·欠部》说:"欬,气逆也。"此时,发生了前文所说的移用现象,即移咳代欬。由此,咳与孩分工。

　　分析可见,起初咳、孩是异体字,记录单词或语素的功能完全相同。但后来,孩字专表孩子的意思,而咳字专表咳嗽的意思,义域范围大别,于是这两个字职能分化,不再是异构关系。显然,系统如此调整的理据是,咳字从口,能够提示咳嗽义;孩字从子,能够提示婴孩义。

　　5. 字符派用。即语言中有一些词或词头、词尾,未曾造字,为加以记录,汉字系统在已有文字中拣选其形符可在一定程度上显示其意义的形声字,指派于这些词或词头、词尾。如:

　　怕。此字本指淡泊无为,《说文·心部》:"怕,无为也。"《史记·司马相如传》:"怕乎无为,澹乎自持。"即其用例。在这个意义上,宋代徐铉校订《说文》引唐代孙愐《唐韵》反切为:匹白切;稍后的《广韵》注音为:普伯切。[①]

　　汉代以来,惊怕、惧怕等词出现。这些词反映一种心理活动,于是

————————

① 裘锡圭先生在《文字学概要》(一〇[二])中把"怕(bó)"和"怕(pà)"作为同形字的例子。按照裘先生的观点,同形字大致可分三类,即为不同的词分头造的字、形借字、字体演变而来的字。本文所说的"派用"即属于形借一类。

系统便选择以心字为形符、白字为声符的怕字记录。如《论衡·四讳》:"孝者怕入刑辟,刻画身体,毁伤发肤。"刘盼遂《集解》:"怕字为惧怕,始见此书。"《北史·来护儿传》:"不畏官军千万众,只怕荣公第六郎。"杜甫《姜楚公画角鹰歌》:"梁间燕雀休惊怕,亦未抟空上九天。"元代杨梓《豫让吞炭》第二折:"不料赵襄子惧怕,出走晋阳。"为跟淡泊意义区别,怕字改变读音,徐铉校订《说文》引唐代孙愐《唐韵》反切为:葩亚切;《广韵》注音为:普驾切。

此字被指派于惊怕、惧怕等词后,原淡泊的意义又由洦(泊)字表示,《说文·水部》:"洦,浅水也。"段注:"(洦)隶作'泊'。"李富孙《辨字正俗》指出:"(洦)今俗作澹泊字,而以怕为怕惧矣。"

们。此字本为懣字的俗体。扬雄《方言》卷二郭璞注:"们浑,肥满也。"清代钱绎笺疏:"们即懑之俗字,们浑犹懑浑,亦盛满之意也。"《集韵·恨韵》:"们,们浑,肥满貌。"

唐代以来,汉语人称代词出现复数形式,汉字系统便指派们字记录,如刘知几《史通·杂说中》:"渠们底箇,江左彼此之辞。"为区别两个不同的意义,此字由原来的去声改读为平声。明代张自烈《正字通》说:"今填词家'我们、俺们',读平声。"

从文献材料看,据董志翘(1994:359),唐、宋、元各代曾先后以"弥、弭、伟、懑、瞒、每、门"等字记录人称代词复数形式,但最终选择了"们"字,这是因为此字的形符可以提示所记意义与人有关,且其读音比之同以人字为形符的伟字更加贴近当时的雅言,因而专司其职,沿用至今。

我们看到,记录汉语外来词的许多汉字,就是汉字系统根据表义所需形符而指派既有形声字的结果。如:阀,本指放在门首彰显功劳的标志,《说文·门部》新附:"阀,阀阅,自序也。"作为形声字,其形符为门字,因此汉字系统指派其记录外来词 valve,此词指调节和控制流体的流量与压力的装置,作用如同一个通道的门。再如:萄,本指一种草,《说文·艸部》:"萄,草也。"作为形声字,其形符为艸,可以提示草木类果实的意义,因此系统指派其记录外来词 Bactria(葡萄)的后一音节。Bactria 是西域出产葡萄的一个地方的名称。

以上从五个方面对形声字的职能变化现象进行了叙述。这是出于方便讨论问题的需要。事实上,在汉字系统内,某个字的重新调用往往是不同因素参互作用的结果。如上文列举的"彊—强",首先考虑的因素是有效活用"强"字表示有力、坚强义,视强字与其他从弓的字,如:张、弛、引、弹等,构形相类;同时考虑"强"字形体较"彊"字简单,便于书写的因素;此外还动用指派手段,指认强字记写有力、坚强义。

从上面的论述可以看出,汉字应用过程中,形声字范围内字符记录职能的变化具有以下优点。

1. 依托着一个系统,即既有汉字系统中的形声字子系统。理由是形声字的形符示义具有弹性空间,形符与形声字的意义关系不止一途,有的显示类属关系,如"马"与"驹";有的显示同一关系,如"勹"与"匍";有的显示连带关系,如"车"与"轴";等等。这便为调整形义关系从而满足记词需要提供了条件。如上文列举的咬字,本指鸟鸣叫,此字以口为形符即体现这一连带意义。但后来调用此字指以口嚼物,且该义成为咬字的常用义,一般用字者觉察不到这是调整变化的结果,因为嚼咬意义仍在口字的弹性范畴之内。

2. 发挥着一种优势,即形声字的形符提示单词或语素意义。形声字记录职能的变化是用一个字形代换另一个字形,或用既有形体记写某词,这一点与传统语言学中的假借字、通假字相似。但是汉字系统调用的形声字除了具有记录功能以外,还能凭借形符起到示义作用,如黄德宽(2011:111)指出的那样,形声字"利用形符的标指,暗示字义的范围,引导人们通过合理的联想"领会语义。这便保证汉语书面语不会走上高本汉(2010:8)曾经担心的因假借"在实践中就会导致极端的混乱,使人难以确定句中的书写符号究竟是什么意思"这样"行之危险的道路"。借洪成玉(2009:372)的话说,"形声字虽然由形符和声符两部分构成,但是从汉字系统和汉字发展规律来看,不能把两者等量齐观,更不能把声符看成是汉字的发展方向。体现汉字发展方向的应该是形符。形符反映了汉字的本质特点"。

3. 潜藏着一种能量,即激活字库中沉睡的字符,使之重新焕发生机。在语言发展的不同阶段,由于旧事物消失、事物名称改变、交际需求转移、表达方式调整等原因,一些词语退出交际中心区域乃至消亡,随之,记录这些词语的部分汉字(形声字)也便退出一般人使用的领域,进入字典(字库)休眠。当汉字系统为了满足职能变化需要而调用某字(形声字)时,此字又被唤醒,进入指定位置,承担记写单词或语素的职能。因为这样的字数量不小,所以从理论上说,这样的字整体蕴含着承担记录职能的巨大能量。只要调用得当,相应字符都会重新发挥作用。

4. 获得了一种效果,即汉字总量没有增加。形声字通过职能变化发挥着新造字的作用,但这是用原有字记录新语义,只是对汉字库存的调用,并未给字库增多字的数量,从而跨越了追随语义变化不断创制新字的巨大障碍。

5. 达到了一个目的,即强化了汉字表意职能。当一个字符职能退化,表意模糊,在一般人眼中不能清晰显示所记单词或语素意义时,汉字系统便对其加以调整,置换为一个示义相对准确的形声字。此时,汉字的表意性便再次得到了突显。这进一步证实了王宁先生(1994:100)

的论断："汉字是表意文字，几千年来，它顽强地坚持自己的表意性能，力求在字形上保留足够的意义信息。"

参考文献

董志翘、蔡镜浩，1994，《中古虚词语法例释》，吉林教育出版社。

高本汉，2010，《汉语的本质和历史》，商务印书馆。

洪成玉，2009，《汉字和汉语》，《汉语语法散论及其他》，中华书局。

黄德宽，2011，《形声结构的组合关系、特点和性质》，《开启中华文明的管钥——汉字的释读与探索》，北京师范大学出版社。

李国英，1996，《小篆形声字研究》，北京师范大学出版社。

李运富，2008，《论汉字的记录职能》，《汉字汉语论稿》，学苑出版社。

裘锡圭，1998，《文字学概要》，商务印书馆。

王宁，1994，《说文解字与汉字学》，河南人民出版社。

张书岩等（编著），1997，《简化字溯源》，语文出版社。

汉字分化的三种内涵析论[*]

陈 青

近十年来，出土文献字词关系和用字习惯的研究方兴未艾，"汉字分化"是其中的典型材料和典型现象，值得深入考察。但是，目前学界对"汉字分化"的概念史缺乏系统观照，使得这一概念的具体内涵模糊不清，导致该课题的研究在理论和实践方面都呈现出一定的混乱局面。沙宗元(2008)、朱生玉(2018)对"汉字分化"的内涵做过辨析，但还有进一步系统化和明晰化的空间。本文将重新梳理，不当之处尚祈方家赐教。

一、"分化"在语言文字学中的使用情况

与古汉语中表示"分施教化"的"分化"不同，现代汉语中的"分化"一词指"事物向不同的方向发展、变化；统一的事物变成分裂的事物"(罗竹风，2011:567)。该词是由英文 differentiation 意译而来的①，清末民初多见于化学、社会学领域，指物质的析出，或人群、阶层的分立。该词民国时期就已延入语言文字学领域，笔者所知的最早用例见于黄侃、胡以鲁、沈兼士等"章黄学派"的著述中。今略举"分化"一词在语言文字学中的早期用例如下：

---

 * 本文原载《国学学刊》2020 年第 2 期。

 ① 近代文献中"分化"(differentiation)有时与"集化"(centralization)相对为言。其中"化"为后缀，对应着英文的 - lization。

　　语言之变化有二:一、由语根生出之分化语;二、因时间或空间之变动而发生之转语。分化语者,音不变而义有变。原其初本为一语,其后经引申变化而为别语别义。(黄侃、黄焯,2013:205—206)

　　以舌底尖抵断上而障声,烦难之发音也。稍申即端透定矣。然则知澂澄诸韵为简易古音之所无,由端透定分化而出者,殆无疑也。(胡以鲁,2014:21)

　　文字画为人类想象与摹仿两种本能之合产物,至六书时期则分化为指事、象形二独立造字之原则矣。(沈兼士,1986b:9)

　　其初当皆用幽若豊二字,其分化为醴、禮二字,盖稍后矣。(王国维,1959:291)

　　"那"底分化底问题可以分作两部份:(1)这词或词们底言语的本身底问题。(2)代表这两个词的文字符号底问题。(赵元任,1924)

　　斯编所论,即将利用《说文》中多数音符字及宋代学者所倡之右文说,以试探中国文字孳乳,及语言分化之形式。(沈兼士,1986a:74)

　　民、蛮、闽、苗诸字皆双声,似是一名之分化。(傅斯年,2012:144)

　　䄕字,余列入"奭字演化系统表"第四期,以为奭字变体之一(上编卷三祀与年十五叶),余觉后世之餗,固可云由䄕形分化而来,在殷代祀典中,义则同于䄕也。(董作宾,1948:194)

　　羯人与欧罗巴人为同种,其语言亦属印欧语族,尤以数词与拉丁文近,仅"万"字系自汉语借入,读若 Tinan,此由汉语"万"古本为复辅音,如"蠆""迈"二字声母之别为 T、M,即系由此分化而成。(陈寅恪,1997:212)

可见"分化"一词在早期的现代语言文字学著作中被广泛使用,它可以用来指称多种不同的语言文字演变现象。这一习惯至今犹然。在语言学上,"分化"可以指词的孳乳派生、相同音素的历史性歧异、同族语言的分道扬镳等;在文字学领域,它可以指因隶变而导致的偏旁不同写法的分立,可以指历代汉字正体和草体写法的并行(周有光,1979:317),于省吾(1979:435)还用它来指称"具有部分表音的独体象形字"的形声二元化演变。这些行文中所谓的"分化"没有被专门定义,大多是作为一般词使用的。

二、"汉字分化"的三种不同内涵

根据我们的考察,"分化"在文字学中的系统性论述始于沈兼士;最早自觉地赋予它特定的文字学内涵的是唐兰;而今天关于汉字分化的主流认识则是李荣、林沄、裘锡圭、王凤阳等学者在 20 世纪 80 年代确立的,其中裘锡圭的论述影响最大。沈兼士、唐兰、裘锡圭的论述分别代表着"右文"孳乳的汉字分化研究、形体衍生的汉字分化研究和职能分散的汉字分化研究三种不同取向。这三种取向的汉字"分化"研究貌合神离,给当今的汉字分化研究带来了一些困扰,造成了不必要的混乱。下面本文将厘清三者各自的来源和理论背景,揭示彼此之间的区别与联系。

(一)"右文"孳乳的汉字分化

沈兼士《右文说在训诂学上之沿革及其推阐》(1933)是对"右文"研究的历史性总结。在这部著作中,沈兼士开创性地以"分化"一词系统性地论述语言文字的孳乳派生关系。他认为,汉语"语词系由语根渐次分化而成",因此倡导"利用右文以寻求语言之分化"(沈兼士,1986a:168、123)。他总结出"语词分化"的六种公式,即"本义分化式""引申义分化式""借音分化式""本义与借音混合分化式""复式音符分化式""相反义分化式"等(沈兼士,1986a:120—155)。

　　一方面,沈兼士的"右文"系联是以汉字形体为线索来系联词族、探寻语源,它的旨趣本质上是语言学的。另一方面,当时的训诂、音韵是统辖在"文字学"名目之下的,沈兼士(1986a:73—74)在该书"引论"部分也明确把"文字学"的内容分为音韵、字形、训诂三个部分。这样的理论背景,加上上古汉语一字一词的特点,使得"语根"的分化和"文字"的分化难解难分。

　　在研究方法上,"右文"系联遵循的是演绎逻辑,因此它不要求"一字记多词"的历史证据。如沈兼士(1986a:124、127)"本义分化式"和"引申义分化式"图表(见图1),作者并没有证明{澌}{漸}等词曾由"斯"字记录,也没有证明"皮"字曾经记录了"破""被""颇"等字所记录的词。他的论述主要是从词的音义关联出发的,带有明显的词源学特征。

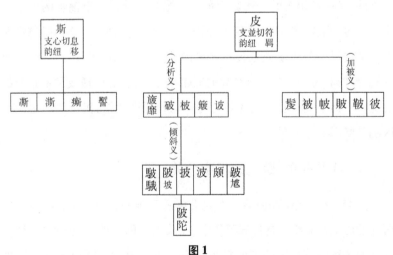

图1

由于"右文"孳乳的过程与汉字分化的主要方式——加换偏旁造形声字具有一致性,故王凤阳在《汉字学》(2018:850)中说:"本篇关于文字分化的研究,在分化方式上并未超出沈先生的结论。"但沈兼士没有对"分化"做一个专门的界定,他所用的"分化"恐怕尚不具备严格的专业术语的地位。不过,他的论述使"右文"系联的演绎方法和词源研究的旨趣渗入到汉字"分化"的课题中。譬如王宁先生(2015:172—178)所说的"汉字同源分化"中,有一部分并无"一形记多词"的证据,如"陽—湯燙揚",有一部分甚至没有形体上的关联,如"陽—洋泱"。当今的汉字分化研究专著中,郝士宏《古汉字同源分化研究》(2008)更是总体延续了沈兼士"右文"分化的研究范式(详后文)。

(二)形体衍生的汉字分化

这一派以唐兰为代表。唐兰是第一个把"分化"视作汉字演变规律并赋予其特定的文字学内涵的学者。他在《古文字学导论》(1981:89)中说:"形的分化,义的引申,声的假借,是文字演变的三条大路。"并称:

> 分化的方法,是把物形更换位置,改易形态,或采用两个以上的单形,组成较复杂的新文字。例如象人形的"人"字,倒写了是"匕"字,扬起两手是"丮"字,两个人相随是"从"字,人荷戈是"戍"字之类。由这种方法,常把一个象形文字,化成很多的象意文字(唐兰,1981:88)。

> 由象意文字分化出来的,并没有新体的文字,而还是象意字(唐兰,1981:90)。

后来他在《中国文字学》(1948/2005)中又把分化视作"六技"之

一,称:

> 原有文字不够用,第一个办法是创造新文字,这是"分化"。同是一只手,分成十又(左右)二字,后世许多文字用这个例,如"行"字变为彳丁,"子"字变为孑孓,"言"字变为言音,"兵"字变为乒乓,这是一种方法。"见"字眼望后看就变成"艮"(眼的古文),望上看就变成"望"(望的古文),望下看就变成"卧"(臨和監字都从卧),这又是一种方法。有了"又"字,又有"手"字;有了"疋"字,又有"足"字;有了"彳"字,又有"廴"字;有了"夅"字,又有"久"字;有些是故生分别,有些是误为两歧,这又是一种方法(唐兰,2005:75)。

总的来看,唐兰所谓的"分化"包括以下情形:一是利用文字形态和位置的变幻构造新字,二是拆分独体字造新字,三是利用独体字拼合成新的象意文字,四是利用文字的异体分为二字(或者故意稍作区别分为二字)。可以看出,唐兰所谓的"分化"着眼于形体层面,指的是汉字形体的化生与增衍(包括变幻、拆分、拼合等方式),而与汉字的音义关联和职能分散无必然关系。另外,唐兰所谓的"分化"明确限制在象形、象意字范围内,与形声造字和形声制度的产生无关。①

众所周知,唐兰先生主张文字学应该独立于音韵、训诂之外,成为一门以文字形体为研究对象的学科。"文字学研究的对象只限于形体,我不但不想把音韵学找回来,实际上,还得把训诂学送出去。"(唐

---

① 参唐兰(1981:91)"古文字演变图"。在唐兰(2005:75—82)的理论体系中,文字的分化、引申、假借,与孳乳、转注、緟益并列,称为汉字发展演变的"六技",形声制度的产生是在后三者的名目下讨论的。

兰,2005:4)这一体系使他不轻视纯粹的形体派生,因此他把"形的分化"同"义的引申""声的假借"并列起来,使字的"分化"着眼于形体而独立于音义系统之外。虽然唐兰关于"分化"的论述是从古文字的实际出发的,而且有着自觉的理论体系背景。但这种局限于形体的汉字"分化"与宋元明"六书"学中所谓的"起一成文""子母相生"等观念或许仍有一脉相通之处。

与唐兰意见一致的学者以梁东汉为代表,他在《文字》(1957/1984)、《汉字的结构及其流变》(1959)中实际沿袭了唐兰的观点。所举字例包括"子—孑孓""兵—乒乓""正—乏""了—亅""凵—凹凸"等,而"莫—暮""蜀—蠋"之类则排除在外(梁东汉,1984:15—16;1959:115、164)。当今学者虽然没有明确采用唐兰界说的,但某些地方仍可见其影响。比如刘钊在《古文字构形学》中多次论及"分化"现象,他提到甲骨文"𠔿(余)"可能是由"𠙹(由)"整字倒置而"分化"出来的,并称"只注意二字在形体上的联系就足够了"(刘钊,2011:22)。他所谓的"简省分化"也是如此,概指"一个文字的形体截取下来部分构形因素来充当另一个文字形体的一种文字分化现象"(刘钊,2011:118—123),对于两者的职能关系则并不关心。

(三) 职能分散的汉字分化

1952年,朱翊新将"字的分化"定义如下:

> 一个字代表形、音、义三样东西。有的字不仅代表一个音和一个义,使用它的人为了避免混淆,把它写成两个或两个以上的样式,分别使用。这样,原来只有一个形状的字,现在有了两个或两个以上的形状。这就叫做"字的分化"(朱翊新,1952)。

其所举字例包括"属—嘱""然—燃""勾—句""词—辞"等。可以看出,朱氏所谓的分化着眼于文字职能的分散而不以形体为据,这与唐兰的界说大异其趣。朱翙新可能是最早将汉字分化转变到职能分散视角的学者,值得在学史上标举出来。

不过这一转变实际上到 80 年代才真正确立。80 年代是汉字分化理论探讨的高峰时期,参与讨论的包括李荣《汉字演变的几个趋势》(1980)、林沄《古文字研究简论》(1986)、裘锡圭《文字学概要》(1988/2013)、王凤阳《汉字学》(1989/2018)等。李荣明确提出"形体的演变不能离开音义来研究",这或许是对唐兰的回应。其他几位学者也都主张以职能分散作为汉字"分化"的着眼点。其中裘锡圭(2013:214)的论述几乎是总结性的,在学界最具代表性和影响力。他说:

> 分散多义字职务的主要方法,是把一个字分化成两个或几个字,使原来由一个字承担的职务,由两个或几个字来分担,我们把用来分担职务的新造字称为分化字,把分化字所从出的字称为母字。文字分化并不一定都是成功的。有些分化字始终没有通行,有些分化字后来又并入了母字。
>
> 具体地说,文字分化的方法大体上可以分为四类:A.异体字分工(猶猷、邪耶、亨享)B.造跟母字仅有笔划上的细微差别的分化字(母—毋、巳—已、刀—刁、陳—陣)C.通过加注或改换偏旁造分化字(禽—擒、赴—讣、食—飼、華—花、蒲陶—蒲萄—葡萄)D.造跟母字在字形上没有联系的分化字(鮮—尟、蘇—甦)。[①]

[①] 唐兰、梁东汉所举的某些汉字分化的例子在裘锡圭的体系中被称为"变体字",置于"表意字"之下,见裘锡圭(2013:137—140)。

　　裘先生所谓的"分化"显然着眼于文字职务的分散,而不拘于形体。他明确了汉字分化的内涵和外延,设立了"母字"和"分化字"的称呼,特别是把"文字分化"从"分散多义字职务"的诸多方法中独立出来,使得文字分化作为汉字发展中的独特现象得到确立,从而强化了汉字"分化"的学科术语地位。此后,职能分散的研究取向成为汉字分化研究的主流,2011年审定的《语言学名词》对"分化"的定义也以裘先生的论述为依据(语言学名词审定委员会,2011:23)。

三、三者之间的关系及其纠缠

　　以上三种取向,沈兼士的"右文"分化继承了形音义统一的文字学传统,唐兰所谓的汉字分化则基于"只限于形体"的文字学理论建构,至李荣等人则又重新呼吁"形体的演变不能离开音义来研究"。三者的演进一定程度折射出汉字学研究范式的"正—反—合"辩证式发展。三者各有其时代背景和自身体系,并无真理与谬误之分。差异在于,沈兼士所谓"分化"注重"右文"线索和音义孳乳,但不讲求文字兼职和职能分散的实证;唐兰所谓的"分化"限制在形体衍生的范畴,而不以音义孳乳和职能分散为依据;裘锡圭一派的"分化"着眼于职能分散的历史,为此甚至可以忽视形体关联。裘锡圭与沈兼士代表的两种取向之间有着逻辑和操作方法的不同,不过随着越来越多出土材料的发现,原来基于演绎的"右文"系联可能会得到古人用字实例的证明。

　　当今学界关于汉字分化的研究多数遵从职能分散的取向,但其他两种取向并未消失。比如上引王宁、刘钊两位先生所谓的分化实际分别延续了沈兼士和唐兰所谓的分化。但是在现有的研究中,三种不同的内涵有时候纠缠不清,这是需要避免的。郝士宏的《古汉字同源分化研究》(2008)是目前关于汉字分化现象仅有的两部已出版的研究专著之一。作者于该书首章罗列了唐兰、杨树达、裘锡圭、林沄等人的"分化"研究,但并未辨析他们所谓的"分化"在内涵上的异同。作者开卷即称"一形多职"造成的表义不清晰是文字孳乳分化的原因所在(郝士宏,2008:1)——这是职能分散的取向。但之后又称,"凡是与原字在形体上有孳乳分化关系的字都可以叫做这个原字的分化字,或是派生字,考察分化字与原字之间关系的着眼点只是形体上的孳乳分化"(郝士宏,2008:33)——这是形体衍生派的取向。而从该书"下篇"的考证来看,作者的研究实践几乎全然是对"右文"字族进行音义关联的阐发,而不注重职务分散的历史考察。比如"甘 咁拑钳箝绀"一组,并无证据表明"甘"字曾经承担了"咁""拑"等字的职务;又如"果 颗猓裸踝颗课"一组,作者也没有利用历史材料给出"果"曾经记录{颗}{猓}等词的证据。所以作者总体上遵循的是沈兼士"右文"系联的演绎研究范式,而"一形多职"的原则被抛弃了。作者对此是自觉的,他把"形声同取"视作古汉字同源分化的重要方式,并且承认在古文字中没有看到"果"表示{猓}(郝士宏,2008:77—80)。我们认为这体现出一定的混乱性。无独有偶,蒋德平新著《楚简新出字研究》(2019)在谈到楚简中的分化字时,首先引用了梁东汉在20世纪50年代对汉字"分化"的表述,但作者随后所举的几十个例子,如𡎕—𠬶(衣—卒)、𠦒—𢉖(牙—㢧)、𡝐—𡠗(衰—襄)等,都是着眼于职能的分散的汉字分化现象,而非梁东汉所指的通过旧有文字的颠倒、变幻派生新字形的现象。

　　面对上述局面,沙宗元(2008:167—175)提出汉字分化的概念可以从"形体演化"和"分散文字职能"两个方面来理解。其中缺少了非常重要的"右文"孳乳的分化,是不全面的。朱生玉(2018:39—43)则提出"基于语言理念的汉字分化观"和"基于语言事实的汉字分化观"的区分。

前者指文献中找不到后一个字的职能由前一字记录的证据,后者的情况则相反。作者举例说明了两种"汉字分化观"的具体含义并列表如下:

表 1

第一类		第二类
A 组	B 组	
正—乏	臤—堅、緊、賢	晶—星
可—叵	盧—鑪、爐、甗、矑、鱸	丝—兹
乑—厞	乍—作、诈、昨	田—畋
人—乇	支—枝、肢、翅	道—導
口—甘、曰		见—現
中—支		网—網
亞—明		舍—捨

　　所谓"基于语言理念的汉字分化观"即表中第一类,包括 A、B 两组,"基于语言事实的汉字分化观"则是表中的"第二类"。两种"汉字分化观"的划分有合理成分,但是稍嫌笼统。实际上,该表从左至右对应着我们说的形体衍生、"右文"孳乳、职能分散的三种不同取向。A、B 两组中,前者为单纯的文字形体衍化,后者重在词的音义派生。形体衍生派所定义的汉字分化本来就与语言层面无关,因此将 A 组称为"基于语言理念的汉字分化"恐怕不符合事实。^① B 组和"第二类"之间的确有着逻辑的差异:前者是理论的演绎,后者则是历史事实的归纳。但

---

　　① 作者说:"A 组中的前一个字未曾记录过后一个字的职能,后一个字的职能也不是从前一个字的职能中分化出来的,两个字从来没有发生过职能混用的现象,故而实质上无从谈起'分化'。"见朱生玉(2018:42)。这一说法是把职务分散的"分化"套在了形体衍生的所谓"分化"上。

更为本质的是,前者主要是词源学的旨趣,后者则是字词关系演变的研究,正是这种研究旨趣的差异决定了二者在材料选取和研究方法上的不同。

　　总而言之,"分化"在语言文字学中可以作为一般词使用,也可以作为一个具有特殊内涵的概念使用,作为汉字学学科概念的所谓"汉字分化"必须是内涵明确的。由于理论背景和研究旨趣的差异,"汉字分化"具有"右文"孳乳、形体衍生、职能分散三种不同的内涵。我们在从事汉字分化的课题研究时应该清晰地认识到这一点,避免同名异实的概念牵扯不清。

参考文献

陈寅恪,1997,《五胡问题及其他》,蒋天枢:《陈寅恪先生编年事辑》(增订本),上海古籍出版社。

董作宾,1948,《殷历谱后记》,《历史语言研究所集刊》(第 13 本),商务印书馆。

傅斯年,2012,《性命古训辨证》,上海古籍出版社。

郝士宏,2008,《古汉字同源分化研究》,安徽大学出版社。

胡以鲁,2014,《国语学草创》,山西人民出版社。

黄侃(述)、黄焯(编),2013,《文字声韵训诂笔记》,武汉大学出版社。

蒋德平,2019,《楚简新出字研究》,商务印书馆。

李荣,1980,《汉字演变的几个趋势》,《中国语文》第 1 期。

梁东汉,1959,《汉字的结构及其流变》,上海教育出版社。

梁东汉,1984,《文字》,上海教育出版社。

刘钊,2011,《古文字构形学》(修订本),福建人民出版社。

济沄,1986,《古文字研究简论》,吉林大学出版社。

罗竹风,2011,《汉语大词典》第二卷上册,上海辞书出版社。

裴锡圭,2013,《文字学概要》(修订本),商务印书馆。

沙宗元,2008,《文字学术语规范研究》,安徽大学出版社。

沈兼士,1986a,《右文说在训诂学上之沿革及其推阐》,《沈兼士学术论文集》,中华书局。

沈兼士,1986b,《造字原则发展之程叙说》,《沈兼士学术论文集》,中华书局。

唐兰,1981,《古文字学导论》,齐鲁书社。

唐兰,2005,《中国文字学》,上海古籍出版社。

王凤阳,2018,《汉字学》,中华书局。

王国维,1959,《释礼》,《观堂集林》,中华书局。

王宁,2015,《汉字构形学导论》,商务印书馆。

于省吾,1979,《甲骨文字释林》,中华书局。

语言学名词审定委员会(编),2011,《语言学名词》,商务印书馆。

赵元任,1924,《"那"底分化底我见》,《国语月刊》第2卷第2期。

周有光,1979,《汉字改革概论》(第三版),文字改革出版社。

朱生玉,2018,《商周古汉字分化研究》,北京师范大学博士学位论文。

朱翊新,1952,《字的分化》,《语文学习》第6期。

汉字的派生方式与派生关系[*]

李洁琼

一、汉字派生及其本质

汉字派生是指原本由一个汉字表示的字义在发展过程中演变为由两个或多个汉字表示的现象,是汉字发展和汉语词汇发展的重要现象。一字多义是汉字的基本特征,这一特征的优点是可以节省书写符号,但多义必须恰当,多义如若尽情发展会给文献释读带来困扰。就汉字的历史发展看,特别是早期阶段,往往是先扩充单字的字义,然后再补充字形分担字义,形成汉字派生。就字形而言,汉字派生中新字形的产生大多是在原字形的基础上改造而成的,新旧字形之间有形体的渊源关系,也有少部分是借用原有字形,新旧字形之间没有形体上的渊源关系。

汉字派生的动因源自词汇发展,是词汇发展触动下的汉字发展现象。汉语词汇在发展过程中由于词义引申与文字假借等,字词关系会由最初的一字一义变为一字多义,这种一字兼记多词多义的现象使得汉字表义缺乏清晰性,有时会增加文献中词义辨识的困难,因此便派生出不同的字形来分担其功能。如"道"字从辵,从首,本义为道路,由道路的途径、方向义进而引申有引导、指引义,此后"道"便兼有了这两种意义,为了解决这种一词多义现象带来的不便,便派生出从寸道声的

* 本文原载《汉语史研究集刊》2021年第1辑。

"导"字分散出引导、指导义。又如"隹"象鸟形，本义为短尾鸟，后假借作句首词{唯}，为使表义明确，便增加"口"旁派生出"唯"字来分散相应的意义。

二、有关汉字派生的历史讨论

汉字派生的相关论述古已有之，《论语·颜渊》："政者，正也。"此虽只是声训，但也间接摆出了"正""政"二字的派生关系。

许慎《说文解字·叙》："仓颉之初作书，盖依类象形，故谓之文。其后形声相益，即谓之字。字者言孳乳而浸多也。"这里讲的是构字方式的阶段性发展，从出土文献字形发展来看，所谓"形声相益"大多是增加或改换构件形成的派生字，真正取"形声"拼合而成的字形很少，所以《说文》"形声相益"放之于字形发展现实中，有很大一部分讲的是汉字派生现象。

沈括《梦溪笔谈》说："王圣美治字学，演其义以为右文。古之字书皆从左文，凡字，其类在左，其义在右，如木类其左皆从木。所谓'右文'者，如'戋'，小也，水之小者曰浅，金之小者曰钱，歹而小者曰残，贝之小者曰贱，如此之类皆以'戋'为义也。"这是著名的"右文说"，本是讲声符在汉字构字中的表义作用的，但如果我们进一步追问，为什么会存在这种现象？实际上是由汉字派生造成的。因此就整体而言，右文说所据现象完全是汉字派生现象，"浅""钱""残""贱"都是在"戋"的基础上为分担字义而增加构件形成的派生字，所以，应该说"右文说"是最早系统地提出汉字派生现象的理论。

真正明确而系统地论述汉字派生的是元代的戴侗，《六书故》："六书推类而用之，其义最精。昬，本为日之昬，心目之昬犹日之昬也，或加心与目焉,嫁取者必以昏时,故因谓之昏,或加女焉。熏,本为烟火之熏,日之将入,其色亦然,故谓之熏黄,《楚辞》犹作纁黄,或加日焉;帛色之赤黑者亦然,故谓之熏,或加糸与衣焉;饮酒者酒气酣而上行,亦谓之熏,或加酉焉。夫岂不欲人之易知也哉。然而反使学者昧于本义,故言婚者不知其为用昏时,言日曛者不知其为熏黄,言纁帛者,不知其为赤黑。它如厉疾之厉,别作疠,则无以知其为危厉之疾,厉鬼之厉,别作癘,则无以知其为凶厉之鬼,梦厌之厌别作魇,则无以知其由于气之厌塞,邕且之邕别作痈,则无以知其由于气之邕底;永歌之永别作咏,则无以知其声犹水之衍永,璀粲之粲别作璨,则无以知其色犹米之精粲。"这一论述相当精彩,既说明了汉字派生的过程,也表明了汉字派生的动因。

到清代,汉字派生现象得到了进一步理论化的概括,如王筠《说文释例》:"字有不须偏旁而义已足者,则其偏旁为后人递加也;其加偏旁而义遂异者,是为分别文。其种有二,一则正义为借义所夺,因加偏旁以别之者也(冉字之类)。一则本字义多,既加偏旁,则只分其一义也(仈字不足兼公侯义)。"王筠的论述既理论化地给出了固定的名称,又提出了汉字派生的原因和方式。

近现代有关汉字的派生,各家有"分化字""职能分化字""职能减缩字""区别字""滋生词"等不同称法,着眼点和角度不尽相同,大多集中于其中的某一方面。汉字派生本质上属于汉字历时发展的纵向研究,汉字发展中不同阶段的实时材料某种程度上说对于这种研究是必要条件,如今出土文献系统丰富,为汉字派生的系统深化研究提供了有利条件,使得以出土文献为主要材料的汉字派生研究成为可能。

三、汉字派生的方式

汉字派生方式是汉字派生研究的最核心内容。从有无新形产生的角度,汉字派生可以分为有新形产生和无新形产生两大类。有新形产生的派生主要是看派生字字形在原字字形的基础上发生了何种变化,如增加或改换构件,利用异体字等。无新形产生的派生是汉字职能重新分配的结果,是将本就存在的字词借来分担原字某个义项的职能。

（一）有新形产生的派生

此种派生包括异体字派生、增加构件、改变构件、减省构件和另造新字五种。

1. 异体字派生

异体字派生是指原本属于同一字形的异体区分为不同字形,分别承担原本由一个字形表示的字义。

（1）母、毋

"母"在甲骨文、金文中假借为｛毋｝,如合集 10565:"……今日母(毋)田。"西周早期毛公鼎:"虩许上下若否,雩四方死(尸)母(毋)童(勤)。"到战国时期,表示｛母｝和｛毋｝的形体有𠂤、𢆶、𢆥、𠙓等,从形体上看,都是在早期"母"字形体的基础上变化而成的,可归为两类:一是母字本形,二是"母"之两点连为一横,即后来的"毋"。这两类形体如果在当时功能没有区别,则为一字异体,即都为"母"字异体,如果功能不同,则已演变为不同的字,下面我们看两类形体的功能:

"母"形体既可表示｛母｝,又可表示｛毋｝,如:

古(故)曰:民之父母新(亲)民易,史(使)民相新(亲)也懃(难)。(郭店楚简·六德)

句(后)稷之母,又(有)邰是(氏)之女也,游于串咎之内,冬(终)见芙攺而荐之,乃见人武。(上博简·子羔)

称秉缠（重）德，冒难轵（犯）央（殃），非㤵于福，亦力勉吕母
（毋）忘。（上博简·用曰）

壬癸有疾，母（毋）逢人，外鬼为祟，得之于酉（酒）脯脩节肉。
（睡虎地秦简·日书甲种·病）

"毋"形体既可表示{毋}，也可表示{母}。如：

毋暴、毋号、毋恻（贼）、毋惦（贪），不攸（修）不武，胃（谓）之必
城（成）则暴，不教而杀则号，命亡（无）时，事必又（有）基则恻
（贼）。（上博简·从政甲篇）

《晋（祭）公之顾命》员（云）："毋以少（小）谋败大惹（图），毋
以卑（嬖）御慁妆（庄）句（后），毋以卑（嬖）士慁大夫卿事（士）。"
（郭店楚简·缁衣）

君子曰：昔者君老，大（太）子朝君，君之毋（母）俤（弟）是相。
（上博简·昔者君老）

敢问可（何）女（如）而可胃（谓）民之父毋（母）？（上博简·
民之父母）

结合形体和功能来看，在战国时期"母""毋"性质上仍属于异体
字，尚未分化。上博简中还有一种"母"形体比较特殊，既保留了母字
两点，又兼具两点连为一横的横，其功能皆为{母}，如：

几（凯）俤君子，民之父母。（上博简·民之父母）
君子事父母，亡厶（私）乐，亡（无）厶（私）忧。（上博简·
内豊）

此形体有的论著隶定为"母",有的论著隶定为"毋",综合这一时期形体功能来看,应隶定为"母"。

到了西汉初期,"毋"彻底分化出来,在文献中表示不要、禁止、没有、否定等义。

(2) 小、少

"小""少"本为一字异体。甲骨文字形或用三点表示,或用四点表示。如甲骨文"己子(巳)卜…亡少臣其取又…一"(合集5595)。少臣即小臣。金文"正月丙午。鄘庆少子祈"(鄘庆少子簋)。少子即小子。秦、西汉早期"小""少"二字的功能还没有区分。"少"形既可表示{少},又可表示{小},如:

　　甲午生子,武有力,少孤。(睡虎地秦简·日书甲种·生子)

　　军少则恐,众则乱,舍于易,无后援者,攻之。(张家山汉简·盖庐)

　　少(小)官印,赀二甲。(岳麓秦简陆·第五组)

　　以少(小)婴儿弱(溺)渍羖羊矢,卒其时,以传之。(马王堆汉墓帛书·五十二病方)

"小"形亦可兼表{小}{少}。如:

　　己亥生,小(少)孤。(睡虎地秦简·日书乙种·生子)

　　小城旦、隶臣作者,月禾一石半石;未能作者,月禾一石。(睡虎地秦简·秦律十八种)

　　事备而后动,故城小而守固者,有委也;卒寡而兵强者,有义也。(银雀山汉简·孙膑兵法)

西汉中期出土文献中"小""少"用法规范化,完成了派生。

2. 增加构件派生

增加构件派生是指在原字形基础上增加构件产生新字形来分担原字形承担的字义。这是汉字派生方式中的主流,具体可分为增加义符和增加声符两种。

(1) 敬、警

战国、秦代直至西汉的出土文献中"敬"字既表示恭敬、严肃、尊敬等义,也用来表示警戒义。如:

> 十九年,□□□□南郡备敬(警)。(睡虎地秦简·编年记)
>
> 门户难开,船人不敬(警),贾市鱼徼(猎),正而行修而身。(岳麓秦简壹·为吏治官及黔首)
>
> 我敬(警)皮(彼)台(怠),何为弗衰。(张家山汉简·盖庐)

汉代在"敬"基础上增加义符"言",始分化出"警"。在文献中表示警惕、戒备等义。如:

> 寇车师,杀略人民,未知审,警当备者,如律令。(敦煌汉简69)
>
> 骑归吞远隧。其夜人定时,新沙置吏冯章行殄北警檄来,永求。(居延新简22.196)
>
> 以警备绝,不得令耕,更令假就田,宜可且贷,迎铁器吏所。(肩水金关汉简73EJF3:161)

(2) 夂(夊)、冬、终、炵

夂,甲骨文作𠁣(合集14210),金文作𠁣(黄子鼎),字形像绳子两末端打结,表示终结,本义为{终}。"冬"当是"夂"的分化字,是在"夂"的基础上加"仌(冰)",专表冬季,因为冬季是一年四季的最末一季。冬季的最大特征是寒冷,故用"仌",《说文·仌部》:"冬,四时尽也。从仌从夂。"从现有材料看,"冬"可能是秦系文字的字形,而楚系文字则是在"夂"的基础上加"日"作各或加"心"作惫。齐文字与楚文字近似。战国楚系文字中还有从"糸"从"夂"的"紊"字,后又在"冬"的基础上加"糸"造"终",表示其本义。战国时期,{终}可由"冬""夂""紊""终"四字表示。如:

又(有)吴(无)週(通),匡天下之正(政)十又(有)九年而王天下,卅=(三十)又(有)七年而民(泯)夂(终)。(上博简·容成氏)

□□于人,丁亥又(有)霝(灵),丁巳夂(终)其身,亡□□(九店楚简·裁衣)

【君】子之为善也,又(有)与始,又(有)与冬(终)也。(郭店楚简·五行)

辛丑生子,有心冬(终)。(睡虎地秦简·日书甲种·生子)

父兄与于紊(终)要。(清华简·邦加之政)

启其说(兑),赛(塞)其事,终身不述。(郭店楚简·老子乙篇)

春三月季庚辛,夏三月季壬癸,秋三月季甲乙,冬三月季丙丁,此大败日,取妻,不终;盖屋,燔;行,传;毋可有为,日衡(冲)。(睡虎地秦简·日书甲种·取妻出女)

战国中期的郭店楚简中"终"始由"冬"增加构件派生而来,但二者仍处于共享阶段,到了西汉晚期这一派生过程基本完成。

3. 改变构件派生

改变构件派生是指在原字形基础上改换部分构件产生新字形来分

担原字形承担的字义。依据被改换构件的功能不同可分为改换音符和改换义符两种。

（1）材、财

《说文·木部》："材，木梃也。"段玉裁《说文解字注》："材，木梃也。梃、一枚也。材谓可用也。"商周时代用"才"表示财货，战国时期用"材"。如：

依惠则民材（财）足，不时则亡懽（劝）也。（郭店楚简·尊德义）

人户、马牛及者（诸）货材（财）直（值）过六百六十钱为"大误"，其它为小。（睡虎地秦简·法律答问）

临材（财）见利，不取句（苟）富；临难见死，不取句（苟）免。（睡虎地秦简·为吏之道）

秦代出土文献中，表示钱财之义皆作"财"。如：

●受人财及有卖买焉而故少及多其贾（价），虽毋柱殹（也），以所受财及其贵赋〈贱〉贾（价），与盗同法。（岳麓秦简陆·第三组160正、161正）

畜及钱财、财物，自挟臧其数□（里耶秦简8-1721）

占得利、货、财，必后失之；占狱讼，不胜；占约结，不成。（周家台秦简·日书）

"财"可能是在"材"的基础上改换"木"旁为"贝"旁形成的，也可能是在"才"的基础上增加"贝"旁形成的。因"财"与"材"使用时代相邻，前一种情况可能性更大。

（2）稷、禝

《说文·禾部》：“稷，齌也。五谷之长。从禾畟声。”《清华简·晋文公入于晋》：“命肥豢羊牛、豢犬豕，具黍稷醴以祀，四封之内皆肰（然）。”稷为百谷之长，引申指谷神。《上博简·姑成家父》：“□郤奇（锜）睯（闻）之，告姑（苦）成家父曰：‘㠯（以）吾族参（三）郤与□□□□于君，狀则晋邦之社稷可得而事也，不狀则得字（免）而出，者（诸）矦（侯）畜我，隹（惟）不㠯（以）厚？’”

后改“稷”之“禾”旁为“礻”旁，造“禝”字专表谷神之义。“禝”在战国晚期已经出现。如：

凡建日，大吉，利以取（娶）妻、祭祀、竺（筑）室、立社禝，带剑、冠。（九店楚简·建除）

古能治天下，坪（平）万邦，吏（使）亡（无）又（有）少大、肥甍（硗），吏（使）皆得其社禝百姓而奉守之。（上博简·子羔）

战国时期“稷”“禝”二字已基本完成派生，“稷”“禝”二字只有表人名时可以通用，而表粮食之义只用“稷”，表社稷之义只用“禝”。“稷”形体清华简共有 4 例，1 例为人名鲁稷，3 例为谷物。上博简共出现 5 例，3 例为后稷，2 例表谷物。睡虎地共出现 3 例，2 例表谷物，1 例为“稷”之误写。

后稷之见贵也，则㠯（以）文武之惪（德）也。（上博简·孔子诗论）

织纴之不成，吾可（何）以祭稷。（清华简·子仪）

非稷之种，而可饮飤（食），积淫（盈）天之下，而莫之能得。（上博简·用曰）

"稷"形体郭店楚简共出现2例,都为后稷。九店楚简出现1例,为社稷,清华简共出现10例,7例为社稷,3例为后稷。上博简共出现10例,6例表社稷,4例为后稷。如:

> 句(后)稷之埶(艺)地,地之道也。(郭店楚简·尊德义)
>
> 以长奉社稷。(清华简·汤处于汤丘)
>
> 凡建日,大吉,利以取(娶)妻、祭祀、竺(筑)室、立社稷,带剑、冠。(九店楚简·建除)

在后代用字发展中,"稷""稷"的分化没能保持下来,最终又回归到用"稷"兼表谷物和社稷等义,而"稷"字则不多见。

4. 减省构件派生

减省构件派生是指在原字形基础上减省部分构件产生新字形来分担原字形承担的字义。与前三种派生方式相比,此类派生在出土文献中例证极少。

(1) 智、知

战国出土文献中,"智"的形体有四种写法:"矢""于""口""曰"或"大""于""口""曰"四个构件组合与"矢""于""曰"或"大""于""曰"三个构件组合。用来表示智慧与知道两种意义。

> 故腾为是而修法律令、田令及为间私方而下之,令吏明布,令吏民皆明智(知)之,毋巨(距)于鼻(罪)。(睡虎地秦简·语书)
>
> ●问智(知)此鱼者具物色,以书言。(里耶秦简8-769)
>
> 盗出财物于边关徼,及吏部主智(知)而出者,皆与盗同法;弗智(知)而出之,罚金四两。(张家山汉简·二年律令)

秦代首见"知"形,形体由"智"减省而成:

> 贵人知邦端,贱人为笱,女子为邦巫。(岳麓秦简壹·占梦书)
> 梦伐鼓声,必长众有司,必知邦端。(岳麓秦简壹·占梦书)

(2)枼、世

"枼"甲骨文作 ，。文例如"癸酉卜,踵于枼 "(合集 19956)。金文作 (拍敦盖),象树枝上长满树叶之形,为"叶"的本字。"枼"甲骨文没有确证,对于有无此字尚有争议。西周王孙钟已有"枼"字,金文"枼"主要用来表示世代的"世",如:"顺余子孙。万枼(世)亡(无)疆。用之勿相(丧)。"(越王者旨于赐钟)战国文字中,"枼"也有表示｛世｝的用法。如:

> 三枼(世)之后,欲士士之,乃署其籍曰:故某虑赘壻某叟之乃(仍)孙。(睡虎地秦简·为吏之道)
> 黑肉从东方来,母枼(世)见之为姓(眚)。(睡虎地秦简·日书乙种·十二支占)

"世"为"枼"减省下部构件"木"而成,西周已有表示世代之义的"世"形。秦代简牍中表世代之义的"世"仅见 1 例,汉代简牍中都用"世"字。原用来表世代之义的"枼"字后来便专用来表枝叶义,简化后写作"叶"。

> □县官宇不居,望之不往者万世不到。(岳麓秦简壹·为吏治官及黔首)

建世二年三月癸亥▢（居延新简 27.23）

▢万世队见吏告遣，诣。（肩水金关汉简 73EJD:262A）

5. 另造新字

另造新字是指造与原字形体上没有关系的字形来分担原字形承担的字义。这种现象非常罕见，原因可能是它会隔断字词间的承继关系，给使用者造成困扰。

（二）无新形产生的派生

1. 借用同音字派生

借用同音字派生即借用声音相同或相近的字分担原字的部分意义。这种借用和一般的假借不同，不是临时的借用，而是永久承担了原字的意义。

（1）皮、彼

皮，甲骨文、金文分别作𠬝、𠬝，形体像用手从兽类的躯干剥下外皮。《说文·皮部》："皮，剥取兽革者谓之皮。从又，为省声。"本义为剥取兽皮，引申指表面、皮肤等，西周金文、战国文字中被借用来表示代词那个、他们等义。如：

取皮（彼）才（在）坎（穴）。（上博简·周易）

《诗》员（云）："皮（彼）求我则，女（如）不我得。执我戭戭，亦不我力。"（上博简·缁衣）

我敬（警）皮（彼）台（怠），何为弗衰。（张家山汉简·盖庐）

后借用从彳皮声的"彼"字来表示。《说文·彳部》："彼，往有所加

也。从彳皮声。"睡虎地秦简中始见代词"彼",如:

> 申之义,以毂畸,欲令之具下勿议,彼邦之倾,下恒行巧而威故
> 移。(睡虎地秦简·为吏之道)
> 鬼之所恶,彼窋(屈)卧箕坐,连行奇(踦)立。(睡虎地秦简·
> 日书甲种·诘)

(2)见、现

《说文·见部》:"见,视也。从儿从目。""见"的本义为看到,引申指出现、使看到之义,战国、秦代及西汉的出土文献中都有相关用法。如:

> 或昏(闻)死言:仆见脾之仓也,曰(以)告君王,今君王或命
> (令)脾母(毋)见,此则仆之辠(罪)也。(上博简·昭王毁室)
> ☑二春吏见(现)三人。(里耶秦简8-1704)
> ●凡征五,一征见(现),先〈无〉活人。(张家山汉简·脉书)

"见"的出现义后来借用本义为玉光的"现"来表示,《集韵》:"现,玉光。"据现有出土文献,借用作出现、使看到义的"现"首见于西北汉简,此后便分担了"见"的出现义,玉光义不再使用。如:

> 出粟小斗九斗。以食诏医所乘张掖传马一匹,现三日食。(肩
> 水金关汉简73EJT10:88)

四、派生字形和原字形的职能分配

从功能的角度出发,以派生出的新形为中心来研究其所承担的职

能,可分为派生的新形表示本义、新形表示引申义和新形表示假借义三种类型。其中,假借与词音相关,与原词的某个义项没有关系,所以原字形职能和派生字形职能的关系是原字形表示的词义与派生字形表示的假借义的关系。

汉字派生大多是多层级的,这里所说的派生字形职能与原字形职能仅指具有直接关系者,也就是派生字形职能与直接派生它的某一原字形职能之间的关系。职能中的假借义本来对应的是原词义,并不针对原词的某一义项,但是在某种情况下,原词义只留有一个义项,或是本义,或是引申义,这样原字形与派生字形职能的关系就表现为假借义与本义或者假借义与引申义之间的关系。

(一) 派生字形表示本义,原字形表示引申义

(1)"止"与"趾"

"止"甲骨文作 、,象人足之形,为"趾"的本字。"甲戌卜,殼鼎(贞):弜(勿)肯(御)帚(妇)好止(趾)于父乙。"(合集 2627)战国、秦汉简牍中较常见,如:

> 初六 : 艮 (其)止(趾),亡(无)咎,利兼(永)贞。(上博简·周易)
>
> 庶人。道故塞徼外蛮夷来盗略人而得者,黥剿(劓)斩其左止(趾)以为城旦。前令狱未报者,以此令论之。(岳麓秦简伍·第二组 2151)
>
> 强略人以为妻及助者,斩左止(趾)以为城旦。(张家山汉简·杂律)

"止"由脚义引申有停止、阻止等义,本义则多由"趾"表示,"趾"是

增加构件“足”形成的派生字，据现有出土文献，“趾”字首见华山庙碑：

仲宗之世，重使使者持节祀焉，岁一祷而三祠，后不承前，至于亡新，寖用丘虚，讫今垣趾营兆犹存。（华山庙碑）

(2)“要”与“腰”

“要”甲骨文、金文字形分别作、，字形像一个女子用双手叉腰，本义为腰部。《说文·臼部》：“要，身中也。象人要自臼之形。从臼。”引申指要领、需要等义。后来在“要”的基础上加了肉旁派生出“腰”，专表本义腰部。“腰”字秦汉出土文献中未见，出土文献中始见于南北朝墓志中。

宇有要（腰），不穷必刑。（睡虎地秦简·日书甲种·相宅）

一曰：夸（跨）足，折要（腰），空（控）丈（杖）而力引之，三而已。（张家山汉简·引书）

虽首冠缨冕，不以机要为荣，腰佩龟组，未以宠渥为贵。（北魏·元飏墓志）

（二）派生字形表示本义，原字形表示假借义

(1)“且”与“祖”

且，象祭祀牌位之形，本义是祖先。后“且”假借为连词或副词，本义祖先由加“示”旁的“祖”字表示。《说文·示部》：“祖，始庙也。从示且声。”春秋时期始见“祖”字，战国中期和战国中晚期的文献材料郭店楚简和清华简还可见用“且”表示祖先的例子，战国晚期的上博简、

睡虎地秦简皆作"祖"。如：

夫圣人上事天,教民又(有)尊也;下事地,教民又(有)新(亲)也;时事山川,教民又(有)敬也;新(亲)事且(祖)庙,教民孝也;大(太)教(学)之中,天子亲齿,教民弟也。(郭店楚简·唐虞之道)

王若曰:"且(祖)祭公,哀余少(小)子,眛亓(其)才(在)立(位),旻天疾畏(威),余多寺(时)叚(假)惩。"(清华简·祭公之顾命)

狗(耇)老昏(问)于彭祖曰:"句(耇)是(氏)孨心不忘,受命羕(永)长。臣可(何)埶(艺)可(何)行,而举于朕身,而訟于帝棠(常)?"(上博简·彭祖)

人毋(无)故而鬼祠(伺)其宫,不可去,是祖囗游,以犬矢投之,不来矣。(睡虎地秦简·日书甲种·诘)

(2)"孰"与"熟"

"孰"的本义为生熟之熟,甲骨文作𩵋(合集17936),金文作𩵋(伯致簋),字形像人对着宗庙进献祭品。"孰"字后借用作疑问代词,因在"孰"基础上加"火"旁派生出"熟",表示本义。"熟"字应产生于汉代。

灶毋(无)故不可以孰(熟)食,阳鬼取其气。(睡虎地秦简·日书甲种·诘)

一月名曰留(流)刑,食饮必精,酸羹必孰(熟),毋食辛星(腥),是谓财(哉)贞。(马王堆汉墓帛书·胎产书)

灾害不侵,五谷熟成。(营陵置社碑)

年谷岁熟,百姓丰盈。(白石神君碑)

（三）派生字形表示引申义，原字形表示本义

（1）"道"与"導"

《说文·辵部》："道，所行道也。从辵从首。一达谓之道。""道"本义为道路，引申有方法、途径、规律、引导等义。如：

☐不盈一石☐行道☐（云梦龙岗秦简141）

上不以其道，民之从之也难。（郭店楚简·成之闻之）

凡法律令者，以教道（导）民，去其淫避（僻），除其恶俗，而使之之于为善殹（也）。（睡虎地秦简·语书）

西周金文中有从"行"从"首"从"又"的"導"字形体，这可能是"導"字的来源，魏晋时期出土文献中首见下部从"寸"的"導"字。

（2）"正"与"政"

《说文·正部》："正，是也。从止，一以止。"《说文·是部》："是，直也。从日、正。""正"字甲骨文作☐（合集278）、金文作☐（乙亥鼎），像正对着目标前进，本义为正中、不偏斜。引申有政事、匡正之义，后来在"正"的基础上加注"攴"派生出"政"来表示此义。"政"字西周金文中已有，但在战国出土简帛文献中仍有用"正"字表示政事、匡正等义的用例。如：

肃成朕师旟之政德。（叔尸钟）

是以为正（政）者教道之取先。（郭店楚简·尊德义）

又（有）克正（政）而亡克陈。（上博简·曹沫之陈）

（四）派生字形表示引申义，原字形表示引申义

（1）"弟"与"悌"

《说文·弟部》："弟，韦束之次第也。从古字之象。"本义为次第，由此引申为兄弟中按年龄排列的较小者，即弟弟之义。战国时期，"弟"也作"俤"，"俤"为表弟弟之"弟"的专字。在弟弟之义基础上进一步引申为弟弟对兄长的敬爱义，派生出"弟"加"忄"的"悌"字表示此义。战国简帛中{悌}可由"弟""俤"二字表示。"悌"为《说文》新附字，《说文·心部》"悌，善兄弟也。从心弟声。经典通用弟。"出土文献用例首见于东汉时期。

> 生子，无俤（弟）；女（如）又（有）俤（弟），必死。（九店楚简·丛辰）
>
> 兄弟，至先后也。（郭店楚简·语丛一）
>
> 君子曰：俤（悌），民之经也。（上博简·内豊）
>
> 为孝，此非孝也。为弟（悌），此非弟（悌）也。不可为也，而不可不为也。（郭店楚简·语丛一）
>
> 《尚书》五教，君崇其宽；诗云恺悌，君隆其恩；东里润色，君垂其仁。（张迁碑）

（2）"解"与"懈"

《说文·角部》："解，判也。从刀判牛角。""解"的本义为分解牛的肢体，引申指分裂、分散各类事物，并进一步引申表示心神、心志等的分散，即松弛、懈怠义，后在"解"字基础上增加"忄"旁派生出"懈"字，专表松弛、懈怠义。

> ……解（懈）于时。上帝喜之，乃无凶灾……（上博简·三德）

　　□□□□□□示民明(萌)毋解(懈)怠。如此则外无诸侯之患,内无□□之忧。(银雀山汉简·守法守令等十三篇)

　　乾乾匪懈,圣敬□□。(沮渠安周造像记)

　　类子猷之高爽,匹仲文之匪懈。(崔芳墓志)

(五)派生字形表示引申义,原字形表示假借义

(1)"般"与"盘""槃"

《说文·舟部》:"般,辟也。象舟之旋,从舟。从殳,殳,所以旋也。""般"的本义是盘旋,引申指杯盘的"盘",后增加表示器物的"皿"或"木"派生出"盘"或"槃"字专表杯盘义。而原字形"般"主要表示"种、类"等假借义。如:

　　漆画平般(盘),径尺六寸,三枚。(马王堆三号汉墓遣策258)

　　【漆画】食般(盘),径一尺二寸,廿。(马王堆三号汉墓遣策259)

　　一斗歠(饮)水三斗,而槃(盘)歠(饮)水二斗七升即槃(盘)。(张家山汉简·算术书)

　　献武皇帝茹茶切蓼,在在匡复,操盘大誓,辞涕俱流,义动其诚,实参本□。(北齐武贞窦公墓志铭)

(2)"勿"与"物"

"勿"依《说文》解释,本义为杂色旗,《说文·勿部》:"勿,州里所建旗。象其柄,有三游。杂帛,幅半异。所以趣民,故遽称勿勿。"由杂色之义素进而引申指所有颜色。杂色即所有颜色,所有颜色即颜色也,故引申指颜色。这一引申义后来由派生字"物"表示,陆宗达(1981:

65)："'物'字,最初只作颜色讲。如《周礼·保章氏》:'以五云之物辨吉凶、水旱降、丰荒之祲象。'郑注:'物,色也。'"甲骨文时期"勿"即用作表否定的假借义"不要、不"等,如:"鼎(贞):弓(勿)隹(唯)自般令。"(合集4219)睡虎地秦简始见"物"字。

上好是勿(物)也,下必又(有)甚安(焉)者。(郭店楚简·尊德义)

子曰:君子言又(有)勿(物),行又(有)陸,此㠯(以)生不可敓(夺)志,死不可敓(夺)名。(上博简·缁衣)

马牛误职(识)耳,及物之不能相易者,赀官啬夫一盾。(睡虎地秦简·效律)

毋(无)征物,难得。(岳麓秦简叁·同、显盗杀人案)

(六) 派生字形表示假借义,原字形表示原词义

(1)"者"与"诸"

《说文·白部》:"者,别事词也。"本义是助词,假借为"众、各个",后加"言"旁派生出"诸"专门表示假借义。依据里耶秦简8-461号木牍所抄写的秦统一文字的规定,用"诸"表示假借义是在秦统一后。抄写于秦统一前的睡虎地秦简无"诸"字,皆用"者"字。抄写于秦统一后的文献已改用"诸"。如岳麓秦简肆、岳麓秦简伍等:

盗及者(诸)它罪(罪),同居所当坐。(睡虎地秦简·法律答问)

诸有赀赎责(债)者,訾之。(岳麓秦简肆·第二组262正)

●诸相与奸乱而卷(迁)者,皆别卷(迁)之,勿令同郡。(岳麓秦简伍·第一组0864正)

诸官为秦尽更。(里耶秦简8-461)

（2）"胃"与"谓"

《说文·肉部》："胃，谷府也。从肉；⿱，象形。"本义是肠胃，后假借作⦃称谓⦄⦃说⦄等，此义后增"言"旁派生的"谓"来表示。如：

父子同居，杀伤父臣妾、畜产及盗之，父已死，或告，勿听，是胃（谓）"家罪"。（睡虎地秦简·法律答问）

五者毕至是胃（谓）过主。（岳麓秦简壹·为吏治官及黔首）

毋敢谓巫帝，曰巫。（里耶秦简8-461）

此所谓戎曆日殹。（周家台秦简·日书）

参考文献

戴侗（撰），党怀兴、刘斌（点校），2012，《六书故》，中华书局。

陆宗达，1981，《说文解字通论》，北京出版社。

沈括，1998，《梦溪笔谈》，岳麓书社。

王筠，1987，《说文释例》，中华书局。

许慎，2011，《说文解字》，中华书局。

第二编

◆

字词发展个案研究

《居延汉简》字词札记三则[*]

徐正考　王景东

居延汉简的内容纷繁多样，政治、经济、军事、文化等均有涉及。居延作为汉代西北边塞烽燧所在地，是极具战略意义的军事重镇。居延既为军事重镇，其城障的防御功能强大，烽燧守御器应完备精良。居延汉简中不乏对于守御器情况的记录，本文根据《居延汉简甲乙编》《中国简牍集成》《居延汉简释文合校》等释文，结合《居延汉简》《居延新简集释》所附图版[①]，以及敦煌汉简、尹湾汉简、额济纳汉简等相关简文，对居延汉简中的几则字词进行校正和考释，所言未必为是，祈就教于方家。

一、蚤

居延旧简 127.24[②] 号简记录守御器损坏或不合格情况，其释文《中国简牍集成》作："奠不可上下，连梃庠解，斧多随折，长斧梃皆檐棓哗

---

　　*　本文原载《古汉语研究》2021 年第 2 期。

　　①　本文居延旧简、居延新简释文皆据中国简牍集成编辑委员会编《中国简牍集成》（敦煌文艺出版社，2001），并参考《居延汉简考释·释文之部》（四川南溪石印本，1943）、《居延汉简甲乙编》（中华书局，1980）、《居延汉简（壹）》（"中研院"历史语言研究所专刊之一〇九，2014）、《居延汉简（贰）》（"中研院"历史语言研究所专刊之一〇九，2015）、《居延汉简（叁）》（"中研院"历史语言研究所专刊之一〇九，2016）、《居延汉简释文合校》（文物出版社，1987）释文，以及《居延汉简（壹—肆）》《居延新简集释（一一七）》（甘肃文化出版社，2016）所附红外线图版。

　　②　以下居延旧简仅用简号。

呼,稺色不鲜明,奚索币绝,弩长臂曲庆,不可。"其中"斧多随折"《居延汉简考释·释文之部》《中国简牍集成》均作此释,《居延汉简(贰)》阙释。此简"斧多随折"中"斧"写法与同简"长斧"之"斧"写法截然不同,然诸家皆无异释。原简图版二字形体参见表1:

表1

斧多随折	长斧
斧	斧

一枚简中的相同字在写法上应相差甚微,然此简中两"斧"字形悬殊较大,二者并非一字。首先从字形上分析,居延汉简中所见"斧"字形体,皆与前者不合(参见表2)。

表2

斧	斧	斧
112.23	127.24	258.18
斧	斧	斧
303.6+303.1	498.1	506.1

细析"斧"字,上从"父"或"又",汉简中"父"与"又"形似,常混同。从表2中112.23的"斧"可以看出,"父"可写作"又";而居延汉简中的"叉"又常作"又"或"父"(参见表3)。

表3

叉	叉	叉
8.3	95.3	170.4
叉	叉	叉
185.6	203.1	274.27A

表3所列皆为居延汉简中"蚤"之形体,从列出的部分形体看,"蚤"上所从"叉"皆作"又"或"父",170.4 作"攵",为"父"之讹体。因此从上部分字形看,127.24 简中的"𢼸"与汉简中的"蚤"形体相同。"𢼸"字下似从"虫",居延汉简中多见相似形体。如 170.4 释为"蚤"的"𢼸"、52.17+82.15 释为"蜚"的"𧒽"、居延新简 ESC:7A① 释为"强"的"𧒼",其中的"虫"与"𢼸"下形体甚合。此处疑应释为"蚤"字。关于"蚤"的形体,裘锡圭(2012:352—353)也有过详细的论证,认为:"'蚤'字本来大概是从'又'从'虫'的一个会意字,可能就是'搔'的初文,字形象征用手搔抓身上有虫或为虫所咬之处。从'父'的是它的讹体。从'叉'的'蚤'字当是改会意为形声的后起字。"事实上,根据《甲骨文字编》《战国文字编》《秦文字编》《秦汉魏晋篆隶字形表》《木简字典》等所收字形来看,从甲骨文开始,到后来的战国文字、秦汉简牍文字,"蚤"的形旁"叉"多作"又"或"父"。

其次,从词义和语境来看,127.24 简记录守御器的损坏或不合格情况,分别对烽、连梃、蚤、长斧、长椎、梧、索、弩的损坏以及涂色不合格做了记录,因此"蚤多随折"中的"蚤"应为守御器或守御器构件。王辉(2008:172)指出"蚤"通"爪"。马王堆帛书《老子》甲本卷后古佚书《明君》:"以夫先王者为□□□仑(抡)蚤衙之士,材巽(选)海内之众,简令天下之材,琐焉。""蚤衙"即"爪牙"。又帛书《老子》甲本:"虎无所昔(措)其蚤。"乙本同,通行本《老子》五十章作爪。《集韵·巧韵》:"叉,或作蚤,通作爪。"清朱骏声《说文通训定声·字部》:"蚤,假借为爪。"引申指像爪的东西。而守御器中就存在这种形似爪的武器构件,传世文献的记载主要见于《墨子》。《墨子·备城门》:"三步一大鋋,前

---

① 以下居延新简仅用简号。

长尺，蚤长五寸。两铤交之，置如平，不如平不利，兑其两末。"《墨子间诂》中这样解释："古兵器无名铤者。'铤'疑并'鋋'之误。《说文·金部》云'鋋，小矛也'。六韬军用篇云'旷野草中，方胸鋋矛千二百具，张鋋矛法，高一尺五寸'，今本六韬亦误'铤'……'蚤'即'叉'之借字，今字通作'爪'。盖铤末锐细，如车辐及盖弓之蚤也。"此说甚确。《墨子·备高临》："备高临以连弩之车，……钩距臂博尺四寸，厚七寸，长六尺。横臂齐筐外，蚤尺五寸，有距，博六寸，厚三寸，长如筐。……十人主此车。"《墨子间诂》："蚤，爪同，谓臂端剡细者。"《墨子·备城门》："狗走广七寸，长尺八寸，蚤长四寸，犬牙施之。"此二处之"蚤"皆为形似爪的武器尖钩。由此可见，"蚤"为守御器的构件之一，可以放置于"铤""钩距""狗走"等武器上，其形尖锐似爪，作用为利用尖锐的爪钩杀攻城之敌。这也与 127.24 简记录烽燧守御器相吻合。这种以"爪"为构件的武器并不多，因此汉简中未见其他用例，传世文献有部分相关记载，如"飞钩"，又叫"铁鸱脚"，是一种用于钩刺敌人的守城器械，战国时期就已经用于作战。《六韬·虎韬·军用》："飞钩，长八寸，钩长四寸，柄长六尺以上……以投其众。"刘方（1995：100）指出，其钩为四爪，钩状如锚，上贯铁索，用于从城墙上往下掷钩敌人，每钩可取两三人。可见，守城器中，尤其是防止攻城敌军接近或攀爬城墙的反接城战具中，带"爪"的武器常用。冷兵器时代，带"爪"的钩击形兵器还有"挝""钩""铁挽"等。"爪"不仅用于武器，普通物品中也可见"爪"。望山二号墓竹简 12 号所记车盖文字中有"皅钓"，李家浩（2013：169—170）将其释为"葩瑶"。《文选》卷三张子平《东京赋》"羽盖威蕤，葩瑶曲茎"，薛综注"葩瑶"作"葩爪"："葩爪，悉以金作华（花）形，茎皆曲。""葩""华（花）"同义，故"葩瑶"或"葩爪"又称"华蚤""华搔""华爪"。李家浩认为，"瑶"即现在人们说的盖弓帽。是装在车盖盖弓末端之物,其中部有一向前突起的棘爪,用来勾住盖帷的边缘,故名为"爪"。"蚤""搔"即"爪"的假借字。由此可见,"蚤"通"爪",作为一种向前突起的形似爪的物体,既可以作为普通物品的构件,也可作为武器的构件。"随"通"堕","堕"同"隳",毁。《春秋·定公十二年》:"叔孙州仇帅师堕郈。"杜预注:"堕,毁也。"《国语·周语下》:"晋闻古之长民者,不堕山,不崇薮,不防川,不窦泽。"韦昭注:"堕,毁也。""随折"即"毁折","毁损""破坏"义。《易·说卦》:"兑为泽……为毁折,为附决。"《周礼·春官·巾车》:"毁折,入赍于职弊。"郑玄注:"计所伤败,入其直。杜子春云:'……乘官车毁折者,入财以偿缮治之直。'"因此 127.24 简中"斧多随折"应释读为"蚤多随折",指某些守御器的"爪"有所损坏。

二、堵黑

258.16 简牍从内容看是对守御器不合格情况的记录。《居延汉简(叁)》释读如下:

　　　　　　　　　　兵兰□堵黑不鲜明

　　　　　　　　　　长辟堵黑不鲜明

第卅八隧长高遗

　　　　　　　　　　转橹皆毋柅

　　　　　　　　　　蓬火曲函吓呼

"堵黑"同见于记录守御器不合格情况的 214.82 简,《居延汉简释文合校》《中国简牍集成》和《居延汉简甲乙编》皆将"堵黑"误释为"塗壂"[1]

---

[1]　由于引用文献涉及同时使用繁体字"塗"和简体字"涂"的情况,因此本文在使用此二字时依据原文。

或"积具"。《说文解字·土部》:"堵,垣也。五版为一堵。""堵"的本义为墙壁的面积单位。古用版筑法筑土墙,五板为一堵,板的长度就是堵的长度,五层板的高度就是堵的高度。《诗·大雅·绵》:"百堵皆兴,鼛鼓弗胜。"郑玄笺:"五版为堵。"《公羊传·定公十二年》:"五板而堵,五堵而雉,百雉而城。"后引申指墙壁。《庄子·盗跖》:"为欲富就利,故满若堵耳。"成玄英疏:"堵,墙也。""不堵黑""堵黑不鲜明"疑指墙壁没有涂黑,或涂黑不够鲜明。然而在原简语境中,此解不通。"长辟堵黑不鲜明","长辟"即"长臂",为弩的类型之一,此处"堵"释为墙壁则文意难从。且同一枚简中,不应重复提及墙壁的同一种不合格情况。"堵"当通"塗",为"涂抹"义。"堵"上古音属端母鱼部字,"塗"上古音属定母鱼部字,二者叠韵,且声母同属舌头音,可通假。《易·睽》:"睽孤见豕负塗,载鬼一车。"高亨注:"塗,泥也。负塗,背上有泥。"《说文新附》:"塗,泥也。从土,涂声。"郑珍新附考:"古涂、塗字并止作塗。""塗"的本义为泥巴。《汉书·叙传上》:"振拔洿塗,跨腾风云。"颜师古注:"塗,泥也。"后引申指涂抹、粉刷。《书·梓材》:"若作室家,既勤垣墉,惟其塗墍茨。"《史记·刺客列传》:"(豫让)乃变名姓为刑人,入宫塗厕。"清郑珍《说文新附考》:"凡以物傅物皆曰涂,俗以泥涂字加土作塗。"因此"堵黑"即"塗黑"。258.16"长辟堵黑不鲜明",长臂弩需要涂的黑色物品是什么?为什么涂抹?《周礼·弓人》:"弓人为弓,取六材必以时,六材既聚,巧者和之。"其中六材指干、角、筋、胶、丝、漆。可见制作弓或弩时,尤其是精良的复合弓弩,皆需要涂漆。从出土文物来看,弓弩涂漆常见。如贾振国(1985:228)《西汉齐王墓随葬器物坑》指出,山东省淄博市临淄区西汉齐王墓出土的弩机,多置于木弓之下,均有木廓朽迹,廓臂长约36.6、宽5、厚3.2厘米,髹黑褐色漆,朱绘卷云纹。弓附近堆放镞盒五十个,排列散乱,木质已朽,漆皮痕迹尚存,每盒内盛铜镞二十四支。镞盒下面及其附近堆放成束的箭杆,木质已朽,仅剩漆皮。印志华、李则斌(1988:25)《江苏邗江姚庄101号西汉墓》指出,江苏邗江姚庄101号西汉墓出土弩机,通体髹褐漆。除弩机外,弓、箭缴轴、箭杆皆髹褐漆。吴铭生(1954:6)《长沙左家公山的战国木椁墓》指出,长沙左家公山的战国木椁墓出土的木矢箙,下端缠以丝帛,外施髹漆。可见,弓、弩、簇盒、箭杆、箭缴轴、矢箙等器物上都需要涂漆。漆的颜色除黑色外,还可见红色,刘占成(1986:66)《秦俑坑弓弩试探》指出,秦始皇陵兵马俑坑出土的弩,有髹丹漆遗留。① 涂漆的作用是什么呢?《周礼·弓人》有明确说明:"干也者,以为远也;角也者,以为疾也;筋也者,以为深也;胶也者,以为和也;丝也者,以为固也;漆也者,以为受霜露也。"因此弩弓等器物上涂漆是为了防潮、防水,258.16简"堵黑不鲜明"应指涂漆量未达到要求。

127.24简中有"稞色不鲜明",疑同为记载守御器涂色不合格。"稞色不鲜明",稞,通"墀"。"稞"和"墀"上古音同属定母脂部字,双声叠韵,古音可通。《说文》:"墀,涂地也。"段玉裁注:"《巾部》曰:'幎,墀地,以巾扪之也。'凡涂地为墀。"后引申泛指涂饰。《韩非子·十过》:"食器雕琢,觞酌刻镂,四壁垩墀,茵席雕文。"本简内容为对守御器的不合格进行记录,因此"稞色不鲜明"应指某件守御器的涂色不够鲜明,因而不合格而被记录下来。那么,在守御器中都需要涂上什么东西呢?查找汉简,"堵黑""塗墺"常见。"堵黑"是涂漆,"塗墺"则是涂泥后涂石灰,二者皆为防潮。如:

---

① 文中关于出土弩弓的描述皆根据相关出土报告。

堠坞不塗墥负十六算

次吞隧长长舒　　反笱一帀负二算

　　　　天田埒八十步不塗不负一

悬索三行一里卅六步帀绝不易负十算

积薪椠皆不墥负八算

悬索缓一里负三算·凡负卅四算

（EPT59：6）①

　　"墥"为"垩"之异体字。《礼记·丧大记》："既练，居垩室，不与人居。""垩室"是古代居丧者所居之屋，四壁刷以白泥粉。《说文》："垩，白塗也。"本义应为一种白色的涂料。唐玄应《一切经音义》卷十一引《苍颉篇》："垩，白土也。"清段玉裁《说文解字注·土部》："塗白为垩，因谓白土为垩。"《庄子·徐无鬼》："匠石运斤成风，听而斫之，尽垩而鼻不伤，郢人立而不失容。"成玄英疏："垩者，白善土也。"引申指用白色涂料粉刷墙壁。《尔雅·释宫》："墙谓之垩。"郭璞注："白饰墙也。"郝懿行义疏："按：饰墙古用白土，或用白灰，宗庙用蜃灰。"《韩非子·说林》："宫有垩，器有涤，则洁矣。"关于白土，刘钊（2013：204）认为："'白土'实际上包含了两类东西，一类是主要用于制作陶瓷的高岭土，又称陶土，现代称为瓷土或'白膏泥'。一类是指石灰岩，即石灰，又称白灰、白善土、垩灰、白垩。这两种东西在古代的不同时期都可以称之为'垩'或'白土'。因为刷白灰之前需先抹上一层泥，于是因连带的关系，'塗垩'之'垩'又常常被误认为是指泥。"汉简中常见"塗""塗墥""墥"，如EPT59：6"堠坞不塗墥""天田埒八十步不塗""积薪椠皆不

<hr>

① 该简简文较长，不具引。

塈",EPT40:3"已卯卒十一人,其一人作卒养,一人徐严门稍,三人塈,五人塗,一人治传中",EPT57:108B"亭不塗""亭不马牛矢塗"①,104.24"蓬火□□上盖塈不鲜明",214.5"候楼不善塗塈"等。从汉简材料来看,当"塗"单独出现时指涂泥,"塈"单独出现时指涂白灰,"塗塈"则指先涂泥再涂白灰。涂泥可以防火,《墨子·备城门》:"外面以强塗,毋令土漏,令其广厚能任三丈五尺之城以上,以柴、木、土稍杜之,以急为故。前面之长短,豫蚤接之,令能任塗,足以为蝶,善塗其外,令毋可烧拔也。"涂白灰有防潮、驱虫等作用,因此在积薪、房屋墙壁等守御器上涂白灰,可以防止下雨导致的受潮、生虫。而"堵黑"即给弩弓、矢箙、兵兰等守御器涂漆,也可防潮防水,这样守御器可延长使用寿命,极大增强守御功能。

三、纬、綑、缴

《居延汉简(壹)》编号 89.21 简中有"纬缓"一词,根据台湾"中研院"史语所公布的红外照片,简文附列于下,并参考《中国简牍集成》试加标点。

六石赤耳具弩三,完。纬缓,衣弦皆解。弩一文中布不□漆。遭机一疾利,鈮二□□

五石赤闲具弩一,完。纬缓,衣弦解。稾矢二枚□折

长辟二,其一顿破,虎口皆破,端毋其。稾矢六枚□唭长四寸□

坞上转射二所,深目中不辟除,一所转射空小,不承长辟。木

_____

① 从此简文来看,汉代烽燧器物等所涂泥,有的混合马牛粪等物。

料二不事用

樵上转射一所，深目中不辟除，一所转射毋□狗笼毋横

该简文同样记录烽燧上守御器的不合格情况，其中"弩""深目"
"转射""橐矢"皆为守御器名，"赤耳""赤闲""长辟"为"弩"的不同类
型，"纬""衣弦""虎口"等为"弩"的构件。关于"纬"，李均明（1999：
99）认为"纬"为"捆束弩弦两端的绳子"，张显成、周群丽（2011：44）从
此说，甚确；杨眉（2016：527）在 EPT50：205"第二賸弩臂弦纬"中将
"纬"解释为"弦、纬皆弩、弓之弦、索"，此说甚误，根据王贵元（2018：
85）考察，西北汉简中的"绳"与"索"仍有区别，细小者为绳，粗大者为
索。用在弩弓身上的只能是绳，不能是索，"纬"为绳而非索；肖从礼
（2016：237）在 EPT59：11"六石具弩一铜镞郭糸弦纬完"中将"纬"解释
为"拴紧，扎束"，此说当误，"纬"有"扎束"义，但此处为名词而非动词。
从汉简看，"纬"应为弩的构件之一。敦煌汉简 TH.1830"六石具弩一完
服一完乃神爵三年缮辟四年缮弦纬毋余初置"；38.39"糸纬一完毋勒"；
尹湾汉简"武库四年兵车器集簿"有简文"弩纬三万四千卅一"和"乘与
弩系纬卅八"可证"纬"为弩构件之一，从数量上看为重要、常需更换构
件。《说文·糸部》："纬，织横丝也。"段玉裁《说文解字注》："纬，织衡
丝也。衡各本作横。今正。凡汉人用字皆作从衡。许曰：'横，阑足
也。'不对植者言也。云织衡丝者，对上文织从丝为言。故言丝以见缕，
经在轴，纬在杼。木部曰：'杼，机之持纬者也。'引申为凡交会之称。"
因此"纬"本义为织物的横线。《左传·昭公二十四年》："嫠不恤其纬，
而忧宗周之陨，为将及焉。"杜预注："织者常苦纬少。"后引申出缠捆、
系束义。《释名·释典艺》："纬，围也。反覆围绕以成经也。"《广雅·
释诂三》："纬，束也。"王念孙疏证："围与束同义。"《大戴礼记·夏小

正》："农纬厥耒。纬，束也。"此为前引《居延新简集释(五)》将"纬"解释为"拴紧,扎束"义的来源。居延汉简中,"纬"多数与"弦"同时出现,如 283.12"六石具弩四系弦纬完",居延汉简有"辟弦纬簿",应为专门记录弩弓臂弦和纬的簿籍。因此推断"纬"为专用于将弦捆束在弩身上的绳子。[①]

捆束弩身的线绳,除了"纬",居延汉简中还有"絪"和"缴"[②]:

(1)六石弩一,絪缓,今已更絪　　(3.26)

(2)赤弩一张力四石五,木破,起缴往往绝　　(128.1A)

《集韵·没韵》："絪,缕漾也。"指旋绕的丝线。《说文·糸部》："繁,生丝缕也。"本义指生丝线,《正字通·糸部》："繁,缴本字。《说文》篆作繁。"《列仙传·赤将子舆》："赤将子舆者,黄帝时人……时时于市中卖缴,亦谓之缴父云。"后引申指系在箭上的生丝绳。《正字通·糸部》："缴,谓生丝系箭以射飞鸟也。"《孟子·告子上》："一心以为有鸿鹄将至,思援弓缴而射之。"焦循正义:"为生丝缕之名,可用以系弓弋鸟。"《汉书·苏建传附苏武》："武能网纺缴,檠弓弩。"颜师古注:"缴,生丝缕也,可以弋射。""缴"既可以系在箭上,也可以缠束在弓弩上,"起缴"指将生丝绳捆束在弩上。[③] 王贵元(2014:280)指出"木破,起缴往往绝"即弩木破损,其上缠束的生丝带多处断裂。由此可见,"纬""絪""缴"皆为捆束弩弓的绳子,从这个角度来说三者为一组同义词。

---

① 对于"纬"的分析,李均明先生在《尹湾汉墓出土"武库永始四年兵车器集簿"初探》中的论证更为丰富,可参看连云港市博物馆等(1999:99)。
② 文中生丝线、生丝带、绳子皆指线绳。
③ 关于"起缴"的"起",于豪亮先生认为通假为"絿",为缠束之义,可从。参看于豪亮(2015:96)。

　　根据对居延汉简原文、传世文献以及出土弩弓实物的分析,我们认为三者同中有异。弩的哪些部位需要用绳线缠捆、系束? 一是弩弓弓身。于志勇(2007:50)认为:"渊是弣与弰之间连接的弧形部分,用弹性优良的薄木为干体,内以好胶粘贴角片,外粘贴制好的筋,再外缠附生丝线、桦树皮等胶性好、防潮的材料。"根据出土秦汉弩弓来看,弩身用线绳捆束的部位主要是弣,而非渊。刘占成(1986:66)指出,秦始皇陵兵马俑坑出土的实物弩,弓身有皮条缠札纹和髹丹漆遗留。甘肃居延考古队(1978:6)《居延汉代遗址的发掘和新出土的简册文物》指出,在居延汉代遗址出土的弓,"长 130 厘米,外侧骨为扁平长木,中部夹辅二木片;内侧由几块牛角锉磨、拼接、粘结而成。两梢渐细,各凿系弦的小孔(或为装弭处),表面缠丝髹漆,外黑内红。时代当为王莽至建武初"。① 弓身是以木材或竹材(干)多层叠合并在竹片之上黏附动物角片、筋和胶,然后用丝线缠紧制成,缠绕丝线绳的作用就是使弓身牢固。缠束弓身所用的线绳为"緟"和"缴",弓身用线绳横缠紧约即"起缴";二是弩弓与弦的结合处,此处需用线绳横向绑定,此处所用线绳即89.12简"纬缓,衣弦解"中的"纬",贾振国(1985:262)指出,西汉齐王墓三号坑出土的弓,弓背密缠丝线,涂红漆,弓两端饰弭,弭有凹槽(即弰)以系弓弦。《说文·弓部》:"弭,弓无缘可以解辔纷者。"可见弭上多缠丝线绳。《说文·弓部》:"弰,弓弩峕弦所居也。"段玉裁注:"峕者,头也,两头隐弦处曰弰。"用"纬"捆束弦于弩身即此部位。且从89.12简"纬缓,衣弦解"可知"纬"与"衣"并非一物。"衣"与"依"同,皆为缠弦的线绳。《仪礼·既夕礼》:"弓矢之新沽功,有弭饰焉,亦张可也;有柲,设依挞焉。"郑玄注:"依,缠弦也;挞,弣侧矢道也,皆以韦

---

　　① 居延汉代遗址出土的弓,可以作为考释居延汉简记录弩弓构件的重要参照。

为之。"冨谷至(2018:41—42)也认为"依弦是指缠绕在弦上的绳子",并引用林巳奈夫(1996:204)的图片进行说明,图中注释"依"与"纬、缘、衣弦"同。此说甚误,"纬"为"捆束弩弦两端的绳子","缘"指将弩弦用生丝线缠束于弩身末端涂漆。《尔雅·释器》:"弓有缘者谓之弓,无缘者谓之弭。"郭璞注:"缘者,缴缠之,即今宛转也。"邢昺疏引孙炎曰:"缘为缴束而漆之。"可见,居延汉简中的"缠束弩弓的绳子"共有三组:一是缠弦的,如"衣""依",用线绳缠弦叫"衣弦""依弦";二是缠弩弓弓身的,如"缴",用线绳缠束弩身叫"起缴";三是捆束弩弦两端的,如"纬",用线绳将弩弦捆束于弩身末端涂漆称为"缘"。① 因此"纬""緺""缴"统言则同,皆为捆束弩弓用的线绳,析言则异。

　　根据守御器记录简文,我们对居延汉简中的三则字词进行了校正和考释。将"斧"改释为"蚤";解释"堵黑"即涂漆;对弩的构件"纬""緺""缴"及其功能做了区分。三则字词的内容为我们了解汉代边塞守御器及其管理提供了材料。在翻阅资料过程中,发现居延汉简中还有大量的字词亟待研究,只有正确隶定文字和解释词语,才能更加全面地将居延汉简的语言研究价值呈现出来,才能更好地展现居延汉简的历史文化等多方面价值,才能更好地从汉语史角度考察汉代字词的发展变化,才能更加细致地做深入研究。

参考文献

冨谷至(编),张西艳(译),2018,《汉简语汇考证》,中西书局。

---

① 关于"緺",汉简中仅一见,只能判断是捆束弩弓的绳,是否为捆束弩弓具体部位的专有称谓,尚待从更多公布的汉简材料中进一步考察。

甘肃居延考古队,1978,《居延汉代遗址的发掘和新出土的简册文物》,《文物》第 1 期。

贾振国,1985,《西汉齐王墓随葬器物坑》,《考古学报》第 2 期。

李家浩,2013,《望山遣策车盖文字释读》,《安徽大学汉语言文字研究丛书·李家浩卷》,安徽大学出版社。

连云港市博物馆等(编),1999,《尹湾汉墓简牍综论》,科学出版社。

林巳奈夫,1996,《汉代の文物》,京都朋友书店。

刘方,1995,《古代兵器》,经济管理出版社。

刘占成,1986,《秦俑坑弓弩试探》,《文博》第 4 期。

刘钊,2013,《汉简"垩"字小考》,《书馨集出土文献与古文字论稿》,上海古籍出版社。

裘锡圭,2012,《殷墟甲骨文字考释(七篇)》,《裘锡圭学术文集(全六卷)甲骨文卷》,复旦大学出版社。

王贵元,2014,《释汉简中的"木关"及"关戾"》,《中国语文》第 3 期。

王贵元,2018,《汉简字词考释二则》,《语言研究》第 3 期。

王辉,2008,《古文字通假字典》,中华书局。

吴铭生,1954,《长沙左家公山的战国木椁墓》,《文物参考资料》第 12 期。

肖从礼,2016,《居延新简集释(五)》,甘肃文化出版社。

杨眉,2016,《居延新简集释(二)》,甘肃文化出版社。

印志华、李则斌,1988,《江苏邗江姚庄 101 号西汉墓》,《文物》第 3 期。

于豪亮,2015,《居延汉简释丛》,《于豪亮学术论集》,上海古籍出版社。

于志勇,2007,《汉长安城未央宫遗址出土骨签之名物考》,《考古与文物》第 2 期。

张显成、周群丽,2011,《尹湾汉墓简牍校理》,天津古籍出版社。

从出土秦汉文献看"豆""荅""合"的记词转移*

张再兴

　　本文所说的"记词转移"是指文献用字所记录的词的转移变化。从字的角度看,它反映的是一个字所记录的词从一个词转移到了另一个词;从词的角度看,则是一个词所用来记录的字从一个字转移到了另一个字。"记词转移"发生在一组具有密切相关性的字和词之间,反映了记词用字选择过程中的内在机制,从系统的角度加以考察,对于用字习惯、词汇史等方面的研究都具有重要的意义。如研究时代可靠、内容未经后世改动的出土文献,则可以对记词转移的具体过程和时间进行比较真实的揭示。"豆""荅""合"三字的记词变化比较明显,但目前学界对它们的词义变化只有简单而分散的讨论,如指出"豆"字的意义有从食器到豆子的变化,而并未将三者记词的变化联系起来进行系统的精细考察,因而也未能深入揭示变化的内在原因。同时,由于考察所依据的材料多为传世文献,目前的研究对三者记词变化的发生、流行时间与完成时间也缺乏详细的描写。本文尝试以数量丰富、时代明确的出土秦汉简帛为主要材料,以定量统计的方法,系统梳理"豆""荅""合"三字所记词的转移过程及其相互之间的联系。①

---

　　* 本文原载《语文研究》2018 年第 3 期。
　　① 简帛是出土秦汉文献中数量最丰富的资料。本文所用秦汉简帛统计数据均来自本人主持开发的"秦汉简帛语料库"。该语料库收录了迄今发表的全部秦汉简帛文献材料,总字数约 87 万。

一、"豆"字的记词转移

（一）"豆"字最早的记词

"豆"字,甲骨文字形作🗂（屯 2484）、🗂（合集 29364）,像高圈足之食器,本义为食器。《说文·豆部》:"豆,古食肉器也。"两周青铜器中可见自铭为"豆"的器皿,如西周晚期的《周生豆》《大师虘豆》,春秋时期的《姬寏母豆》等。

（二）"豆"字的记词转移及出现时间

"豆"字后来被借用以记录指食物的"豆子"一词。《说文·尗部》:"尗,豆也。象尗豆生之形也。"说明当时借用"豆"字记录"豆子"一词已很普遍。对于借用发生的时间,前人与时贤比较一致的意见是秦汉时期。段玉裁《说文解字注》"豋"字条云:"按,豆即尗,一语之转。周人之文皆言尗,少言豆者。惟《战国策》张仪云:'韩地五谷所生,非麦而豆。'《史记》作菽。吴氏师道云:古语只称菽,汉以后方呼豆。"朱骏声《说文通训定声·孚部》:"尗,古谓之尗,汉谓之豆,今字作菽。菽者,众豆之总名。"于省吾（1957）也认为:"周人称作菽,秦汉以来称作豆。"但是,这些说法中的时间范围显然太过宽泛。马继兴（1992:12）则认为"'豆'字在先秦文献中和'菽'、'尗'同样也具有谷类之豆的涵义"。马先生所依据的主要是传世文献。传世文献在传抄过程中改字的情况屡见不鲜,以此作为主要依据,其说服力显然不够。不过从出土文献来看,战国时期确实有用"豆"字记录"豆子"一词的例子。如长台关 1 号楚墓遣策 06 简有"二豆笲",刘国胜（2011:21）按语引《广雅·释草》:"大豆,尗也。小豆,荅也。"但是在先秦出土文献中,用"豆"字记录"豆子"一词的用例并不多。同样是长台关 1 号墓遣策，还有 4 例"豆"字记录的是器皿"豆"。[①]

从出土实物文字材料来看，我们认为借"豆"记录"豆子"一词的真正流行时间是从西汉开始，应该不大会有问题。铜器铭文的例子有始于建国元年（公元 9 年）的《新量斗》："嘉黍、嘉麦、嘉豆、嘉禾、嘉麻。"考古发现的陶文例子则更加丰富。详见表 1。[②]

表 1

墓葬	文字	器号	墓葬时间
白鹿原汉墓	黍豆	五 M95:29	西汉早期（第一期墓）
洛阳邮电局 372 号汉墓	大豆万石	陶仓 ID372:59	西汉晚期（约汉成帝至王莽之间）
	豉	陶小壶 IM372:79	
洛阳五女冢 267 号新莽墓	豉	陶罐 M267:49	西汉晚期（下限应为新莽时期）
	大豆万石	陶仓 M267:63	
洛阳春都花园小区西汉墓	小豆万石	陶仓 IM2354:16	西汉晚期
	大豆万石	陶仓 IM2354:18	
西汉三兆汉墓群 M3	大豆一京		西汉晚期
洛阳西北郊 81 号汉墓	豆	陶仓	西汉晚期
	豉	陶壶	

---

① 见 20 简:杯豆卅;25 简:十皇豆……二歙（合）豆;12 简:廿豆。"皇豆"亦见于望山二号楚墓竹简遣策 45 简（简号均据刘国胜,2011）。

② 表中数据出自以下报告:(1)陕西省考古研究所《白鹿原汉墓》(三秦出版社,2003);(2)洛阳区考古发掘队《洛阳烧沟汉墓》(科学出版社,1959);(3)西安市文物保护考古所、郑州大学考古专业编著《长安汉墓》(陕西人民出版社,2004);(4)陕西省考古研究所《陕西卷烟材料厂汉墓发掘简报》(《考古与文物》1997 年第 1 期);(5)洛阳市第二文物工作队《洛阳五女冢 267 号新莽墓发掘简报》(《文物》1996 年第 7 期);(6)洛阳市第二文物工作队《洛阳春都花园小区西汉墓(IM2354)发掘简报》(《文物》2006 年第 11 期);(7)贺官保《洛阳老城西北郊 81 号汉墓》(《考古》1964 年第 8 期);(8)洛阳市第二文物工作队《洛阳邮电局 372 号西汉墓》(《文物》1994 年第 7 期)。

（续表）

墓葬	文字	器号	墓葬时间
洛阳烧沟汉墓	大豆万石	陶仓 632：149/金 1：76	西汉晚期（第三期墓葬）
	小豆万石	陶仓 82：56/43：3/金 1：37	
	小豆	陶仓 632：217/213	
	豆万石	陶仓 43：25	
	小豆□□	陶仓 632：210	
	金豆一钟	陶壶 74：31	
陕西卷烟材料厂汉墓	大豆	陶罐 M5：15	东汉晚期
	小豆	陶罐 M5：18	

由于汉字表意构件的意义跟其独立成字时的意义有着密切关联（张再兴，2004：389），作为表意构件的"豆"的构字意义也可以为我们考察"豆"字意义的变化提供参考。考察发现，西汉早期江陵凤凰山 8 号汉墓 161 简记载："䋹酱一篓（筥）。""䋹"属扁豆之类（章水根，2013：97）。另外，表 1 中的"豉"字，《说文》正篆作"尗支"，表 1 中陶文都从"豆"，而《说文》将"豉"作为"尗支"的俗体。"豉"字也见于汉代简帛。西汉早期的马王堆帛书有 2 例，写法与《说文》正篆相同，写作"尗支"，张家山汉简有 1 例，写作"豉"。此字在西汉中晚期简牍中也有多例。[①]《说文》中还有一个释作"豆饧也"的"䀌"字也从"豆"。以上"豆"作表意构件的用例也从一个侧面反映了当时"豆"字已普遍用来记录"豆子"这个词。

对比秦汉简帛文献中表示与"豆子"意义相关的几个字使用数量

[①] 见居延汉简 214.4；居延新简 EPT4：106、EPT59：405、EPW：76、EPW：78；悬泉汉简《过长罗侯费用簿》I0112③：61—78。

的变化,我们可以进一步确认这种变化的大致时间,具体数量见表 2。

表 2

	秦	西汉早期	西汉中晚期	东汉
叔(菽)	34①	36②	4③	0
荅	12④	9⑤	1⑥	0
豆	1⑦	5⑧	9⑨	5⑩

　　从表 2 列举的数据来看,"叔(菽)"和"荅"这两个本来表示"大豆""小豆"的字在西汉中晚期使用数量急剧减少,相反,"豆"字用来表示"豆子"义的数量则明显增加。这一变化时间也正与上述陶文中"大豆""小豆"多见于西汉晚期一致。因此,我们认为,"豆"字被借用来记录"豆子"一词虽然早在战国时期就已经出现,但是真正流行开来则在西汉中晚期。

(三)"豆"字记词转移的原因

　　"豆"最初表示食器,从战国时期开始被零星借用来记录"豆子"一

---

　　①　睡虎地秦简 9 例、岳麓秦简 16 例、周家台秦简 5 例、放马滩秦简 3 例、岳山木牍 1 例。
　　②　张家山汉简 4 例、马王堆简帛 23 例、银雀山汉简 4 例、阜阳汉简 2 例、印台汉简 1 例、孔家坡汉简 2 例。
　　③　悬泉汉简 3 例、居延新简 1 例。
　　④　睡虎地秦简 3 例、岳麓秦简 6 例、岳山木牍 1 例、里耶秦简 2 例。里耶另有 1 例,见于 2388 简,由于残断,意义待考,不计在内。
　　⑤　张家山汉简 7 例、马王堆帛书 2 例。
　　⑥　见于北大汉简。
　　⑦　见于岳麓秦简《占梦书》33:"梦见豆。"根据前两简梦见桃、李推测,后一简梦见豆,当是指食物豆子。
　　⑧　马王堆帛书 2 例、凤凰山汉简 3 例。
　　⑨　居延汉简 4 例、居延新简 2 例、肩水金关汉简 3 例。居延汉简 162 的一组简,简文格式都是:豆+数字+公乘邮地某人+老/卒/大+干支+赐一级。此组简中"豆"字的意义应该不是豆子,有可能是"登"字的省写。
　　⑩　5 例皆见于武威医简。

词,西汉中晚期成为记录"豆子"一词的主流,这其中应该有内在的逻辑原因。

首先,应该是记词理据的丧失,这也是最重要的一个原因。"豆"字本来指食器,还可表示豆灯等。随着食器"豆"的消失以及表豆灯的专用字的出现,这些意义在西汉时期都已不是"豆"字意义的主流。

作为食器的"豆",在先秦时期曾经十分流行。但到了汉代,不管是陶豆,还是铜豆、漆豆,都已经逐渐消失。① 这使得"豆"字在实际语言使用中用来表示豆器的需要大大降低,从而为记录"豆子"一词提供了充分的语义空间。

汉代的铜灯也有叫"豆"的,但是实例很少,仅有《土军侯高烛豆》《□民高烛豆》《蔺川宦谒右般北宫豆》等。② 大部分的灯铭都写作"锭""镫",③也有少量借用"登"字记录。④ 秦汉简帛文献中未见"锭"字,仅见到 2 例"镫"字,其中 1 例见于阜阳汉简 C23:"□□□盂,盘案栖几,镫釦□□。"梁静(2015:39)认为此处的"镫"是盛食器。另 1 例见于居延汉简 231.96:"铠、镫、铝各八,橐矢□。""镫"字字形作𨥛,《中国简牍集成》(2001:38)注:同"燈"。不过因此简其他字均指武器,

---

① 这一点考古专家有比较一致的认识。(1)"豆在西汉时尚偶有所见"(《中国大百科全书·考古学》"汉代铜器"条,王仲殊撰);(2)"战国时期流行的陶豆在西汉早期还偶有所见,但不久即消失"(中国社会科学院考古研究所,2010:676);(3)"汉代以后的漆豆逐渐减少"(聂菲,2004);(4)"豆一直延续到秦汉时期,由于汉代饮食与先秦有了很大不同,豆的作用为其他餐具所取代,豆就逐渐消失了"(肖克之、张合旺、曹建强,2000:76)。

② 《蔺川宦谒右般北宫豆》(M1:22)灯盘外沿铭。简报称"豆"指豆灯。墓葬为宣、元时期(见潍坊市博物馆、昌乐县文管所,1993)。

③ 《说文》:"锭,镫也。""镫,锭也。"徐铉曰:"锭中置烛,故谓之镫。今俗别作'灯',非是。"《广韵·径韵》:"豆有足曰锭,无足曰镫。"《急就篇》:"锻铸铅锡镫锭鐎。"颜师古注:"镫所以盛膏夜然燎者也,其形若杆中而如釭。有柎者曰镫,无柎者曰锭。柎谓下施足也。"段玉裁注曰:"镫有柎,则无足曰锭之说未可信。"

④ 徐正考(2007)《汉代铜器铭文综合研究》"文字编"部分"豆"字下有 3 形、"镫"字下有 24 形,"锭"字下有 20 形。"铭文汇集"部分所收灯铭中,写作"豆"者只有 4 件。

我们推测这个字的所指也当是同类器物。《居延汉简》(简牍整理小组,2016:72)未隶定右半。

其次,根据《说文》"梪,木豆谓之梪"来看,记录食器的"豆"已经另外有了专门造的字。虽然在现有的秦汉简帛文献中还没有见到"梪"用作豆器的例子,①但是包山楚简266简有"四倉(合)梪,四皇梪"的用例,李家浩先生(1994:44)认为"梪"即"豆"字的异体。东汉永寿二年(公元156年)《鲁相韩敕造孔庙礼器碑》中也有一个"梪"字:"爵鹿柤(俎)梪(豆)。"说明这个新造的专用字已分担了"豆"表示食器的语义功能。

最后,从汉语词汇复音化的角度来看,西汉晚期陶文中"大豆""小豆"等复音词很常见,它们已经逐渐替代了早期单音节的"叔(菽)""荅"等字。此外,其他由"豆"构成的复音词也已常见,如:"豆酱"(江陵凤凰山汉简·一六九号汉墓竹简35)、"豆脯"(居延新简EPT43.33B)、"豆豉"(《英国国家图书馆藏斯坦因所获未刊汉文简牍》3282、3498)、"赤豆"(马王堆汉墓帛书·五十二病方71,武威医简18、32、56)、"胡豆"(居延汉简488.1、310.2)、"巴豆"(武威医简29、69)。

这些例子中,马王堆汉墓帛书、江陵凤凰山汉简都是西汉早期的文献,居延汉简、居延新简、斯坦因所获未刊汉文简牍大多是西汉中晚期的文书,武威医简已经是东汉的文献。

二、"荅"字的记词转移

(一)"荅"字最早的记词

受西汉中晚期开始流行借用"豆"字记录"豆子"一词影响,原先表

---

① 我们在"秦汉简帛语料库"里检索到2例,但都不表示食器:(1)北京大学藏西汉竹简《老子》第五十二章(王本第九章)143简:"梪(揣)而允(捪)之。"(2)武威汉简《甲本士相见之礼》001:"左梪(头)奉之。"

示豆子的两个字"叔（菽）"和"荅"的使用也发生了重大的变化。

"菽"字，《说文》作"尗"，①释为"豆也"，未说明所指是总名还是专名。而由《说文》"荅，小尗也"则可知"尗（菽）"是总名。朱骏声《说文通训定声》也说："菽者，众豆之总名。"不过《广雅·释草》记载："大豆，尗也；小豆，荅也。"说明"尗（菽）"也可专指大豆。秦和西汉早期简帛中，常见"叔（菽）""荅"共现，与其他农作物"麦""麻"并列的情况。如，睡虎地秦简《秦律十八种·仓律》43："叔（菽）、荅、麻十五斗为一石。"岳麓秦简《谷物换算类算题》101："以粟求叔（菽）、荅、麦。"张家山汉简《算数书》90："麦、叔（菽）、荅、麻十五斗一石。"可见两者在实际使用中也是有区别的。

此外，从表2所显示的秦汉简帛文献中的实际使用数量来看，西汉中晚期时"荅""叔（菽）"二字记录"大豆""小豆"的用法都急剧减少，代替它们的是数量大增的"豆"字，而且"豆"所记录的词"豆子"是一个总称。

（二）"荅"字的记词转移及出现时间

与"叔（菽）"字没有产生其他新义的情形不同，本指小豆的"荅"字则发生了明显的变化，它被大量借用来记录"应答"这个词。② 从"荅"字用来记录"小豆"一词主要集中在秦和西汉早期，③而用来记录"应答"一词则集中在西汉中晚期这一数量对比中，可以清楚看出这种变化。

秦和西汉早期，"应答"一词都用"合"字记录。下面分析秦汉简帛

---

① 秦汉简帛文献中未见"尗"字。"菽"字大多写作"叔"，具体讨论中不再加以区分。
② 汉代出土文献中从"竹"的字常写作从"艹"，如"籍"作"藉"、"節（节）"作"莭"、"薄"作"薄"等。从秦汉简帛文献来看，未见从"竹"之"答"，只有从"艹"之"荅"。传世字书中"答"字的出现相对比较晚。《广韵·合韵》："荅，当也。亦作荅。"《正字通·竹部》："答，对也。"《字汇·竹部》："荅，应也，然也。"因此，"荅"即后世之"答"。
③ 熹平三年（公元174年）《娄寿墓碑》："麤纻大布之衣，糗（粝）糈（荅）蔬菜之食。""糈"可能是"荅"的异体，从上下文看仍表示本义。如果确实如此，则是一个例外。

文献中"合""荅"两字记录"应答"一词的具体情况。

1. 秦和西汉早期简帛文献中用"合"字记录"应答"一词的情况

秦和西汉早期简帛中,"应答"一词都是用"合"字来记录的,共 46 例。① 如:

(1) 以合(答)其故。(睡虎地秦简·封诊式 72)

(2) 晏子合(答)曰。(银雀山汉简·晏子 0573)

而根据表 2 的统计,此时的 21 例"荅"字都表示其本义"小未",不用来记录"应答"一词。

2. 西汉中晚期简牍文献中用"合""荅"两字记录"应答"一词的情况

西汉中晚期的简牍材料中,"合"字记录"应答"多出现在武威汉简《仪礼》中,具体情况见表 3。

表 3

	合	荅	总量
甲本士相见之礼	2	1	3
甲本特牲	34	0	34
甲本少牢	16	0	16
甲本有司	28	37	65
甲本燕礼	21	1②	22
甲本泰射	31	0	31

① 睡虎地秦简 3 例、马王堆帛书 19 例、银雀山汉简 13 例、阜阳汉简 9 例、孔家坡汉简 1 例、睡虎地 77 号汉墓 1 例。

② 此例出现在第 49 简,为此篇最后一处。

从表3列举的数据来看,武威汉简《仪礼》中"合""荅"的使用数量均不少。总体上看,写作"合"字者有 132 例,占了 76.3%。我们分析这是由于《仪礼》属于先秦古书类文献,武威汉简只是其中的一个抄写本。抄写古书必然会受到早先底本的影响,所以更有可能采用早期的写法。

写作"荅"字者有 39 例(其中 1 例为"若"之讹),集中在《甲本有司》篇。仔细分析可以发现,这是由于不同抄手的不同抄写习惯所致。此篇由 3 个抄手抄写。第 1—50 简由第一个抄手抄写,第 52—73 简由第二个抄手抄写,第 74—79 简由第三个抄手抄写(甘肃省博物馆等,2005:61)。而此篇的"荅"字中,有 34 例位于第 2—50 简,是第一个抄手写的,有 3 例位于第 74 简,是第三个抄手写的。可见,第二个抄手习惯使用"合"字,而第一个抄手和第三个抄手则已经习惯使用"荅"字。其中,第 50 简两种写法共存,第 10 字作"荅",第 59 字作"合"。这一情况很可能是由于第一个抄手虽然已经习惯了使用"荅"字,但是受原先的习惯或者底本的影响,偶尔写作了"合"字。

此外,额济纳汉简也有 1 个写作"合"字的例子:"与者半京(景)公召晏子问之曰子先治奈何晏子合(荅)曰始治筑坏塞缺奸人恶之斩渠通。"(99ES18SH1:1)额济纳汉简研读班按语:"'合曰'之'合'当读作'荅'。"(孙家洲,2007:29)此简记录的是晏子与景公的对话,似与今本《晏子春秋·内篇杂上》第四篇相关,或许是其中的佚文。

此时其他文献中也有使用"荅(答)"字的例子,但数量不多,且未见到用"合"字记录的情况:

(3)☐国荅(答)塞,略皆如辞。(甘谷汉简 12 正)

(4)赵召南兰一具入无取𩊚(靬)荅(答)足☐。(肩水金关汉

简［伍］72ECC:12A）

3. 东汉时期简牍碑刻文献中用"荅（答）"字记录"应答"一词的情况

东汉简牍碑刻中的"合"字未见用作记录"荅（答）"的例子。残存的东汉熹平石经《仪礼》中8例"应答"均写作"荅"字，①这与武威汉简《仪礼》中大部分"荅（答）"写作"合"字形成了鲜明的对比。其余材料中写作"荅（答）"字的比较少，比较确定的只有2例：

(5)☐荅（答）辞气难付所勑尽力思必交［称］☐☐（长沙东牌楼东汉简·杂文书133）

(6)上顺升极，下荅（答）坤皇。（建和二年《石门颂》）

汉碑中其余2例"荅（答）"，或不用来记录"应答"一词，或字形残泐未见，难以确据。②

从对上述各断代材料的分析中，我们可以得出一个基本的结论："荅"字代替"合"字记录"应答"一词，在西汉中晚期已经比较普遍。武威汉简《仪礼》由于是传抄古书，因此依然存在大量使用"合"字的情况，但是也可以看到，已经有抄手习惯使用"荅"字。东汉以后，"合"字已经不再用来记录"应答"一词。此外，考察发现，更晚一些的《玉篇》在解释"对""诺""詶""报"等字时，使用的训释字都是"荅"，说明"荅"的使用已经十分普遍。

————————

① 8例的拓片号是:409、411、416、418、425、430、433、435（见马衡，2014）。
② 这2例是:(1)"……可答可守客舍……"（永元十年《张仲有修通利水大道刻石》），上半字形不清晰。(2)"答［以］勤体"（《何馈画像石题字》），毛远明《汉魏六朝碑刻校注》转录《八琼室金石补正》，图版残，未见此字。

三、"合"字的记词转移

（一）"合"字最早的记词

从出土文献来看，"合"字用来记录"应答"一词在秦和西汉早期已经流行，而其历史可以追溯到更早的战国时期。如金文常见的"对扬"，战国时期的《陈侯因𡼁敦》写作"合䂞（扬）［乎（厥）惪（德）］"，读作"答扬"（容庚，1985：362）。这种用法也见于传世文献。如《书·顾命》"［用］答扬［文武之光训］"，传作"用对扬圣文武之大教"。《左传·宣公二年》："既合而来奔。"杜预注："合，犹荅也。"

战国楚简中"合"字的用例更加丰富。① 不过，从字形上看，楚简中的字形常写作"佥"，如🐚（上博简四《柬大王泊旱》13）、🐚（清华简五《汤处于汤丘》17）。② 而这种写法早在春秋时期的金文《晋公盆》中就已见到："［以］佥（答）［扬皇卿］。"（《殷周金文集成》16.10342）一直到隋唐敦煌文献还有这种写法。③ 传世字书中则有进一步讹作"畣"者。④ 如《尔雅·释言》："畣，然也。"郭璞注："畣者，应也，亦为然。"《玉篇·田部》："畣，今作荅。"《集韵·合韵》："答，古作佥，通作荅。"

"合"字用来记录"应答"一词的时间既早，使用又很广泛，目前尚无足够的证据证明它的这种意义来源于假借。再结合"合"字的构形

---

① 我们统计发现，上博简和清华简中这种用法的"合"字至少有80例。

② 李家浩（1994：544）《包山二六六号简所记木器研究》认为："'佥'实际上是'合'字的异体"。李守奎（2003：318）、汤余惠（2001：330）也都将这类字形归入"合"字下。

③ 闻一多（1982：504）《古典新义·敦煌旧钞楚辞音残卷跋附校勘记》："'屈原答灵氛曰'，卷作'佥'。案：佥，古答字。《尔雅》有之，然已讹作畣，从田，于义无施。他书用古字者莫不皆然，盖习非胜是，沿误久矣。作答者平生惟此一见。"

④ 《五经文字·艹部》："荅，此本小豆之一名，对荅之荅本作畣。经典及人间行此荅已久，故不可改。"

本义看,这种用法更可能是本字本用。

《说文》:"合,合口也。从亼,从口。"并未讲明是什么"口"。因而关于"合"字的取象本义,学界一直有争议。一种意见认为是器物之口。如朱芳圃《殷周文字释丛》:"字象器盖相合之形。"这一说法得到了学界的普遍认同。① 另一种意见则认为是人之口。如刘钊先生(2006:49)认为:"合字最早就应作'𠙼',象二'口'相对形,乃'荅'字初文。"

而在古文字中,"合"字的"相合"和"应答"两种意义又都大量存在。如郭店楚简《老子甲》34:"未智(知)牝戊(牡)之含(合)朘(脧)惹(怒)。"包山楚简 266:"含柜",即合豆,也即盖豆。甚至同一个字就有不同的解释。如秦公钟"卲合皇天"一句中的"合"字有学者解释为相合,②有学者则解释为昭答。

从构件的功能取象来看,"合"字所从的上下两个"口"表示器物之口与表示人之口都是可能的(张再兴,2004:239—244)。因此,我们不妨把这个字也看作"一形多用"或称"一形多本义"的字(裘锡圭,1988:5;陈晓强,2007)。这样一来,古文字中"合"字的两种意义都很常用的现象就解释得通了。

早在战国楚简中,"合"字的使用频率就比较高,约有近 100 例。除最常见的表示"应答"之外,还可以表示"相合",也可以用作量词。到了秦汉简帛文献中,"合"字的使用频率更高。根据我们的统计,共有 662 例。其意义也比较复杂。表 4 列举了三种最常见的用法。

---

① 黄德宽(2007:3870)即认同这种说法,并谓"亼亦声,盒之初文"。董莲池(2004:204)也认为"字像器、盖相合之形"。

② 马承源(1990:607)《商周青铜器铭文选》:"即昭合皇天,配合皇天,这是说三公之德相配皇天而合于天命。"

表 4

词义	秦	西汉早期	西汉中晚期	东汉	总计
相合	30	131	133	5	299
应答	3	43	133	0	179
量词	8	92	49	0	149

(二)"合"字记词转移的原因

"合"字的使用频率高,属于常用字,且义项复杂,几个高频义项共存。如果高频字几个关系比较远的义项都很通用,势必会在实际应用中造成一定的混乱。因此,在实际应用中,就会产生分离意义的需求。这样,其中的某个义项就会开始使用别的字来记录,而分化字正是一种常见的实现途径。比如,上博简五《竞建内之》篇有 4 例用来记录"应答"的"合"字均增加了"言"旁,如第 5 简:"汲(隰)俚(朋)酓(答)曰",字形作🔤。"酓"字的字形结构有可能就是对这种分化的尝试,按照杨树达先生(1997:56)的说法,就是从曰合声,乃荅对之荅本字。

从字形理据来说,从"曰"或从"言"更符合记录"应答"一词的表义需求。但是这种分化的写法显然只是临时性的,没有被后世继承。汉代的文字系统采用了将"合"字记录"应答"一词的功能借用别的字来记录的方法。秦汉简帛文献中,高频用字习惯中的借字往往发生在同声符字之间或者形声字与其独立成字的声符之间,"荅"字与"合"字的借用正是后一种情况。而"荅"字原记录的词义"小豆"已经转移到"豆"字上,正好出现了意义的空缺,因而,转借"荅"字来记录"应答"一词就显得顺理成章了。

四、结语

通过考察,本文得出以下结论:

第一,对"豆""荅""合"三字的记词转移过程进行系统考察可以发现,它们的记词转移并不是孤立地发生的,而是接力式进行的。"豆"字所记的词从表示食器转移到了表示来自"荅""叔(菽)"二字的"豆子";"荅"字所记的词则从表示"小豆"转移到了表示来自"合"字的"应答";"合"字本来兼记"相合""应答"二词,而所记"应答"一词则转移到了"荅"字。

第二,"豆""荅""合"三字的记词转移过程的流行时间基本都在西汉中晚期。其中借用"豆"字来记录"豆子"的发生时间早在战国时期就已经开始,即从开始到流行经历了相当长的时间。这启发我们,在对用字记词变化的研究中要注意区分一种记词习惯产生、消失的时间与流行的时间,不能将这些时间等同起来。

第三,"豆""荅""合"三字记词转移的发生有着文字系统发展的内在理据。西汉时期作为食器的"豆"这一事物逐渐消失,再加上分化字"梪"的产生,使得"豆"字无须再用来记录食器,造成了"豆"字意义的空心化,这为它用来记录"豆子"一词提供了现实可能,而词汇复音化的趋势则促进了其流行的可能。同时,"荅"字所记录的"小豆"一词转移给"豆"字之后,"荅"字也随之产生了意义的空心化,这又为用"荅"字记录"应答"一词提供了良好的条件。而使用频率相当高的"合"字所记的两个常用义项"相合"与"应答"又正好有着分化的需要,所以其中记录"应答"一词的任务就转移到了以"合"为声符的"荅"字。

参考文献

陈晓强,2007,《论汉字中的一形多本义现象》,《殷都学刊》第 3 期。

董莲池,2004,《说文解字考证》,作家出版社。

甘肃省博物馆、中国科学院考古研究所(编),2005,《武威汉简》,中华书局。

黄德宽(主编),2007,《古文字谱系疏证》,商务印书馆。

简牍整理小组(编),2016,《居延汉简(叁)》,"中研院"历史语言研究所。

李家浩,1994,《包山二六六号简所记木器研究》,袁行霈(主编)《国学研究》
    第二卷,北京大学出版社。

李守奎(编著),2003,《楚文字编》,华东师范大学出版社。

梁静,2015,《出土〈仓颉篇〉研究》,科学出版社。

刘国胜,2011,《楚丧葬简牍集释》,科学出版社。

刘钊,2006,《古文字构形学》,福建人民出版社。

马承源(主编),1990,《商周青铜器铭文选》,文物出版社。

马衡,2014,《汉石经集成》,上海书店出版社。

马继兴,1992,《马王堆古医书考释》,湖南科学技术出版社。

聂菲,2004,《楚式漆豆研究》,《南方文物》第 2 期。

裘锡圭,1988,《文字学概要》,商务印书馆。

容庚(编著),1985,《金文编》,中华书局。

孙家洲(主编),2007,《额济纳汉简释文校本》,文物出版社。

汤余惠(主编),2001,《战国文字编》,福建人民出版社。

潍坊市博物馆、昌乐县文管所,1993,《山东昌乐县东圈汉墓》,《考古》第 6 期。

闻一多,1982,《闻一多全集》,生活·读书·新知三联书店。

肖克之、张合旺、曹建强,2000,《汉代陶器与古代文明》,中国农业出版社。

徐正考,2007,《汉代铜器铭文综合研究》,作家出版社。

杨树达,1997,《晋公簋再跋》,《积微居金文说》(增订本),中华书局。

于省吾,1957,《商代的谷类作物》,《东北人民大学人文科学学报》第 1 期。

张再兴,2004,《西周金文文字系统论》,华东师范大学出版社。

章水根,2013,《江陵凤凰山汉墓简牍集释》,吉林大学硕士学位论文。

中国大百科全书出版社编辑部(编),1986,《中国大百科全书·考古学》,中国大百科全书出版社。

中国简牍集成编辑委员会(编),2001,《中国简牍集成》第七册,敦煌文艺出版社。

中国社会科学院考古研究所(编著),2010,《中国考古学·秦汉卷》,中国社会科学出版社。

从字用看秦"书同文"的具体规定[*]

李洁琼

秦"书同文"是我国历史上最重大的文化事件之一,对我国历史文化特别是语言文字的发展产生了重要而深远的影响。根据《说文解字》《史记》《汉书》等传世文献的记载,我们只知道秦"书同文"是在籀文的基础上创立了小篆字体。2002年里耶秦简出土,其中编号为8-461的木牍记录了部分"书同文"的具体规定,从中可以了解到秦"书同文"不仅包括创立新字体,还包括异体字选用、异体字分工、单字功能调配、创制新字、同义词选用和语词称谓更改等方面内容,但8-461号木牍只是"书同文"部分规定的简记,并非全部内容。那么,秦"书同文"还有哪些具体规定? 本文利用大量的秦出土文献进行分析研究,对于深入了解"书同文"这一重大历史文化事件以及汉字发展史、汉语词汇史具有重要的意义和价值。

语言文字的发展符合一个规律:如果是自然演化,必然存在新旧共用的阶段,比如"取"分化出"娶",就存在同一时间段{娶亲}义有时用"取"有时用"娶"的共用现象。但如果是人为规定,则不会存在共用阶段。"书同文"属于人为规定,据研究,秦"书同文"的规定是得到严格执行的(王贵元,2021),因此,我们可以通过"书同文"规定出现前后的秦出土文献语言文字的对比,进一步推断里耶秦简8-461号木牍等文

＊ 本文原载《语言科学》2023年第3期。

献记载之外还有哪些"书同文"内容。

已有学者对比部分秦出土文献,对里耶秦简 8 - 461 号木牍之外的秦"书同文"字词关系和字用问题进行过一些研究,得出了很多有价值的结论,如陈斯鹏(2017)、何余华(2019)、翁明鹏(2020)等,分别考察过"买"与"卖"、"尌"与"樹"、"家"与"嫁"、"禺"与"遇"、"夬"与"缺"、"治"与"笞"、"使"与"傳"等的字词关系。而里耶秦简 8 - 461号木牍之外"书同文"所涉及的内容,尚有许多可补之处。新近发布的岳麓秦简陆、里耶秦简贰等材料,也为我们进行更加充分的研究提供了可能。

李洁琼(2021)及相关研究依据里耶秦简 8 - 461 号木牍的字词规定考察了秦简牍文献字词使用情况,结合文献内容等相关信息,大致考明了秦出土文献的抄写年代:睡虎地秦简、睡虎地 4 号秦墓木牍、郝家坪秦墓木牍、岳山秦墓木牍的抄写年代为秦统一之前。岳麓秦简贰、岳麓秦简叁抄写年代为秦统一之前,岳麓秦简壹、岳麓秦简肆、岳麓秦简伍、岳麓秦简陆、龙岗秦简、放马滩秦简、周家台秦简抄写年代皆为秦统一之后。里耶秦简壹、里耶秦简贰除秦王政二十六年以前文书外,抄写时代均属于秦统一后。北大秦简《教女》《禹九策》《鲁久次问数于陈起》《从政之经》《算书》等为秦统一前文献,《泰原有死者》《公子从军》等篇为秦统一后文献。就用字状况而言,文书类文献为同时文献,用字统一;书籍类文献如放马滩秦简《日书》、岳麓秦简壹《为吏治官及黔首》和《占梦书》等,抄写时受底本影响,或有用字前后共现现象。现以此为基础,搜求考察不见于 8 - 461 号木牍但在实际使用中体现出统一前后差异明显的字组,或可为秦"书同文"的具体规定提供更多的内容。

一、"书同文"具体规定

（一）"胃"与"谓"的职能分配

"胃"的本义是肠胃之胃，假借作｛称谓｝义，后增"言"旁派生出"谓"。｛称谓｝义在统一前文献睡虎地秦简中 131 见，其中 31 见写作"胃"，100 见写作"谓"，如：

（1）父子同居，杀伤父臣妾、畜产及盗之，父已死，或告，勿听，是胃（谓）"家罪"。（法律答问 108）

（2）秀，是胃（谓）重光，利墅（野）战，必得侯王。（日书甲种·稷辰 32）

（3）危阳，是胃（谓）不成行。（日书甲种·稷辰 36）

（4）廿年四月丙戌朔丁亥，南郡守腾谓县、道啬夫：古者，民各有乡俗，其所利及好恶不同，或不便于民，害于邦。（语书 1）

（5）可（何）谓"同居"？户为"同居"，坐隶，隶不坐户谓殹（也）。（法律答问 22）

（6）可（何）谓"当刑为鬼薪"？●当耐为鬼薪未断，以当刑隶臣及完城旦诬告人，是谓"当刑鬼薪"。（法律答问 112）

统一后文献岳麓秦简壹中｛称谓｝义 2 见，1 见作"胃"，见《为吏治官及黔首》。1 见作"谓"，见《占梦书》：

（7）五者毕至是胃（谓）过主。（为吏治官及黔首 40）

（8）【秋冬】梦亡于上者，吉；亡于下者，凶；是谓□凶。（占梦书 15）

统一前文献岳麓秦简叁中凡 20 见,皆作"谓",如:

(9)达谓敝:已(已)到前,不得锡。(案例〇三 056)

(10)婏弗鼠(予),识恐谓婏,且婏告匿訾(赀)。(案例〇七 134)

(11)丞缯曰:君子子癸诣私书缯所,自谓冯将军毋择子,与舍人来田南阳。(案例一四 210)

统一后文献岳麓秦简肆中仅 1 见,作"谓":

(12)或者以澍穜时繇(徭)黔首而不顾其时∟,及令所谓春秋。(第三组 367 正)

统一后文献岳麓秦简伍中 3 见,皆作"谓":

(13)●廿六年十二月戊寅以来,禁毋敢谓母之后夫叚(假)父,不同父者,毋敢相仁(认)为兄、姊、弟∟。(第一组 001 正)

(14)令曰:上事,散书,取急用者上,勿谓刺。(第二组 105 正)

(15)治狱者亲及所智(知)弗与同居,以狱事故受人酒肉食,弗为请而谩谓已为请,以盗律【论】,不告治者,受者独坐,与盗同澹。(第二组 243 正、244 正)

北大秦简 3 见,其中 2 见作"胃",分别出现在统一前的《禹九策》和《教女》中,1 见作"谓",出现在统一后的文献《公子从军》中:

(16)见人得志,是胃(谓)大吉。(禹九策 48、49)

(17)众口销金,此人所胃(谓),女子之败。(教女023)

(18)公子从军,牵送公子钱五百,谓公子自以买……比□公子弗肯□□以予人。(公子从军016)

统一后文献里耶秦简壹中9见,皆作"谓",如:

(19)毋敢谓巫帝,曰巫。(8-461)

(20)六月乙未,洞庭守礼谓县啬夫听书从事□(8-657)

(21)谓令佐唐段(假)为畜官☑(8-919)

统一后文献里耶秦简贰中23见,皆作"谓",如:

(22)卅五年四月己未乙丑,洞庭段(假)尉觿谓迁陵丞:阳陵卒署迁陵,其以律令从事,报之,当腾腾。/嘉手。●以洞庭司马印行事。(9-1)

(23)十月甲寅,迁陵丞昌谓仓啬夫:以律从事,报之。(9-30)

统一后文献放马滩秦简中39见,其中5见作"胃",34见作"谓"。如:

(24)■凡甲、丙、戊、庚、壬、子、寅、【卯、戌】、巳、酉,是胃(谓)冈(刚)日、阳【日】、牡日殹,女子之吉日殹。(日书乙种·刚柔日[二]113壹)

(25)■凡乙、丁、己、辛、癸、丑、辰、午、未、申、亥,是胃(谓)柔日、阴日、牝日殹,男子之吉日殹。(日书乙种·刚柔日[二]114壹)

(26)中律不中数,是谓前有难后喜。(日书甲种·占黄钟

364A+358B）

（27）仓门,是谓富,井居西南,囷居西北,窬必南乡（向）,毋绝县肉。（日书乙种·直室门2贰）

统一后文献周家台秦简中4见,皆作"谓"：

（28）此所谓戎磿日殹（也）。（日书·戎磿日〔一〕132叁）

（29）氏（是）谓小雤（微）,利以鷐（羁）谋。（日书·戎磿日〔一〕142贰）

（30）亡人得。是谓三闭。（日书·戎磿日〔一〕143贰）

（31）所谓牛者,头虫也。（病方及其他·已齲方328）

表1　"胃""谓"文献使用情况

用字	统一前文献	统一后文献
胃	睡31 岳贰0 岳叁0 北教1 北禹1 北鲁0 北从0 北算0	放5 岳壹1 岳肆0 岳伍0 岳陆0 里壹0 里贰0 周0 龙0 北泰0 北公0
谓	睡100 岳贰0 岳叁20 北教0 北禹0 北鲁0 北从0 北算0	放34 岳壹1 岳肆1 岳伍3 岳陆0 里壹9 里贰23 周4 龙0 北泰0 北公1

从上述统计可以看出,统一前文献中"胃""谓"皆有,而统一后文献除放马滩秦简与岳麓秦简壹《为吏治官及黔首》等传抄类文献的个别用例外,皆作"谓"。传抄类文献的个别用例当是抄写时受底本影响而存留,因此,"胃""谓"职能分配应是"书同文"的规定。

（二）"冬"与"终"的职能分配

夂,甲骨文作（合集14210）,金文作（黄子鼎）,字形像绳子两末端打结,表示终结,本义为{终}。"冬"当是"夂"的分化字,是在"夂"的基础上加"仌(冰)",专表冬季,因为冬季是一年四季的最末一季。冬季的最大特征是寒冷,故用"仌"。《说文·仌部》:"冬,四时尽也。从仌从夂。"从现有材料看,"冬"可能是秦系文字的字形,而楚系文字则是在"夂"的基础上加"日"作昝或加"心"作忩。齐文字与楚文字近似。战国楚系文字中还有从"纟"从"夂"的"紧"字,后又在"冬"的基础上加"纟"造"终",表示其本义。

{终结}义,统一前文献睡虎地秦简 23 见,4 见作"冬",19 见作"终",如:

> (32)辛丑生子,有(心)冬(终)。(日书甲种·生子 147 叁)
>
> (33)癸亥生子,毋(无)冬(终)。(日书甲种·生子 149 伍)
>
> (34)癸酉生子,先〈无〉冬(终)。(日书甲种·生子 149 陆)
>
> (35)春三月季庚辛,夏三月季壬癸,秋三月季甲乙,冬三月季丙丁,此大败日,取妻,不终;盖屋,燔;行;傅;毋可有为,日冲。(日书甲种·取妻出女 1 背/166 反)
>
> (36)终岁而为出凡曰:"某廥出禾若干石,其余禾若干石。"(秦律十八种·效 31)
>
> (37)丁丑材(裁)衣,媚人。入十月十日乙酉、十一月丁酉材(裁)衣,终身衣丝。(日书甲种·衣良日 114 背/53 反)

统一后文献岳麓秦简壹 3 见,1 见作"冬",2 见作"终",皆见《为吏治官及黔首》:

> (38)事无冬(终)始,不欲多业。(为吏治官及黔首 66)

（39）为人君则惠，为人臣【则】忠，为人父则兹（慈），为人子则孝，为人上则明，为人下则圣，为人友则不争，能行此，终日视之，篓（偻）勿舍，风（讽）庸（诵）为首，精（精）正守事，劝毋失时，攻（功）成为保，审用律令，兴利除害，终身毋咎。（为吏治官及黔首86）

统一前文献岳麓秦简叁1见，作"终"：

（40）以方、朵终不告芮，芮即给买（卖）方；巳（已）用钱，毋（无）以赏（偿）。（案例〇四083）

统一后文献岳麓秦简伍3见，皆作"终"：

（41）终身作远穷山，毋得去。（第一组010正）

（42）谨将司，令终身毋得免赦，皆盗戒（械）胶致桎传之。（第一组017正）

（43）年晼老以上及罢癃不事从晼老事及有令终身不事、畴吏解爵而当复爵者，皆不得解爵以自除、除它人。（第二组141正、142正）

北大秦简2见，作"终"，皆出现在统一前《禹九策》篇：

（44）恶终曰：勿（物）之生殴，皆卒于终。（禹九策46）

统一后文献龙岗秦简1见，作"终"：

（45）监者□将司之，令终身毋得□□□□□□□□☑（267）

统一后文献放马滩秦简 1 见,作"终":

(46)丹言:"祠墓者毋敢歑,歑,鬼去敬(惊)走。已,收胺而厘之,如此鬼终身不食殹。"(丹志5)

表 2 "冬""终"文献使用情况

用字	统一前文献	统一后文献
冬	睡 4 岳贰 0 岳叁 0 北教 0 北禹 0 北鲁 0 北从 0 北算 0	放 0 岳壹 1 岳肆 0 岳伍 0 岳陆 0 里壹 0 里贰 0 周 0 龙 0 北泰 0 北公 0
终	睡 19 岳贰 0 岳叁 1 北教 0 北禹 2 北鲁 0 北从 0 北算 0	放 1 岳壹 2 岳肆 0 岳伍 3 岳陆 0 里壹 0 里贰 0 周 0 龙 1 北泰 0 北公 0

从上述统计可以看出,除《为吏治官及黔首》有 1 例{终结}义作"冬"外,表示{终结}义时统一前文献可作"冬",也可作"终",统一后文献皆作"终",同上条"胃"与"谓"的使用一样,《为吏治官及黔首》此例也当是抄写时受底本影响而存留。{终结}义由"冬"到"终"的用字变化可能是"书同文"政令的内容。

(三)"丈"与"杖"的职能分配

《说文·十部》:"丈,十尺也。"有学者认为"丈"即"杖"的本字,字形像从又持杖形。

{杖}义,统一前文献睡虎地秦简 3 见,皆作"丈":

(47)以桑心为丈(杖),鬼来而歑(击)之,畏死矣。(日书甲种·诘32背壹/135反壹、33背壹/134反壹)

(48)樲(野)兽若六畜逢人而言,是票(飘)风之气,歑(击)以桃丈(杖),绎(释)屦而投之,则已矣。(日书甲种·诘52背壹/

115 反壹、53 背壹/114 反壹）

（49）鬼恒为人恶薵（梦），皆（觉）而弗占，是图夫，为桑丈（杖）奇（倚）户内，复（覆）酺户外，不来矣。（日书甲种·诘 44 背贰/123 反贰、45 背贰/122 反贰）

统一后文献岳麓秦简壹 1 见，作"丈"，见《占梦书》：

（50）梦人为丈（杖），劳心。（占梦书 06）

北大秦简仅 1 见，作"丈"，见统一前文献《从政之经》：

（51）君子得贤士而丈（杖）之，犹乘良马也，贤士得明上而御之，犹王华梁、造父也。（9-026、9-011）

统一后文献里耶秦简贰 1 见，作"杖"：

（52）卅四年九月癸亥朔己巳，少内守狐入佐书，收敝韦带一、□一、敝般杖婴一、敝革黑带一□（9-745+9-1934）

表 3　"丈""杖"文献使用情况

用字	统一前文献	统一后文献
丈	睡 3 岳贰 0 岳叁 0 北教 0 北禹 0 北鲁 0 北从 1 北算 0	放 0 岳壹 1 岳肆 0 岳伍 0 岳陆 0 里壹 0 里贰 0 周 0 龙 0 北泰 0 北公 0
杖	睡 0 岳贰 0 岳叁 0 北教 0 北禹 0 北鲁 0 北从 0 北算 0	放 0 岳壹 0 岳肆 0 岳伍 0 岳陆 0 里壹 0 里贰 1 周 0 龙 0 北泰 0 北公 0

从上述统计可以看出,统一前文献表示{杖}义时只作"丈",而统一后文献除《占梦书》1 例外,皆作"杖"。《占梦书》与《为吏治官及黔首》性质相同,都是前代文献的传抄本,与"胃、谓""冬、终"在《为吏治官及黔首》中出现例外一样,《占梦书》此例也当是抄写时受底本影响而存留的现象。因此,"丈""杖"职能分配应是"书同文"的规定。

(四)"翏"与"瘳"的职能分配

{病瘳}义,统一前文献睡虎地秦简 47 见,46 见作"翏",仅 1 见作"瘳",如:

(53)以有疾,子少(小)翏(瘳),卯大翏(瘳),【死】生在寅,赤【肉】从南方来,把者【赤】色,母枼(世)外死为姓(眚)。(日书乙种·十二支占 172)

(54)【以有疾】,卯少(小)翏(瘳),巳大翏(瘳)、死生【在申】,黑肉从东方来,母枼(世)见之为姓(眚)。(日书乙种·十二支占 179A+159B、180)

(55)以女子日病,病瘳,必复之。(日书乙种·人日 108)

统一后文献岳麓秦简肆 2 见,皆作"瘳":

(56)而舍之,缺其更,以书谢于将吏,其疾病有瘳、已葬、劾已而遣往拾日于署,为书以告将吏,所【将】疾病有瘳、已葬、劾已而敢弗遣拾日,赀尉、尉史、士吏主者各二甲,丞、令、令史各一甲。(第二组 186 正、187 正)

统一后文献岳麓秦简伍 4 见,皆作"瘳":

（57）过七日赎耐;过三月耐为隶臣└,其病及遇水雨不行者,
自言到居所县,县令狱史诊病者令、丞前,病有瘳自言瘳所县,县移
其诊牒及病、有瘳、雨留日数,告其县官,县官以从事诊之,不病,故
▨（第三组 324 正、325 正）

（58）病有瘳,令为新地吏及戍如吏,有适过,废,免为新地吏
及戍者。（第三组 276 正、277 正）

统一前文献北大秦简《鲁久次问数于陈起》篇 2 见,皆作"瘳":

（59）苟智（知）其疾发之日,蚤（早）莫（暮）之时,其瘳与死毕
有数,所以有数故可殹（医）。（鲁久次问数于陈起 04－147、04－
148）

（60）道头到足,百膇（體）各有笥（司）殹（也）,是故百膇（體）
之痛,其瘳与死各有数。（鲁久次问数于陈起 04－136）

统一后文献里耶秦简贰 2 见,皆作"瘳":

（61）病有瘳,遣从▨。敢告主。（9－1114）
（62）病有瘳及论▨（9－2115）

统一后文献周家台秦简 1 见,作"瘳":

（63）占病者,有瘳;占行者,已发。（日书 239、240）

表4　"翏""瘳"文献使用情况

用字	统一前文献	统一后文献
翏	睡46 岳贰0 岳叁0 北教0 北禹0 北鲁0 北从0 北算0	放0 岳壹0 岳肆0 岳伍0 岳陆0 里壹0 里贰0 周0 龙0 北泰0 北公0
瘳	睡1 岳贰0 岳叁0 北教0 北禹0 北鲁2 北从0 北算0	放0 岳壹0 岳肆2 岳伍4 岳陆0 里壹0 里贰2 周1 龙0 北泰0 北公0

从上述统计可以看出,统一前文献表示{病瘳}义可作"翏",也可作"瘳",统一后只作"瘳",职能区分明显,可能是"书同文"内容。

(五)"直"与"置"职能分配

《说文·乚部》:"直,正见也。"本义当是不弯曲,引申指措置,派生"置"。{安置、设置}义统一前文献睡虎地秦简凡20见,其中3见作"直",17见作"置",如:

(64)未置及不直(置)者不为"具",必已置乃为"具"。(法律答问27)

(65)或直(值)廿钱,而被盗之,不尽一具,及盗不直(置)者,以律论。(法律答问26)

(66)置穽罔(网),到七月而纵之。(秦律十八种·田律5)

(67)●官其男为爵后,及臣邦君长所置为后大(太)子,皆为"后子"。(法律答问72)

(68)甲取(娶)人亡妻以为妻,不智(知)亡,有子焉,今得,问安置其子?(法律答问168)

统一后文献岳麓秦简壹1见,作"直",见《为吏治官及黔首》:

（69）容内直（置）鐅。（为吏治官及黔首75）

统一前文献岳麓秦简贰49见,其中11见作"直",38见作"置",如:

（70）亦直（置）所取三步者,十而五之为三百,即除廿七步而得一步。（租税类算题6）

（71）直（置）一束寸数,秸（藉）令相乘也。（租税类算题33）

（72）五步乘之为实,直（置）二围七寸,秸（藉）令相乘也,以为法,如法一步。（租税类算题51）

（73）同䡴、弩、负数,以为法,即置䡴十,以百乘之,以为实,实如法得一䡴。负、弩如此然。（衰分类算题133）

（74）有（又）置粟六斗,米十斗,麦六斗大半斗,亦令各以一为六。（衰分类算题156）

（75）述（术）:置八寸,有（又）秸（藉）置八寸,相乘为六十四。（体积类算题197）

统一前文献岳麓秦简叁4见,作"置":

（76）十余岁时,王室置市府,夺材以为府。（案例〇四067）

（77）求城旦赤衣,操,巳（已）杀人,置死（尸）所,令人以为杀人者城旦殴（？也）。（案例一〇161）

（78）魏伐刑杀安等,置赤衣死（尸）所,盗取衣器,去买（卖）行道者所。（案例一〇163）

（79）巳（已）杀,置死（尸）所,以□令吏【弗】得。（案例一〇166）

统一后文献岳麓秦简肆 16 见,皆作"置",如:

(80)●尉卒律曰:里自卅户以上置典、老各一人,不盈卅户以下,便利,令与其旁里共典、老;其不便者,予之典而勿予老└。(第二组 142 正、143 正)

(81)有兴而用之,毋更置。其有死亡者,时补之,从兴有缺,县补之。有卒者毋置。(第二组 181 正)

(82)昭襄王命曰:置酒節(即)征钱金及它物以赐人,令献(谳),丞请出;丞献(谳),令请出,以为恒。(第三组 344 正)

统一后文献岳麓秦简伍 1 见,作"置":

(83)□县为候馆市旁,置给吏(事)具,令吏徒守治以舍吏殹(也)。(第二组 212 正)

统一后文献岳麓秦简陆 9 见,皆作"置",如:

(84)☑敬,置祠衣席□□☑(第二组 102 正)

(85)●节车乘传置、中食所,令若丞、尉毋过二人,更驾所,毋过一人。(第二组 142 正)

(86)●县为矦(候)馆市旁,置给吏具,令吏徒守治以舍吏殹(也)。(第三组 208 正)

北大秦简凡 10 见,7 见作"直",分别出现在统一前《算书》篇和统一后《公子从军》篇;3 见作"置",分别出现在统一前《鲁久次问数于陈

起》和统一后《泰原有死者》篇,如:

(87)●曰启广述(术):先直(置)其从(纵)数以为法,欲求一亩,即直(置)二百卌步以为实,除实如法得一[步],不盈步者以法命分。(算书4-177、4-178)

(88)南山有鸟,北山直(置)罗,念思公子,毋柰(奈)远道何。(公子从军014)

(89)高阁台谢(榭),戈〈弋〉遯(猎)置埶(放)御,度池旱(岸)曲,非数无以置之。(鲁久次问数于陈起04-146、04-153)

(90)黄圈者,大叔(菽)殹,劳去其皮,置于土中,以为黄金之勉。(泰原有死者7、8)

统一后文献里耶壹仅1见,作"置":

(91)▨□就告曰:置钱□(8-1271)

统一后文献里耶秦简贰3见,作"置":

(92)▨以山溪谷置之,所以。(9-493)

(93)▨攻(功)次,为置守如从军者。它有等比。(9-939)

(94)丞阴吏卒在鄩中死,当置后,上诊牒,即□……(9-1111)

统一后文献龙岗秦简1见,作"置":

(95)诸马牛到所,毋敢穿窬及置它机。(212)

统一后文献放马滩秦简 3 见,皆作"置":

(96)■凡可塞穴置鼠、壐围日,雖(唯)十二月子,五月、六月辛卯皆可以为鼠□【方】。(日书甲种·塞穴置鼠壐围日 73 贰)

(97)■凡可塞内置鼠壐围日,雖(唯)十二月子。(日书乙种·塞穴置鼠堡围日 65 壹)

(98)●生黄钟,置一而自十二之,上三益一,下三夺一。(日书乙种·占黄钟 333)

表 5　"直""置"文献使用情况

用字	统一前文献	统一后文献
直	睡 3 岳贰 11 岳叁 0 北教 0 北禹 0 北鲁 0 北从 0 北算 6	放 0 岳壹 1 岳肆 0 岳伍 0 岳陆 0 里壹 0 里贰 0 周 0 龙 0 北泰 0 北公 1
置	睡 17 岳贰 38 岳叁 4 北教 0 北禹 0 北鲁 2 北从 0 北算 0	放 3 岳壹 0 岳肆 16 岳伍 1 岳陆 9 里壹 1 里贰 3 周 0 龙 1 北泰 1 北公 0

从上述统计可以看出,统一前文献{安置、设置}义的用字可作"直"也可作"置",而统一后文献除北大秦简《公子从军》外,皆作"置"。《公子从军》与《占梦书》《为吏治官及黔首》性质相同,都是前代文献的传抄本,其出现例外,当也是抄写时受底本影响而存留。因此,"直""置"职能分配应是"书同文"的规定。

(六)"赏"与"尝"职能分配

《说文·贝部》:"赏,赐有功也。""赏"的本义是{赏赐}。《说文·旨部》:"尝,口味之也。""尝"的本义是{品尝}。秦统一前,"赏""尝"二字皆可假借表示{曾经}义。

统一前文献睡虎地秦简{曾经}义5见,皆用"赏":

(99)甲未赏(尝)身免丙。(封诊式·告臣38)

(100)其定名事里,所坐论云可(何),可(何)辠(罪)赦,或(又)覆问毋(无)有,甲赏(尝)身免丙复臣之不殹(也)?(封诊式·告臣40、41)

(101)某赏(尝)怀子而变,其前及血出如甲□。(封诊式·出子90)

(102)丙家節(即)有祠,召甲等,甲等不肯来,亦未赏(尝)召丙饮。(封诊式·毒言92)

(103)丁未生子,不吉,毋(无)母,必赏(尝)穀(繋)囚。(日书甲种·生子143肆)

统一前文献岳麓秦简叁{曾经}义2见,用"嘗":

(104)●喜曰:嘗见死女子与安等作,不智(知)可(何)人。(案例一〇152)

(105)田嘗□毋智,令转□,且有(又)为(?)辠。(案例一二200)

统一后文献岳麓秦简伍{曾经}义3见,用"嘗":

(106)●诸嘗战北、亟、故徼外盗不援、有□书不救及有它闌亡□□不□□□□□□□□上。(第三组317正)

(107)嘗治狱二岁以上。不从令,皆赀二甲,其丞、长史、正、监、守丞有(又)夺各一攻(功),史与为者为新地吏二岁。(第二组

129 正)

(108)自今以来,令诸嘗受诏有案行覆治而能中诏以赐者,及虽不身受诏,诏吏之所遣事已,上其奏受诏有治殹(也)及上书言事。(第三组 327 正、328 正)

北大秦简中{曾经}义 2 见,用"嘗",皆出现在统一后文献《公子从军》中:

(109)长者折之,短……之襦,从叔(淑)死之不嘗苦,犹版载也,更上更下。(公子从军 013、015)

(110)妻牵未嘗敢得罪,不中公子所也。(公子从军 016)

统一后文献里耶秦简壹{曾经}义 2 见,用"嘗":

(111)因以左足□踵其心,□子十踵,女子七踵。嘗试。勿禁。(8−1376+8−1959)

(112)▨诚嘗取▨(8−1849)

统一后文献里耶秦简贰{曾经}义 2 见,用"嘗":

(113)传药必先泑(洗)之。日一泑(洗)、传药。泑(洗)、传药六十日,病已。嘗试。(9−1633+9−2131)

(114)▨【未】嘗居武。(9−2542)

表 6 "赏""嘗"文献使用情况

用字	统一前文献	统一后文献
赏	睡 5 岳贰 0 岳叁 0 北教 0 北禹 0 北鲁 0 北从 0 北算 0	放 0 岳壹 0 岳肆 0 岳伍 0 岳陆 0 里壹 0 里贰 0 周 0 龙 0 北泰 0 北公 0
嘗	睡 0 岳贰 0 岳叁 2 北教 0 北禹 0 北鲁 0 北从 0 北算 0	放 0 岳壹 0 岳肆 0 岳伍 3 岳陆 0 里壹 2 里贰 2 周 0 龙 0 北泰 0 北公 2

从上述统计可以看出,表示{曾经}义时统一前文献"赏""嘗"并用,统一后文献则皆用"嘗"。故"赏""嘗"有可能也属于秦"书同文"政令的内容。

(七)"某"与"谋"职能分配

"谋"字《说文》古文有两体,一从口从母,一从言从母。战国楚简从心从母,或从心从毋。"谋"字当首见于睡虎地秦简。{图谋}义,统一前文献睡虎地秦简 12 见,1 见作"某",11 见作"谋",如:

(115)戒之戒之,言不可追;思之思【之】,某(谋)不可遗;慎之【慎之】,货不可归。(为吏之道 48 肆、49 肆、50 肆)

(116)不更以下到谋人,粺米一斗,酱半升,采(菜)羹,刍稾各半石。(秦律十八种·传食律 181)

(117)甲谋遣乙盗,一日,乙且往盗,未到,得,皆赎黥。(法律答问 4)

统一后文献岳麓秦简壹 3 见,皆作"某":

(118)同某(谋)相去。(为吏治官及黔首 55)

(119)敃之敃之,某(谋)不可行。(为吏治官及黔首74)

(120)谨之谨之,某(谋)不可遗。(为吏治官及黔首76)

统一前文献岳麓秦简叁10见,皆作"谋",如:

(121)行弗诣告,皆谋分购。(案例〇一007)

(122)●猩曰:达等叔冢,不与猩谋。(案例〇三054)

(123)猩独居舍为养,达与仆从时(莳)等谋叔冢。(案例〇三053)

统一后文献岳麓秦简伍2见,皆作"谋":

(124)谋以城邑反及道故塞徼外蛮夷来欲反城邑者,皆为以城邑反。(第二组170正、171正)

(125)●吏捕告道徼外来为闲及来盗略人、谋反及舍者,皆勿赏。(第二组176正)

统一后文献岳麓秦简陆1见,作"谋":

(126)即与存者共谋移敦(屯)人,令并名而解爵以除责(债)。(第一组020正、021正)

北大秦简2见,皆作"谋",统一前文献《从政之经》与《禹九策》各1见:

(127)谨之谋不可遗,慎之言不可追,鼻鼻之食不可尝也。(从政之经9-020)

（128）市贾行货，唯嬴是谋。（禹九策30）

统一后文献里耶秦简壹2见，皆作"谋"：

（129）▨枳乡守纠敢【言之】：迁陵移佐士五（伍）枳乡里居坐谋▨（8－746+8－1588）
（130）▨□等谋以□▨（8－2364）

统一后文献里耶秦简贰2见，皆作"谋"：

（131）▨□黔、连襄等妻子、同产即谋道之。（9－719）
（132）▨共及谋。（9－2098）

统一后文献放马滩秦简1见，作"谋"：

（133）成日：可以谋事，可起众及作有为殹，皆吉。（日书甲种·建除21壹）

统一后文献周家台秦简1见，作"谋"：

（134）氏（是）谓小劳（徼），利以羁谋。（日书·戎曆日［一］142贰）

表7　"某""谋"文献使用情况

用字	统一前文献	统一后文献
某	睡1岳贰0岳叁0北教0 北禹0北鲁0北从0北算0	放0岳壹3岳肆0岳伍0岳陆0 里壹0里贰0周0龙0北泰0北公0
谋	睡11岳贰0岳叁10北教0 北禹1北鲁0北从1北算0	放1岳壹0岳肆0岳伍2岳陆1 里壹2里贰2周1龙0北泰0北公0

从上述统计可以看出，统一前文献中{图谋}义有时作"某"，有时作"谋"，而统一后文献除《为吏治官及黔首》外，皆作"谋"。《为吏治官及黔首》为前代文献的传抄本，前述"胄、谓""冬、终"之使用，在《为吏治官及黔首》中都出现过例外，所以此例外并不奇怪，也当是抄写时受底本影响而存留了"某"。因此，"某"与"谋"职能的分派有可能是"书同文"政令的规定。

二、小结

从现有以简帛为主的战国时期出土文献看，战国时期既是汉字大发展时期，也是汉字字形和字用比较混乱的时期，特别是字形和表词功能的匹配关系处于多选和探索过程中，随着汉字字形的不断增加，原有的字词关系需要做出相应的调整，从上述字例来看，字词关系的调整应当是秦"书同文"的重要工作之一。当然，这个问题涉及文献的成书年代、抄写年代、字词改写以及字词发展规律等问题，情况比较复杂。但是正如前文所说，字词的发展如果是自然演化，必然存在新旧共用的阶段，而且这一阶段时间不会太短。但如果是人为规定，则瞬间有了严格区分。秦在秦王政二十六年统一全国，当年即进行了"书同文"，所以与"书同文"之前文献的字词关系比较，如果"书同文"之后的划然有别，推定为"书同文"的具体规定，应当是可行的。

参考文献

陈斯鹏，2016，《说"买""卖"》，中国文字学会《中国文字学报》编辑部（编）

《中国文字学报》第 7 辑,商务印书馆。

何余华,2019,《出土文献┆树┆的用字差异与断代价值论考》,《汉字汉语研究》第 3 期。

李洁琼,2021,《秦汉出土文献字词发展研究》,中国人民大学博士学位论文。

王贵元,2021,《从出土文献看秦统一后的用字规范》,《语文研究》第 3 期。

翁明鹏,2020,《秦统一后的字词关系调整和新见字研究例说》,《汉字汉语研究》第 1 期。

"枪"和"抢"的衍变递嬗考探[*]

徐时仪

"枪"和"抢"是汉语中的常用词,本文拟就这两个词的字形及其词义衍变递嬗略作探索。

一、"枪"的初义

"枪"最初似为一头削尖的木棍,原始社会先民用来猎取或抵御野兽。考《尔雅·释天》云:"彗星为欃枪。"可见"枪"已见于先秦,^①其形与彗星相似,且是人们熟悉的常用器物,故《尔雅》用以释"彗星"。^② 又考《说文》云:"枪,距也。从木,仓声。一曰:枪,欀(攘)也。"据《说文》所释,"枪"为形声字。甲骨文和金文已释字中未见"枪",然"枪"作为先民用来猎取或抵御野兽的一种日用工具,很可能造字之初也会有此字,先民可能图画其形而表其义。汉语常用词在造字之初往往多为象形字或会意字以体现其造意,后在字形形体的历时演变中渐为形声字

---

   * 本文原载《中国文字研究》2004年第5辑。

   ① 如《汉书》卷二十六《天文志》载:"《甘氏》:'不出三月乃生天枪,左右锐,长数丈,缩西北。'《石氏》:'见枪云,如马。《甘氏》不出三月乃生天欃,本类星,末锐,长数丈。'《石氏》:'枪、欃、棓、彗异状,其殃一也,必有破国乱君,伏死其辜,余殃不尽,为旱、凶、饥、暴疾。'"(中华书局1962年版1280页)《汉书》所引《甘氏》《石氏》为战国时甘氏、石氏撰著的《星经》,今已佚。

   ② 《广韵·阳韵》:"稍也。《通俗文》云:刺苇伤盗谓之枪。《说文》曰:距也。"又《庚韵》:"欃枪,祅星。"阳韵与庚韵上古皆为阳部。参潘悟云(2000:79)。

更替。如"闻",在甲骨文中为象形字,"突出一耳,表听闻;人跽张口振臂举手,表报告"(李圃,1989:7);在金文中为会意字,"象人形著大'耳'会意"(李孝定,1982:401),《三体石经》载其字形作𦕤,从采,从耳。采,古辨字。采与耳构成会意字来表示"闻"的"以耳来分辨清楚"义。篆文始改为从耳门声的形声字。又如"疆"初"从畕,三其界画"为"畺",后为"从土,彊声"的形声字"疆"更替。因而我们似可推测"枪"最初也是一个象形字,或许存于甲骨文和金文的未释字中有待我们做进一步的考释。如粹一一九〇 A、河六〇二、陈九二所载甲文即好似标枪或红缨枪的形状(中国科学院考古研究所,1965:642),续五·一四·五所载甲文好似有三个枪尖的枪(中国科学院考古研究所,1965:905),乙四六所载甲文则突出显示了棍棒一端锐利的尖头(中国科学院考古研究所,1965:917)。又如篆文↑,似一头削尖的枪;觯文↕,似两头削尖的枪(容庚,1985:1099);子鼎、爵文、作父癸爵和父乙卣等所载金文似亦为"枪"的象形字(容庚,1985:1116、1139、1140、1160)。①

　　先民由狩猎为生到从事农耕,一头削尖的木棍可用来击碎或弄松土块,"枪"因而又有"击碎或弄松土块的一种平土农具"义。此义先秦亦已见。如《国语》卷六:"时雨既至,挟其枪、刈、耨、镈,以旦暮从事于田野。"韦昭注:"枪,桩也。"宋庠《国语补音》卷二注枪刈云:"上音锵,下音义。《说文》:'枪,距也。'一曰推枪,所以平土也。《仓颉篇》曰:'木两头锐者也。'"

　　据宋庠所引《仓颉篇》,可知"枪"又有"两头锐者"义。考《玄应音义》卷二释《大般涅槃经》第四卷"木枪"引《三苍》云:"木两端

---

　　① 如果"枪"最初确如我们所推测的是一个象形字,那么或许甲骨文和金文中的一些已释字亦可根据其形体再做进一步的斟酌和推敲。如《甲骨文合集》三四七七"贞燎黄尹彖刂"的"黄"、九四四四"新束三十屯"的"束"、一五九四二"贞惟畀麓"的"畀"等(姚孝遂,1989:977—999)。

锐曰枪。"①卷四释《菩萨处胎经》第五卷枪剟引《仓颉篇》云："枪,木两头锐者也。"又引《通俗文》云："剟木伤盗曰枪。"可见"枪"由一头削尖的木棍又演变为两头尖锐的木桩、铁蒺藜等物。如《墨子·备城门》云："二步置连梃,长斧,长椎各一物,枪二十枚,周置二步中。"谓城门上,两步宽距离内,需手持长兵器连梃,长斧、长椎各一枚,以刺击爬上城墙的敌人,又需枪二十枚,插于城墙之上,其作用类似今天插在院墙上的碎玻璃渣与铁刺之类。又如杜预《奏秦州军事》:"其外蹊要路,亦可随作坞,施枪垱中讫,薄覆其上。如此则虏当筑地而行,不敢辄往来也。"(严可均,1958:1698)

《汉语大词典》释"枪"的第一个义项为"武器名","武器名"下的第一义项为"长杆一端有尖头的刺击武器",引《墨子·备城门》为例,所释与引例似不太相合。古代用两头削尖的竹木构筑栅栏或壁垒来防御野兽或敌人。如扬雄《长杨赋》:"罗千乘于林莽,列万骑于山隅,帅军踤阹,锡戎获胡,搤熊罴,拖豪猪,木拥枪累,以为储胥。"吕延济注:"枪累,作木枪相累为栅也。"又如:

> 枪城围鼓角,毡帐依山谷。(王建《古从军》)
> 远树低枪垒,孤峰入慢城。(祖咏《扈从御宿池》)
> 碎影摇枪垒,寒声咽帐军。(皎然《陇头水》)
> 大历七年,吐蕃盗塞深入,瑊会泾原节度使马璘讨之。次黄菩原,瑊引众据险,设枪垒自营,遏贼奔突。(《新唐书》卷一百五十五《浑瑊传》)

---

① 玄应《众经音义》,又名《一切经音义》,简称《玄应音义》。今传本主要为碛砂藏、赵城金藏、丽藏本等释藏本和庄炘、钱坫等校刻本,大致分为碛砂藏和丽藏本两个系列。本文据丽藏本,以碛砂藏、金藏本及《慧琳音义》所转录部分参校。

今福建厦门称围墙上栅栏似的直条为枪,上海、浙江等地吴语称竹篱笆为枪篱笆。"枪篱笆"在古代一些具有口语色彩的白话文献中写作"枪篱"。如:

羊角豆缠松叶架,鸡冠花隔竹枪篱。(杨万里《早炊童家店》)

新做墙门黑枪篱,枪篱里面有介个小囝儿。(冯梦龙《山歌》卷七)

等我记子个个门面勒介:左边是枪篱,右边是打墙,门对是旧个。(《缀白裘》第一集第四卷)

《史记》索隐:江南谓苇篱曰笆篱,今俗则呼篱笆。……亦曰枪篱。(顾张思《土风录》卷四)

又作"抢篱""枪帘"。如:

老爷明日到水袜乡巷,看着外科周先生的招牌,对门一个黑抢篱里,就是他家了。(《儒林外史》第四十二回)

拾着一管枪,触杀老鸦呒肚肠。肚肠挂拉枪帘上,拨拉老鸦衔子去做道场。(《吴歌》甲集)

二、"枪"的引申义

"枪"由指两头尖锐的木桩引申可指两端尖锐的钉子、长刺等。如:

刚木枪刺脚,调达崖石掷。(康孟详译《佛说兴起行经》上卷,T4,p164b)①

---

① 本文引用佛经据日本《大正新修大藏经》,括号内为所引佛经在《大正藏》中的卷数、页和栏数。

佛便踊在虚空,去地一刃。木枪逐佛,亦高一刃,于佛前立。佛复上二刃、三刃、四刃,乃至七刃,枪亦随上七刃。(同上,T4,p168a)

耆婆闻佛为木枪所刺,涕泣至阿阇世王所。阿阇世王曰:卿何以涕泣?耆婆答曰:"我闻佛为木枪刺脚,是以涕耳。"(同上,T4,p169a)

狱卒手捉,则以铁枪,洞然俱炽,强令坐上。(僧伽提婆译《中阿含经》第五十三卷,T1,p760b)

吾为马枪刺脚,孔上下彻,疼痛无量。(竺佛念译《菩萨处胎经》第七卷,T12,p1056b)

又可写作"鎗"。如:

又不善业果,飞虚隐海,无得脱处,如金鎗追佛。(鸠摩罗什译《成实论》第九卷,T32,p306c)

"枪"后由一头或两头削尖的木棍、木桩发展而成为一种一头或两头施铁刃的刺击武器。① 如南朝宋求那跋陀罗译《杂阿含经》卷九:"宁以铁枪贯其身体。"又如隋阇那崛多译《佛本行集经》第五十一卷:"枪贯木上。"考《慧琳音义》卷十一释《大宝积经》第二卷枪林之枪云:"七羊反。《苍颉篇》:'木两头锐也。'案:今枪者,兵仗也。木长丈余,两头

---

① 考《说文·戈部》:"戗,长枪也。"据《说文》载,似东汉时"枪"已成为一种刺击武器。又考《集韵·释韵》:"戗,矛属。"据《集韵》载,似许慎所释"长枪"与长矛类刺击武器相似。由于"戗"在《说文·戈部》排在表"刺击"义的"戟"后,段玉裁注《说文》云:"枪者,距也。谓以长物相刺。"并加按语云:"枪非古兵器,戗亦非器名,取枪距之义耳。今之用金曰枪者,则古之矛也。故戗字厕于此,不与器物为伍。"

施铁刃,谓之枪。"①据慧琳所释,其时枪为两头施铁刃的兵器。又考《慧琳音义》卷十六释《大方广三戒经》卷中矛刺之矛案语云:"矛字象形,即今枪槊之类也。"据慧琳所释,枪与槊类似,也是一端有尖头的刺击武器。又据《慧琳音义》卷三十五释《苏悉地羯啰经》枪矟云:"七羊反。或从矛作矛。《考声》云:枪,长矛。《苍颉篇》云:两头锐,上有刃,下有篡,兵仗也。下霜捉反。《广雅》:矟亦矛也。"《苏悉地羯啰经》是唐释输波迦罗译,经中"枪、矟"并列义近。慧琳所引《考声》则为唐代张戬所撰,据张戬所释可证唐时枪与长矛的功用亦相似。

"枪"有"长杆一端有尖头的刺击武器"义不会晚于唐代。如:

> 设欲逃亡,于两岸上,有诸狱卒,手执刀枪,御捍令回。(玄奘译《阿毗达磨俱舍论》第十一卷,T41,p880c)

考《慧琳音义》卷七十九释《经律异相》第四十九卷矛戟云:"上莫候反,下京逆反。皆枪矟之类兵仗也。"由慧琳释文中枪矟并举,可知唐时枪、矟相似,皆指"长杆一端有尖头的刺击武器"。大约在五代至宋元之际,火药发明后,"枪"才渐指火枪等兵器。如:

> 规以六十人持火枪自西门出,焚天桥。(《宋史》卷三百七十七《陈规传》)
>
> 官努以小船分军伍七十出栅外,腹背攻之,持火枪突入,北军不能支。(《金史》卷一百一十六《富察官努传》)

---

① 慧琳《一切经音义》,简称《慧琳音义》,本文所据为上海古籍出版社1986年影印狮谷白莲社藏版《正续一切经音义》本,以频伽精舍本和日本大正新修《大藏经》第54册《一切经音义》参校。

金哀宗时，蒲察官努以火枪破敌，以纸十六重为筒，实以柳炭、铁屑、磁末、硫磺、砒硝，以绳系枪端，以铁罐藏火，临阵烧之，火出枪前丈余，元兵不能支，遂溃。（赵翼《陔余丛考·火炮火枪》）

"枪"由两头尖锐的木桩、铁蒺藜等防御物引申而有"抵御"义，如《说文》"枪，距也。"段玉裁注："枪有相迎斗争之意。"由"抵御"义引申又有"逆刺"义。《集韵·养韵》："枪，逆刺。"今方言所说"枪毛"的"枪"即为由"抵御"义引申而来的口语义，指毛面上倒逆突出的长毛。如：

棉袍子上却套着双没有枪毛的海虎袖头。（《负曝闲谈》第二十八回）

"枪"由"抵御"义引申又有"冲抵、碰撞"义。如《庄子·逍遥游》："我决起而飞，枪榆枋。"陆德明释文引支遁曰："枪，突也。"又如司马迁《报任少卿书》："当此之时，见狱吏则头枪地，视徒隶则正惕息。"枪，又可写作"抢"。如《庄子·逍遥游》例中的"枪"，有的传本写作"抢"。《汉语大词典》释"枪"的"突；冲撞"义和释"抢"的"撞；触；冲"义都以《庄子·逍遥游》例为证。"抢"为后出字，《说文》未收。考《类篇》卷三十四："抢，千羊切。集也，突也。"《龙龛手鉴》卷二："搅、抢，七两反。下又初两反，头搅地也。又七羊反。"枪、抢在表"冲抵、碰撞"义上是古今字，由于"枪"后多用于"刺击武器"义，故人们又易"木"为"扌"孳乳出"抢"字。[1] "枪"指火枪等兵器后，其"冲抵、碰撞"义渐为"抢"所替代。

---

[1] 马忠先生《"打"字的过去和现在》一文所说："古时从木旁的字，现在多讹变作从手。如《说文》木部：'枪，距也。一曰：枪，攘也。'是枪即今之抢字。又'槸，续木也，'段注云：'接之言槸也，今接行而槸废。'是槸即今之接字。盖以枪攘接木必用手，故遂讹变作从手。枪字变为打，原因亦当如此。"（《国文月刊》31—32 期合刊，1944 年）

三、“抢”的词义

“抢”字可能在唐以前已出现,如《战国策·魏策四》:“布衣之怒,亦免冠徒跣以头抢地耳。”又如《汉书》卷八十七上《扬雄传上》:“虎豹之凌遽,徒角抢题注。”颜师古注曰:“抢犹刺也。”“言众兽迫急以角抢地,以额注地,或自触车辐,关颈而死也。”例中的“抢”也可能原为“枪”,今传本改为“抢”。

枪,又可写作“跄”。《玄应音义》卷十三释白法祖译《佛般泥洹经》下卷顿枪之枪云:“且羊反。案:枪犹抵也,至也,谓头顿至地也。经文从足作跄。《尔雅》:跄跄,动也。跄非经意。”检经文原文为:“诸王群臣,顿跄于地,举哀呼天。”(T1,p170c)考《说文》:“跄,动也。”经中“跄”为“枪”的记音词,玄应指出“跄”非经意。又如宋炳《师子击象图》序云:“梁伯玉说,沙门释僧吉云尝从天竺欲向大秦。其间忽闻数十里外哮吼之声,惊天怖地。顷之,但见百兽率走,跄地至绝,而四巨象俄焉而至。”[①]例中“跄”亦为“枪”的记音词。

由书面文献中“枪”可写作“抢”或“跄”可知,其“冲抵、碰撞”义为后起口语义,其形尚不定,后渐成为“抢”的本义,故头碰撞地称“抢”,说话顶撞也称“抢”。如:

莫怪我抢,休怪我责。(董解元《西厢记诸宫调》卷四)

倒把我迎头阻,劈面抢。(杨梓《霍光鬼谏》第一折)

---

① 据《太平御览》卷八百八十九载。《初学记》卷二十九载为:“梁伯玉说,沙门释僧吉云尝从天竺欲向大秦,其间忽闻数十里外哮哮揻揻,惊天怖地。顷之,但见百兽率走,跄地足绝,而四巨象俄焉而至。”

老夫人言词太抢。(汤显祖《邯郸记·生寤》)

起先就同他说话说抢了,因此不愿开口。(《黄绣球》第二十五回)

又写作"戗"。如:

两个人说戗了,揪着领子,一顿乱打。(《儒林外史》第五十四回)

又有"抢白"一词,也有"顶触、冲撞"义。如:

恁的般恶抢白,并不曾记心怀;拨得个意转心回。(王实甫《西厢记》第四本第一折)

又写作"呛白"。王有光《吴下谚联·呛白》云:"言不顺而声为之抗,曰'呛白'。"逆风行船也称"抢风"。如顾张思《土风录》卷六引庾阐《扬都赋》:"艇子抢风,榜人逆浪。"

气逆而咳又可写作"呛"。[①] 如陈言《三因极一病证方论》卷八载,补肝汤治"腹满不欲食饮,悒悒不乐,四肢冷,发呛,心腹痛"。又如:

飕飕的的狂风彻,将密匝匝山围尽,猛一阵煤扑人生烟呛人。(狄君厚《晋文公火烧介子推》第四折)

咽喉呛肿,饮食难尝。(徐谦《仁端录》卷一《原痘赋》)

如咽痛者,防其呛喉失声也,急解之。(同上《预防变症》)

---

① 《类篇》卷四:"呛,千羊切。鸟食也。一曰愚儿。又锄庚切。呛哼愚怯。"《世说新语》卷中之下《赏誉》第八上:"呛哼怯畏于谦让,阖茸勇敢于饕诤。"

那个看了,哈哈大笑,说:"算了罢,这东西要呛了肺,没地方儿贴膏药。"(《儿女英雄传》第三十四回)

方才我也没有呛风,因想与伯母讲话要紧了,呛了口痰,此刻一点没有什么。(《续海上繁华梦》第二集第二回)

呛亦为"枪"的"冲抵、碰撞"义的后出字,《说文》无"呛"字。

"枪"的"冲抵、碰撞"义后写作"抢",由此义引申而有"推搡、推攘"义。如:

宋江云:"小偻罗!将燕青抢出去!自今日为始,再也不用他了也。"(李文蔚《燕青博鱼》楔子)

此义与《说文》所云"一曰枪欀"义也有关联。"枪欀",又作"抢攘",可视为记音的联绵词,形容纷乱的状貌。如《汉书》卷四十八《贾谊传》:"国制抢攘,非甚有纪。"许慎所说"一曰枪欀",又可视为一曰"枪,欀也"。欀,段玉裁注《说文》改为"攘",注云:"各本从木,误,今正。"指出"许无从手之抢。凡枪攘,上从木,下从手"。考《说文》:"攘,推也。"许慎所说一曰似释"抢"又有"攘"义,抢、攘在"推攘"义上同义。

"抢"由"冲抵"和"推攘"义引申又有"抢先""抢夺"等义,其读音亦由平声而别义变为上声。如:

江上人呼霹雳声,竿头彩挂虹霓晕。前船抢水已得标,后船失势空挥桡。(薛逢《观竞渡》,《全唐诗》卷五百四十八)[1]

---

① 此诗作者一作刘禹锡,一作张建封。考《全唐诗》卷二百七十五载张建封《竞渡歌》,内容大略相同,其中"江"作"坡"。

兴来便请泥高壁,乱抢笔头如疾风。逶巡队仗何颠逸,散漫奇形皆涌出。(欧阳炯《题景焕画应天寺壁天王歌》,《全唐诗》卷七百六十一)

胡子传云:"当要一千锭,只要五百锭;当要五百锭,则要二百五十绽。人都抢着买了。"(秦简夫《东堂老劝破家子弟》)

统精兵直指潼关,料唐家无计遮拦。单要抢贵妃一个,非专为锦绣江山。(白朴《唐明皇秋夜梧桐雨》)

现如今山鬼只打显象,野猿抢笔题墙。(马致远《西华山陈抟高卧》)

《汉语大字典》释"抢"的"抢夺"义引《水浒传》第七十三回"你把刘太公的女儿抢的那里去了"为首见例,释"抢先"义引《儿女英雄传》第八回"张老实慌得抢过来跪下"为首见例。《汉语大词典》释"抢"的"抢夺"义引首见例与《汉语大字典》同,释"抢先"义引《水浒传》第三回"鲁达心慌抢路,正不知投那里去的是"为首见例。《汉语大字典》和《汉语大词典》的引例皆偏晚。

四、结语

追溯一个词的来龙去脉,这是汉语词汇研究和语文辞书编纂的一个重要组成部分。汉语的词是形音义三者的结合体,词义是核心,词形是标志,词音是外壳,音为义设,形为义存。汉语词的形即汉字。作为词的形体的文字,就其本质而言,仅仅是记录和传达语言的书写符号。因而作为汉语词形标志的汉字也只是词的书写符号。在约定俗成表示某个词义之前,字与意义之间并没有必然的联系,但是由于汉字特有的表意特性,当其以自己的形体表示某个词义时,形与义之间就会有一定的联系,字在一定程度上也就具有了表意的语言功能。汉语的一个字可以是一个词,而一个词则不一定是一个字。汉语的"字"不同于"词",又与"词"有相通之处。① 某个概念或词义在汉语中经人们约定俗成用某个汉字来表示后,其形即在中国传统文化的深厚积淀中与其音、义水乳交融,在表情达意中产生千丝万缕的关联。汉字与单纯表音的拼音文字不同,其在约定俗成表示某个词义之后已不仅仅是书写的符号,而在某种程度上也是体现词义的物质外壳。诚如索绪尔(1980:47—51)曾指出:"语言和文字是两种不同的符号系统,后者唯一的存在理由是在于表现前者。"然而,"对汉人来说,表意字和口说的词都是观念的符号,在他们看来,文字就是第二语言。"因而,阐析一个词的来源、最早的本义以及后来的发展,也必然要涉及其词形即字的古今衍变递嬗。由上所述,可知抢、呛等的词义皆源自《仓颉篇》《三苍》和《通俗文》所释之"枪","枪"与"抢"这两个汉语中的常用词在"冲抵、碰撞"义上同义而构成古今字,后又分化为表"武器"义和表"抢先""抢夺"义的两个词。

参考文献

费尔迪南·德·索绪尔(著)、高名凯(译),1980,《普通语言学教程》,商务印书馆。
李圃,1989,《甲骨文选注》,上海古籍出版社。

---

① 吕叔湘《语言和语言研究》一文指出:"汉字自成一种体系,跟语言的配合关系比较复杂。"见《中国大百科全书·语言文字》(中国大百科全书出版社,1988)。

李孝定,1982,《金文诂林读后记》,"中研院"历史语言研究所。

潘悟云,2000,《汉语历史音韵学》,上海教育出版社。

容庚(编著),1985,《金文编》附录上,中华书局。

严可均(校辑),1958,《全上古三代秦汉三国六朝文》,中华书局。

姚孝遂(主编),1989,《殷墟甲骨刻辞类纂》,中华书局。

中国科学院考古研究所(编),1965,《甲骨文编》,中华书局。

"膝盖"异称考源[*]

范文杰

膝,俗称膝盖,是大腿与小腿交接部分的前部。在全国各地,至今依然活跃着的"膝盖"方言异称多达四十余种,这在作为核心词汇的身体词中是十分罕见的。

一、"膝盖"方言异称举例

我们从《普通话基础方言词汇集》《汉语方言大词典》《现代汉语方言大词典(综合本)》及一些方志材料(如《桐庐方言志》《永泰县志》《淳安县志》等)中搜集了大量的"膝盖"方言异称,并将其大致分为三类(详见所附表1、表2、表3)。表1所列"波罗盖"类异称,主要是由"波罗"及音近语素"波棱、波老、波拉"等附上实义语素"盖(儿/子)"构成的,如"波罗盖""波拉盖""波棱盖"等;表2所列"磕膝盖"类异称,主要是由"磕膝"及音近语素"圪膝"附上实义语素"盖、包、头、脑壳"等构成的,如"磕膝盖""磕膝头""磕膝包"等;表3所列其他异称,成词理据多样,语素的异质程度较高,如"圪地跪""骹头""娘舅"等。

可以看出,前两类异称全国使用范围很广,且多有二者混用于一地的情况,如昆明方言、承德方言中都既用"磕膝头",也用"波罗盖"。相

---

* 本文原载《南开语言学刊》2014年第2期。

比之下,第三类异称的使用范围就较为有限,除"圪"字头异称在晋语和中原官话中常有使用外,其他异称则多见于长江以南的闽方言、吴方言、赣方言等方言区,少有与前两类异称并用的情况。

二、"波罗盖"及"磕膝盖"考源

(一)"波罗盖"考源

称膝盖为"波罗盖"的历史大致要追溯到明代。明冯惟敏《海浮山堂词稿·大令·南吕一枝花·月食救护》:"黑呼通阴霾半夜天,硬哥邦石窃当阶地,软乌刺腿丁骨存了血,碜柯查波罗盖去了皮,隔重云日月交食,打不破昏思迷。"这段散曲刻画的是平时作威作福的官吏,见了月食便惊恐万分、通宵长跪的丑态,其中"碜柯查波罗盖去了皮"是说因跪在渣石地上,膝盖上的皮都蹭掉了。明姚旅《露书》卷九《风篇》亦载:"波罗,膝头也。"

清代白话小说中也有"波罗盖"的用例,如:

(1)这老妈子把自己的波罗盖儿堵住了二奶奶的谷道。(清吴趼人《二十年目睹之怪现状》第一百三回)

(2)这话长着哩!隔着层夏布裤子,垫的波罗盖子慌,我起来说罢?(清西周生《醒世姻缘传》第十回)

姚旅是福建莆田人,游学甚广,"波罗"是他记录的山西洪洞方言词;而冯惟敏是山东临朐人,吴趼人是广东佛山人(久居上海),他们的作品中都用"波罗盖"来指称膝盖,说明这个词不应只存于一地的方言中。那么,"波罗"究竟是什么意思?为什么要把膝盖叫作"波罗盖"呢?

有些学者认为,"波罗"是藏语"马球"(藏文音[pulu])的意思,理由是藏族最早的词汇集《翻译名义大集》(书成于 8 至 9 世纪)就载有"polo"一词,而现代马球运动的英文名正记作"polo"(阴法鲁,1959:41—43)。美籍德裔学者劳费尔(B. E. Laufe)(1983:22)也在《藏语中的借词研究》一文中说:"(英语中)我们最有意思的藏语借词是 polo,马球戏。《本世纪词典》和《大英百科词典》都认为它出自藏语。"但这只能说明英文"polo"可能是一个古藏语借词,并不能证明汉语"波罗盖"中的"波罗"就来源于藏语。

也有学者主张 polo 的汉语音译词"叵罗""破罗""颇罗"均源自伊朗语 padrod,并根据对古代粟特族墓葬的考古发掘断定"叵罗"是粟特语音译词,其所记录的实物是一种西北少数民族特有的碗状酒杯,并非汉物(蔡鸿生,1998:31)。这种名为"叵罗"的酒杯源自西域或有可能,然而无论伊朗人还是粟特人,他们的母语中都不用 padrod 或 polo 来指称膝盖,为什么偏偏汉语的使用者要借用这样一个外来词来指称膝盖呢?

我们认为,"波罗盖"的得名应与簸箩有关。

我国竹编、柳编的历史可上溯到新石器时代初期(路甬祥,2007:33—48)。在农业社会,簸箩作为一种以竹条、柳条等编制的盛放或晾晒物品的容器,与人们的日常生活密不可分。尽管受材质所限,簸箩最早产生的年代已不可考,但 2004 年天津宝坻区发掘的唐代砖结构水井中,出土了荆条编制的簸箩实物;2011 年 4 月发现的河北青县唐代古墓中又出土了陶制簸箩等随葬品(https://news. ifeng. com/c/7fZYt7k8ZE2),说明至少在唐代,簸箩就已经有着广泛的应用了。

"簸",《说文·箕部》曰:"扬米去糠也。"古汉语习见"名动相因",故其初为动词,后亦用如名词,指扬糠或盛物的工具。例如:

(3)籔,籔糠者也。(唐慧琳《一切经音义》卷五十"扬籔"注引《毛传》)

(4)半犁好雨田香润,一籔残花春寂寥。(宋李新《跨鳌集》卷七《凌云》)

(5)切如小豆大,以面于籔中,拌令如丸。(明《普济方》卷二百六十二《乳石门》)

(6)稻篓、粪箕、撮籔皆农家之用;鸡鸭、猪狗、杂毛、短发皆粪田之需。(清《清经世文编》卷五十一《户政二十六》)

现代汉语方言中,中原官话把装针线的小筐叫作"籔儿",西南官话把用竹编的晒少量谷物的圆形器具叫作"籔盖"或"籔籔",江淮官话将箩筐称为"籔子"(许宝华、宫田一郎,1999:7455),亦可资为证。

"箩",初文作"罗",甲文作🦅(乙五三九五)。上像一张撑起的网,下像鸟雀,字取张网捕鸟之义,属合体会意,故"罗"的本义为捕鸟的网。《尔雅·释器》:"鸟罟谓之罗。"《说文·网部》:"罗,以丝罟鸟也。"后词义引申,可指编织而成的竹器,并为此义增旁专造了"箩"字。《玉篇·竹部》:"箩,竹器也。"

由于字音相近,古文献中"籔箩"还可写作"簸罗""筐箩"等,例如:

(7)官人在铺子里一日不算银子,铜钱也卖两大簸罗。(明兰陵笑笑生《金瓶梅》卷二)

(8)只见那小猴子手里拿着个柳篦簸罗儿正伞采回来。(同上)

(9)这大汉地下放着一个筐箩,口中说道:"俺这煎饼是真正黄米面的。"(清石玉昆《侠义传》卷十三)

(10)于是开了抽屉,才看见一个小筐箩内放着几块银子。

（清曹雪芹《红楼梦》五十一回）

今天中原官话里还有"不笭"的说法，同样指圆形竹制盛器（许宝华、宫田一郎，1999：619）。

簸笭因晾晒或存放物品的需要，多为浅底的圆形。而且随着社会的发展，簸笭所盛放物品的范围已由最初的粮食扩大到各类日用品。我们今天依然能在农村很多地方看到烟簸笭、纸簸笭、钱簸笭、针线簸笭等，可知簸笭在人们生活中的重要性。

"词汇生动化"学说是我们揭开"波罗盖"之谜的理论基础。按照杨琳教授（2012：122）的定义，所谓词汇生动化，是指"为了表达的生动将抽象的概念或是既有的抽象词汇改用富于形象色彩或是诙谐色彩的词语来表达"。"词汇生动化的主要方式有比拟、移就和谐音三种。"我们认为，"波罗盖"就是暗比式（即只出现喻体、不出现本体的比拟手段）构词的产物。由于人的膝盖扁圆，既像股骨与胫骨连接处的一个盖子，又与覆笭之形神似，而人们在构词时又往往会选用身边习见之物作比，所以才会将膝盖称为"簸笭盖（波罗盖）"——这里，"膝"是本体，"簸笭"和"盖"都是喻体。而"波棱盖""波老盖""波拉盖"等异称都是"波罗盖"的音转。

（二）"磕膝盖"考源

髁，音 kē，是骨上的凸起，多在骨的两侧。如医学上有所谓的"肱骨髁"和"股骨髁"，前者是指肘部近肱骨端两侧的凸起，后者是指膝部近股骨端两侧的凸起。而在古文献中"髁"有多个义位，既可以指股骨（《说文·骨部》"髁，髀骨也"），又可以指踝骨（纪昀《阅微草堂笔记·姑妄听之四》"群儿坌涌，各持砖瓦击其髁……次日，家人寻之归，两足青紫"），还可指膝骨（《广韵·戈韵》"䯊，膝骨。苦禾切"；《广韵·歌韵》"䯑，膝骨，苦何切"）。我们知道，从"可"声之字，多有"连接"义。"䯑"为膝骨，连接大腿与小腿；"轲"为"接轴车"（见《说文·车部》）；"舸"为系船的木桩（《广韵·歌韵》"所以系舟也"）；等等。"䯑、䯊"音义皆同，当为一字之异体。唐玄应《一切经音义》卷五十九："今以䯑为䯊。"是其证也。文献中有大量"膝、䯑"或"膝、䯊"连用例，如：

（1）胫取系鞋横大文，量至膝䯑。（唐王焘《外台秘要》卷十三）

（2）翁倏遘风疠，三岁成巨疴。迄今踞里门，有鬼在膝䯑。（清毛奇龄《西河集》卷一百八十九）

（3）足，卪粟切。自股胫而下通谓之。足上象膝䯊，下象跰，借为给足之足。（宋戴侗《六书故》卷十六《人九》）

（4）绯衣人，入朝贺。佩铅刀，藏膝䯊。太史奏，机谋破。（明张岱《琅嬛文集》卷三《景清刺》）

（5）夜行戈壁中，沙石赫人，没及䯊膝。（清洪亮吉《北江诗话》卷五）

（6）和尚栽倒在地。艾虎过来，䯊膝盖点住后腰，搭胳膊拧腿，就把凶僧捆上。（清佚名《忠烈小五义传》第七十回）

"踝"，《说文·足部》："足踝也。"《广韵·马韵》音"胡瓦切"，今读作 huà。"䯊""踝"今音虽不相同，但古音皆从"果声"，且都用来指称下肢凸起的骨节，音义相近，因而古籍中有"䯊""踝"混用的现象。混用时，"踝"当读如 kē。

（7）男儿朝坠地，暮当摩烟空。胡为盘膝踝，酣寝藩与龙。

（明张明弼《萤芝集》卷五《感兴呈何非鸣四首》）

（8）嘉靖壬寅，余以庶吉士请告还，会唐荆川于京口，连舟至丹阳，谒陈少阳祠，入门见汪黄二像，踝膝庭下。（明陆树声《耄馀杂识·序》）

（9）有一辈使拳头喝神骂鬼，和那等盘踝膝闭眼低眉。（明徐渭《翠乡梦》第一出）

（10）盖以清邪居上，浊邪居下，寒湿，地下之浊邪，同气相感，故伤在膝踝。（清黄元御《四圣心源》卷七）

可见，"髁"（骱、踝）在表"膝盖"义时，多与"膝"连用，属同义连文。我们认为，"髁"应当就是"磕膝盖"中"磕"的本字，"磕膝（盖）"本当作"髁膝（盖）"或"膝髁"。

与"髁"音近的"克"和"肮"有时也被借来与"膝"组合，表示膝盖：

（11）青驴紧跨，霜风渐加，克膝的短裘，揸不住沙尘刮。（明毛晋《六十种曲·邯郸记上·柳摇金》）

（12）武松道罢，一双手按住肮膝，两只眼睁得圆彪彪地看着何九叔。（明李贽《李卓吾先生评忠义水浒传》卷二十六）

（13）将这领希留合剌的布衫儿扯得来乱纷纷碎，将这双乞量曲律的肮膝儿罚去直僵僵跪。（明臧懋循《元曲选·杨氏女杀狗劝夫杂剧》）

在封建中国，由于磕头跪拜是一种日常礼节，所以原本表"石声"（见《说文·石部》）的"磕"逐渐引申出"叩、拜"的含义，这样一来，"磕"与"膝"的动宾组合就比"髁"与"膝"的并列组合显得更加紧密，也更加直观;加之"髁"字较为生僻,实际使用中又有与"踝"字相混的情况,所以,无论从成词理据的接受程度还是从用字的辨识程度来讲,后来人们在记录膝盖时都更倾向于使用"磕膝(盖)"而不是"髁膝(盖)",如:

(14)聘娘用纤手在锡瓶内撮出银针茶来,安放在宜兴壶里,冲了水,递与四老爷,和他并肩而坐;叫丫头出去取水来,聘娘拿大红汗巾搭在四老爷磕膝上,问道……(清吴敬梓《儒林外史》第五十三回)

(15)只见郭氏坐在床上,肘打磕膝,手内拿着耳挖剔着,连理也不理。(清石玉昆《侠义传》卷十五)

(16)下边穿着条香色洋布夹裤,套着双青缎子套裤,磕膝盖那里都麻了花儿了,露着桃红布里儿。(清文康《儿女英雄传》第四回)

可见,"骱""膝"连用大致出现在唐代,"髁""膝"连用大致出现在宋代,而"磕""膝"连用只出现在清代及之后的白话作品中;同时,从清代至晚近,"磕"与"髁(骱、踝)"还有着相当一段时间的混用。不过,在词典条目的设置上,当代的编纂者明显对"磕膝"的偏向性更强:《汉语大词典》(罗凤竹,1997)对"膝髁"和"磕膝盖"都有收录,释义也均为"膝盖",但将后者标记为方言词,前者则未作标记;《近代汉语大词典》(许少峰,2008:1039)收有"磕膝盖"条;《白话小说语言词典》(白维国,2011:810)收有"磕膝"条和"磕膝盖";"磕膝盖(儿)"一词《现代汉语词典》(第六版)未收,却见录于中国社科院语言研究所1987年编纂的《倒序现代汉语词典》,释义为"〈方〉膝盖"。大型语文词典中均无"髁膝""骱膝"或"踝膝"条,未免失当。

此外,从语言地图上看,广大汉语官话区(包括北方官话、兰银官话、中原官话、江淮官话、西南官话)、晋语区、湘语区及广西平话区都有"磕膝盖"类异称的分布。而这类异称中的"磕膝头""磕膝包""磕膝脑壳""磕膝老爷"等都是在"磕(髁、骱)膝"的基础上增加了某一意义相近或相关的喻体语素("头""包""脑壳"等)而形成的。

三、其他类"膝盖"异称及相关问题

附表 3 所列其他类"膝盖"异称的成词理据较为复杂,这些异称有的属于古语成分的残留(如"骹头、骹头乌"),有的属于"波罗盖"类和"磕膝盖"类语素的加合、删减或替换(如"磕膝波罗、膝波罗头子、波膝盖"),还有个别异称来源不甚明确,但绝大多数异称的形成仍与比拟式的词汇生动化有关。

(一)"膝盖"的古称及其流变

"膝盖"的单音节古称主要有"厀(膝)、髌(膑)、骹(跤)、膊(胕)、蹁"等;双音节古称主要有"膝腘、膝头、膝公、膝盖(同今)、膝膑、膝儿、膝子、髁膝(克膝、踝膝、肟膝)"等。

1. 厀(膝)

"厀",小篆作𨜮,《说文·卪部》曰:"厀,胫头卪也。从卪,桼声。"《说文系传》云:"厀,俗作膝。"《宋本玉篇·卪部》:"厀,或作膝。"今"膝"行而"厀"废。(为统一称说,下文皆用"膝"。)

"膝"之初文为"卪",亦作"卩"。其字甲文作𦥑(乙九〇七七)、𠂤(京都二二八三)、𠂤(后二·二四·三),一说象人跪踞之形(罗振玉,2006;

42),一说"上象膝盖,下象人胫"(杨树达,2007:43)。我们认为,卪和卪只是整体象形与局部象形的区别,实质都指膝盖。且"卪""桼"古音同在质部,读音相近,因而杨树达推断"郤"为"卪"的增旁后起字,其说确也。①许君谓"卪,瑞信也,象相合之形",与经传亦多假"卪"为"节符"之"节",皆失其本义。《正字通·卪部》:"卪,象骨卪形。古符卪所以示信,半在外半在内,取象于骨卪,故又借为符卪字,隶作节。"可资为证。

从先秦至唐代,人们指称膝盖多单用一个"膝"字,并多与动词(屈、抱、抚、蔽等)、数词(单、两)及方位词(左、右)搭配,构成动宾词组或定中词组。如:

(1)若不言,立则视足,坐则视膝。(《仪礼·士相见》)

(2)有渔父者,下船而来,须眉交白……左手据膝,右手持颐以听。(《庄子·渔父》)

(3)时有比丘,从坐起正衣服。右膝着地。(后汉支娄迦谶译《阿閦佛国经·发意受慧品第一》)

(4)肃拜者,两膝跪地,敛手放低。(宋黎靖德《朱子语类》卷九十一)

"膝"也可指动物的膝盖。如:

(5)夫骥之齿至矣,服盐车而上太行。蹄申膝折,尾湛胕溃。(《战国策·楚策四》)

(6)东海之鳖左足未入而右膝已絷矣。(《庄子·秋水》)

---

① 郑春兰(2007:86)认为,在甲骨文时期,"郤"的初文作𧾷,"以小半圆凸显膝盖处",非是。𧾷当为"足"字。

2. 髌（膑）

"髌"亦作"膑"。《集韵·准韵》："髌，或从肉。"在古代，"髌"既可指膝盖（《急就篇》颜师古注"髌，膝盖也"），也可指膝骨（唐释空海《篆隶万象名义·骨部》"髌，伏忍反，膝骨"），还可作去除膝骨的刑名（《广韵·轸韵》"髌，去膝盖骨，刑名"）。文例如下：

(1) 弱水弱毛，黑溪玄髌。（明孙瑴《古微书》卷三十二）

(2) 盖膝之骨曰膝髌。《大戴礼》曰："人生巨大作昚而髌，髌不备则人不能行。"（清沈彤《释骨》）

(3) 髌罚，去膝头骨。（《汉书·刑法志》"髌罚之属五百"颜师古注）

现代汉语中的"髌"主要用来指膝盖骨，且多以医学术语的形式出现，如髌腱、髌底、髌上囊等。方言异称中未见此字。

3. 骹（跤）

《尔雅·释畜》："马四骹皆白騜。"郭璞注："骹，膝下也。"《集韵·肴韵》："骹，膝骨也。"《龙龛手鉴》卷四："骹，苦交反，与跤同。"广东澄海话的"骹头"、福建福州话的"骹腹头"、福建厦门话的"骹头乌"以及浙江庆元话的"骹石头"等异称都是由"骹（跤）"发展而来的。其中，"骹腹头"和"骹头乌"中的"腹"和"乌"是"趺"的音转。而"趺"古有"脚"义，且多与屈膝的动作有关——"趺足"指盘膝，"趺坐"指盘膝而坐，"趺跏"指双足交叠而坐，等等。这些词习见于晋代以后的佛教文献中，不赘以例。

此外，上海话"脚馒头"，萧山话"脚膝髁头"中的"脚"，其本字也应当为"骹"。

4. 膞、蹁

汉刘熙《释名·释形体》："膝头曰膞。膞,围也,因形圆而名之也。或曰蹁。蹁,扁也,亦因形而名之也。"王先谦《释名疏证补》:"此云扁为膝形,盖薄而椭圆之体。"

"膞"本义为"切成块的肉"(《说文·肉部》"切肉也"),"蹁"本义为"走路脚不正的样子"(《说文·足部》"足不正也")。刘熙认为,膝盖因外形圆转而名"膞"(音 zhuǎn),亦因其形扁而名"蹁"(音 pián)。此声训也,文献未见用例,方言中也未见相关异称。

5. 双音节古称

"膝盖"古称由单音向双音节的演变始于晋代。最早的"膝腘"大致出现于西晋("腘"指膝盖后腿弯处,因属僻字,用例极少),"膝头"出现于东晋,而我们今天常用的"膝盖"大致到了唐代才出现。如:

(1)膝腘以下至跗属长一尺六寸。(西晋皇甫谧《甲乙经》卷二)

(2)檐下踟跦坐,屋漏两膝头。已得安乐住,当断后边身。(东晋佛陀跋陀罗共沙门法显译《摩诃僧只律》卷二十七)

(3)御史曰:"贼在汝右膝盖下。"彝遂揭阶砖,自击其膝盖。(唐李伉《独异志》卷上)

宋代之后,才有"膝子""膝公""膝儿"等古称。如:

(4)故国地灵处,人文天意深。公从扪膝子,句亦掉头吟。(宋员兴宗《九华集》卷三《哭黄省元贡》)

(5)问曰:"汝这几年曾见什么人?"师以脚打地,手拍膝公曰:"汝在外几年,一点气息也无。"(明释隐元《黄檗山寺志》卷三)

(6)西门庆一面取下琵琶来,搂妇人在怀,看他放在膝儿上,轻舒玉筍,款弄冰弦。(明兰陵笑笑生《金瓶梅》卷二)

在中国基本古籍库进行检索,所占比重最大的两个双音节古称分别是"膝盖"和"膝头"。① "盖"有形圆、扣覆于其他物体之上的特点,"头"一般指物体的前端或顶端。而从语言地图上看,现代汉语方言中的"盖"尾异称多分布在淮河—汉水以北的北方地区;而在长江以南,各种"头"尾异称又占有绝对优势(岩田礼,2009:215)。可以说,"头"尾异称与"盖"尾异称呈现出南北对立的格局,而江淮之间或长江流域是两种势力角逐的地区,出现了部分含复合喻体语素的异称(如南通"膝头盖")。我们推测,"膝盖"一词大致是经由"膝头→膝头盖→膝盖"的演变轨迹后而产生的,一定程度上来说是人口迁移和语言接触的产物。

(二) 几种较为特殊的方言异称

1. 比拟式生动化异称

比拟式的生动化异称又分为两种:一种是"本体+喻体"的明比式异称,如"腿包子、膝馒头、膝脑壳、膝头盘、膝老球"等,都是在本体"膝"(下肢各部位混言曰腿,南方曰脚)之上附加"包子、馒头、脑壳、盘、球"等具有形圆、凸起及习见于日常生活等特点的喻体语素,使膝盖的特点更加生动鲜明。个别异称还会在词尾附上雄性标记词缀,如"膝头公、膝头哥、膝头牯、磕膝老爷"等等——这大概是由于男性骨骼较大,从外观看来,膝盖比女性突出的缘故。

---

① 共检索出"膝盖"用例409例,"膝头"用例378例,而"膝儿""膝子""膝公"等双音节古称用例皆不足百例。

　　另一种是省略本体、只出现喻体的暗比式异称,如"猢狲头、猫头/猫利头、和尚头、坛瓶盖"等。"猢狲头"呈上宽下略窄的圆形,与膝骨形似(见附图);而猫头扁圆,古籍中多以"猫""狸"连用来指称猫,如《广雅》:"貌,狸猫也。"《杂阿含经》卷四十七:"有一猫狸饥渴羸瘦,于孔穴中伺求鼠子。"故"猫利头"本当作"猫狸头"。同理,"和尚头"和"坛瓶盖"也意在取其形圆无棱的特点来比喻膝盖。

　　"塞头"及其变体"塞头公""塞头哥"等词见于湖北红安、通城,河南罗田以及江西奉新等地,安徽宿松方言中还有"塞了包"的说法。有学者将"塞头"记作"色头"(岩田礼,2009:215)。我们认为,"色"的本字即"塞"。"塞头"在汉语方言中既可以指堵住物体孔洞使之内外隔绝的物体,如热水瓶塞、酒瓶塞等(李荣,2002:5011),也可以指人皮肤上的疖子或脓包(李荣,2002:5011)①。这些物体的共同特点是形圆,且附着于另一物的表面。故以"塞头"称膝盖,也是生动化构词的结果。

　　浙江嘉兴、义乌等地称膝盖为"娘舅"。如某嘉兴网友发帖称:

　　　　昨晚下班,骑着电瓶车,在中环东路上,突然窜出一条野狗钻到我的电瓶车轮胎底下,哎呦我的妈呀,摔的我那个疼呐,两个娘舅破皮了,手肘也破了,裤子破了好几个洞。(http://jiaxing.19lou.com/forum - 778 - thread - 20234413106174841 09 - 1 - 1, html)

　　"娘舅"即舅父,亦称"老舅""老娘舅"或"姥娘舅"。表示膝盖的

---

　　① 此义方言中亦有言"闷头"者(李荣,2002:4589)。按照词例引申的轨迹往往相同的规律来看,由于盖、塞、堵、闷都有"闭塞、使隔绝"之义,因而在其基础上产生的派生词也多有共通之处。如"疖子"义的"塞头"="闷头","塞子"义的"塞头"="堵头","膝盖"义的"X 盖"="塞头"。

"娘舅"最初很可能也是带有雄性标记词缀的异称,与"膝头公""膝头哥""磕膝老爷"类似,不过后来省略了词根(本体),只留下了词缀,因而变得令人费解。

2. 晋语区"圪"字头异称

晋语区的膝盖异称多以"圪"字开头(如"圪拉盖儿、圪拉瓣儿、圪老瓣儿"等),部分官话区也有"圪"字头异称(如徐州"圪娄拜子")。这些异称同晋语区的其他一些"圪"头名词一样,都有表示"凸起物"的语义特征,例如:

> 圪丁:附着在平面上的圆形小凸起物
> 圪蛋:圆形块状物
> 圪痂:创伤愈合后皮肤上结的痂

这类词共同的语义特征都是"物体表面的凸起物",且多为圆形或块状。关于"圪"的性质,学界争议很大。有人认为它是不表义的入声音节(温端政,1997),有人认为它是表音字(侯精一,1999),有人认为它是构词语素(王临惠,2001),等等。我们认为,与"圪膝盖"中本字为"髁"的异称不同,晋语区"圪"字头异称中的"圪"有更强的虚化色彩,不过由于保留了一定的词汇意义和语法意义,仍应将其视为一个构词语素;而"圪拉""圪老""圪娄"等则是其缓读形式。① 通过在"圪"后缀以"盖"及其音近变体"块""瓣""拜子"等而构成了"圪"字头异称。"圪"字头异称也是只见喻体、不见本体的暗比式生动化构词产物。

---

① "缓读词"又叫分音词、切脚词、嵌 l 词,这种词汇现象古今汉语都存在,如"头→骷髅、瓠→葫芦、精→机灵、圈→曲连、浑→囫囵、滚→骨碌(晋语)"等。参杨琳(2011:160)。

四、余论

作为身体的一部分,"膝盖"是人类最早认识并给予命名的那部分词,属于语言中最稳定、构词能力最强的核心词(李行健,1999;黄树先,2012;李慧贤,2007)。理论上来讲,身体词表示的是人类共有的普遍概念,有着很强的系统性和相对固定的语音形式,似乎最不易发生变化。但事实却并非如此。王力(2004:487)曾说:"肢体的名称自然也很早就产生了。它也是属于基本词汇的,但是它的稳定性没有自然现象的名称的稳定性那么大。几千年沿用下来的只有心、手等很少的一些词。"若排除讳言或儿语的需要(如男阴和女性乳房都各有许多异称),一个身体词依然有着众多异称的话,那么这个词就是非常值得研究的。

我们认为,从古至今,"膝盖"的词义几乎没有发生变化,而名称却衍生出如此众多的变体,主要有以下两个原因:

1. 以生动化为手段创造出的词语往往会引发使用者的次级创新

"膝盖"的异称演变是分级进行的。从甲骨文的"卩"到小篆的"㔱",只是人们为膝盖造增旁专字的过程;"膝头"是对"膝"进行的第一次生动化改造,之后又衍生出了"膝盖";自"膝头"、"膝盖"以降,人们通过不同喻体语素的置换,又对这些词语进行了至少两次的生动化改造。可以说,现在所见的各种不同的"膝盖"方言异称,几乎都是在"膝盖"一词被广泛使用后才出现的。而同样是身体词汇、同样没有讳言或儿语需要的手、心、血等词,因为没有经过词汇生动化的加工,所以沿用至今,几千年鲜有异称。

2. 创造新词时,语素的选择必然与方言词汇系统保持一致

以常德方言中的"膝脑壳"和水富方言中的"磕膝脑壳"为例,之所

以这两地的人们将膝盖喻为"脑壳",前提条件是西南官话和湘语普遍称"头"为"脑壳"(许宝华、宫田一郎,1999:5002),而膝盖和头又在外形圆转上有相似之处;相对的,因为兰银官话不把头叫作"脑壳",所以西宁方言称膝盖为"磕(髁)头子",而不会叫作"磕脑壳"。可见,在通过词汇生动化手段创造新词时,所置换的语素必须来自同一个方言词汇系统。词汇系统不同,所创造的"膝盖"方言异称也各不相同。

附图　髌骨解剖图(郭世绂,1988:795)

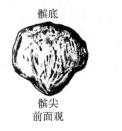

髌底

髌尖
前面观

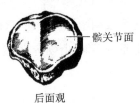

髌关节面

后面观

附表1　"波罗盖"类异称

地点	称呼	地点	称呼
广州	波罗盖(儿/子)	沧州	波拉盖儿
大连		利津	
青岛		北京	波棱盖儿
济南		唐山	
昆明		张家口	
柳州		丹东	
黎平		海拉尔	
襄樊		沈阳	
扬州		长春	
郑州	波老盖儿	齐齐哈尔	
焦作		哈尔滨	
原阳		佳木斯	
天津	波力盖儿	白城	
邯郸	波卢盖儿	银川	

附表 2 "磕膝盖"类异称

地点	称呼	地点	称呼
石家庄	磕膝盖儿	昆明	磕膝头
平山		遵义	
乌鲁木齐		毕节	
桂林		贵阳	
天水		吉首	
临夏		武汉	
宝鸡		成都	
西安		南京	
汉中		自贡	
宜昌		重庆	
忻州	圪膝/ 圪膝盖儿	昭通	
离石		大理	
太原		西昌	
临汾		安庆	磕膝坡
长治		汉源	磕膝包
临河		长沙	磕膝骨
集宁		川江	磕膝诺
呼和浩特		绵阳	磕膝门儿
二连浩特		邛崃	磕膝老爷
绥德		水富	磕膝脑壳

附表 3 其他类异称

地点	称呼	地点	称呼
太原	圪地跪	苏州	骹腹头
平遥	圪地块	福州	
忻州	圪拉瓣儿	建瓯	骹头乌
获嘉	圪老瓣儿	厦门	
徐州	圪娄拜子	庆元	骹石头
常德	膝脑壳	浏阳	膝头牯
敦煌	波膝盖	南昌	膝头公
合肥	磕老球	平江	猢狲头/猢头壳
西宁	磕头子	义乌	
连云港		永泰	猫利头/猫头
涟水	膝头盘	芜湖	膝波罗头子
南通		达县	磕膝波罗
铜陵	膝头盖	萧山	脚膝髁头
上海	脚馒头	红安	塞头
崇明	膝馒头	宿松	塞了包(波)
信阳	腿包子	乐山	和尚头
永泰	坛瓶盖	吴江	娘舅
澄海	骹头	嘉兴	

参考文献

白维国(主编),2011,《白话小说语言词典》,商务印书馆。

蔡鸿生,1998,《唐代九姓胡与突厥文化》,中华书局。

陈章太、李行健(主编),1999,《普通话基础方言基本词汇集》,语文出版社。

冯凌宇,2008,《汉语人体词汇研究》,中国广播电视出版社。

郭世绂,1988,《临床骨科解剖学》,天津科技出版社。

侯精一,1999,《现代晋语的研究》,商务印书馆。

黄树先,2012,《汉语身体词探索》,华中科技大学出版社。

李慧贤,2007,《汉语人体部位词语历史演变研究》,北京大学博士学位论文。

李荣(主编),2002,《现代汉语方言大词典》(综合本),江苏教育出版社。

路甬祥(主编),2007,《中国传统工艺全集·民间手工艺》,大象出版社。

罗振玉,2006,《殷虚书契考释三种·增订殷虚书契考释》,中华书局。

罗竹风(主编),1997,《汉语大词典》,汉语大词典出版社。

王临惠,2001,《山西方言"圪"头词的结构类型》,《中国语文》第 1 期。

温端政,1997,《试论晋语的特点与归属》,《语文研究》第 2 期。

许宝华、宫田一郎(主编),1999,《汉语方言大词典》,中华书局。

许少峰(编),2008,《近代汉语大词典》,中华书局。

许慎,1964,《说文解字》,中华书局。

岩田礼,2009,《汉语方言解释地图》,东京白帝社。

杨琳,2011,《训诂方法新探》,商务印书馆。

杨琳,2012,《词汇生动化及其理论价值——以"抬杠"、"敲竹杠"等词为例》,《南开语言学刊》第 1 期。

杨树达,2007,《释卩》,《积微居小学述林》(卷二),上海古籍出版社。

阴法鲁,1959,《唐代西藏马球戏传入长安》,《历史研究》第 6 期。

郑春兰,2007,《甲骨文核心词研究》,华中科技大学博士学位论文。

中国社会科学院语言研究所词典编辑室(编),1987,《倒序现代汉语词典》,商务印书馆。

"字""娩"用字同形分化考[*]

禤健聪

在古书中，"字"表生育、妊娠等义。如：

(1)女子贞不字，十年乃字。(《易·屯》)

(2)后圣王之法十年，若纯三年而字，子生可以二三年矣。(《墨子·节用上》)

(3)其上有木焉，名曰黄棘，黄华而员叶，其实如兰，服之不字。(《山海经·中山经》)

(4)妇人疏字者子活，数乳者子死。(王充《论衡·气寿》)

例(1)李鼎祚集解引虞翻曰："字，妊娠也。"例(2)孙诒让间诂引《说文》："字，乳也。"例(3)郭璞注："字，生也。"例(4)"疏字"与"数乳"对文，知"字""乳"同义，皆指生育。《广雅·释诂一》："字、乳，生也。"王引之《经义述闻·周易上》："《广雅》曰：'字、乳，生也。'……《易》曰：'女子贞不字。'然则不生谓之不字。必不孕而后不生，故不字亦兼不孕言之。"出土文献也有类似用例，如：

(5)又令隶妾数字者，诊甲前血出及痏状。(睡虎地秦简·封

---

* 本文原载《古汉语研究》2015 年第 4 期。

诊式 86)

（6）女子以巳字，不复字。（睡虎地秦简·日书甲种 150 正）

（7）凡治字者，以清［水］澣包。（马王堆帛书·胎产书 14）

（8）字而多男毋女而欲女，后□□□□包埋阴垣下。（马王堆帛书·胎产书 18）

例（5）睡虎地秦墓竹简整理小组注："字，生育。"例（7）"治字"指处理产娩之事，"包"指"胞衣"。"字"由生育义，又引申出养育、抚爱、慈爱等义，如：

（9）诞置之隘巷，牛羊腓字之。（《诗·大雅·生民》）

（10）于父不能字厥子，乃疾厥子。（《书·康诰》）

（11）朕不知明德所则，政教之道，字民之道，礼乐所生。（《逸周书·本典》）

（12）非我族类，其心必异。楚虽大，非吾族也，其肯字我乎？（《左传·成公四年》）

（13）阴阳常调，日月常明，四时常若，风雨常均，字育常时，年谷常丰。（《列子·黄帝》）

"字"的文字义亦由生育义引申而来。许慎《说文解字·叙》："仓颉之初作书，盖依类象形，故谓之文。其后形声相益，即谓之字。字者，言孳乳而浸多也。"段玉裁注："人及鸟生子曰乳，兽曰犊，引申之为抚字，亦引申之为文字。"

甲骨文未见"字"字，两周金文所见"字"字用例亦不多，意义较为明确的有：

（14）余，义楚之良臣，而逐之字父。（仆儿钟，《殷周金文集成》183，以下简称"《集成》"）

（15）用匄眉寿无疆，百字千孙，子子孙孙永宝用享。（梁其簋，《集成》4149）

（16）汝考寿万年，永保其身，俾百斯男而艺斯字。（叔尸镈，《集成》285）

（17）唯王五月，既字白期，吉日初庚。（吴王光鉴，《集成》10298）

例（14）"字父"义同于"慈父"。例（15）"百字千孙"，属同一器主的梁其鼎、梁其壶（《集成》2768—2770、9716—9717）等作"百子千孙"，"字"读为"子"。例（16）"字"义同于"滋"，"字""孳""滋"声义同源。例（17）"字"的解释有不同意见，郭沫若（1956）、于省吾（1979）等认为，"既字白"即金文中常见的"既生霸"，为月相名，"字"义同于"生"。① 郭若愚（1983）、马承源（1990：365）等则以"字"指女子成年许嫁。许嫁义实亦从生育义引申。

《说文》："字，乳也。从子在宀下，子亦声。"古文字"字"作如下之形：

A1	A2	A3	A4
《集成》4149	《集成》10298	《集成》183	睡简《封诊式》86

亦从"宀"、从"子"，与小篆构形一致。"宀"本象房屋之形，从"宀"之字多与房屋有关，"子在宀下"之形与生育、妊娠之义有隔，过去学者多

---

① "生霸"传世文献多作"生魄"，见《书·康诰》《逸周书·本典》等。

疑莫能信,故其形义关系尚待探索。金文中有"宐""嚠"二字,张亚初(2001:1580)根据地支字"巳"早期古文字记写作"子",认为即"字""斈(幼)"之异体,并谓:

　　妇女怀胎之始,胚胎呈蝌蚪形,"巳"字就是这种形状的写照。等到三四个月之后,胚胎才发育成有四肢的人形。"子"字就已有四肢,由于它作孩童包裹于襁褓之形,所以下肢并未分开。

曾宪通(2005)引《说文》释"包"为"象人裹妊,巳在中,象子未成形也",指出"包"即胎衣之"胞"的初文,所从之"巳"即孕中未成形之子,进一步说明"巳"与"子"的同源关系。例(7)、(8)之"包"正用其本义。"宐"为"字"之异体,"巳"即为未生之胎,其在"宀"下,亦不可解。

　　郭店楚墓竹简《六德》篇有一个与"字"形体相同的字(以下记作"[* 字]"),见于以下文句:

　　(18)袒[* 字]为宗族也,为朋友亦然。(郭店《六德》简28—29)

裴锡圭指出,此"袒[* 字]"相当于《礼记·大传》《仪礼·丧服》的"袒免",并推测"[* 字]"可能是"'免'之误写"(荆门市博物馆,1998:189—190)。这个"[* 字]"字在战国文字中有以下一些写法:

B1	B2	B3	B4	B5
𡥀	𡥀	𡥀	𡥀	𡥀

上博《天子建州》甲2　上博《姑成家父》3　上博《内礼》10　望山楚简1·37　郭店《缁衣》24

其中 B3—B5 一类的写法,过去学者多隶定为"㝵"。由新出战国竹简可知,上列写法皆为一字异体,简文中多用同"免"(李零,1999)。如:

(19)教之以政,齐之以刑,则民有[* 字]心。(郭店《缁衣》简 24)

(20)幸,则晋邦之社稷可得而事也;不幸,则取[* 字]而出。诸侯畜我,谁不以厚?(上博《姑成家父》简 3)

(21)故为少必听长之命,为贱必听贵之命。从人观然则[* 字]于戾。(上博《内礼》简 10)

其中最值得注意的是例(19),今本《礼记·缁衣》对应的文句为"教之以政,齐之以刑,则民有遯心",类似的表述《论语·为政》又作:"道之以政,齐之以刑,民免而无耻。"李家浩(1998:146—147)指出,例(19)的"[* 字]",当从《论语》读为"免"。这为后来发表的上海博物馆藏战国竹书所证实:

(22)教之以政,齐之以刑,则民有免心。(上博《缁衣》简 13)

与"[* 字]"对应的字上博简正作"免"。"免"字古文字作🅜(免簋,《集成》4240)、🅜(上博《缁衣》简 13),本象人戴冠冕之形,①有清晰、完整的字形相承序列,与"[* 字]"显然是完全不同的另一个字。上博简《缁衣》篇具有齐鲁一系文字的特点(冯胜君,2007),然则"免"这个词战国时代楚系与齐鲁系分别用"[* 字]""免"两个不同用字记写,用字习惯存在地域差异。② 李零(1999)认为,"[* 字]"是"娩"字的古体。

---

① 《礼记·曲礼上》:"冠毋免。"郑玄注:"免,去也。"免脱之"免"与冠冕之"冕"语义相反。
② 郭店《性自命出》简 25 有"免"字,可视为楚系用字之例外,因"免"为古今通用字,故楚系用字中偶作"免"合于情理。

甲骨文有应读为"娩"的字作：

C1	C2	C3
〔甲骨文字形〕	〔甲骨文字形〕	〔甲骨文字形〕
《合集》14002	《合集》14020	《合集》14115

如：

(23) 甲申卜, 殸贞: 妇好 C1, 不其妨? 三旬又一日甲寅 C1, 允不妨, 唯女。(《甲骨文合集》14002, 以下简称"《合集》")

(24) ☒妇鼠 C2, 妨? 五月。(《合集》14020)

(25) 戊辰卜, 王贞: 妇鼠 C3, 余子? (《合集》14115)

　　贞: 妇鼠 C2, 余弗其子? 四月。(《合集》14116)

过去学者多将此字释为"冥"读为"娩"。夏渌(1991: 23—24)认为 C2 就是"娩"字初文, 是"一幅'分娩'的简笔写实画", 但仍将 C1 所从之〔字形〕解释为"冥"字初文, 以为是在 C2 基础上改造的声符。赵平安(2001)进而指出, 战国文字的"[* 字]"就是甲骨文 C 字的演变: "字头部分增加了一横或两横", "字下两手省去一只, 与 O 形粘连"。

　　将 C 与"[* 字]"视为一字之传承, 并皆"娩"的早期表意字, 当正确可从, 尚可稍作补说。C1 和 C2 并无实质区别, 均象助产者以双手拨开产门协助产妇分娩之形, 〔字形〕中之块状符号, 即代指分娩的婴儿。从例(25)可知, C3 即 C2 之省。C2 所从之〔字形〕, 与甲骨文"宀"旁写法接近, 这正是后来"[* 字]"字所从"宀"旁的最直接来源; C1 所从的〔字形〕也可演变作"宀", 类似的例子如"牢"甲骨文作〔字形〕(《合集》321), 从〔字形〕, 与〔字形〕近, 楚简作🔲(包山楚简 150)，则从"宀"。曾侯乙墓竹简"[＊字]"字作🔲(简 28、129)，所从之🔲应即🔲的演变，🔲中间收窄即成🔲，其笔画再有所粘连，就有可能演变作🔲。B3—B5 等字上的横笔很可能是🔲进一步讹变形成，这一横笔可作为区别符号，以与"字"字相区别；后来写法省简，遂与"宀"近。B4 可视为这一讹变过程的过渡字形，然其所从的所谓"宀"旁，与一般"宀"旁的写法有别，似仍是🔲旁之孑遗。"[＊字]"所从的"子"并非由块状符号与"又"旁粘连讹变，而是有意意化的结果。汉字演变过程中，早期象形符号受字形规整化的限制，表意性明显减弱，往往改造为成字的义符以重构其表意功能，如🔲("晶"，《合集》10344 正)之改从"日"、🔲("辇"，辇卣，《集成》5189)之改从"夫"等皆是。与此相应，当某一部件改造使全字的表意功能增强后，另一部件的表意功能会相应削弱，进而发生讹变或简省。C 所从的🔲旁原意不彰，块状符号变换为"子"，使其所指代的婴儿义得以明确；字形的表意重点由双手助产转为婴儿分娩，故二手之形终被省去。事实上，甲骨文即有省去二手之形的写法，如🔲(《合集》10936 正)，故从另一个角度来看，也可以说是因为二手之形省去，促使表示婴儿的块状符号有必要改造成"子"以足义。商金文的🔲(角父戊字鼎，《集成》1864)，就是 C 改从"子"并省去二手形的早期异体，尚不从"宀"。有关字形演变图示如下：

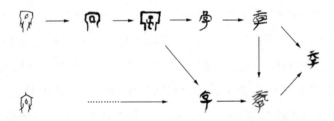

"娩"字非常晚出，《文选·张衡〈思玄赋〉》旧注引《纂要》："齐人谓生子曰娩。"《广韵·问韵》："娩，生也。"《说文》小篆作"㜯"："㜯，生

子免身也。从子、从免。"汉以前传世文献则多作"免":

> (26)将免者以告,公令医守之。(《国语·越语上》)
>
> (27)居无何,而朔妇免身,生男。(《史记·赵世家》)
>
> (28)妇人免乳大故,十死一生。(《汉书·外戚传上·孝宣许皇后》)

例(26)韦昭注:"免,免乳也。"例(28)颜师古注:"免乳,谓产子也。"《说文》以"免身"释"挽",与例(27)同例。

《说文》析"挽"为"从子、从免",而非"从子、免声",可见许慎并不视"挽"为一般形声字,非常值得注意。"挽""娩"很可能是在假借字"免"的基础上增益义符而成的累增字。《说文》大徐本引徐锴谓:"《说文》无免字,疑此字从鼍省。以免身之义,通用为解免之免。晚、冕之类,皆当从挽省。"显然并非事实。从古文字的情况看,战国楚文字"免""勉"等词皆用"[* 字]"记写,而齐鲁文字则以"免"记写;后一种用字习惯为秦汉以后所承继,免除之"免"统一记写作"免","[* 字]"遂不行。受这一变化的影响,分娩义之用字秦汉时代转写时,亦随之转移由"免"字承担,并与"字"字彻底区分。这就是早期传世文献多以"免"记写"娩"这一音义的原因。"挽""娩"两字则是在"免"的基础上分别累增"子"旁和"女"旁而成。

"字"与"[* 字](娩)"仅仅是同形还是存在某种形义关联呢? 李天虹(2005)认为:

> "字"为什么会有生育、妊娠的意思却不好解释。现在看来,古书中"字"字的这类用法,或许是"娩"(引者按:指"[* 字]",下

同)的误识;也可能是由"娩"的误识衍变而来,即由于将"娩"误识为"字",而导致人们后来直接用"字"来表示生育、妊娠的意思。

"误识"之说,就文献中个别用例而言自有可能,但"字"的语义体系完整,从生育、妊娠到养育、抚爱,意义相因,不太可能因误识而致全部改读。而"娩"只表分娩这一具体动作的意义,与文献中"字"所承担的生育、妊娠等义并不相等;将"娩"代入表生育、妊娠等义的"字"字文例,亦多不能讲通。"娩""字"又古音远隔,不存在相通的充分条件。

杨琳(2012)认为甲骨文的 C 就是"字"的表意初文,与"娩"无关。这自然可以解释"'字'为什么会有生育、妊娠的意思",但却无法解释"[＊字]"在楚简中可以记写"免"这个词的语言现实。

包括古汉字、纳西东巴文、圣书字、楔形文字等表意文字的早期形态中,存在"同一个字形可以用来代表两个以上意义都跟这个字形有联系,但是彼此的语音并不相近的词"的现象,裘锡圭(1988:5)称为"一形多用",林沄(1998)称为"一字多读",林沄(1997)并认为这种现象就是六书中的"转注"。如在古汉字中,𡗜兼表"立"与"位"两个音义,)兼表"月"与"夕"两个音义,𠂤兼表"主"与"示"两个音义。这种一形兼表两个不同音义的现象与一般的文字假借或词义引申皆有不同,共用字形的两个音义,语音上并没有密切的关系,语义上也并无共同的来源;只是两个意义跟这个字形分别在不同方面存在关联。𡗜象人站立之形(立),人所站立之处即其位置所在(位);)象月缺之形(月),月出之时即昏夕(夕);𠂤本象神主之形(主),神主为神凭依之所、可显示神意(示)。这种现象的存在源于图画式的象形表意符号意义指向的多样性。

我们认为,甲骨文的 C 就是"字"与"[＊字](娩)"的共同形体来源,同时表示"字"和"娩"两个音义。⬚本会产妇分娩之意,故可记录"娩"这个音义,而怀子分娩正是生育后代的关键过程,故可记录"字"(生育)这个音义。表示生育、养育义的"字"不见于甲骨文和早期金文,是受内容和辞例所限;从上揭《周易》《尚书》《诗经》等的用例看,"字"出现的时代不会晚于殷商时代。综合出土和传世文献材料来看,由⬚到⬚之形皆为"字"与"娩"两个音义所共用。这种"一形多用"表意字无疑会影响文字表达语言的明确性,后世必然要求分化。"字"与"娩"两个音义书写符号的分化,可能迟至战国时代才开始。"字"沿用⬚的写法,"子"旁兼有表音作用。"娩"则经历了最初在字形上加横笔相区别,秦汉以降假"免"记写,到最终改造成形声字"㝃"或"娩"的形体重构过程。

《集成》10190号王子适匜有读为"子"的"字"字作⬚,下部较一般写法多出二"爪"形,过去多认为只是装饰性笔画,现在看来,很可能就是甲骨文 C 字所从二手形之孑遗(参夏渌,1991:24)。

"字"(生育)与"娩"(分娩)两个音义的书写符号均源于甲骨文的"⬚",其后经历了同形分化的演变过程,"字"与"娩"的同形分化是早期表意文字一形多用现象的重要个案。这就是本文的基本结论。

参考文献

冯胜君,2007,《郭店简与上博简对比研究》,线装书局。
郭沫若,1956,《由寿县蔡器论到蔡墓的年代》,《考古学报》第 1 期。
郭若愚,1983,《从有关蔡侯的若干资料论寿县蔡墓蔡器的年代》,上海博物馆集刊编辑委员会(编)《上海博物馆集刊》第 2 辑,上海古籍出版社。

荆门市博物馆（编），1998，《郭店楚墓竹简》，文物出版社。

李零，1999，《读〈楚系简帛文字编〉》，中国文物研究所（编）《出土文献研究》
　　第 5 辑，科学出版社。

李家浩，1998，《释文与考释》，湖北省文物考古研究所、北京大学中文系编
　　《九店楚简》，中华书局。

李天虹，2005，《楚简文字形体混同、混讹举例》，《江汉考古》第 3 期。

林沄，1997，《古文字转注举例》，《第三届国际中国古文字学研讨会论文集》，
　　香港中文大学。

林沄，1998，《王、士同源及相关问题》，广东炎黄文化研究会等（合编）《容庚
　　先生百年诞辰纪念文集》，广东人民出版社。

马承源（主编），1990，《商周青铜器铭文选（四）》，文物出版社。

裘锡圭，1988，《文字学概要》，商务印书馆。

夏渌，1991，《评康殷文字学》，武汉大学出版社。

杨琳，2012，《释"字""船""盛"》，中国文字学会《中国文字学报》编辑部（编）
　　《中国文字学报》第 4 辑，商务印书馆。

于省吾，1979，《寿县蔡侯墓铜器铭文考释》，中国古文字研究会、中山大学古
　　文字研究所（编）《古文字研究》第 1 辑，中华书局。

曾宪通，2005，《从"子"字族群论及字族的研究》，《古文字与出土文献丛考》，
　　中山大学出版社。

张亚初，2001，《殷周金文集成引得》，中华书局。

赵平安，2001，《从楚简"娩"的释读谈到甲骨文的"娩妫"——附释古文字中
　　的"冥"》，李学勤、谢桂华（主编）《简帛研究二〇〇一》，广西师范大学
　　出版社。

"婀娜"考辨*

马丽娜

"婀娜"一词一直被人们视为单纯词,频繁出现在高校教材的单纯词例词中。而其他一些辞书也倾向于将"婀娜"视为单纯词。如《汉语大字典》(徐中舒,2010:549、552)对"婀娜"的解释:

> 娜,nuó《广韵》奴可切,上哿泥。婀娜,见"婀"。
>
> 婀,ǎ《玉篇》于可切。婀娜:柔媚;美好。又,摇曳貌。

从释义体例看,"婀娜"为单纯词,"婀娜"两字组合表义。但"婀娜"是否确为单纯词,却鲜少有人质疑。俞莉娴(2007:125)对"婀娜"进行过考释,认为"婀娜"由"阿那"加"女"旁演化而来,多用以形容女性的柔美。我们赞同俞文认为"婀娜"由"阿那"加女旁演化而来的观点,但对于它是否多用以形容女性的柔美这一点存疑。本文将考证"婀娜"的异写形式,梳理"婀娜"语音与词义的发展演变脉络,论证"婀娜"是否多用于形容女性的柔美及其他相关问题。

一、与"婀娜"相关的异写形式

前文我们已经谈到,俞文通过因形求义的方法考证出"婀娜"一词

---

* 本文原载《汉字汉语研究》2019年第2期,收入本书时内容有所增改。

由"阿那"发展而来,"阿那"是其最早的书写形式。查阅先秦古籍,"阿那"一词见于《庄子·人间世》:"如阿那律陀云:'世尊示我以乐见照明金刚三昧,旋见循元,观见十方,精真洞然,如观掌果。'"然此"阿那律陀"乃梵语"Aniruddha"的音译,与"婀娜"无关。而"阿那"作为形容性词语在东汉时期出现较多。如汉张衡《七辩》"蜵蜎之领,阿那宜顾",用来形容女性的柔美。除"阿那"外,也已出现"娜婀"的用例。如汉王粲《迷迭赋》:"立碧茎之娜婀,铺彩条之蜿蟺。"虽然"阿那"连用始见于东汉时期,但先秦时期"阿""那"已单独作为形容性词语出现。

《诗经·小雅·隰桑》:"隰桑有阿,其叶有难。"毛传:"阿然,美貌。""阿",美貌,属影母,歌部;"婀"亦属影母,歌部。影母双声,歌部叠韵,两字双声叠韵。《国语·楚语上》:"使富都那竖赞焉。"韦昭注:"那,美也。"汉魏六朝碑刻1125:"猗欤那欤,邦之司直。"(毛远明,2014:652)"那"为"多"义。"那",泥母,歌部;"娜",泥母,歌部。泥母双声,歌部叠韵,两字双声叠韵。可见"阿那"是"婀娜"的异写形式。此外,《诗经·国风·素冠》"隰有苌楚,猗傩其枝"中出现了"阿那"的异写形式"猗傩"。"猗",属影母,歌部;"傩",属泥母,歌部。《列子·杨朱》"穆之后庭,比房数十,皆择稚齿婑媠者以盈之"中出现了"婀娜"的异写形式"婑媠"。李轨注:"婑音乌果切,媠音奴坐切。婑媠即婀娜也。"清马瑞辰《毛诗传笺通释》:"猗、那二字叠韵,皆美盛之貌。通作猗傩、阿傩。"清黄生《字诂义府合按》中指出,"猗柅"又作"猗抳",犹"婀娜"。《昭明文选·宋玉〈高唐赋〉》:"东西施翼,猗狔丰沛。"李善注:"猗狔,柔弱下垂貌。"《汉书·司马相如传上》:"纷溶萷蔘,猗柅从风。"颜师古注引郭璞曰:"猗柅犹阿那也。"据姜亮夫(2002:282)考证,该词的异写形式有"猗傩、阿难、猗那、阿娜、婀娜、妸那、婑媠、祎隋、倭堕、媁婳、媒娜、旖旎、㫊旎、㫊旆、猗狔、橪柅、椅柅、衰橐、㥍橞、倚移、沃若、亚箬、阿沃、阿幽、要褭、安襹、暍羅等"。"婀娜"的异写形式中，"婀"，影母，歌部；"婴"，影母，歌部；"猗"，影母，歌部；"旖"，影母，歌部；"旑"亦属影母，歌部。"婀""婴""猗""旖"与"婀"，影母双声，歌部叠韵，属双声叠韵。"那"，泥母，歌部；"娜""傩"亦属泥母，歌部。"旎"，娘母，支部，古娘日二母归泥，古支歌合韵。所以"那""娜"与"傩""旎"，影、泥母双声，歌、支部叠韵，属双声叠韵。此外，"沃若"与"阿那"乃一声之转。

　　姜亮夫(2002:282—284)讨论的异写形式主要出自《诗》《骚》，另有少量异写为韵书所载。"婀娜"的异写形式虽繁多，但不少异写形式较生僻，在文献中的复现率不高。到了魏晋南北朝时期，"婀娜"的异写形式已呈现出不断集中的特点①。"阿那""猗狔""旖旎""阿娜""沃若"和今天所使用的"婀娜"成为较常用的书写形式。查阅魏晋南北朝时期文献并进行原文核对后，统计出该时期"婀娜"异写形式词频(见表1)。

表1　魏晋南北朝时期"婀娜"异写形式频率统计

文献②	异写形式							
	阿那	猗狔	旖旎	阿娜	婀娜	婑婧	媠娜	沃若
《全晋文》	7	0	0	0	3	0	0	0
《文心雕龙》	1	0	0	0	1	0	0	1
《搜神记》	0	0	0	0	0	0	0	0
《昭明文选》	4	3	1	1	1	0	0	9
总计	12	3	1	1	6	0	0	10

---

　　① "婀娜"的异写形式"婑婧、祎隋、倭墮、媒妮、媠娜、旖旎、猗旎、猗狔、樆杝、椅杝、衺褰、㩲榱、倚移、亚箬、阿沃、阿幽、要褭、安襹、暍羅"等，在《全晋文》《文心雕龙》《搜神记》《昭明文选》中无用例。
　　② "婀娜"异写形式参看：严可均(1999)、刘勰(1985)、干宝(1979)、萧统(1997)。

从词频来看,这一时期以"阿那"和"沃若"为主要书写形式,而今天的"婀娜"字形也已出现,但并未占主体。到唐宋时期,"婀娜"的异写形式更加集中。根据《康熙字典》《辞源》《汉语音义字典》《经籍籑诂》《故训汇纂》和《字诂义府合集》等典籍所录古注,唐代"婀娜"的异写形式有"阿那""旖旎""妸娜""婴娜""娜妸""猗傩""婑婿"和"沃若"。我们对唐宋时期"婀娜"的异写形式词频进行了统计(见表2)。

表 2　唐宋时期"婀娜"异写形式频率统计

文献①	异写形式								
	阿那	旖旎	妸娜	婴娜	娜妸	猗傩	婀娜	婑婿	沃若
《全唐诗》	2	16	1	0	1	0	19	1	1
《游仙窟》	0	0	0	0	0	0	3	0	0
《敦煌变文集》	0	1	0	0	0	0	1	0	0
《集韵》	0	1	1	1	0	0	1	1	1
《全宋词》	4	29	0	0	0	0	12	0	0
《全宋诗》	2	17	0	0	0	1	15	0	12
《挥麈录》	0	0	1	0	0	0	0	0	0
总计	8	64	3	1	1	1	51	2	14

唐宋时期诗词的繁荣极大地推动了"婀娜"的使用。其异写形式虽多,但今天我们所用的"婀娜""旖旎"这一形式已占绝对优势。其中,"旖旎"一词主要见于《全唐诗》《全宋词》和《全宋诗》,"沃若"一词主要见于《全宋诗》。可见,"旖旎"和"沃若"这两种异写形式主要留存于诗词中。而"婀娜"这一书写形式,从文体分布上比前两者更为广泛,

---

① "婀娜"异写形式参看:彭定求等(1998)、张鷟(1989)、王重民等(1957)、丁度等(1989)、唐圭璋(1965)、傅璇琮等(1998)、王明清(1961)。

其适用度也更广。到元明清时期，"婀娜"异写形式逐渐减少（见表3）。

表3　元明清时期"婀娜"异写形式频率统计

文献①	异写形式								
	阿那	阿娜	旖旎	猗傩	妸娜	妿那	婀娜	媕婀	沃若
《元诗选》	2	1	4	1	1	0	13	1	1
《列朝诗集》	0	0	9	0	0	1	13	0	3
《晚晴簃诗汇》	1	0	15	0	3	1	0	1	5
《聊斋志异》	0	0	0	0	0	0	2	0	0
《孽海花》	0	0	0	0	0	0	2	0	0
《长生殿》	0	0	0	0	0	0	1	0	0
总计	3	1	28	1	4	2	31	2	9

宋代以后，"婀娜"的异写形式使用频率逐渐降低，且主要保留在诗中。如使用频率极高的"旖旎"，保留在《元诗选》《列朝诗集》《晚晴簃诗汇》中。俗文学如《聊斋志异》《孽海花》和《长生殿》中已基本没有异写形式，统写作"婀娜"。

二、"婀娜"的音义考辨及成词

"婀娜"最初写作"阿那"。那么，"阿那"是如何成词，又是如何发展演变为"婀娜"的？其词义是什么？这些将是本章讨论的重点。

（一）"婀娜"的读音及词义考辨

《汉语大字典》（徐中舒，2010：2158）中，"阿"有五个读音，分别为

---

① "婀娜"异写形式参看：顾嗣立（2001）、钱谦益（2012）、徐世昌（1990）、蒲松龄（1981）、曾朴（1980）、洪昇（2011）。

ē、é、ā、ǎ、à。读音不同，词义不同。俞莉娴（2007：125）所引"阿"，读作ē，有"大的丘陵""山边、水边""古代一种轻细的丝织物""曲处、曲隅""曲从、迎合"等义。俞文认为"阿"的"'柔软细致''曲折逶迤''迎合'之义，让人联想到女性外貌的柔美及心思的细腻"。但俞文未考察"婀"的最初读音，仅以现代通用的阴平读音去追本溯源，其结论有待商榷。我们认为"婀"的词义来源于上声"阿"，美貌。而上声"阿"的词义则由"阿"的"曲"义引申而来，而与俞文所说"柔软细致""迎合"之义无关。且我们认为"阿"的字形演变为"婀"，是因女性柔美的特质，而与"心思细腻"无关。

从"婀"的异体字在字书、辞书及韵书中的反切来看，"婀"，《玉篇》"于可切，亦作'妸'，见'婀娜'"；"阿"，《集韵》"倚可切，上哿影"；"娿"，《广韵》《正韵》"乌可切"，《集韵》《韵会》"倚可切，娿娜，弱态貌"。"妸"有两个读音，作为女字时，读平声，如《说文·女部》"女字也。从女可声，读若阿，乌何切"；而作为"婀"的异体字时，读为上声，如《广韵》"妸，乌可切，上哿影"。《辞源》："妸，乌何切，上哿韵，影。通'娿''婀'，见'婀娜'。"可见，"阿""妸""娿"字作为"婀"的异体字，均读为上声。

据古注及韵书所载，"阿"读为上声，词义为"美貌"。《诗·小雅·隰桑》："隰桑有阿，其叶有难。"毛传："阿然，美貌。难然，盛貌。"郑玄笺："隰中之桑，枝条阿阿然长美。"而上声"阿"义乃由平声"阿"之"曲"义引申而来。《诗·卫风·考槃》："考槃在阿，硕人之薖。"毛传："曲陵为阿。"《说文·𨸏部》："阿，曲𨸏也。"段注："引申之，凡曲处皆得称阿。"《汉书·礼乐志第二》："沛施祐，汾之阿，扬金光，横泰河。"颜师古注："阿，水之曲隅。"汉班固《西都赋》："珊瑚碧树，周阿而生。"李善注："《韩诗》曰：'曲景曰阿。'然此阿，庭之曲也。"段注："曲则易为美，故《隰桑》传曰:阿然,美貌。凡以阿言私曲、言昵近者,皆引申、假借也。"从美学的角度来看,"直"较为单调、没有变化、不够柔和,而"曲"则有弧度,比直线柔和且更富变化,给人以视觉上的美感。古人诗赋中以"曲山、曲水、曲景"为描写、赞美的对象,正是因为"曲"带给人美好的视觉感受。所以古人以"曲"为美,"阿"之"美"义由"曲"义引申而来(见图1)。

图1

《汉语大字典》(徐中舒,2010:1952)中,"那"有八个读音:nuó、nuò、nà、nèi、nǎ、něi、né、nā。读阳平时,有七个义项:1.多。2.美好。3.安。4.何。5.对于。6.移动,后作"挪"。7.姓。俞莉娴(2007:125)认为"'那',记音给'挪',用以修饰女性移动脚步翩翩起舞的优美姿态时恰到好处,所以'那'加女为'娜',突出形容女性,起强调作用"。我们认为"那"并非记音给"挪","那"本有"行也""美好"之义,且读为上声,后加"女"旁,是用女性柔弱美的特质突出"婳娜"的词义"柔弱美"。

从古韵书反切看,"阿那"之"那",读上声。《唐韵》:"奴可切。"《集韵》:"乃可切,并那上声。婳娜,美貌。"可见,"那"为上声。

从字形看,"那"本作𨙻,从邑,冄声。《说文·邑部》:"𨙻,西夷国。"后写作"那"。徐灏注笺:"那从冄声,盖声变之异。"章太炎有"娘、日二母归泥说","那"从日母字"冄"变成泥母字"那",可能是音近相通。"那"从"冄"。"冄",《说文·冄部》:"毛冄冄也。象形。凡冄之属皆从冄,而琰切。"段注:"'(毛)柔弱下垂之皃。'《诗·小雅·巧言》：'苒染柔木。'传曰：'苒染，柔意也。'染即冄之假借。及言冄，言姌，皆谓弱。"王筠句读："冄，今作冉。"如此，"冄"有柔弱义。此外，"那"读上声的词义对应《汉语大字典》(徐中舒，2010：1952)中"nuó"的义项：1.多。2.美好。《诗·小雅·桑扈》："不戢不难，受福不那。"毛传："那，多也。"我们认为，"那"的"多"义，与"冄"有关。"冄"本指人脸颊上的胡须柔弱下垂的样子，脸颊上不可能仅有一两根胡须，无数髯须才会形成视觉上的柔软下垂貌，所以"多"义应由其本义引申而来。而"那"的"美好"义也当是由其本义引申而来。《国语·楚语上》："使富都那竖赞焉。"韦昭注："富，富于容貌。都，闲也。那，美也。"古代男子以胡须茂盛、柔细下垂为美，所以"那"亦有"美"义。如关羽即被称为"美髯公"。当人走动时或微风徐抚之际，细柔下垂的髯须会摇曳起来，而女性身姿曼妙，轻挪缓步，亦可摇曳生美。所以随着"那"使用范围的不断扩大，其渐可用于形容人、景、物的柔长、盛美、摇曳之貌。如《国语·楚语上》："使富都那竖赞焉。"《诗·商颂·那》："猗与那与！置我鞉鼓。"①唐李彦远《相和歌辞·采桑》："攀条有馀愁，那矜貌如玉。"明汤显祖《紫钗记·哭收钗燕》："人儿那，花灯姹。淡月梅横钗玉挂。"据上考据，我们认为"那"的词义演变如下（见图2）。

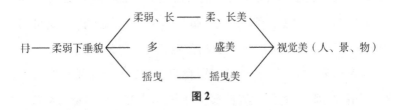

图2

---

① 李辰冬(1980:694)认为，《诗·商颂·那》的"猗与那与"是"猗那"二字叠韵，皆美盛之貌。但汉武帝《贤良诏》有云："猗欤伟欤！何行而可以彰先帝之洪业休德？"两例格式相同。如淳注曰："猗，美也。伟，大也。欤，辞也。言美而且大。"两例之中，"猗"与"那""伟"分别并列，三字可单独训释。"猗"是"美"义，而"那"是"茂盛"义。

从古注及韵书来看,"婀娜"在古代均读为上声。但现今辞书中,"婀娜"的"婀"多标注为阴平,"娜"多标为阳平,很少有标注为上声的。那么,为什么辞书著者认为"婀"读为阴平,"娜"读为阳平呢?从音韵学和现代语音学角度,我们能够解释这个问题。中古音演变过程中有一条普遍的规律:"全浊上归去。"也就是说,中古全浊上声今读为去声。而其他全清、次清、次浊字的归属则无规律可言。但从现代汉语阴平字的清浊来看,古音为全清的字均读为阴平,那么,全清字"婀"读为阴平即为语音演变的结果。此外,《元和音韵》:"上声者厉而举。"朱晓农(2007:160)谈道:"四声时代的上声是一个强烈的高升调……一般认为早期的四声调形格局是:平声平调,上声升调,去声降调,入声短调。"关于声调,古人只描述了调类,而没有具体的调值。从调类看,古音上声是升调,而现代汉语"婀娜"的"娜"读音也为升调,古今调类一致。再者,朱晓农(2004:193—222)在《亲密与高调——对小称调、女国音、美眉等语言现象的生物学解释》一文中谈到高调与弱小、亲密、讨好相关,并解释了汉语方言及北京话中的许多高调现象。比如,出于功能上表亲密、喜爱的要求,古汉语中的一些上声词到现代汉语中产生了高调化现象。而我们认为这一解释同样适用于"娜","娜"用于形容女性柔美貌,表达了人们对柔美貌女性的喜爱与赞美,这符合出于表亲密、喜爱的要求。在古汉语中,"娜"属上声,是"厉而举"的声调,而现代汉语上声是低调。所以在发展演变过程中,"娜"的"厉而举"声调演变为今天的高调。

基于上述原因,"婀娜"读为上声仅存留于古韵书及今字典辞书中。

(二)"婀娜"的成词

在汉语词汇发展过程中,单音词逐渐与单音词组合发展为复音词,这是汉语内部的一个发展趋势。在词语复音化后,其词义也发生了变化。主要分为词义扩大、词义缩小和词义转移三种情况。"阿那"成词属词义扩大的范畴。吕叔湘(1980:23)认为,一个词除了字面上显示出的意义之外,还有隐含意义。一个词用两个或几个字显示出一定的意义,同时又相互配合着隐含更大的范围。"阿""那"均有"美"义,二者近义,在发展中连文成词。连文成词的过程中,"阿"独用时,有"美貌"义;"那"独用时,除"美貌"义,还由"那"的词义衍生出其他义项,如"美盛貌""摇曳美貌"等。古代以女性柔弱为美,因而"女"旁有"柔弱"义。《汉语大字典》(徐中舒,2010:537)中,女有"幼小,柔弱"之义。再如《诗·豳风·七月》:"猗彼女桑。"毛传:"女桑,荑桑也。"朱熹集传:"女桑,小桑也。"明袁宏道《题冷云册》:"少顷,女风在枝头,雨候至矣。"这两例中的"女"均是"幼小,柔弱"义。故"阿那"加"女"旁成"婀娜",强调柔弱、摇曳之美。魏晋之后,"婀娜"成为主要书写形式,其词义衍生也越来越带有柔弱、摇曳美的色彩。

三、"婀娜"词义的发展演变

《汉语大字典》(徐中舒,2010:552)中,"婀娜"的义项有二:1.柔媚;美好。2.摇曳貌。但从古注及传世文献中提取的语料来看,"婀娜"的词义不止上述两项。"婀娜"发展为复音词,使用频率不断提高,其词义也不断发展,衍生出不少相近而略异的义项。

"婀娜"因其是描写性形容词,故多见于诗赋等描景、写人的抒情作品中。如汉王褒《洞箫赋》:"阿那腲腇。"李善注:"阿那腲腇,舒迟貌。"汉王延寿《鲁灵光殿赋》:"兰芝阿那于东西。"李善引张载注:"黝倏、阿那,皆茂盛之貌。"汉张衡《南都赋》:"阿那蓊茸。"李周翰注:"阿

那,垂貌。"汉陈琳《迷迭赋》:"立碧茎之娜婀,铺彩条之蜿蟺。"《汉语大
词典》(罗竹风,2008:367)对此句中"娜婀"的解释是:"娜婀,犹婀娜。
细长柔美貌。"可见,"婀娜"除了"柔媚,美好""摇曳貌"之外,在具体
文献中,还有其他词义。到了魏晋时期,"婀娜"及其异写形式使用频
率不断提高,其词义也逐渐丰富。晋陆机《日出东南隅行》:"俯仰纷阿
那。"刘良注:"阿那,柔弱皃。"三国魏曹植《洛神赋》:"华容婀娜,令我
忘餐。""婀娜",美貌。南朝陈徐陵《古诗为焦仲卿妻作》:"四角龙子
幡,婀娜随风转。""婀娜",摇曳貌。为了全面地了解"婀娜"的义项分
布,我们从文献中提取并统计了"婀娜"及其异写形式的义项使用频率
(见表4)①。

表4　魏晋南北朝时期"婀娜"义项使用频率统计

类别	义项		
	描写人	描写景	描写物
茂盛貌	0	8	0
柔美貌	4	5	2
柔长貌	0	2	4
摇曳貌	0	2	1
垂貌	0	3	0
舒迟貌	0	0	2
总计	4	20	9
百分比	12%	61%	27%

从统计结果看,魏晋南北朝时期,"婀娜"的义项较多。主要分为

---

① "婀娜"义项统计所用文献与前文"婀娜"异写形式统计所用文献相同,故表4、表
5、表6中不再列出。

描写人、景、物三类。描写人的义项主要为"柔美貌";描写景的义项有"茂盛貌""柔美貌""柔长貌""摇曳貌"和"垂貌";描写物的有"柔美貌""柔长貌""摇曳貌"和"舒迟貌"。从义项和频数来看,魏晋南北朝时期,"婀娜"一词主要用来描写植被景物。此外,"婀娜"还有描写书法笔势的用法。如晋卫恒《四体书势》:"或纵肆阿那,若流苏悬羽,靡靡绵绵。"

唐宋时期是诗词的大发展、大繁荣时期,"婀娜"一词也大量出现(见表5)。

表 5　唐宋时期"婀娜"义项使用频率统计

类别	义项		
	描写人	描写景	描写物
茂盛貌	0	27	3
柔美貌	26	32	17
柔长貌	5	9	6
摇曳貌	1	7	16
舒迟貌	0	0	1
总计	32	75	43
百分比	21%	50%	29%

从前文可知,这一时期"婀娜"一词的使用频率提高,用于描写人时,主要词义为"柔美貌",用于描写景、物时,词义较多,总体使用频率大于描写人。但就义项而言,"柔美貌"这一义项的使用频率明显高于其他义项。对比表4、表5,我们发现,相对于描写景、物,"婀娜"用于描写人的百分比明显提高。元明清时期,随着小说的兴起,"婀娜"一词的主要词义逐渐转移,"婀娜"用于形容女性的频率逐渐增加(见表6)。

表6　元明清时期"婀娜"义项使用频率统计

类别	义项		
	描写人	描写景	描写物
茂盛貌	0	20	0
柔美貌	31	13	9
柔长貌	1	1	1
摇曳貌	0	5	2
总计	32	39	12
百分比	39%	47%	14%

　　从表4、表5、表6中我们能够看出,"婀娜"的义项在不断地缩减,主要义项为"柔美貌"和"茂盛貌",用于描写人和景。而用于描写景则主要出现在《元诗选》《列朝诗集》和《晚晴簃诗汇》中(参看表3)。但随着古体诗的衰落,俗文学的兴起,"婀娜"一词更多地用于描写小说及戏曲中的人物。如清蒲松龄《聊斋志异》:"妪至其家,五可方病,靠枕支颐,婀娜之态,倾绝一世。"此外,在梳理"婀娜"异写形式及词义的过程中,我们发现,到明清时期,"婀娜"主要用于形容人,而"婀娜"的异写形式"旖旎"主要用于形容风景。且这一现象一直延续到现代汉语中①。

　　"婀娜"一词从产生到现在,其词义的发展经历了一个"由简到繁,又由繁到简"的过程。经前文论证,在成词过程中,"娜"在"婀娜"词义的表达方面,起更重要的作用。"婀"的词义主要为"美貌",而"娜"则由"那"的形符"冄"义引申出"柔弱貌""茂盛貌"和"摇曳貌"。在之后的词义发展演变中,"婀娜"的义项"茂盛貌""摇曳貌"皆以"那"的义

---

　　①　参看北京大学CCL语料库,其中有500条关于"旖旎"的语料,几乎都是用来形容风景的。

项为基础。张博(1999:129)谈道:"聚合同化是指两个(或多个)词在某个义位上具有同义(或类义、反义)关系,词义运动的结果会导致它们在另外的义位上也形成同义(或类义、反义)关系。""婀娜"的词义正是通过这一途径衍生的。在词义聚合同化的过程中,"婀"与"娜"逐渐形成固定搭配,不再分离使用,因而今天我们常常将此词看作单纯词,但实际上"婀娜"为同义连用。此外,从词义发展来看,直到明清时期,"婀娜"用于写景的百分比依然是50%,后来俗文学的兴起才使"婀娜"的主要义项由描写景转移到描写女性的柔美。所以我们也不能单纯做出"阿那"加"女"旁是为了突出女性的柔美,"婀娜"多用于形容女性这样的判断。

四、结语

通过对"婀娜"异写形式、"婀""娜"音义、成词及其词义发展演变的考辨,我们得出以下结论:第一,"婀娜"由"阿那"发展而来,加"女"旁,用女性柔弱美的特质突出"婀娜"的词义"柔弱美"。除"阿那"外,"婀娜"的异写形式还包括"妸娜""婴娜""娜婀"等。第二,"婀娜"的古读音应为"上声+上声",而现今的读音"阴平+阳平"是语音演变的结果。第三,经过考证,我们认为"婀"与"娜"的基础义项均为"美"义,因此,"婀娜"一词并非单纯词,而是同义连用。但"婀娜"的义项"茂盛貌""摇曳貌"皆以"那"的义项为基础。第四,"婀娜"的词义经历了一个"由简到繁,又由繁到简"的过程。魏晋到唐宋时期,是"婀娜"词义大发展的时期;到明清时期,"婀娜"词义逐渐减少,且直到明清俗文学兴起,"婀娜"的主要义项才由描写景转移到描写女性的柔美,所以不能简单地认为"婀娜"多用于形容女性。

参考文献

丁度等(编),1989,《宋刻集韵》,中华书局。

傅璇琮等(主编),1998,《全宋诗》,北京大学出版社。

干宝,1979,《搜神记》,中华书局。

顾嗣立(编),2001,《元诗选》,中华书局。

何九盈、王宁、董琨(主编),2015,《辞源》(第3版),商务印书馆。

洪昇,2011,《长生殿》,浙江古籍出版社。

黄生(撰),1984,《字诂义府合按》,中华书局。

姜亮夫,2002,《姜亮夫全集》(十七),云南人民出版社。

蒋礼鸿,1981,《义府续貂》,中华书局。

李辰冬,1980,《〈诗经〉通释》,西苑出版社。

刘勰,1985,《文心雕龙》,中华书局。

罗竹风(主编),2008,《汉语大词典》,上海辞书出版社。

吕叔湘,1980,《语文常谈》,生活·读书·新知三联书店。

马瑞辰,1987,《毛诗传笺通释》,中华书局。

毛远明,2014,《汉魏六朝碑刻异体字字典》,中华书局。

彭定求等(编),1998,《全唐诗》,岳麓书社。

蒲松龄,1981,《聊斋志异》,齐鲁书社。

齐冲天、齐小乎(编著),2010,《汉语音义字典》,中华书局。

钱谦益(辑),2012,《列朝诗集》,国家图书馆出版社。

阮元,1982,《经籍纂诂》,成都古籍出版社。

唐圭璋(编),1965,《全宋词》,中华书局。

王明清,1961,《挥麈录》,中华书局。

王重民等(编),1957,《敦煌变文集》,人民文学出版社。

萧统(编),1997,《昭明文选》,中华书局。

徐世昌(编),1990,《晚晴簃诗汇》,中华书局。

徐中舒(主编),2010,《汉语大字典》,四川辞书出版社。

严可均(辑),何宛屏等(审订),1999,《全晋文》,商务印书馆。

俞莉娴,2007,《"婀娜"小考》,《现代语文》第 5 期。

臧克和,2011,《汉魏六朝隋唐五代字形表》,南方日报出版社。

曾朴,1980,《孽海花》,上海古籍出版社。

张鷟(著),川岛(校点),1989,《游仙窟》,书目文献出版社。

张博,1999,《组合同化:词义衍生的一种途径》,《中国语文》第 2 期。

张玉书等(编),1958,《康熙字典》,中华书局。

朱晓农,2004,《亲密与高调——对小称调、女国音、美眉等语言现象的生物学解释》,《当代语言学》第 3 期。

朱晓农,2007,《证早期上声带假声》,《中国语文》第 2 期。

宗福邦、陈世铙、萧海波(主编),2003,《故训汇纂》,商务印书馆。

"知""智"关系补说[*]

林志强　林婧筠

一、"知""智"的先后

甲骨文有字作𢽐（《甲骨文合集》[①]26994），从子，从大，从册；或作𢽐（《合集》38289）[②]，加"口"，其"子"则变作"于"[③]；或作𢽐（《合集》30688），"大"变作"矢"[④]；或作𢽐（《合集》30429），"册"变为"口"。商代金文作𢽐（尹宝鼎）[⑤]，从大（矢）、口、子。柯昌济（1989:152）云："字从子从大从册或从口，疑为知字古文。"詹鄞鑫（2006:370—372）认为"柯氏疑为'知'是合理的"，并做了详细论证，认为上述甲骨文诸体，就是"知"或"智"字，"在'大'和'子'之间添加表意符号'口'，意在表示大人对儿童说话的情境，下方从'册'可以理解为说话内容就是简册中所记"，"字形所揭示的意思是：成人按照简册记载的内容来教育儿童，而简册记载的内容是智慧，是知识。构形上还有一种理解：'知'的会

---

[*]　本文原载《汉字汉语研究》2019年第4期。

① 以下简称"《合集》"。

② 此字上下部分离得较远，林志强等（2017:454、483）《〈文源〉评注》引作"𢽐"，漏下部之"册"，非是。

③ 李学勤、齐文心、艾兰《英国所藏甲骨集》（中华书局，1985）2518有𢽐字，比较模糊，詹鄞鑫（2006:371）文中摹作"𢽐"，认为是最完整的形体。

④ 詹鄞鑫（2006:371）认为"晚周'知'字从'矢'的确是由'大'讹变成的"，从此字形看，甲骨文就已讹变成"矢"了。

⑤ 见容庚（1985:284），拓片见《殷周金文集成》2362。

意字起初就如金文⿰所示,只由'大口子'三个符号构成,表示大人教给儿童知识;下方的'册'或'口'是后加累增的表意符号,加'册'意在突出简册之意,而加'口'意在突出口说之意,构形虽各有侧重而音义并无区别","从字形上,可以认为'知'是'智'的省文,或'智'是'知'的加旁字,两者起初没有严格区别,兼有知识义和智慧义,大约到汉代用法分工才逐渐确定,分化为两字"①。

从西周至战国的金文材料看,上述商代文字诸形,以上作"大、口、于",下作"曰(甘)"形为常。如西周晚期毛公鼎作⿰,春秋晚期智君子鉴作⿰,战国鱼顚匕作⿰,战国晚期中山王舋壶作⿰,以形而论,应该都属于"智"字之形。刘钊(2014:232)将上述甲骨文字形编入"智"字之下,容庚(1985:248)、董莲池(2011:429)将上述金文字形编入"智"字之下②,这样处理都是合理的。其他有关先秦文字的文字编著作,也都把相关字形编入"智"字之下,如汤馀惠(2001:224—225)、李守奎(2003:223—226)、徐在国(2017:487—488)等。先秦古文字的"智"字,《说文》小篆作"𥎵","于"变为"亏";古文作"𣉻",中下从皿,皆有所讹,且偏旁位置也有所变动,传抄古文大都沿袭从矢从亏的写法(徐在国,2006:341、539)。倒是《隶辨》所录《度尚碑》与《校官碑》之隶体古文"𣉻",保留了从"于"的写法,更为近古。

至于"知"字,根据现有材料,大概产生于春秋战国时期。春秋晚期的汤鼎有字作⿰(董莲池,2011:677)③,从矢从口,上下结构,辞例为"以⿰卹諆",各家释为"知",当是目前所见最早的"知"字(李冬鸽,

---

① 夏大兆博士提醒,甲骨文的这些字,也有释作"嗣"的(詹鄞鑫文、李冬鸽文也都提及),但从形义关系和西周以后"智"的字形来看,释"智"还是有道理的,故本文从之。

② 容庚(1985:373)也把中山王壶"⿰"收入"知"字下,并注云:"知,金文作智。"

③ 拓片见《殷周金文集成》,编号为2766.1、2766.2。

2012)。睡虎地秦简的![字](《日乙》46）①，则与《说文》小篆的![字]完全同构，从字形上看，是"知"字无疑。

上述情况表明，在字形上，应该是先有"智"后有"知"，"知"是在春秋战国时期通过省文的方式分化出来的字形。② 商承祚（2004：483）指出"甲骨文、金文有智无知，用智为知，后将智分化出知，二字通用"，可谓卓识。李万春、王跃明（1996：435）亦认为"'智'先'知'后之议，当可成立"。

二、"智"字的职用

从字用的角度看，商周以来，早期的"智"字，既用作"智慧"之"智"，也用作"知识"之"知"。下面我们从出土文献和传世文献的语言用例来看看"智"的用法。

（一）出土文献用例

1. 甲骨文

（1）其叀年于河，叀旧智，用。（《合集》30685）

（2）其用旧智，廿牛受年。（《合集》30688）

（3）其用旧智，廿牛受禾。（《合集》30689）

---

① 《睡虎地秦墓竹简》整理者注：此简之知字，疑即刺字，盖知与刺均支部字，以音近相通（睡虎地秦墓竹简整理小组，1990：236）。

② 李冬鸽（2010；2012）考察了有关材料，认为"智"的产生早于"知"，同时认为"知"并非"智"形体省变的产物，而是单独构造的形体。本文同意其"智"先"知"后之说，不取其"知""智"构形无关之论。

詹鄞鑫(2006)已对甲骨文中"智"的用例做了很细致的分析,其"旧智""兹智""即智"之"智",指的是简册文献中记载的制度。他认为后来的知识义或智慧义,可以看成这个意义的引申。[①]

2. 金文和石刻文

(1)《逆钟》铭文:"仆庸、臣妾、小子室家,毋有不闻智。"

按,"智"用作"知",知悉。

(2)《籩叔之仲子平钟》铭文:"其大茜圣智恭良。"

按,"智",智慧。

(3)《毛公鼎》铭文:"余一人才(在)立(位),引唯乃智,余非庸又昏。""无唯正闻(昏),引其唯王智,迺唯是丧我国。"

按,两"智"似皆如字读,亦有学者以为用作"知"。

(4)《中山王鼎》铭文:"寡人幼童未通智。""使智社稷之赁。""今余方壮,智若否。""寡人闻之,事少如长,事愚如智,此易言而难行旒。""克有工,智旒;诒死罪之有若,智为人臣之宜旒。"

按,"通智""事愚如智""克有工,智旒"三句中的"智",如字,智慧

---

① 各例中的"智"字,詹文在字形上作"知"。

之义;"使智社稷之赁""智若否""智为人臣之宜旆"三句中的"智",用作"知",知晓之义。

(5)《中山王壶》铭文:"余智其忠信旆。"

按,此"智"用作"知",知晓。

(6)《鱼颠匕》铭文:"下民无智。"

按,此"智"用作"知",知识。

(7)《秦骃玉版》铭文:"众人弗智,我亦弗智。""使明神智吾情。"

按,三"智"字皆用作"知"。

3. 简帛文献

战国时期的简帛文献可以进一步证明,"智慧"义和"知识"义,都写作"智"。如郭店楚简的"智"字,粗略统计各篇情况如下:

《老子》甲"智"字 17 见(含合文),除"绝智弃卞"可能如字读之外①,余皆用为"知"。

《老子》乙"智"字 3 见(含合文),皆用为"知"。

《老子》丙"智"字 1 见,用为"知"。

《太一生水》"智"字 1 见,用为"知"。

《缁衣》"智"字 4 见,用为"知"。

_____

① 整理者将"绝智弃卞"之"智"用括号注为"知"(荆门市博物馆,1998:111)。

《穷达以时》"智"字 3 见,"子胥前多功,后戮死,非其智衰也"之"智",当如字,为"智慧"之义。① 余 2 例用为"知"。

《五行》"智"字 32 见(含合文),其中用为"智"者 14 例,用为"知"者 18 例,"见而智(知)之,智也"3 见,对比清楚。

《唐虞之道》"智"字 4 见,皆用为"知"。

《忠信之道》"智"字 1 见,用为"知"。

《成之闻之》"智"字 4 见,其中"智而比即,则民欲其智之述也"之"智",整理者读为"知",裘按以为"智"当如字读(荆门市博物馆,1998:169)。余 2 例用为"知"。

《尊德义》"智"字 25 见,1 例用为"智",其余用为"知"。

《性自命出》"智"字 6 见,2 例用为"智",其余用为"知"。

《六德》"智"字 12 见,7 例用为"智",其余用为"知"。

《语丛一》"智"字 20 见,1 例用为"智",其余用为"知"。

《语丛二》"智"字 2 见,皆如字读,智慧义。

《语丛三》"智"字 1 见,如字。

《语丛四》"智"字 5 见,2 例用为"智",其余用为"知"。

以上总共 141 例(含合文),用为"智慧"义者 30 余例,用为"知识"义者近 110 例。战国时期的简帛文献还有很多,"智"的用法大体也是"智慧""知识"两义相兼。②

总之,出土文献证明,商周至战国时期的"智"字,主要承担两个义项:智慧之"智"与知识之"知",这也是后来"智"字的两个主要义项。"智"作为知识之"知",区别不在字形上,而在文本的理解上,要根据具

---

① 《郭店楚墓竹简》注:"裘按:《韩诗外传》卷七:'伍子胥前功多,后戮死,非知有盛衰也,前遇阖闾,后遇夫差也。''非知有盛衰也'句,《说苑·杂言》作'非其智益衰也'。"(荆门市博物馆,1998:146)

② 李冬鸽(2010)也对"智"字在出土文献中的使用情况做了调查,读者可参看。

体语境判断是"智"还是"知"。当然,也存在"知""智"两可、难以裁定的情况,因为毕竟"知""智"意义相关,界限并不十分清晰。

(二)传世文献用例

传世文献中最能反映先秦"智"字用法的大概要数《墨子》一书。《墨子》书中已有"知"字用为"知晓"之义(这也许是传抄的缘故),但保留了很多"智"字用如"知"的现象,如《墨子·耕柱》:"岂能智数百岁之后哉?""不以人之所不智告人,以所智告之。"《墨子·经说下》:"智也告之,使智之","逃臣不智其处,狗犬不智其名也","夫名,以所明正所不智,不以所不智疑所明","有穷无穷未可智,则可尽不可尽未可智"[1]。当然,《墨子》中的"智"也有用作"智慧"义者,如《耕柱》:"巫马子谓子墨子曰:'鬼神孰与圣人明智?'子墨子曰:'鬼神之明智于圣人,犹聪耳明目之与聋瞽也。'"这也与出土文献的用法相同。

总的来说,根据出土文献和传世文献,先秦时期,在"知"字未分化出来之前,"知识"义和"智慧"义都用"智"字来表达。

三、"知""智"的分化

《荀子·正名》云:"所以知之在人者谓之知,知有所合谓之智。"其"知""智"分用已经非常明确,如果这是《荀子》原本的面貌,则正好反映了战国时期"知"字分化出来后的使用情况。汉代学者对"智"和"知"的区别,大概承袭战国以来的思想,认识上也是很明确的。如《释名·释言语》云:"智,知也。无所不知也。"《白虎通·性情》篇云:"智

---

① 以"智"为"知"的情况,其他传世文献也有所保留,《吕氏春秋·至忠》《战国策·秦策》皆有用例,详下徐灏《说文解字注笺》所引。

者,知也,独见前闻,不惑于事,见微知著也。"这种情况基本反映了战国秦汉之间"智""知"的文字分化和用法分工。

　　"知"字产生并流行以后,文献中"知""智"的使用情况发生了比较大的变化。可能是因为"知"字相对比较简单,使用"知"并以"知"为"智"的现象逐渐地要比以"智"为"知"的现象更多。上引郭店楚简《五行》篇"见而智(知)之,智也"(3见),是以"智"为"知";而马王堆帛书《五行》篇作"见而知之,知(智)也"(2见),则是以"知"为"智"。两相比较,情况就很清楚了。

　　这种以"知"为"智"的情况,在许多文献中都可以见到。如《论语》:"里仁为美,择不处仁,焉得知?"《左传·昭公二十七年》:"知者除谗以自安也。"《左传·僖公三十年》:"失其所与,不知。"《战国策·赵策二》:"贤者任重而行恭,知者功大而辞顺。"《庄子·逍遥游》:"小知不及大知,小年不及大年。"《荀子·劝学》:"君子博学而日参省乎己,则知明而行无过矣。"《易·蹇》:"见险而能止,知矣哉。"《礼记·中庸》:"好学近乎知,力行近乎仁。"[①]又如,《戚伯著碑》:"仁知约身。"《西狭颂》:"知不诈愚。"《谒者景君墓表》:"束脩仁知。"顾蔼吉(1986:122)云:"经典多以'知'为'智'。"所言甚是。这大概就是后来学界把"知""智"作为古今字、"智"是"知"的后起区别字的文献基础了。

　　众所周知,先秦以来的传世文献都是经过不断传抄整理过的。早期的传世文献用"知"字,如《书·皋陶》"知人则哲",《召诰》"知今我初服",《大诰》"知我国有疵"等,与上述先秦早期的出土文献用"智"字情况不相符合,合理的解释应该是:这是传抄整理的结果,即把早期用"智"为"知"改为以"知"为"知",明其本用而已。

───────────

　　①　李万春、王跃明(1996)也列举了"知"字在传世文献中的使用情况,读者可参看。

四、"知""智"的关系

根据上面的论述,从文字学和文献用例的角度来看,古代是先有"智"而后有"知"。在"知"字未分化出来以前,"智"既用为智慧之"智",也用为知识之"知";而在"知"字产生并流行以后,"知"除了用为知识之"知",也常常用为智慧之"智"。以"智"为"知"和以"知"为"智",大概反映了战国秦汉前后时期的用字偏向的变化。

徐灏(2002:392)云:

> "知""𢜔"本一字,"𢜔"隶省作"智"。智慧者,知识之谓也。古书多以"知"为"智",又或以"智"为"知"。王氏念孙曰:《广雅》:"觉、𢜔、闻、晓、哲,智也。""𢜔""哲"为智慧之"智","觉""闻""晓"为知识之"知"。《墨子·经说》篇:"逃臣不智其处,吠犬不智其名。"《耕柱》篇:"岂能智数百岁之后哉。"《吕氏春秋·至忠》篇:"若此人者固难得,其患虽得之有不智。"《秦策》曰:"楚智横门君之善用兵。""智"皆与"知"同。

他指出"'知''𢜔'本一字,'𢜔'隶省作'智'","古书多以'知'为'智',又或以'智'为'知'",这是很符合实际情况的。但他在同书《矢部》"知"字条下说"智慧即知识之引申,故古只作知"(徐灏,2002:551),其"古只作知"之说,则又与先"智"后"知"的情况不符。

段玉裁《说文解字注》"智"字条云:"此与矢部知音义皆同,故二字多通用。"商承祚(2004:483)也认为知、智"二字通用",说皆可从。

詹鄞鑫(2006:369、372)云:"就上古文献而言,这两个字的用法并没有明确的分工,应是异体关系","从字形上,可以认为'知'是'智'的省文,或'智'是'知'的加旁字,两者起初没有严格区别,兼有知识义和智慧义,大约到汉代用法分工才逐渐确定,分化为两字"。其异体之说、省文之说可从,但认为"智"是"知"的加旁字,则与源流不符;认为到了汉代才分化为两个字,则失之偏晚。

至于许多教科书,如王力(1999:172、381)把"知"和"智"认为是一对古今字,以"知"为古字,"智"为后起字,在文选注释中用"后来写作"的表达方式来显示二者的关系,如《庄子·逍遥游》"小知不及大知",注:"知(zhì),智慧,后来写作'智'。"这是根据"知""智"已经明显分工后做出的处理方式,不符合此二字的源流演变序列。

附记: 本文于2019年10月提交"首届汉语字词关系学术研讨会",得到李运富、汪维辉、方一新诸位先生的肯定和鼓励,十分感谢! 会间承蒙赵岩教授告知,李冬鸽教授曾经写了《从出土文献看"智"与"知"》和《"智""知"形体关系再论》两文,随后又有学生找到李万春、王跃明的《试说"知"与"智"》一文,我们孤陋寡闻,竟未读到,惭愧惭愧。拜读以上三文之后,觉得拙文写法与之皆有不同,观点和材料也都有同有异,可以互补,尚可存之以供讨论。现根据三文做必要的征引和补充,并对原稿的表述略作修订,以就正于方家。

参考文献

董莲池(编著),2011,《新金文编》,作家出版社。
顾蔼吉(编著),1986,《隶辨》,中华书局。

郭沫若(主编),1978—1983,《甲骨文合集》,中华书局。

黄德宽(主编),2017,《战国文字字形表》,上海古籍出版社。

荆门市博物馆(编),1998,《郭店楚墓竹简》,文物出版社。

柯昌济,1989,《〈殷墟卜辞综类〉例证考释》,中国古文字研究会、中山大学古文字研究所(编)《古文字研究》第 16 辑,中华书局。

李冬鸽,2010,《从出土文献看"智"与"知"》,《文献》第 3 期。

李冬鸽,2012,《"智""知"形体关系再论》,河北师范大学文学院(编)《燕赵学术》,四川辞书出版社。

李守奎(编著),2003,《楚文字编》,华东师范大学出版社。

李万春、王跃明,1996,《试说"知"与"智"》,云南孔子学术研究会(编)《孔学研究》第 3 辑,国际文化出版公司。

林志强等(评注),2017,《〈文源〉评注》,中国社会科学出版社。

刘钊(主编),2014,《新甲骨文编》(增订本),福建人民出版社。

容庚(编著),张振林、马国权(摹补),1985,《金文编》,中华书局。

商承祚,2004,《中山王𧊒鼎、壶铭文刍议》,商志𩡝(编)《商承祚文集》,中山大学出版社。

睡虎地秦墓竹简整理小组(编),1990,《睡虎地秦墓竹简》,文物出版社。

汤馀惠(主编),2001,《战国文字编》,福建人民出版社。

王力(主编),1999,《古代汉语》(校订重排本),中华书局。

徐灏,2002,《说文解字注笺》,上海古籍出版社。

徐在国(编),2006,《传抄古文字编》,线装书局。

詹鄞鑫,2006,《释甲骨文"知"字——兼论商代的旧礼与新礼》,《华夏考——詹鄞鑫文字训诂论集》,中华书局。

从"刀斗"到"刁斗"

——"刀""刁"分化的历时考论[*]

刘寒青

一、问题的提出

《史记·李将军列传》有"不击刁斗以自卫"一句,其中的"刁斗"在中华书局出版的"中华国学文库"系列《史记》(2011)中作"刀斗",同作"刀斗"的版本还有王伯祥选注本(2017),中州古籍出版社本(2011),中国文联出版社本(2011),万卷出版社本(2017)。而韩兆琦注评本(2012),胡怀琛、庄适、叶绍均选注本(2018),蜀本,百衲本,汲古本,武英殿本,径作"刁斗"。中华书局出版的"中华国学文库"系列《汉书·李广苏建传》(2011)中则"〔刀〕〔刁〕斗"同用。

同样的问题还发生在"竖刁"一词上,中华书局本《史记·晋世家》(2011)中用"竖刀",而同是中华书局本的《汉书·眭两夏侯京翼李传》(2011)中则作"竖刁"。作姓氏人名时还有"刁间"一词,中华书局本《汉书·货殖传》(2011)作"刀闲",王继如《汉书今注》(2013)则作"刁间"。

传世文献历经了传抄和转刻的修改,已不足为据。那么,为什么会有"刁"与"刀"的不同?"刁"与"刀"在历史上有怎样的纠葛?到底应

------

* 本文原载《汉语学报》2020 年第 3 期。

该用"刁"还是"刀"？这些问题都需要详细探讨。

从简牍、碑刻等出土文献来看，现今"刁斗"、"刁"姓、"刁刁"等词中的"刁"字在唐代以前都写作"刀"，如：

表1　出土文献中"刁"字写作"刀"形者

字形	辞例	出处
（字形）	阳里户人大夫<u>刀</u>。卅五年五月己丑朔【癸】……	里耶秦简 8－834＋8－1609
（字形）	买葵、韭、葱给<u>刀</u>将军、金将军家属。	肩水金关汉简 73EJF3：38
（字形）	<u>刀斗</u>夜惊，权烽昼起。	北魏·元子直墓志
（字形）	朝陈钲卒，夜击<u>刀斗</u>。	北齐·徐彻墓志
（字形）	盖帝桔梗氏<u>刀</u>音之苗胄。	北齐·刁翔墓志
（字形）	高阳内史<u>刀</u>秀之枝胤者矣。	北齐·刁翔墓志
（字形）	冀州勃海郡出廿八姓：高、吴、欧阳、赫连、詹、喻、李、施、区、金、卿、甘、訾、凌、覃、封、<u>刀</u>……	敦煌 S.2052
（字形）	煞气三时作阵云，寒声一夜传<u>刀斗</u>。	敦煌 S.788
（字形）	《庄》：'<u>刀刀</u>乎。'	元刻宋本《玉篇》

至此可以解释文章最初提到的现象，现今一些版本的《史记》《汉书》中使用"刀斗""竖刀"等词是保留了原有的字形，而"刁斗""竖刁"等则是用后起字形代替了前代文献中的用字，"刀斗"即"刁斗"，"竖刀"即"竖刁"，"刀閒"即"刁间"。已有文章说明"刀斗"和"刁斗"为一

物,二者没有意义上的差别(孙熙春,2006),而关于"刀""刁"二字的字际关系,文章仅做了猜测而无考证,并没有解决"刀""刁"二字混用的实质。

为解决上述问题,本文从汉字发展史的角度着眼,结合汉字的实际用例和字书、韵书两类材料,从历时角度对"刀""刁"二字的字际关系进行分析讨论。

二、"刀""刁"二字的音义发展

古无"刁"字,仅有"刀"字。殷商甲骨文中"刀"字写作"ʃ",象刀形。综合各家学者的说法,①"刀"字在甲骨文共有四种用法:(1)方国名。"庚戌贞:叀王自正刀方。"(《甲骨文合集》33036)(2)地名。"王其田于刀……"(《小屯南地甲骨》2341)(3)贞人名。"刀卜七月……"(《小屯·殷墟文字甲编》3153)(4)刀具。"……隹刀疾。"(《怀特氏所藏甲骨集》1655)②金文中,"刀"之字形并无变化,意义范围亦无扩展。综上,甲骨文、金文中"刀"字的意义共分两类:一是专有名词,如人名、地名等,二是表示兵器或者工具中使用的"刀"。

春秋战国文献中,作为人名的"竖刀",例如《管子·戒》的"今夫竖刀其身之不爱"和《庄子》中的"而独不见之调调之刀刀乎",后世均被改为"刁"。考察两处"刀"字性质,"竖刀"为人名,被认为是后世"刁"姓的来源。《汉书·货殖传》"而刀闲独爱贵之",颜师古注"刀,姓。闲,名也。刀音貂"。《汉书·匈奴传》"校尉刀护",颜师古注"刀音貂"。

---

① 文中归纳的观点主要来自徐中舒《甲骨文字典》和于省吾《甲骨文字诂林》。
② 于省吾在《甲骨文字诂林》中认为"至于怀一六五五之'…隹刀疾'则有可能指刀伤言之"。

"刁"姓的来源历来众说纷纭,最早见于东汉《风俗通义》,《广韵》引《风俗通》:"刁,齐大夫竖刁之后。"关于"刁"姓,前人大多从语音联系溯源,若从"刁"字在唐代以前都写作"刀"的角度入手,可为"刁"姓的溯宗考源提供另外的可能。饶宗颐先生(1989)认为"甲骨文中贞卜人物之名号,其中不少原为地名,此等称谓,有时不是某一个人之私名"。沈建华(2018)进一步阐释为"卜辞所见贞人名多与方国名同,多非私名,是以受袭被封的采邑邦方之名呼之,不少为殷室同姓封君"。由此看来,甲骨文中所谓贞人名实质上是所处方国部族首领的称呼,后世子孙承以为姓,据此或可认为商代甲骨文中的贞人名"刀"和后代的"刀(刁)"姓存在渊源。

"而独不见之调调之刀刀乎",郭象注云:"调调、刀刀,动摇貌也。"后世各家都依照郭象的说法把"刀刀"释为"动摇貌",然而"动摇貌"与"刀"字原本所有的义项并无意义上的关联,亦不见同时期其他文献中记载"刀"字有此类义项。《说文解字·卤部》:"卤,草木实垂卤卤然。象形……读若调。"段玉裁注云:"卤卤,垂貌。《庄子》曰'之调调之刀刀乎'此也。'调调'谓长者,'刀刀'谓短者,'调调'即'卤卤'也。""调调"是"卤卤"的同音借用字。《庄子》此句中"调调""刀刀"互文,"刀""调""卤"三字读音相近,此处"刀刀"也应是据音借用字,在此句中借以表示草木动摇的样子。后世诗文中常见"刀骚"一词,"刀"字的用法即是沿袭此处"动摇貌"的意义。

"刀斗"一词始见于汉代文献,《史记·李将军列传》:"不击刀斗以自卫。"《汉书·李广传》:"不击刀斗自卫。""刀斗"如何得名,器形如何,至今尚未有定论,究其原因是尚未出土过器物自铭"刀斗"。

从不同义项角度分析,"刀斗"的得名大致存在四种可能性:一是因为和鐎斗属于同一器物,"刀"为"鐎"的据音借用字。二是由《庄子》

的"而独不见之调调之刀刀乎"引申而来,因士卒随身挂带动摇不定而得名(李恒贤,1980)。三是因为"刀斗"的侧面形状类似刀币而得名。四是"刀斗"属于军队中的用具,取"刀"字军器的意义而得名。

上述四种解释看起来都各有道理,但是后三种解释目前都只是推断,并无实际的证据能够佐证。只有第一种解释能够在文献中找到依据,《汉书·李广传》"刀斗"颜师古注引孟康曰:"刀斗,以铜作鐎,受一斗,昼炊饭食夜击持行,故名曰刀斗,今在荥阳库中也。"[1]孟康为三国时魏国人,所处时代与汉代相差不远,且他说"今在荥阳库中也",应是亲眼见过"刀斗",所以他的说法应当是可信的。又《广韵·宵韵》:"鐎,刁斗也,温器,三足而有柄。"孙机(2008)认为"这类鐎斗再进一步简化,就成为刁斗"。结合孟、孙二人的观点,推断"刁斗"是为了便于军队中使用而简化的"鐎斗",二者虽有差异,但是"刀斗"的实质是"鐎斗"的一种,故此处的"刀"为"鐎"字的据音借用字。

传世文献中表示"动摇貌""刀斗"和人名、姓氏等专有名词这三个义项的"刀"字,在后世被改写为"刁"字。这些义项与"刀"字本义无意义上的关联,不可视为"刀"字的引申义,除了专有名词外,其他两个义项视为"刀"字的假借义更为合理。

在多义词的词义多相互关联的情景下,一个多义词的词义毫无关系或相隔太远,不符合多义词常规特征,多义词中假借义后来多分化为不同的词,就是这一原因造成的(王贵元,2022)。为了满足汉语精准表达的需要,多义字的分化是汉语发展过程中常见的现象,假借义因与本义有着巨大的差异,往往是首先被分化的对象。从后世文献的用字来看,"刀"字显然经历了假借义分化这一过程。

---

[1]　裴骃《史记集解》亦引孟康注作:"以铜作鐎器,受一斗,昼炊饭食夜击持行,名曰刀斗。"与《史记》颜师古注所引稍有不同。

字音上，目前能看到的最早的"刀"字语音分化材料来自《方言》"无升谓之刀斗"郭璞注："谓小铃也。音貂。见《汉书》。""刀"字在豪韵，"貂"字在萧韵。敦煌本《王仁昫刊谬补缺切韵》中"刀"分别在豪韵和萧韵，豪韵"刀，都劳反"，萧韵"刀，姓"，此条是用作姓氏的"刀"字读为萧韵的较早的文献记录。"而独不见之调调之刀刀乎"，陆德明音义作："刀，徐，都尧反。"由此可知，最晚在唐代，"刀"字表示的"刁"类义项已经在语音上与本义相区别了，即最迟在中古音中"刀""刁"已经完成了语音分化。但是由于语音材料的缺乏，尚无法断言"刀""刁"语音上的分化是否是在两晋期间才出现的，或者在上古更早的时期，"刀"字已经存在两个语音形式。

三、"刀""刁"二字的字形分化

"刀""刁"字形上的分化稍晚于语音分化，唐五代时期的敦煌写卷和碑刻中开始出现"刁"字形体，如敦煌 P.2672[①]："掊沙偃水燃刁斗，黄叶胡桐以代薪。"敦煌 P.3195[②]："黄云白草无前后，朝望旌旗夕刁斗。"敦煌 P.4638[③]："护国安民，刁斗绝音。"后梁石彦辞墓志："柝候靡差，刁斗潜振。"

从敦煌文献中保留的"刁"字形体书写时的笔画勾连，可知此时的

---

① 徐俊在《敦煌诗集残卷辑考》中认为 P.2672 与 S.6234、P.5007 为同卷残裂分置，为一人所钞。作者似为客游河西诸州的中原人士，时代为晚唐张氏归义军时期。

② 姜亮夫《海外敦煌卷子过眼录》疑 P.3195"为五代初年写本"，徐俊《敦煌诗集残卷辑考》则认为"P.3195 和 P.2677、S.12098 为同卷残裂分置"，P.2677"卷背有题记，'咸通十一年十月廿日'"，按照徐俊的说法则 P.3195 为唐代写卷。

③ 敦煌 P.4638 题为《张厶乙敬图观世音菩萨并侍从壹铺》，正文中提到张厶乙为"节度押衙"。S.4359 中同样提到了此人，"题记:奉送盈尚书，维大梁贞明五年四月，押衙厶乙首(手)写……"。综合这两份写卷，可推知 P.4638 应为五代时梁代写卷。

"刁"形属于快速书写中无意识产生的笔画变异。翻检唐代字书,如《干禄字书》《五经文字》《九经字样》等,都只收录"刀"字,而无"刁"形,说明当时的汉字规范中尚未区分"刀""刁"二形,"刁"形仅是"刀"字的临时书写变体。

及至宋元,进入刻本流行的时期,"刁"形因其变异符合汉字字形发展的规律,即快速书写原则,得以作为"刀"字的异写形体传承下来。宋元刻本中存在大量的"刁"①字形体,依其不同的形体特征可分为两类:

表 2　宋元刻本中的"刁"字形体

刁(1)	宋	刁刁刁刁刁刁刁刁
	元	刁刁刁刀刁刁刁刁
刁(2)	宋	刀刀刀刁刁刁刁刀
	元	刀刁刁刁

现代汉字中标准的"刁"字与"刀"字相比,存在两个差异性的字形特征:一是中间一笔为提画,二是提画不与横折勾接笔。即在"刀""刁"字形分化的过程中,除了发生笔画类型的变化,从撇画变为提画;也发生了笔画组合关系的变化,中间一笔不再与横折勾接笔。

宋元刻本中,第一类"刁"形与现代汉字中标准的"刁"字字形无异,第二类"刁"形的形体特征是:撇画已经变为提画,但是提画仍与横折勾相接,如上表中"刁(2)"所示。能否认为这些字形是"刁"形而非

————————

① 以下刻本中"刁"字字形若无特殊说明,则都是表示"刁斗"、动摇貌和"刁"姓三类义项的"刁"字形。

"刀"形？不同的人认知有所不同，影响识字者认知的因素也不尽相同，提画与横折勾相接的位置是在横画上还是在竖勾上，提画与横画的夹角是大是小等诸如此类的因素都会影响识字者对于字形的辨识。但是从文字学角度来讲，当书写者有意识地将中间一笔写作提画的时候，"刁"形便成为有别于"刀"形的新字形。在"刀""刁"二字字形还未彻底分化的早期阶段，第二类"刁"形是较为常见的，属于字形分化中的过渡形体。

同时，宋元刻本中仍存在部分表示"刁"类义项而写作"刀"形者，如：

表3　宋元刻本中表示"刁"类义项而写作"刀"形者

字头	辞例	出处
刀	送刀纺推官归润州一首	宋刻《居士集》
刀	休把青铜照双鬓，君谟今已白刀骚。	宋刻《居士集》
刁	刀氏者后有李玉、徐铉跋。	宋刻《米元章书史》
刁	今人以雕、彫为刀。	元刻《吏学指南》
刁	刀蹬行旅一切违枉等事并仰纠察。	元刻《新集至治条例》

整体来看，宋元刻本中符合第二类"刁"形形体特征的字数量最多，其次是第一类"刁"形，仍旧写作"刀"形的占比较少。若细分，则元刻本中符合第一类"刁"形特征的比之宋刻本中有明显增多。

在宋元时期的字书、韵书中，大部分的"刀""刁"尚未分化成两个字头，"刁"形作为俗写形体被收录在"刀"字字头下，也有字书虽然列出"刁"形，但未承认"刁"形的俗写地位。具体情况如下表：

表 4　宋元字书、韵书"刀""刁"分化情况

书名	"刀""刁"是否分作两个字头	是否记录不同音切	是否把"刁"形记录为俗写	备注
《宋本玉篇》	×	√	√	/
《佩觿》	×	√	√	/
《复古编》	×	√	×	别作舠、鴉、刁，并非。
《广韵》	√	√	√	/
《集韵》	√	√	√	/
《字鉴》	×	√	×	《佩觿》曰："俗别作刁。"非。
《说文字原》	×	√	×	俗作舠、刁，并非。
《古今韵会举要》	√	√	√	/

　　《广韵》《集韵》《古今韵会举要》等韵书中"刀"字分别收录在"豪韵"和"萧韵"两个韵部。然而韵书中两个读音的分立并不代表"刀""刁"二字已经完成分化，表示"萧韵"的字头时，"刀""刁"二形尚是混用，如：

表 5　《广韵》等韵书中"刁"形使用情况

出处		字头（萧韵）字形	俗写字形
《广韵》	黑水城残卷本	刁	刀
《集韵》	金州军刻本	刁	刁
	明州本	刀	刀
	潭州宋刻本	刁	刁
《古今韵会举要》	明刻本	刀	刁

　　如上表所示,不同的韵书中,字头和俗写的两处字形使用混乱,并未严格区分"刀""刁"两形的使用。不过相对来说,宋元时期的韵书比字书更早体现出"刀""刁"两字分化的趋势。因为字书以字为出发点,视"刀"为多义、多音字。而韵书以音切的差异作为分部的依据,间接地代表了以词为出发点的立场,"刁"类义项与"刀"字本义分列不同的韵部,这为"刁""刀"二形之间功能的分化打下语音基础。

　　综上所述,宋元时期是"刀""刁"二形分化的过渡阶段。"刁"形虽已大量出现在刻本中,但尚未完成与"刀"形之间的功能分化,"刁"形仅是"刀"字的异写形体。

　　明代刻本中"刁"形的使用更加普遍,具体情况如下:

表6　明代刻本中的"刁"字形体

刁(1)	刁 刁 刁 刁 刁 刁 刁 刁 刁 刁
刁(2)	刁 刁 刁 刁 刁 刁 刁 刁

　　明代刻本中,"刁"类义项几乎①已不再写作"刀"形。明刻本中第一类"刁"形成为主流形体,第二类"刁"形依旧存在。相较宋元,明刻本中第二类"刁"形中提画与横折勾相接的连接点明显后移,大部分连接点在竖勾上,或者在折角处,这在宋元刻本中是较为少见的。在提画与横折勾相接的这类"刁"形结构中,连接点越偏向竖勾,则与"刀"字的字形结构差异越大,越容易被辨识为"刁"字。直到清代刻本中,第二类"刁"形仍未被彻底淘汰,在实际使用中依旧占据了一定比例,直

_____

　　①　此处用"几乎"是因为本文并未对现存所有明刻本中的"刁"字做穷尽性的调查,只就本文涉及的24种明刻本来说已经没有撇画还未变为提画的字形,但是出于严谨考虑,本文用了"几乎"见不到这样的表述。

到有了明确的汉字形体规范之后,第二类"刁"形才不再见于印刷品中。

汉字整字之间差异性的建立,不仅仅依靠笔画的差别,同时也依靠字形结构来实现。"刁"形提画与横折钩相离,或是提画与横折勾相接点的后移,都是利用字形结构的差异来区分两个字形的手段。现代汉字确定的"刁"字标准字形中提画不与横折勾相接,也是利用字形结构将"刁"字与"刀"字的差异最大化。

明代字书、韵书中"刀""刁"已经分作两个字头,并且大多数书中分辨了"刀""刁"二字不同的使用情况,其中尤以《正字通》的论述最为详细,《正字通》记录了在古籍中"刁"多写作"刀",后又改为"刁"的现象。

综观明刻本中"刀""刁"的实际用例和字书、韵书的情况,可认为最晚在明代,"刀""刁"二字便已经完成了分化。字形上,"刁"形已经形成了不同于"刀"形的稳定的差异性特征。功能上,"刁"形分化了"刀"字原本包含的"刁"类义项,二字不再混用。虽然明代的一些刻本中还偶有"刀""刁"混用的现象,但数量很少,属于汉字使用不规范所产生的形混的范畴,或是在刊刻前朝古籍时的存古现象。

基于上述对汉字实际使用材料和字书、韵书的历时考察,可知现今"刀""刁"二字分立的格局是汉字分化的结果。"刀"字最迟在两晋时期就兼有"豪韵""萧韵"两类不同的音切,"豪韵"的"刀"字表示其本义及引申义,"萧韵"的"刀"字表示假借义"动摇貌""刀斗"和专有名词如人名、姓氏等。"刀""刁"二字字形的分化萌芽于唐代,经宋、元两代发展,完成于明代,"刁"形分化了"萧韵"音切及其上附着的义项,完成了功能分化,成为独立的汉字。

四、"刀""刁"分化的推动因素

为了满足汉语精准表达的需要是驱动"刀""刁"二字分化的内在

动因,汉字构形系统的规范化和刻本的流行则是二字分化过程中的外部推动因素。

"刀""刁"二字字形的分化过程,反映了汉字笔画书写逐渐规范化、系统化的过程。"笔画是今文字阶段才产生的概念,在书写快捷目的的作用下开始变篆为隶,产生了笔画。笔画层级既无表词功能,也无构义、构音功能……而笔画只成了书写成分。"(王贵元,2016)在唐代楷字刚刚定型的时期,笔画作为单纯的书写符号,具有较强的独立性和自主性,这导致书写中笔画的种类、笔画的组合关系、笔画的多少都并不规范。笔画书写的不规范导致了一大批异体字的产生,"刁"作为"刀"字的异写形体就是在这样的大环境下产生的。

随着楷字系统的成熟和稳定,笔画书写的自由度开始受到制约,并逐渐成为汉字整字别异的重要因素。从"刀"形到"刁"形,笔画层面发生的变化是从撇画变为提画,从笔画相接变成笔画相离。"提画由横画变来,魏晋时期提画出现,但不标准、不统一,南北朝时期才正式形成。"(王贵元,2016)提画是在书写便捷原则的支配下形成的,最初大多源自左部构件的最后一笔的横画,变成提画是为了能够更快地书写下一笔。"刀"字最初写成"刁"形,即是写完横折勾之后,接连书写中间一笔造成的,敦煌写卷中保留的书写时的笔道能够很好地证明这一点。但是因为南北朝时提画定型成了一种正式的笔画,"刀""刁"之间已经不仅是快速书写造成的差异了,而是发生了笔画类型的转变。笔画类型的转变造成了整字字形之间的别异,"刁"成为独立的形体,被划归为"刀"字的异体字。

汉字分化的方式有很多种,其中一部分就是通过异体字分工实现的,"刀""刁"二字的分化就属于异体字的分工。裘锡圭先生(1988)曾提到"刀""刁"分化这一现象,裘先生认为这二字的分化属于"造跟母字仅有笔画上的细微差异的分化字"。经过对"刀""刁"二字分化过程的详细考察,从性质上来说,可把这两个字的分化归入"异体字分工"。

笔画成为汉字别异的重要因素是楷字发展到成熟时期出现的现象,而这个阶段正好也是刻本迅速发展的阶段,"13 世纪中期,其时刻本书籍的数量约已超过写本"(宿白,1999)。刻本的流行对"刀""刁"二字的分化、定型起到了助力作用。首先,由于汉字书写时的随意性和自由度受到限制,进入刻本时代后,原本体量庞大的异写字开始减少,刻本的出现对大量的异体字起到了筛选的作用。经过筛选之后,更符合汉字发展规律的异体字被保留下来,例如"刁"这类由快速书写造成的异体字。其次,刻本中保留下来的异体字会随着刻本书籍的流传而容易被大众接受,为"刁"成为独立的字头打下认知基础。

五、小结

"刀""刁"二字经历了漫长的分化过程,涉及字义、字音和字形三个方面,而这三者的分化是不同步的,只有当字义、字音和字形上都完全独立于被分化字时,即形体和功能上都完成分化时,"刁"字才成为一个新的独立的汉字。形、音、义三者分化的不同步,造成了汉语史上不同时期"刀""刁"之间不同的字际关系:"刀"字为多义、多音字阶段,"刀""刁"为异写关系阶段和"刀""刁"为分化字关系阶段。

古文献中,在"刀""刁"尚未完成功能分化的阶段,"刁"类义项作为"刀"字的假借义,参与构词的能力较弱,文献中的使用范围也较为局限,基本只有"刀斗""刀刀乎"和人名、姓氏这三种固定搭配,见于诗词中的"刀骚"是由"刀刀乎"中包含的"动摇貌"意义延伸而来。

分化后的"刁"字,作为独立的词,在使用中由"动摇貌"进一步发展出了"狡猾、无赖"的义项。金元时期的文献中开始有"刁蹬""刁徒""放起刁来"的用法,常见于话本小说及元杂剧中,明清文献中"刁"字"狡猾、无赖"义项的搭配更加普遍,"刁"字的构词能力、使用范围得到了极大的扩展。"刁"字"狡猾、无赖"的义项最初应当是流行于口语当中,随着元杂剧和话本小说的流行,逐渐被收入书面语当中。

　　新义项的产生得益于"刁"字的分化与独立。若"刁"类义项一直附着于"刀"字之上,那么作为假借义是很难再引申出新义项的。分化后的"刁"字把原本仅为假借义的义项稳固为了自身的本义,得以在此基础上继续发展。可见汉字分化的内在驱动因素来自汉语精准表达的需要,即词义的发展推动了字音、字形上的分化。而当分化字完全独立于被分化字,成为一个单独的汉字的时候,也会反过来促进词义的引申和发展。

参考文献

程荣,1992,《古文字分化问题探讨》,《语言文字应用》第4期。

李恒贤,1980,《汉代刁斗小考》,《江西历史文物》第4期。

毛远明,2014,《汉魏六朝碑刻异体字典》,中华书局。

裘锡圭,1988,《文字学概要》,商务印书馆。

饶宗颐(主编),1989,《甲骨文通检·前言》(第一册),香港中文大学出版社。

沈建华,2018,《他为我们留下丰厚学术遗产——追忆饶宗颐先生学术研究二三事》,《人民日报》2月20日(副刊)。

宿白,1999,《唐宋时期的雕版印刷》,文物出版社。

孙机,2008,《汉代物质文化资料图说》,上海古籍出版社。

孙熙春,2006,《〈史记〉中的"刁斗"与"刀斗"辨析》,《沈阳大学学报》第3期。

王贵元,2016,《汉字笔画系统形成的过程与机制》,《汉字与出土文献论集》,
　　中国社会科学出版社。

王贵元,2022,《汉语词汇的发展阶段及其演进机制》,《北京师范大学学报
　　(社会科学版)》。

徐中舒(主编),2003,《甲骨文字典》,四川辞书出版社。

于省吾,1996,《甲骨文字诂林(三)》,中华书局。

"已"字源流考

——兼及"巳""已"关系的历时梳理*

张显成　唐　强　何义军

"已"字是现代汉语中极常用的字,而此字是什么时候产生及固定作为｛已｝的记录形式的,学界一直未予厘清。这一问题又涉及另一常用字"巳"及其记录的常用词｛巳｝的问题。① 常用字和常用词的研究具有重要意义。因此,考辨清楚"已"字的源流以及与"巳"字的关系,十分有必要。

随着大量地下文献的出土问世,不同的文献整理成果反映出整理者对"巳""已"二字关系的不同认识。对"巳""已"二字的处理方式主要有两种:第一种是将表示｛巳｝的字形隶作"巳",表示｛已｝的字形隶作"已",整理成果如《岳麓书院藏秦简(壹—伍)》;文字编如《马王堆简帛文字编》《新编〈睡虎地秦简牍〉文字编》,均在"巳"部之后增列"已"部,所收字形为封口"巳"字形。第二种是将表示｛巳｝的字形隶作"巳",将表示｛已｝的字形也隶作"巳",其释文作"巳(已)",整理成果如《长沙马王堆汉墓简帛集成》;文字编如《清华大学藏战国竹简(肆)》所附《字形表》,在"巳"部下分列两个小类,分别收｛巳｝和｛已｝的字

---

　　*　本文原载《汉语史研究集刊》2023 年第 1 期。
　　①　为了区别文字与其所记录的词,本文采用裘锡圭先生《文字学概要》的做法,用"｛｝"表示词,如用"｛已｝"表示"已"字记录的词,用"｛巳｝"表示"巳"字记录的词。

形,所收字形均为"巳"字形。① 另外,同一整理成果也有并用上述两种处理方式者,如《清华大学藏战国竹简(壹—伍)》释文采用第一种处理方式,《清华大学藏战国竹简(陆—柒)》采用第二种处理方式。

以上两种处理方式看似是编辑体例和整理习惯的问题,但本质上是对"巳"字的历史源流及"巳""已"二字关系认识的问题。因此,考明"巳"字的源流,厘清"巳""已"二字的关系和发展演变情况,是汉字发展史和汉语词汇发展史应当解决的基本问题。

《说文解字》无"已"字,《巳部》:"𢀑,巳也。四月阳气巳出,阴气巳藏,万物见,成文章,故巳为蛇。象形。"又《示部》:"𥚯,祭无已也。""无已"即"无已"。《释名·释天》:"巳,巳也。阳气毕布巳也。"三"巳"字均即今"已"。《玉篇·巳部》:"巳,徐里切,嗣也,起也。又弋旨切,退也、止也、此也、弃也、毕也。"弋旨切即今"已"。《说文》"巳"字徐锴系传:"《律历志》曰'巳盛于巳',上巳音以、下巳音似。"吴棫《韵补·纸韵》:"古巳午之巳,亦读如已矣之已。"徐灏《读书杂释·说文》"已巳无两字"条:"今就班固《汉书》、许慎《说文》及永康以前汉碑文考之,犹可知巳午之巳,即终已之已。"刘心源《奇觚室吉金文述·鼎文二》"盂鼎"条:"《诗》'似续妣祖',《笺》'似读为巳午之巳,巳续妣祖者,谓巳成其宫庙也',是汉人犹用巳为已也。"吴大澂《说文古籀补》:"古文巳已为一字。"裘锡圭(1986:29)明确指出:已然之{已}本来假借辰巳之"巳"表示(春秋晚期的蔡侯盘铭以"毋巳"表{毋已};汉代人除有时借"以"表{已}外,都以"巳"表{已},汉简、汉碑中屡见其例,如孔龢碑"事巳即去"),后来用在"巳"字左上角留缺口的办法,分化出了专用的"已"字。此外,学者对甲骨文中的"巳"字是否有{已}义也有讨论,如:李学

---

① 《清华简》第一至三、五至七函《字形表》没有像第四函那样分成两类,但{巳}{已}所收字形均在"巳"字头下,实际上与第四函没有实质性区别。

勤(1992、2002、2012:274)早先将甲骨文中的有些"巳"字训作停止,后来读为"改"训为变更,最后又主张读为"已"训止。裘锡圭(1997:31)认为卜辞"卧曰巳"中的"巳"字疑"当读为'已',训为'止'或'罢'",但裘先生很谨慎地表示"由于资料不足,这只是很不成熟的假设,有待进一步研究"。赵诚(2009:365)认为"(巳)甲骨文用作动词,有改、变、停止之义"。魏慈德(2009:236)认为"'弜改'一辞,因为其义同于'弜巳(已)',所以'改'都当读为'已',表示停止或作罢意思"。可见,甲骨文中"巳"可能已经有｛已｝义了。① 退一步讲,至少可以说在晚至许慎、刘熙所在的东汉仍用"巳"表示｛已｝,且《玉篇》等仍其旧,有关｛已｝及其记录形式的相关问题,后代学者所论亦多宗前说,依凭的材料也是非常有限的传世文献和彝器铭文,裘锡圭利用汉简、汉碑等材料论"已"为"巳"字之分化甚确,但由于历史条件所限,未能对"巳""已"二字的历时关系进行全面的考察。我们认为,当下有条件、也有必要综合利用各种文献材料(特别是"同时资料")考辨"已"字历史源流,厘清"巳""已"二字的历时关系。为此,本文先考察非辞书文献的有关情况,然后考察辞书的有关情况,并制定了统一的选字标准。② 按照材料年代,对睡虎地秦简等30余批大宗简帛、碑刻、楼兰汉文简纸文书、敦煌卷子、吐鲁番文书、明清档案、传世辞书、近代书刊等材料中的｛巳｝和

① 沈培先生在《甲骨文"巳""改"字补议》中对各家观点有详细综述。沈培、张玉金、门艺等先生不同意甲骨文中的"巳"有停止义。我们同意李学勤、裘锡圭、赵诚、魏慈德诸先生的观点,认为西周甲骨文中的"巳"字可以表示｛已｝义。

② 选字标准:意义方面,表示｛巳｝的主要收于干支纪时、五行术数等材料中的专门意义者;表示｛已｝的主要收停止或完成、语气词、副词及相关引申意义者。字形方面,理论上以"巳/已"字第一画"乛"的起笔与第三画"乚"的起笔相接为封口,计入封口字数;未相接则计入半封口字数;字形模糊难以判定者不计入统计资料。

{已}的记录形式进行了详尽的清理和统计,①按照秦汉魏晋、南北朝、隋唐至元朝、明清、晚清民国5个时期分别进行论述。②

一、秦汉魏晋时期：{已}的记录
形式"已"字尚未产生③

　　通过对秦汉魏晋时期的20余宗出土材料中{已}{己}记录形式"封口"④情况的统计和分析,得出结论如下:秦汉魏晋时期{已}的记录形式"已"字尚未产生,"巳"兼表{已}{巳}二义,材料中出现的少量半封口"巳"字形是疾书、笔迹漶漫等原因造成的。现将具体统计资料展示如下:

---

　　①　为了更清楚地反映{已}和{巳}记录形式的使用情况,我们最初是按照材料年代和类别两个标准分别列表统计,但所列表格近30个。为了精简表格,我们最终决定仅按照年代列表统计,不论材料类别,只要时代基本一致,均合并在同一表格中统计,这样也便于我们在历时的范畴中研究二字的演变。由于"己"的情况比较清楚,故仅讨论"已""巳"二字的关系,不统计"己"字使用情况,也不讨论与"己"的关系问题。

　　②　对5个时期的划分主要根据{已}{巳}记录形式的实际使用情况、社会背景、文化环境等因素,在时间上用朝代进行划分主要是为了表达方便。清末民国时期的政治、社会、文化环境相似,{已}和{巳}记录形式的使用情况也比较相似,所以将晚清、民国作为一个时间段进行统计。

　　③　本文所说"巳"字的"产生"不是指第一个半封口"巳"字形出现的年代,而是指{已}的记录形式"已"字已经比较常见,"巳"字的正用率已经较高并取得了一定的社会认可的阶段。基于这个认识,本文才说秦汉时期{已}的记录形式"巳"字"未产生"而南北朝时期"正式产生"。

　　④　本文用是否"封口"来描述"已""巳"的区别,即:已,半封口;巳,封口。

表1　秦简牍所见{巳}{已}记录形式封口情况统计表①

材料	{巳}		{已}		总计	
	封口	半封口	封口	半封口	封口字形（巳）	半封口字形（已）
睡虎地秦简	166	0	63	0	229	0
放马滩秦简	73	0	12	0	85	0
岳麓秦简（壹）	73	0	2	0	75	0
岳麓秦简（贰）	0	0	2	0	2	0
岳麓秦简（叁）	1	1	31	0	32	1
岳麓秦简（肆）	0	0	30	0	30	0
岳麓秦简（伍）	0	0	28	0	28	0
里耶秦简（壹）	66	3	50	3	116	6
里耶秦简（贰）	56	1	67	4	123	5
周家台秦简	43	2	33	0	76	2
龙岗秦简	0	0	2	0	2	0
合计	478（98.56%）	7	320	7（2.14%）	798	14（1.72%）
	485		327			

①　本文所说的"封口与否"，包括"封口"与"半封口"两种情况。"封口"与否，下文有时径言"封口"；后文讨论以"挑钩"与否作为区分标准时，"挑钩"与否，有时也径言"挑钩"，均是为了行文简洁。本表"封口字形（巳）"的资料＝"{巳}"的记录形式中"封口"字形的数量＋"{已}"的记录形式中"封口"字形的数量；"半封口字形（已）"的资料＝"{巳}"的记录形式中"半封口"字形的数量＋"{已}"的记录形式中"半封口"字形的数量。如："睡虎地秦简"一栏中的229＝166+63，"里耶秦简（贰）"一栏中的5＝1+4。后文表格与此同，不复说明。本表统计的材料如下：武汉大学简帛研究中心、湖北省博物馆、湖北省文物考古研究所编《秦简牍合集（壹）》（武汉大学出版社，2014）；武汉大学简帛研究中心、甘肃简牍博物馆编《秦简牍合集（肆）》（武汉大学出版社，2014）；朱汉民、陈松长主编《岳麓书院藏秦简（壹）（贰）（叁）》（上海辞书出版社，2010、2011、2013）；陈松长主编《岳麓书院藏秦简（肆）（伍）》（上海辞书出版社，2015、2017）；湖南省文物考古研究所编《里耶秦简（壹）（贰）》（文物出版社，2012、2017）；武汉大学简帛研究中心、荆州博物馆编《秦简牍合集（叁）》（武汉大学出版社，2014）；武汉大学简帛研究中心、湖北省文物考古研究所、四川省文物考古研究院编《秦简牍合集（贰）》（武汉大学出版社，2014）。截稿时《岳麓书院藏秦简》第六函尚未发布，故未统计第六函数据。

由表 1 可知：

1. 从字形层面看，封口"巳"字共 798 例，半封口"已"字 14 例，后者仅占 1.72%，可知秦代还未产生独立表｛已｝义的半封口的"已"字形，简牍中的半封口"已"字形当是疾书或笔迹漶漫等原因造成的。

2. 从词意层面看，｛巳｝用例 485 例，其中 478 例为封口"巳"字形，正用率①为 98.56%；｛已｝用例 327 例，半封口"已"字形仅 7 例，正用率 2.14%。可知｛已｝的记录形式"已"在秦代还未产生，"巳"字同时承担了｛巳｝和｛已｝二义。

表 2　汉代简帛、碑刻所见｛巳｝｛已｝记录形式封口情况统计表②

材料	｛巳｝		｛已｝		总计	
	封口	半封口	封口	半封口	封口字形（巳）	半封口字形（已）
凤凰山汉简	2	0	1	0	3	0
张家山汉简	15	0	79	1	94	1

---

① 本文所说的"正用率"，指按照某个标准使用正确字形表达正确意义的比例。标准有两种：一种是"封口"的标准，其"正用率"指用封口"巳"字形表示｛巳｝的比例和用半封口"已"字形表示｛已｝的比例。另一种是"挑钩"的标准，其"正用率"指｛巳｝的记录形式末笔不挑钩的比例和｛已｝的记录形式末笔挑钩的比例。

② 本表统计的材料如下：湖北省文物考古研究所编《江陵凤凰山西汉简牍》（中华书局，2012）；张家山二四七号汉墓竹简整理小组《张家山汉墓竹简（二四七号墓）》（文物出版社，2001）；魏坚主编《额济纳汉简》（广西师范大学出版社，2005）；张德芳《敦煌马圈湾汉简集释》（甘肃文化出版社，2013）；甘肃省文物考古研究所等编《居延新简》（中华书局，1994）；简牍整理小组《居延汉简（壹）（贰）（叁）（肆）》（"中研院"历史语言研究所，2014、2015、2016、2017）；连云港市博物馆等编《尹湾汉墓简牍》（中华书局，1997）；湖北省文物考古研究所、随州市考古队编《随州孔家坡汉墓简牍》（文物出版社，2006）；长沙市文物考古研究所编《长沙东牌楼东汉简牍》（文物出版社，2006）；甘肃省博物馆、武威县文化馆编《武威汉代医简》（文物出版社，1975）；甘肃省博物馆、中国科学院考古研究所编《武威汉简》（中华书局，2005）；甘肃简牍保护研究中心等编《肩水金关汉简（壹）（贰）（叁）（肆）（伍）》（中西书局，2011、2012、2013、2015）；甘肃简牍保护研究中心等编《肩水金关汉简》（中西书局，2016）；湖南省博物馆、复旦大学出土文献与古文字研究中心编《长沙马王堆汉墓简帛集成》（中华书局，2014）；徐玉立主编《汉碑全集》（河南美术出版社，2006）。

续表

材料	{巳}		{已}		总计	
	封口	半封口	封口	半封口	封口字形（巳）	半封口字形（已）
额济纳汉简	7	0	10	1	17	1
敦煌汉简	55	2	46	8	101	10
居延汉简	81	1	78	1	159	2
居延新简	107	5	103	2	210	7
尹湾汉简	9	0	1	1	10	1
孔家坡汉简	76	0	5	0	81	0
东牌楼汉简	0	0	3	0	3	0
武威医简	1	0	5	0	6	0
武威汉简	0	0	3	0	3	0
肩水金关汉简（壹）	36	2	18	1	54	3
肩水金关汉简（贰）	37	1	13	2	50	3
肩水金关汉简（叁）	32	7	16	1	48	8
肩水金关汉简（肆）	27	2	20	2	47	4
肩水金关汉简（伍）	32	1	16	5	48	6
长沙马王堆汉墓简帛	182	1	242	4	424	5
汉碑全集	12	0	12	0	24	0
合计	711（97%）	22	671	29（4.14%）	1382	51（3.56%）
	733		700			

由表 2 可知：

1. 封口"巳"字共 1382 例，半封口"已"字 51 例，后者仅占 3.56%，可知汉代还未产生独立表示{已}义的"已"，材料中的半封口字形是疾书或笔迹漶漫等原因造成的。

2. {巳}用例 733 例，其中 711 例为封口"巳"字，正用率 97%；{已}用例 700 例，半封口"已"字 29 例，正用率 4.14%，可知{已}的记录形式"已"在汉代还未产生，"巳"兼表{巳}{已}二义。

3.《汉碑全集》中"巳""已"使用情况较少，但 24 例{巳}{已}用例均写作封口"巳"字，没有半封口"已"字，这与汉代简帛材料所反映的二字关系基本一致。

另外，值得一提的是碑刻与简帛在书写、载体和失真等方面都有所不同。在书写上，碑刻采用比较正式和规范的书写方式，特别是汉魏及以前的碑刻，以篆书、隶书、楷书、行楷碑为主，不规范书写的问题较少，是否封口一目了然。在载体上，出土简帛的照片（彩版和红外）基本可以反映文字的原貌；而所见碑刻材料多为拓片，因早期碑刻大都泐蚀多石花，导致拓片上有不少字难以辨识，故两类不同的载体对文字形体、细节的反映有所不同。在失真上，简帛中所书封口"巳"字形可能因为笔迹漶漫而"讹"成半封口"已"字形，而"已"字形却不会因此"讹"成"巳"字形；对碑刻来说，绝大多数为阴刻，若原石为"巳"字，而"已"字左上角发生泐蚀，小凹槽与原字笔画混淆形成"巳"字，拓后就讹成"巳"字，但如果原石为"已"字，则不会讹成"巳"字。换言之，手写文献中的"已"字形的统计数量可能会偏大，而碑刻拓片中"已"字形的数量可能偏小。鉴于此，我们在简帛等手写文献和碑刻拓片中的选字标准略有不同。①

表3　三国吴简、碑刻、楼兰文书、敦煌遗书所见{巳}{已}记录形式封口情况统计表②

材料	{巳}		{已}		总计	
	封口	半封口	封口	半封口	封口字形（巳）	半封口字形（巳）
长沙走马楼三国吴简（壹）	5	0	46	3	51	3
长沙走马楼三国吴简（贰）	3	0	25	4	28	4
长沙走马楼三国吴简（叁）	0	0	38	3	38	3
长沙走马楼三国吴简（肆）	4	0	34	2	38	2
长沙走马楼三国吴简（陆）	5	0	48	1	53	1
长沙走马楼三国吴简（柒）	4	0	11	3	15	3
长沙走马楼三国吴简（捌）	1	1	21	3	22	4
魏晋碑刻③	4	0	7	0	11	0

---

①　在对碑刻材料中的"巳""已"二字进行统计时，仅将第一画、第三画起笔相接的字形计入封口"巳"字形，其余的均计入半封口"巳"字形。此外，为了尽可能排除由于不规范书写等原因对文字"封口"与否的影响，我们只选取小篆、隶书、楷书及行楷书等书写较规范的碑刻材料进行统计，不选择书写不规范的行书、草书碑。

②　本表统计的材料分别是：长沙简牍博物馆等编《长沙走马楼三国吴简·竹简（壹）（贰）（叁）（肆）（陆）》（文物出版社，2003、2007、2008、2011、2017）；侯灿、杨代欣编《楼兰汉文简纸文书集成》（天地出版社，1991）；黄永武编《敦煌宝藏（第138—140册）》（新文丰出版公司，1981）。截稿时《长沙走马楼三国吴简·竹简》第五函还未出版，故未统计第五函数据。

③　"魏晋碑刻"材料来源于"京都大学人文科学研究所所藏画像データは"（http://kanji.zinbun.kyoto—u.ac.jp/db—machine/imgsrv/takuhon/）及浙江大学"中国历代墓志数据库"（http://csid.zju.edu.cn/tomb/#）。数据库中的买地券、镇墓文等材料相对较少且分散，故不单独清理统计，直接将资料并入同时期的碑刻材料进行统计。

续表

材料	｛巳｝		｛已｝		总计	
	封口	半封口	封口	半封口	封口字形（巳）	半封口字形（已）
楼兰汉文简纸文书①	1	1	21	6	22	7
敦煌遗书（魏晋）②	0	0	2	0	2	0
合计	27（93.1%）	2	253	25（8.99%）	280	27（8.79%）
	29		278			

由表3可知：

1. 封口"巳"字共280例，半封口"已"字27例，后者占8.79%，可知三国时期半封口"已"字形的数量逐渐增多，但仍然应该看作是疾书或笔迹漶漫造成的。③

2. ｛巳｝用例29例，27例写作封口字形，正用率93.1%；｛已｝用例278例，仅25例写作半封口"已"字形，正用率8.99%，说明三国东吴时期｛已｝的记录形式仍未正式产生。但值得注意的是，由于不规范书写等原因造成半封口"已"字形的数量越来越多，为"已"字的正式产生奠定了基础。

---

① 《楼兰汉文简纸文书全集》材料年代时限为晋嘉平四年至建兴十八年（252—330年）。按：建兴四年（316年）西晋灭亡，次年司马睿在建康建立东晋，改年号建武。但前凉一直沿用"建兴"年号，至建兴四十九年（361年）。

② 由于《敦煌宝藏》材料太多，我们仅选取第138册—140册中年代明确、文字较多、尺寸较大、书写规范、字迹清楚的不同类别文献200余片，分魏晋时期和隋唐时期进行统计。

③ 楼兰汉文简纸文书中"巳"正用率达28.57%（6/27），也宜看作是疾书或笔迹漶漫造成的。

二、南北朝时期：{巳}的记录形式"已"字正式产生和"巳""已"混用

　　魏晋时期，纸张逐渐取代简帛成为最主要的书写载体，但由于材质脆弱不易保存，现在能看到的古代纸质文献极少，所以我们选取传世数量较大的碑刻材料作为南北朝时期的主要统计材料。[①] 通过对南北朝时期 578 通碑刻材料中{巳}{已}记录形式"封口"情况的统计和分析，得出结论如下：南北朝时期{巳}的记录形式"已"字正式产生并大量使用，"巳"的职能简缩但未从兼表{已}的职用中完全退出，出现了"巳""已"二字混用的局面。现将资料展示如下：

表 4　南北朝碑刻所见{巳}{已}记录形式封口情况统计表

材料	{巳}		{已}		总计	
	封口	半封口	封口	半封口	封口字形（巳）	半封口字形（已）
南北朝碑刻	14（34.15%）	27	61	62（50.41%）	75	89
合计	41		123		75	89（54.27%）

　　由表 4 可知：

　　1. 封口"巳"字 75 例，半封口"已"89 例，后者占 54.27%，说明南北

---

　　① 本文统计的魏晋至清的碑刻材料包括：京都大学人文科学研究所藏石刻拓本资料中魏晋到清代的碑碣、墓志、经幢、石柱、造像题记和石刻画像题字等碑刻材料，以及浙江大学中国历代墓志数据库的部分买地券、镇墓文等。另，由于隋代碑刻数量较少，所得出的统计资料有可能不具有普遍性，所以以下文"表5"将年代相近的隋代和唐代碑刻材料合并起来统计，"表6"将五代十国和宋辽金材料合并起来统计。

朝时期半封口"已"字正式产生。

2. ｛巳｝用例 41 例,其中封口"巳"字 14 例,正用率降至 34.15%；｛已｝用例共 123 例,其中 62 例作半封口"已"字形,正用率高达 50.41%。可知南北朝时期"巳"字职能简缩,开始将｛已｝义分担给半封口的"已"字承担。但该过程并非一蹴而就,"巳"字并未从兼表｛已｝的职用中完全退出,①所以出现了"巳""已"混用的局面。

裘锡圭(1986:29)论文字职务的分化方法,其一即造与母字仅有笔画上的细微差别的分化字。李运富(2001:49—55)进一步将其称为"汉字职能的简缩",即将原来由某个字符承担的某项职能分给另一个字符来承担。这"另一个字符"可以是(1)异体字分工；(2)母字分化；(3)另造新字。"巳""已"二字就属于母字分化中的"变异分化",即通过改变母字的笔画或形态来分化新字符。②

3. 在｛巳｝用例中,半封口字形数量几乎是封口字形数量的 2 倍,"巳"字正用率骤降至 34.15%。究其原因,一方面是｛已｝的记录形式"已"正式产生并且大量使用,削减了"巳"字原来兼表｛巳｝｛已｝二义的职能。另一方面还与人们的用字习惯和用字心理有关:半封口的字形"已"产生前,无论表达｛巳｝还是｛已｝,书写者都可以毫无顾虑地直接使用封口的"巳"字；半封口的"已"字形产生后,因为｛已｝使用频率远高于｛巳｝,所以转向另一个极端,倾向于使用半封口的"已"字形表示｛巳｝和｛已｝二义。

---

① 裘锡圭在讨论秦汉隶书的演变时也曾说:"在隶书字形演变的过程里,新的字形出现之后,旧的字形往往迟迟不退出历史舞台。"

② 这种笔画或者形态的变异最初可能只是作为俗写异体存在的,后来才逐渐发展为有意识的分工。

三、隋唐至元代:"巳""已"继续混用，
同时末笔不挑钩写法萌芽

通过对隋唐至元代的 1806 通碑刻材料以及吐鲁番出土文书、敦煌遗书(第 138—140 册:隋唐部分)中{巳}{已}记录形式封口情况的统计和分析，得出结论如下:隋唐至元代"巳""已"二字长期混用，"已"字正用率在 50%—60% 之间摇摆;同时，区别{巳}{已}记录形式的末笔不挑钩写法萌芽。现将具体资料展示如下:

表5　隋唐碑刻、敦煌遗书、吐鲁番文书所见{巳}{已}记录形式封口情况统计表①

材料	{巳}		{已}		总计	
	封口	半封口	封口	半封口	封口字形（巳）	半封口字形（已）
隋唐碑刻	50	34	326	306	376	340
敦煌遗书（隋唐时期）	3	1	72	85	75	86
吐鲁番出土文书②	9	5	83	147	92	152
合计	62（60.78%）	40	481	538（52.8%）	543	578（51.56%）
	102		1019			

由表5可知:

1. 封口"巳"字 543 例，半封口"已"字 578 例，与封口字形数量相

---

① "隋唐碑刻"及"敦煌遗书(隋唐)"资料来源前文已介绍，"吐鲁番出土文书"材料来源:唐长孺主编《吐鲁番出土文书》(文物出版社，1992)。
② 吐鲁番文书的年代时限主要为从"高昌郡到唐西州这段历史时期"，即 4 世纪到 7 世纪。此处统计材料均限于此。

当,说明隋唐时期半封口"巳"字形普遍使用。

2. {巳}用例 102 例,其中封口"巳"字 62 例,正用率 60.78%;{已}用例共 1019 例,其中 538 例作半封口"巳"字,正用率 52.8%。可知隋唐时期使用半封口的"巳"字表示{已}义十分常见,但{已}义由"巳""已"两个字形共同承担,使用比较混乱。

3. 隋唐碑刻材料{已}义封口、半封口字形比为 326∶306,封口字形多于半封口字形;而在敦煌遗书和吐鲁番文书中二者比为 72∶85 和 83∶147,封口字形均少于半封口字形。这主要是碑刻、纸文书在材料性质、书写载体和书写方式上的差异造成的,特别是碑刻用字比较守旧。此外,单就书写的便利性来说,手写文献是极易将封口的"巳"字写成半封口的"已"字的。

表6 五代十国、宋辽金碑刻材料所见{巳}{已}记录形式封口情况统计表

材料	{巳}		{已}		总计	
	封口	半封口	封口	半封口	封口字形（巳）	半封口字形（已）
五代十国碑刻	0	1	11	26	11	27
宋辽金碑刻	12	13	98	79	110	92
合计	12 (46.15%)	14	109	105 (49.07%)	121	119
	26		214			

由表6可知:{巳}用例 26 例,封口"巳"字 12 例,正用率 46.15%;{已}用例共 214 例,105 例作半封口"已"字形,正用率 49.07%。说明{已}义仍然是由"巳""已"两个字形共同承担,同时半封口字形"已"也混入{巳}的使用中,导致"巳"正用率进一步降低,进而使"巳""已"二字的使用愈发混乱。

表7　元代碑刻材料所见{巳}{已}记录形式封口情况统计表

材料	{巳}		{已}		总计	
	封口	半封口	封口	半封口	封口字形（巳）	半封口字形（已）
元代碑刻	8（53.33%）	7	36	53（59.55%）	44	60
合计	15		89		44	60

　　表7统计的元代碑刻材料数量有限，此处不做详细的数据分析，但仍然可以反映出与表6一致的历史事实，即“巳”“已”二字仍然混用。

　　由于“巳”“已”二字之间的孳乳关系，加之字形极为相似，通过是否“封口”来区分二字效果并不理想，致使二字长期混用，特别是在手写文献中，不规范书写极易造成二字混淆，于是人们转而使用是否“挑钩”来区分“已”“巳”二字。① 陈树华《春秋经传集解考正》：“其以有钩挑者为已甚之已，无钩挑为辰巳之巳，则见于郭忠恕《佩觿》，要非古也。”目前所见《佩觿》最早的版本是明嘉靖六年（1527）孙沐万玉堂刊本，《中华再造善本》所收《佩觿》正以此为底本。该本《佩觿》卷下“己已巳弓”条：“上，局里翻，身也；二，羊止翻，止也；三，详里翻，辰名；四，下感翻，艹木之华发。”其中的“巳”字即不挑钩，流行极广的康熙四十九年（1710）张士俊泽存堂仿宋刻本《佩觿》亦同。可见，确实存在用是否“挑钩”来区分“巳”“已”二字的历史事实。按图索骥，我们又对隋唐、五代十国、宋辽金、元代碑刻材料中{巳}{已}记录形式的“挑钩”情况进行统计如下：

---

　　① 裘锡圭也曾指出“过去也有用有钩无钩来区别‘巳’‘已’的：‘巳’仍写作‘巳’，地支‘巳’写作‘已’，末笔不带钩”。不过需要补充的是，由于使用“挑钩”与否来区别“巳”“已”，原来“封口”与否的标准退居其次不再作为区分特征，因此，{巳}的记录形式不论是否封口，只要带挑钩即可，所以既有写成“巳”的也有写成“已”的；同理，{已}的记录形式既有写作“巳”的也有写作“已”的。

表8　隋唐至元碑刻材料{巳}{已}记录形式挑钩情况统计表①

材料	{巳}		{已}		总计	
	挑钩	不挑钩	挑钩	不挑钩	挑钩字形	不挑钩字形
隋唐碑刻	228	10	679	117	907	127
五代十国碑刻	1	0	4	30	5	30
宋辽金碑刻	12	11	106	58	118	69
元代碑刻	10	4	83	10	93	14
合计	251	25 (9.06%)	872 (80.22%)	215	1123	240

　　表 8 中的{巳}义"挑钩"字形比例高达 80.22%,但应当看作是对原本就挑钩的"巳"字写法的延续,不能作为挑钩标准有效性的证据。②要证明挑钩标准的有效性,只能看{巳}义中不挑钩的字形,其比例仅9.06%,说明"挑钩"没有达到区分{巳}{已}记录形式的目的。因此,不能认为这段时期内即"以有钩挑者为巳甚之巳,无钩挑为辰巳之巳",而应当把这一时期看成"挑钩"标准产生的萌芽期。"挑钩"标准的形成绝非一蹴而就,必定有一个从产生、少数人使用到被社会普遍认可的过程。孙氏万玉堂本《佩觿》后《题新刻佩觿后》自谓"旧藏二书(笔者按:指《干禄字书》《佩觿》)写本,俱手摹宋刻者",可见孙刻《佩觿》所据并非宋椠原本,而泽存堂本《佩觿》虽号为仿宋,实际上也可能存在删改情况。③ 所以孙刻本、泽存堂本《佩觿》中不挑钩的"巳"是否

　　① 本表统计材料除京都大学人文科学研究所藏拓片外,还有高峡主编《西安碑林全集》第 107—188 卷《开成石经》。
　　② 后文均如此,不挑钩的字形是主要证据,挑钩的字形只能看作次要证据。
　　③ 万玉堂本《佩觿》和泽存堂本《佩觿》正文中的"巳"字均不挑钩,"巳"作偏旁时如"攺"写作攺和改、"汜"写作汜和汜,亦不挑钩;但"巳"作偏旁的"圯"字万玉堂本作圯(不挑钩)而泽存堂本作圯(挑钩)。可见,两个版本的《佩觿》或所据底本有别,或各有删改,总之在"巳"字是否"挑钩"上并不统一。

为郭书原貌,已不得而知。但据表8可知郭忠恕时代是否"挑钩"还未真正成为{巳}{已}记录形式的区分标准。

四、明清时期:是否"挑钩"成为{巳}{已}记录形式的主要区分标准

　　明确提到用是否"挑钩"区分{巳}{已}记录形式是在明代。如《洪武正韵·纸韵》"巳"字:"俗以有钩挑者为终巳之巳,以无钩挑者为辰巳之巳,误矣。"《正字通·己部》"巳"字:"今俗以有钩挑者为终巳字,无钩挑者为辰巳字,是盖未知义也。"《字汇·己部》"巳"字:"今俗以有钩挑者为终巳字,以无钩挑者为辰巳字,盖未知义也。"《增修互注礼部韵略·止韵》"巳"字:"今俗以有钩挑者为终巳之巳,以无钩挑者为辰巳之巳,是未知其义也。"上引诸书都提到"挑钩"的区分方式为"俗用""误矣""未知义也"。那么,"挑钩"区分方式到底是民间俗用还是普遍通用? 明清两代是否有别?"挑钩""封口"两种区分方式有何关系? 显然有必要一并进行探讨。

　　通过对526通/件明清碑刻及档案中{巳}{已}记录形式是否挑钩、封口情况的统计和分析,得出结论如下:明清时期是否"挑钩"成为{巳}{已}记录形式的主要区分标准;"挑钩"标准不仅是民间俗用,而且还渗透到官修文献中。现将具体资料展示如下:

表9　明代碑刻、档案{巳}{已}记录形式挑钩、封口情况统计表①

材料	挑钩情况				封口情况			
	{巳}		{已}		{巳}		{已}	
	挑钩	不挑钩	挑钩	不挑钩	封口	半封口	封口	半封口
明朝档案	1	4	251	2	0	5	28	223
明代碑刻	5	38	189	3	13	32	69	124
合计	6	42 (87.5%)	440 (98.88%)	5	13 (26%)	37	97	347 (78.15%)
	48		445		50		444	

由表9可知：

1. 以"挑钩"为区分标准，{巳}用例中42例不挑钩，正用率87.5%；{已}用例中440例挑钩，正用率98.88%，说明"挑钩"标准比较有效地区分了{巳}{已}的记录形式。

2. 以"封口"为区分标准，{巳}用例中13例封口，正用率26%；{已}用例中347例半封口，正用率78.15%，说明"封口"标准不能有效地区分{巳}{已}的记录形式。

以上两点，说明该阶段应该是以"挑钩"作为{巳}{已}的记录形式的区分标准。

为了尽可能全面地说明问题，我们同时对官修文献《永乐大典》卷二千五百三十五、卷一万一百十五、卷一万九千七百三十五等3卷中的{巳}{已}记录形式的"挑钩"情况进行了统计：{巳}义不挑钩字形正用

---

① 本表统计的材料除京都大学人文科学研究所藏拓片材料外，还包括中国第一历史档案馆、辽宁省档案馆编《中国明朝档案总汇》（广西师范大学出版社，2001）。由于《中国明朝档案总汇》达101册之巨，因此随机选取其中的第1册（洪武四年至天启四年三月二十六日）、第10册（崇祯四年五月十七日至九月十一日）、第37册（崇祯十三年七月二十七日至九月二十七日）进行统计。

率90%（18/20）；{巳}义挑钩字形正用率97.76%（131/134），说明以“挑钩”为区分标准并不仅是民间之“俗”，还渗透到了权威的官修文献中。①

表10 清代碑刻、档案所见{巳}{已}记录形式挑钩、封口情况统计表②

材料	挑钩情况				封口情况			
	{巳}		{已}		{巳}		{已}	
	挑钩	不挑钩	挑钩	不挑钩	封口	半封口	封口	半封口
清代碑刻	2	23	72	5	4	22	15	64
清代档案	0	3	199	10	0	3	52	157
合计	2	26（92.86%）	271（94.76%）	15	4（13.79%）	25	67	221（76.74%）
	28		286		29		288	

　　表10反映的清代{巳}{已}记录形式的情况与表9的结论基本一致，仍是以“挑钩”作为{巳}{已}记录形式的区分标准。

　　同样，我们也对官修文渊阁《四库全书》所收《春秋左传注疏》中{巳}{已}记录形式的挑钩情况做了统计：{巳}用例中55例不挑钩，正用率39.01%（55/141）；{已}义用例太多，仅统计卷一至卷十，153例全部挑钩，正用率100%，{巳}不挑钩字形正用率较低。那么，它是以“封口”作为{巳}{已}记录形式的区分标准吗？鉴于此，我们进一步对其“封口”情况进行了统计：封口“巳”字正用率20%（4/20），卷一至卷十中的半封口“已”字正用率88.81%（119/134），前者的正用率仍然很低。可见，不挑钩的字形同样渗透到了官修文献中，但{巳}{已}记录

---

　　① 我们同对这三卷材料中“巳”“已”二字的“封口”情况进行了统计，{巳}义封口字形正用率20%（4/20），{已}义半封口字形正用率88.81%（119/134）。可见《永乐大典》并非以是否“封口”来区分{巳}{已}记录形式。

　　② 由于《明清档案》达324册之巨，因此随机选取第100册（乾隆六年二月三十日之六至三月二十六日之二，凡110件档案）进行统计。

形式似乎没有得到有效的区分。

五、晚清民国时期：是否"封口"重新成为 {巳}{已}记录形式的区分标准

通过对晚清民国时期书刊中{巳}{已}记录形式封口、挑钩情况的统计，得出结论如下：晚清民国时期是否"封口"重新成为{巳}{已}记录形式的区分标准，但"挑钩"标准尚未完全退出，呈现出并用两种区分标准的态势。现将具体资料展示如下：

表 11　晚清民国书刊等所见{巳}{已}记录形式封口、挑钩情况统计表①

材料	封口情况				挑钩情况			
	{巳}		{已}		{巳}		{已}	
	封口	半封口	封口	半封口	挑钩	不挑钩	挑钩	不挑钩
《班马字类》光绪九年（1883）后知不足斋刊本	1	0	11	5	0	1	16	0
《朱批谕旨》（第1册）光绪十三年（1887）点石斋刊本	3	0	28	59	1	2	87	0
《汉儒通义》咸丰年间富文斋刻本	0	0	0	18	0	0	18	0

① 本表统计所用《万国公报》《新青年》资料来源于"全国报刊索引（专业版）"http://www.cnbksy.com/？tdsourcetag＝s_pctim_aiomsg；《儒效月刊》资料来源于"大成老旧期刊全文数据库"http://laokan.dachengdata.com/tuijian/showTuijianList.action。

续表

材料	封口情况				挑钩情况			
	{巳}		{已}		{巳}		{已}	
	封口	半封口	封口	半封口	挑钩	不挑钩	挑钩	不挑钩
《新学伪经考》(1—7卷)光绪十七年(1891)康氏万木草堂刊本	0	0	0	69	0	0	69	0
《万国公报》1874—1909年间部分内容	5	0	2	195	5	0	197	0
《穀梁疏》(第六卷)民国七年(1918)刘承干嘉业堂刊本	2	0	6	29	0	2	35	0
《东都事略》民国二年(1913)吴兴张钧衡刊本	3	0	2	19	0	3	21	0
《儒效月刊》1935年1月第4期	0	3	8	28	3	0	36	0
《新青年》1917—1943年间部分内容	0	0	6	55	0	0	61	0
合计	14 (82.35%)	3	63	477 (88.33%)	9	8 (47.06%)	540 (100%)	0
	17		540		17		540	

由表 11 可知：

1. 以"封口"为区分标准，｛巳｝义用例中 14 例封口，正用率 82.35%；｛已｝义用例中 477 例半封口，正用率 88.33%。以"挑钩"与否作为区分标准，｛巳｝义用例中 8 例不挑钩，正用率 47.06%；｛已｝义用例 540 例全部挑钩，正用率 100%。由于｛巳｝用例较少，我们又利用"全国报刊索引（专业版）"数据库开放式检索晚清民国书籍、报刊中的｛巳｝（不限于某一部书中｛巳｝的用例，直接检索｛巳｝在数据库中的用例），得用例 264 例。以"封口"为区分标准，234 例封口，正用率 88.64%；以"挑钩"为区分标准，46 例不挑钩，正用率 17.42%。可见，晚清民国时期｛巳｝｛已｝的记录形式主要是以"封口"为区分标准，规范程度较高，正用率均达到 88% 以上。

2. 晚清民国时期，是否"封口"重新成为｛巳｝｛已｝记录形式的主要区分标准，但"挑钩"标准尚未完全退出，有些书刊中呈现出并用"封口""挑钩"两种标准的情况。

六、对辞书的考察

前文讨论的是非辞书文献中｛巳｝｛已｝记录形式的使用情况，下面对具有规范文字使用功能的辞书中的有关情况进行考察。基于前文所得结论和古代辞书的存世情况，我们从唐代开始统计考察，范围包括有唐及唐以后刊刻、抄写的前代辞书。

通过对 27 种辞书中"巳""已"二字使用情况的统计和分析，得出结论如下：历代辞书在收录新字时具有保守性和滞后性；总体上以是否"封口"作为｛巳｝｛已｝记录形式的区分标准；明清时期，"挑钩"标准曾在一定范围内被作为｛巳｝｛已｝记录形式的区分标准；新中国第一部现代汉语字典《新华字典》出版后，以是否"封口"作为｛巳｝｛已｝记录形式进一步得到规范，此后逐步固化普及。

　　以下，我们分唐、宋辽金元、明清、民国4个表格将相关统计情况展示如下：

表12　唐代辞书所见｛巳｝｛已｝记录形式封口、挑钩情况统计表①

材料	封口情况				挑钩情况				有无字头
	｛巳｝		｛已｝		｛巳｝		｛已｝		
	封口	半封口	封口	半封口	挑钩	不挑钩	挑钩	不挑钩	
石经本《五经文字》及《新加九经字样》	6	0	11	1	6	0	12	0	无
唐写本《玉篇》残卷	0	1	13	9	1	0	22	0	无
合计	6 (85.71%)	1	24	10 (29.41%)	7	0	34	0	
	7		34		7		34		

---

　　① 本表统计的材料为：《开成石经》（五经文字、新加九经字样），《西安碑林全集》第143—146卷（广东经济出版社，1999）；顾野王《玉篇》（残卷），《续修四库全书》第228册（上海古籍出版社，2002）。

表 13　宋辽金元辞书所见{巳}{已}记录形式封口、挑钩情况统计表①

材料	封口情况				挑钩情况				有无字头
	{巳}		{已}		{巳}		{已}		
	封口	半封口	封口	半封口	挑钩	不挑钩	挑钩	不挑钩	
《尔雅》国图藏宋刻本	1	0	12	0	1	0	11	1	无
《龙龛手鉴》国图藏南宋初浙刻本	0	0	5	0	0	0	5	0	无
《龙龛手镜》高丽影印辽刻本	0	0	5	0	0	0	5	0	无
《集韵》国图藏宋刻本	0	0	7	0	0	0	7	0	{巳}无字头;{已}有字头,封口、挑钩。
《大宋重修广韵》南宋宁宗年间翻刻本	3	0	12	0	3	0	12	0	均有字头,均封口、挑钩。
《钜宋广韵》南宋乾道五年(1169)刊本	3	0	10	2	3	0	12	0	均有字头,{巳}封口,{已}不封口,均挑钩。
《韵补》南宋乾道四年(1168)刊本	7	0	48	7	7	0	47	8	{巳}{已}共享1字头,封口、挑钩。

---

① 本表统计的材料是:郭璞注《尔雅》,《中华再造善本》(国家图书馆出版社,2002);释行均《龙龛手鉴》,《中华再造善本》(国家图书馆出版社,2003);释行均《龙龛手镜》(中华书局,1982);丁度等撰《集韵》,《中华再造善本》(国家图书馆出版社,2003);南宋宁宗年间杭州翻刻本《大宋重修广韵》;南宋乾道五年(1169)黄三八郎书铺刊《钜宋广韵》;南宋乾道四年(1168)刊本《韵补》;《附释文互注礼部韵略》,《中华再造善本》(国家图书馆出版社,2003)。

续表

材料	封口情况				挑钩情况				有无字头
	{巳}		{已}		{巳}		{已}		
	封口	半封口	封口	半封口	挑钩	不挑钩	挑钩	不挑钩	
《附释文互注礼部韵略》南宋绍定三年(1230)刊本	3	0	44	13	2	1	57	0	均有字头,均封口、挑钩。
《尔雅》国图藏元刻本	1	0	12	0	0	1	12	0	无
《广韵》元至正二十六年(1366)南山书院刊	3	0	11	1	3	0	12	0	均有字头,均封口、挑钩。
《韵补》国图藏元刻本	7	0	36	19	3	4	53	2	{巳}{已}共享1字头,封口、挑钩。
合计	28 (100%)	0	202	42 (17.21%)	22	6	233	11	
	28		244		28		244		

表 14　明清辞书所见{巳}{已}记录形式封口、挑钩情况统计表①

材料	封口情况				挑钩情况				有无字头
	{巳}		{已}		{巳}		{已}		
	封口	半封口	封口	半封口	挑钩	不挑钩	挑钩	不挑钩	
《干禄字书》明夷门广牍本	0	0	3	0	0	0	3	0	无

① 本表统计的材料是:颜元孙《干禄字书》,《丛书集成初编》第1064册(商务印书馆,1935);陆佃《埤雅》,《丛书集成初编》第1171—1173册(商务印书馆,1935);乐韶凤等编《洪武正韵》,明嘉靖四十年(1561)刘以节刊本;梅膺祚《字汇》,明万历四十三年(1615)刊本。

续表

材料	封口情况				挑钩情况				有无字头
	{巳}		{已}		{巳}		{已}		
	封口	半封口	封口	半封口	挑钩	不挑钩	挑钩	不挑钩	
《洪武正韵》明嘉靖四十年(1561)刘以节刊本	9	1	58	10	8	2	68	0	均有字头，{巳}半封口、挑钩，{已}封口、挑钩。
《字汇》万历乙卯年(1615)刊本	18	2	51	9	20	0	60	0	均有字头，均封口、挑钩。
《埤雅》《丛书集成》据明郎奎金五雅全书影印	3	0	23	1	0	3	24	0	无
《正字通》清康熙二十四年(1685)清畏堂刊本	2	25	15	55	2	25	51	19	均有字头，{巳}半封口、不挑钩，{已}封口、挑钩。
《康熙字典》清康熙五十五年(1716)内府本	16	1	9	72	16	1	81	0	均有字头，{巳}封口、挑钩，{已}半封口、挑钩。
《澄衷蒙学堂字课图说》光绪二十七年(1901)刊本	2	3	18	36	0	5	54	0	均有字头，{巳}半封口、不挑钩，{已}半封口、挑钩。

《埤雅》《正字通》《澄衷蒙学堂字课图说》以"挑钩"与否为区分标准，{巳}{已}记录形式正用率分别为94.29%和87.16%。《干禄字书》《洪武正韵》《字汇》没有使用"挑钩"标准，但也未明显表现是以"封口"与否为区分标准，如果说是以"封口"与否为区分标准，则{巳}{已}记录形式正用率分别为90%和13.57%。《康熙字典》是以"封口"与否为区分标准的，{巳}{已}记录形式正用率分别为94.12%和88.89%。

表15　民国辞书所见{巳}{已}记录形式封口、挑钩情况统计表①

材料	封口情况				挑钩情况				有无字头或条目
	{巳}		{已}		{巳}		{已}		
	封口	半封口	封口	半封口	挑钩	不挑钩	挑钩	不挑钩	
《词诠》,商务印书馆1928年	1	0	0	49	1	0	49	0	{巳}无字头;{已}有字头,挑钩、半封口。
《古书虚字集释》"已"条,商务印书馆1934年	0	0	2②	68	0	0	70	0	{巳}无条目;{已}有条目,挑钩、半封口。
《学生字典》1—100页,世界书局1936年	5	0	5	19	5	0	24	0	均有字头。{巳}字头封口、挑钩;{已}字头半封口、挑钩。
《中华大字典·尸部》至《巾部》,上海中华书局1935年	5	0	1	23	5	0	24	0	均有字头。{巳}字头封口、挑钩;{已}字头半封口、挑钩。

① 本表统计的材料是:杨树达《词诠》(商务印书馆,1928);裴学海《古书虚字集释》(商务印书馆,1934);王菩生校订《学生字典(词性分解)》(世界书局,1947);徐元诰等编《中华大字典》(中华书局,1935);方毅等编《辞源》(商务印书馆,1920);方毅等编《辞源续编》(商务印书馆,1933);舒新城等编《辞海》(中华书局,1937)。

② 此处2例及《学生字典》5例、《中华大字典》中的1例字形确为封口字形,但极有可能是"巳"左上角油墨浸开而讹作"巳"的,因为有些"巳"字左上角的缺口极小,油墨稍微漫开笔画就会相连。我们比较同一版但印刷清晰度不同的《辞源》也发现了相同的问题,《辞源续编》中1例封口{巳}用例亦同。

续表

材料	封口情况				挑钩情况				有无字头或条目
	{巳}		{已}		{巳}		{已}		
	封口	半封口	封口	半封口	挑钩	不挑钩	挑钩	不挑钩	
《辞源·己部》"已""巳"字下用例,商务印书馆1920年	3	0	0	20①	2	1②	21	0	均有字头。{巳}字头封口、挑钩;{已}字头半封口、挑钩。
《辞源续编·己部》"己"字下用例,商务印书馆1933年	0	0	0	17	0	0	17	0	无
《辞海·己部》"已""巳"字下用例,上海中华书局1936年	5	0	0	65	5	0	65	0	均有字头。{巳}字头封口、挑钩;{已}字头半封口、挑钩。

说明:上述材料以"封口"为{巳}{已}记录形式的区分标准,"巳"字正用率100%,"已"字正用率93.18%。

---

① {巳}用例共21例,还有1例写作"己"字形。

② {巳}的记录形式正文用例共2例,均封口、挑钩,但版框外标明本页所列字头有一个"巳"字封口、不挑钩,另检多个重印本,此字均不挑钩。

由表 12—表 15 可得出以下规律：

1. 唐代至明代的辞书材料主要以"封口"为区分标准，{巳}的记录形式"巳"在辞书中的正用率远高于同期普通文献，而{已}的记录形式"已"正用率则远低于同期普通文献。说明"巳"表示{巳}的文字职用退出较晚，"已"表示{已}的记录形式进入较晚，这是辞书收录新字的保守性和滞后性表现。①

2. 明代之前的辞书材料中{巳}{已}的记录形式仅有极个别不挑钩的写法，应当看作是"挑钩"标准形成前的萌芽期，这与由表 8 得出的结论是相符的。

3. 明清时期，是否"挑钩"曾在一定范围内被用作{巳}{已}记录形式的区分标准，但并没有取代"封口"标准成为辞书中通行的区分标准。一方面是因为辞书的保守性和滞后性，使得"挑钩"的区分标准进入辞书较晚；另一方面是因为清朝敕修字书《康熙字典》流通极广，而《康熙字典》比较严格地采用了"封口"的区分标准，客观上遏制了"挑钩"标准的推行。

4. 民国时期的辞书以是否"封口"为区分标准，{巳}的记录形式"巳"字正用率100%，{已}的记录形式"已"字正用率96.85%，可见其规范程度已经很高了。究其原因，除了前文所说《康熙字典》等大型官修字书的规范作用外，还与西方印刷机器的引入、印刷技术的改进以及新的印刷字体的运用有关。

---

① 若仅就字头而论，这种滞后性和保守性表现得更明显：表 13 统计材料中{巳}{已}的字头中，仅有南宋乾道五年黄三八郎书铺《钜宋广韵》的{已}有一个字头作己，其余全部为封口"巳"字形。

七、总结

为了更直观地展示{巳}{已}记录形式的历史演变情况,我们将表1至表7、表9至表11所得资料整理绘成折线图如下:①

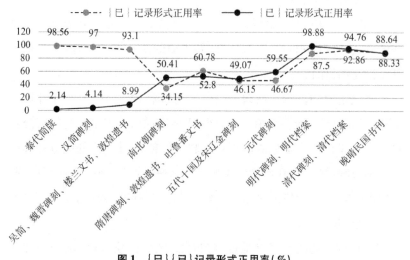

图1 {巳}{已}记录形式正用率(%)

综合上文各表和此折线图,对本文的研究总结如下:

1. 秦汉魏晋时期的简牍、碑刻、纸文书材料中,{巳}义用例共1247例,{已}义用例共1305例,说明在秦汉到魏晋时期{巳}{已}是十分常用的词。

---

① 前文所统计的简帛、楼兰文书、敦煌遗书、吐鲁番文书等都属于民间手写文献,碑刻材料以墓志、碑碣、经幢等为主,主要也是非官方文献,因此,为了保持材料内部的一致性,在绘制折线图时,明代以前采用"封口"标准计算正用率,明代、清代采用"挑钩"标准计算正用率,晚清民国时期采用"封口"标准计算正用率。

2. 秦汉魏晋时期的简牍、碑刻、纸文书材料中，封口"巳"字形 2460 例，半封口"巳"字形 92 例，后者仅占 3.61%，说明这一时期｛已｝的记录形式半封口"巳"字还未产生，｛已｝义由"巳"承担。有少数｛已｝义写作"巳"形是不规范书写的结果，这与《说文解字》字头有"巳"无"已"是相合的。

3. 秦汉魏晋时期的简牍、碑刻、纸文书材料中，半封口"巳"字的正用率从 2.14% 缓慢上升到 8.99%，说明由于不规范书写等原因而出现的越来越多的半封口字形，开始影响"巳"字原本兼表｛巳｝和｛已｝二义的职用，为｛已｝义的分离、半封口"巳"字形的产生奠定了基础。

4. 南北朝碑刻材料中，半封口"巳"字形数量激增，正用率跃升到 50.41%，说明独立表示｛已｝义的半封口"巳"字形的正式产生应当是在南北朝时期。从政治、社会背景来看，这一时期战争频繁、南北分裂、社会动荡，新字、新词大量出现，文字使用异常混乱，为｛已｝的记录形式"巳"字的产生提供了有利的外部条件。从文字自身发展来看，"巳"兼表｛巳｝｛已｝二义负担过重，"巳"文字职能简缩，将部分词义分离出去是文字发展的必然趋势。｛已｝的记录形式"巳"字正是在这种自身机制和外部环境的共同影响下产生的。

5. 南北朝至元代的材料中，"已"字正用率在 50%—60% 之间波动，说明｛已｝的记录形式"已"字正式产生后，仍然存在一个相当长期的"巳""已"混用时期。除了"巳""已"自身的孳乳分化关系、字形相似外，外部的社会动荡、文化复杂多元客观上也不利于文字的统一和规范使用。此外，作为词的"巳""已"使用语境各有不同，很少或者基本上不存在使用场景重合的问题，这也是"巳""已"二字在很长一段历史时期内都没有区分的重要原因。

6. 秦至元代的材料中，"巳"的正用率与"已"的正用率总体呈反相

关关系。秦至魏晋,"巳"字正用率从 98.56%缓慢下降到 93.1%,至南北朝骤降到 34.15%,隋唐回升到 60.78%,此后一直到元代都在 50%上下浮动,与"已"字正用率的摇摆相交。究其原因,主要因为|巳|的记录形式"巳"正式产生后,"巳"没有从原来兼表|巳||已|二义的职用中完全退出,加上"巳""已"二字形体近似,最终造成二字长期以来的混用。

7. 由于"封口"标准的区分效果不理想,大约到了明代,人们转而选用是否"挑钩"来区分|巳||已|的记录形式,即:以有挑钩者为|已|,无挑钩者为|巳|。据前文统计,明代碑刻材料以是否"挑钩"为区分标准,|巳||已|记录形式的正用率分别达到 87.5%和 98.88%,清代材料中的正用率也高达 92.86%和 94.76%,说明"挑钩"标准有效地区分了|巳|和|已|的记录形式。在明朝官修文献《永乐大典》中,"挑钩"标准同样有较好的区分效果,|巳||已|记录形式正用率分别达到 90%、97.76%;而清代官修文献文渊阁《四库全书》虽然以是否"封口"为区分标准,但|巳|的不挑钩的写法仍然不少。这说明"以有钩挑者为已甚之已,无钩挑为辰巳之巳"的区分标准不仅是民间的俗用,还渗透到了《永乐大典》《四库全书》等大型官修文献中。

8. 晚清民国时期,是否"封口"重新成为|巳||已|记录形式的区分标准,但"挑钩"标准未完全退出,出现了并用"封口""挑钩"两种标准的情况。如世界书局民国二十五年(1936)刊本《日知录集释》,其卷三十二"巳"条下的 32 例|巳|用例全部封口、不挑钩,23 例|已|用例中 22 例半封口、挑钩。

9. 1953 年,新中国首部现代汉语字书《新华字典》出版,规定|巳||已|的记录形式分别为"巳""已",且在字头后明确标明"巳(≠已)""已(≠巳、己)",突出强调"巳""已""己"的区别。各类印刷品也逐步

执行落实。1965 年，国家文化部、文字改革委员会联合发布的《印刷通用汉字字形表》又进一步明确了"巳""已"二字的印刷铅字形体。此后，从国家层面推行的一系列文字规范方案以及教科书均沿用了这个标准，{巳}{已}记录形式的规范形体"巳""已"在官方和民间的各种文献中得以逐步推广并普遍使用。

综上，本文的总体结论是：秦汉魏晋时期{已}的记录形式"已"还未产生，"巳"字兼表{巳}{已}二义；南北朝时期{已}的记录形式"已"正式产生，但"巳""已"混用不别；隋唐至元代{巳}{已}的记录形式继续长期混用，同时使用末笔不挑钩的"巳""已"记录{已}的写法萌芽；明清时期是否"挑钩"成为{巳}{已}记录形式的主要区分标准；晚清民国时期是否"封口"重新成为主要的区分标准；中华人民共和国成立后，1953 年《新华字典》出版，将{巳}{已}记录形式严格规定为"巳""已"，此后逐渐得以固化普及。总之，{已}的记录形式"已"字的产生和规范普及是一个较长期的汉字规范过程，这个过程比我们原来想象的要漫长、复杂得多，最终定型的时间也比原来想象的晚得多。

厘清了"巳""已"二字的历时关系，再回到文章开头提出的出土材料中{已}记录形式的隶定问题就有据可依了。我们认为：对简帛等出土材料进行释读和整理时，为了尽量反映材料原貌，可参考《长沙马王堆汉墓帛书集成》的处理方式，根据文例将{已}处理作"巳（已）"。文字编的编纂，可借鉴《清华大学藏战国竹简（肆）》所附《字形表》（图 2）和张显成《秦汉简牍系列字形谱》之《睡虎地秦简字形谱》（图 3）的做法：①

---

① 张显成等《秦汉简牍系列字形谱》，中华书局，即出。

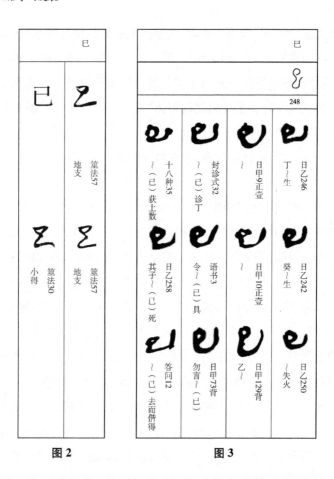

图2（字头"巳"）

- 乙 篆法57 地支 ／ 已 篆法57 地支
- 篆法57 地支 ／ 篆法30 小得

图3（字头"巳" 248）

- 丁~生 日乙246 ／ ~ 日甲9正壹 ／ ~（已）诊丁 封诊式32 ／ ~（已）获上数 十八种35
- 癸~生 日乙242 ／ ~ 日甲10正壹 ／ 令~（已）具 语书3 ／ 其子~（已）死 日乙258
- ~失火 日乙250 ／ 乙 日甲129背 ／ 勿言~（已） 日甲73背 ／ ~（已）去而俟得 答问12

以上均是先按《说文》部次列出"巳"字头,字头下再分列"巳"和"巳(已)"两个小类。图2是列出字头"巳"后,先列{巳}义字形,然后提行写出"已"字,下列{已}义字形,字形下均注明简文的出处(篇名、简号、节名)。图3是列出字头"巳"后,随即列"巳"的篆体和"巳"出现的频次,接着先列{巳}义字形,然后列{已}义字形,字形下均注明简文的出处和辞例(目标字用"~"表示),对于{已}义简文,则在辞例中的"~"后用"(已)"注明其意义。这样既尊重了《说文》部次安排,又如实反映了文献的用字面貌,科学地体现了"已""巳"二字的历时关系。

引用书目

陈树华,2002,《春秋经传集解考正》,续修四库全书本,上海古籍出版社。

顾野王,1983,《宋本玉篇》,中国书店。

郭忠恕,《佩觿》,康熙四十九年张士俊泽存堂仿宋刻本。

郭忠恕,《佩觿》,明嘉靖六年孙沐万玉堂刊本。

刘熙,2016,《释名》,中华书局。

刘心源,2018,《奇觚室吉金文述》,朝华出版社。

毛晃,《增修互注礼部韵略》,元至正十五年建安陈氏余庆堂刊本。

梅膺祚、吴任臣,1991,《字汇　字汇补》,上海辞书出版社。

吴大澂,2018,《说文古籀补》,朝华出版社。

吴棫,1987,《宋本韵补》,中华书局。

徐锴,2017,《说文解字系传》,中华书局。

徐鼒,1997,《读书杂释》,中华书局。

许慎,2013,《说文解字》,中华书局。

乐韶凤等,2008,《洪武正韵》,文渊阁四库全书本,台湾商务印书馆。

张自烈、廖文英,1996,《正字通》,中国工人出版社。

参考文献

汉字字形整理组(编),1983,《印刷通用汉字字形表》,《文字改革》第 1 期。

黄汝成(集释),1936,《日知录集释》,世界书局。

李学勤,1992,《邢台新发现的西周甲骨文》,《中国文物报》第 3 期。

李学勤，2002，《释"改"》，宋文薰等（主编）《石璋如院士百岁祝寿论文集：考古·历史·文化》，南天书局。

李学勤，2012，《论清华简〈说命〉中的卜辞》，《华夏文化论坛》第 2 期。

李运富，2001，《论汉字职能的变化》，《古汉语研究》第 4 期。

裘锡圭，1986，《文字职务的分化》，《训诂学的研究与应用》，内蒙古人民出版社。

裘锡圭，1997，《释西周甲骨文的"卧"字》，《第三届国际中国古文字学研讨会论文集》，香港中文大学。

沈培，2015，《甲骨文"巳""改"字补议》，李宗焜（主编）《古文字与古代史》第 4 辑，"中研院"历史语言研究所。

王利器（集解），1996，《颜氏家训集解》，中华书局。

魏慈德，2009，《从楚简的通假用例看甲骨文中的通假》，王宇信等（主编）《纪念王懿荣发现甲骨文 110 周年国际学术研讨会论文集》，社会科学文献出版社。

闻一多，2011，《古典新义》，商务印书馆。

新华辞书社（编），1953，《新华字典》，人民教育出版社。

赵诚（编著），2009，《甲骨文简明词典：卜辞分类读本》，中华书局。

后　记

　　本书初由他人担任主编,临时因故改由我接手,彼时篇目选择与文章校对等工作已基本完成;后来的少部分篇目调整工作,北京语言大学的张博教授给予了热情支持和无私的帮助,还推荐了具体的文章篇目。她的鼓励促成了我接手工作的决心,也遵从意见进行最后的编目完善。所以,这部书至少应当是三位合作主编的,这是我应当说明的问题。商务印书馆杭州分馆的孙祎萌总编、编辑吴俊杰女士都给了很多帮助,也一并致谢。

　　汉语有字、词、句,汉字有形、音、义,时代有古、中、近,其间的联系是错综复杂的,很具有挑战性。我可能只在汉语词义尤其是中古一段有点体会,所以对"汉语字词发展"这样的选题是很难驾驭的。如果能让大家稍微领略一下汉语字词发展的丰富历程与点滴奥妙,也许本书的作用就达到了。

王云路

2024 年 8 月 2 日于临安青云山居